区域创新生态系统研究

沈映春　何平林　李跟强　著

北京航空航天大学出版社

图书在版编目（CIP）数据

区域创新生态系统研究 / 沈映春，何平林，李跟强
著 . -- 北京：北京航空航天大学出版社，2025. 2.
ISBN 978-7-5124-4578-9

Ⅰ . F061. 5；G322. 0

中国国家版本馆CIP数据核字第2025VG6851号

区域创新生态系统研究

沈映春　何平林　李跟强　著
策划编辑　董宜斌　　责任编辑　董宜斌

*

北京航空航天大学出版社出版发行

北京市海淀区学院路 37 号（邮编 100191）http://www.buaapress.com.cn
发行部电话：（010）82317024　传真：（010）82328026
读者信箱：copyrights@buaacm.com.cn　邮购电话：（010）82316936
北京富资园科技发展有限公司印装　各地书店经销

*

开本：710×1 000　1/16　印张：22.5　字数：404 千字
2025 年 4 月第 1 版　2025 年 4 月第 1 次印刷
ISBN 978-7-5124-4578-9　定价：99.00 元

前　言

　　党的二十大指出，要坚持创新在我国现代化建设全局中的核心地位，健全新型举国体制，提升国家创新体系整体效能，形成具有全球竞争力的开放创新生态。创新是第一动力，在一国经济发展中发挥着重要作用。目前，生态概念被引入创新系统理论，这强调了创新主体之间的协调互动及创新主体与外部环境的依存关系，它们共同形成了一个整体协同效应更明显、综合创新能力更强大的体系。构建区域创新生态系统可有力推动区域经济高质量发展，因而深入研究区域创新生态系统对全面建设社会主义现代化国家具有重要的理论和实践指导意义。

　　作为创新活动领域的一个新兴方向，区域创新生态系统涉及经济管理、环境科学与生态学、区域规划、公共管理等，但目前对该概念和理论的系统梳理和研究相对较少。本书在界定核心概念和梳理相关理论的基础上，构建区域创新生态系统评价指标体系，从区域比较、创新主体、创新阶段等方面对区域创新生态系统展开全方位、多维度的研究。

　　本书共包含十一章，其内容和结构安排如下：第一章为导论，介绍研究背景、国内外研究进展和本书的内容和结构；第二章介绍核心概念和理论基础；第三章构建区域创新生态系统评价指标体系并进行测算；第四章从适宜度、成熟度、健康度等维度评价区域创新生态系统；第五章和第六章分别选取北京、上海、深圳等城市和京津冀、长三角、粤港澳大湾区等城市群，对区域创新生态系统进行区域间的比较；第七章至第九章从创新主体维度分析企业（如国企和专精特新企业）、高校院所（如师生共创、大学科技园）、政府（如官员晋升、营商环境）在区域创新生态系统中的角色和作用；第十章从创新阶段维度分析区域创新生态系统在研发阶段和转化阶段的现状与问题；第十一章对全书进行总结。

本书有如下几个特点：第一，在研究内容上，本书涵盖测度评价、区域比较、创新主体、创新阶段等方面，对区域创新生态系统进行了多维度、深层次的研究；第二，在研究方法上，本书综合运用定性与定量、计量实证与数理模型等多种方法，比如从多维度定量测度评价区域创新生态系统，运用案例分析法考察专精特新企业和政府在区域创新生态系统中的作用，采用计量经济学方法实证分析官员晋升对区域创新生态系统的影响，利用博弈论考察师生共创模式中的个体决策等；第三，在研究数据上，本书选取省级面板、城市面板、上市公司等多层次的样本，为深入认识区域创新生态系统提供多维度的数据支持。

本书可作为科技创新、区域经济学相关方向科研工作者的参考书使用，也可作为经济学高年级本科生和区域经济学、产业经济学、发展经济学等方向研究生的参考书。

本书由沈映春、何平林、李跟强主编，最后由沈映春统稿和校对。谢慧珺、汤奥灵、马忆涵、张书豪、陈沁歌、刘伟恒、宋德望、耿清儿、郑怡乐、朱墨依、朱伊、于佳琪、许涵宇、周睿洺等同学做了大量数据收集和处理等工作，在此对这些同学表示衷心的感谢。本书得到了北京航空航天大学 *** 基金的支持，在此表示特别感谢！在本书的创作过程中，我们得到了北京航空航天大学出版社和董宜斌以及其他各位编辑老师的支持，他们提出了很多具有建设性的建议，让我们受益匪浅。

由于水平有限，书中难免有不足之处，恳请各位读者批评指正。

作　者
2025 年 1 月

目 录

第一章
导 论

第一节 研究背景

在科技革命和产业变革加速推进的新时期，创新是高质量发展的第一动力。我国政府出台了系列政策文件，鼓励并推进科技创新和创新体系建设。2012 年，中共中央、国务院印发的《关于深化科技体制改革加快国家创新体系建设的意见》提出了加快建设中国特色国家创新体系、提升国家创新体系整体效能的总体要求[1]。2016 年颁布的《"十三五"国家科技创新规划》提出了建设高效协同国家创新体系的目标；各省（市）要整合地区自身发展优势，建设具有地方特色的区域创新体系，从而带动地区整体创新能力的提升[2]。党的二十大报告对创新驱动及国家创新体系提出了新的要求："坚持创新在我国现代化建设全局中的核心地位……健全新型举国体制……提升国家创新体系整体效能……形成具有全球竞争力的开放创新生态。"[3] 可见，创新驱动发展已成为我国经济发展的核心战略，提升国家创新体系整体效能已经成为中国持续推进经济建设、提升国际竞争力的一项核心任务。

从创新走向创新系统，是创新生态系统的重要发展，具有典型的时代特征。自工业革命以来，Marshall[4] 最早从产业空间集聚视角分析区域经济创新，认为产业集聚产生的外部效应和规模经济是促进区域发展的重要动力。从 20 世纪 80 年代开始，技术创新的研究对象逐渐从主体、主体间的关联与结构向创新系统及其功能、创新生态等方面发展。随后，区域创新理论开始关注区域内各主体之间的合作关系，分析主体之间联系网络的变化以及核心企业对区域创新的促进作用。Freeman 等[5] 提出国家创新系统的概念，强调运用系统观思维分析一个国家的政府、高校和企业等创新主体在制度环境下的互动关系。Cooke 等[6]、柳卸林[7] 将国家创新系统拓展到区域层面，提出区域创新系统理论。2004 年，美国政府就硅谷高新技术产业的崛起进行研究后提出区域创新生态系统概念[8]，正式在官方报告中将生态概念引入创新系统理论，开始强调创新主体之间的协调互动及其与外部环境的依存关系，同时还提出国家创新体系应当遵循生态体系的逻辑，以形成一个整体协同效应更明显、综合创新能力更强大的体系[9]。上述区域创新理论为区域生态系统发展奠定了知识基础。构建区域创新生态系统可有力推动区域经济高质量发展，因此，对区域创新生态系统进行深入研究是十分重要的。因而，区域创新生态系统构建在很多发达国家以及发展中国家的政策议程上均占据了十分重要的位置[10]。基于生态系统概念的创新政策相继被欧盟、日本等发达经济体所接纳，如欧盟提出的"开放创新 2.0""凝聚政策""地平线 2020"及日本提出的科技政策学等。

第二节　国内外研究进展

一、国内外研究现状

（一）创新系统、区域创新系统和区域创新生态系统概念

1997 年，学者 Cooke 等[6]把创新生态系统和区域科学两个知识领域结合起来，阐述了公司之间"合作"供应链关系出现的原因及其对集群的形成有何贡献（在一定程度上集中于区域），为探索在何种程度上可以将区域层面的创新过程定义为系统性的方式开辟了道路。Audretschd 和 Lehmann[11]使用二项式回归的方法，证明了靠近大学的公司数量受到该地区知识能力和大学知识输出的影响。集群几乎是每个国家、地区、州甚至大都市经济的显著特征，尤其是在经济较发达的国家，集群对于公司持续的创新能力起着至关重要的作用。在这个竞争极大地受投入成本所驱动的时代，拥有某些重要资源的地区通常具有相对优势，随着时间的推移，这种优势会体现出竞争性和决定性。硅谷和好莱坞可能是世界上最成功的区域创新生态系统[12]。

自 Schumpeter 于 20 世纪初将"创新"引入经济系统理论后，围绕创新活动、创新绩效的相关研究与实践推动了创新系统理论的提出与发展，并逐渐形成了企业、产业、国家、区域等范围的一系列创新系统。

创新系统理论的提出源于 20 世纪 80 年代。1985 年，Lundvall[13]提出创新系统是指在经济领域开展不同类型研究活动的机构之间的分工与协作，即从

系统主体和关联视角定义了创新系统。1987 年，Freeman[14]提出的国家创新系统（national innovation system）是指公共和私有部门、机构组成的网络，这一系统通过制度性的组织活动和相互作用，实现对新知识和技术的创造、引入、改进和扩散，从而来提升经济绩效。国家创新系统是生产和制度结构在国界范围内高度一致的背景下，基于企业和产业在国界地域内的集聚态势而提出的创新系统理论[15]。基于系统主体、结构视角的概念将国家创新系统定义为实现知识、技术创造和应用的各机构连接形成的关系网络[16]。

区域创新系统（regional innovation system）是随着产业在地域上开始集聚及创新的系统性效应开始出现而被提出的。Cooke[17]在 1992 年总结出区域创新系统是在经济全球化、创新活动跨国界和区域合作的背景下，在一定区域内的各机构之间通过要素的流动来实现创新绩效的集成系统。20 世纪 90 年代以来，随着创新范式的发展以及对于将创新系统作为创新组织形式的理解更为深刻，"创新生态系统"（innovation ecosystem）概念逐渐被提出。从创新系统到创新生态系统的发展体现了从关注系统要素、构成到关注系统自演化、动态过程的转变[9, 18]。

国外对于创新生态系统的研究起步较早。生态系统是创新生态系统中"生态学隐喻"的来源，英国生态学家 Tansley 对"生态系统"的定义如下：自然界中没有任何一个生物种群是独立存在的，正相反，生物种群之间相互作用并依赖其生存环境形成统一的整体，这样一个整体就是以"物质循环""能量流动""信息传递"为主要功能的生态系统[19]。创新生态系统通过引入生态学的内容来解释创新过程，是创新理论的发展，以生物圈关系隐喻各创新主体之间及创新主体与创新环境之间的复杂关系。Cooke[17]认为区域创新生态系统是在特殊的制度环境下，企业与其他社会机构相互学习而形成的复杂系统。Asheim 和 Isaksen[15, 20]得出区域创新生态系统是某地区内主导产业和支撑产业的生产集群，是知识型组织交互的结果。Lee 和 Lim[21]运用"蛙跳"与技术跟随理论分析了区域创新生态系统的演化过程。Granovetter[22]把创新的生态体系界定为一个以各种社会联系为基础的创新网络，这些社会联系在一定地域内发挥各自的创新能力，通过相互作用、彼此交互而产生连接，其目的是适应、产生、创新和扩散知识。2006 年，学者 Adner[23]在《哈佛商业评论》上发表文章，对区域创新生态系统的本质含义做了进一步阐述，认为其是一种典型的协同整合机制的范式，通过整合系统中不同创新组织的创新成果，向客户提供可操作的解决方案。Metecalfe 和 Remlogan 在 Adner[24]所做研究的基础上指出，"区域创新生态系统"是指，在特定的区域内，创新主体与周围其他组织或环境建立起紧密的联系。Estrin[25]剖析了构建区域创新生态系统的要素，并归纳出实现区域创新生态系统动态平衡的三大关键特征。Adner[26]提出了两种分析创新生态系统的观点：将生态系统作为一种从属关系来分析；将生态系统作为一种结构来分析。

就国内的研究状况而言，黄鲁成教授[27-31]较早对"区域创新生态系统"展开研究，将区域创新系统理论与生态理论结合，他指出，区域创新生态系统是在特定空间尺度内，技术创新复合组织与复合环境通过创新资源的自然流动而形成的综合开放系统。其他学者，如张敏和段进军[32]，邱苏楠[33]，孔伟、张贵和李涛[34]，张小燕和李晓娣[35]，裴耀琳[36]，他们也从不同角度论述了区域创新生态系统的定义。

（二）创新生态系统的内涵

关于区域创新生态系统的内涵，国内外学者从不同角度进行了研究。Adner[23]从仿生学的角度出发，通过运用仿生学的相关理论，得出创新生态系统从其本质上来说是一种协同整合机制，是企业把研发创新成果转化为针对市场和客户的解决方案的过程，各类不同的企业是创新生态系统的主要组成部分，是创新生态系统的生机和活力之所在。Fukuda和Watanabe[37]认为创新生态系统是由创新系统和制度系统相互作用、相互影响、相互配合而形成的一种共生共存的系统，并用这一理论框架对美国和日本的创新生态系统进行了比较研究。Nambisan和Zahra[38]认为创新生态系统是由松散的、彼此联系不紧密的公司网络组成的，创新发展是不同公司的共同利益诉求，因此这些公司彼此联结、开展合作。刘云等[39]认为创新生态系统是企业等多主体之间形成"技术研发—技术应用—技术衍生"的循环过程，通过这一循环过程实现信息的传递，达到沟通的目的，实现技术进步和创新发展。李万[18]等认为创新生态系统就是创新的一种系统范式，他们从生物学的角度出发，认为创新生态系统就是创新生态系统内部各个创新群落之间、内部创新环境与外部创新环境之间、内部各个群落与外部的创新环境之间通过物质流、能量流、信息流等相互连接，形成的共生、开放、复杂、动态的系统。张省[40]从区位的角度来研究创新生态系统，认为创新生态系统是多个创新主体聚集在一定的地理范围或社会网络范围内，经过价值共塑、利益共享和风险共担等一系列过程而形成，相对稳定的，可以自我调节、自我进化的组织联合体，这些创新主体的聚集和联合是为了获得某种稀缺的创新资源。柳卸林等[41]认为创新生态系统的实质是一种目标、利益一致的新型创新网络，其主要作用在于整合、聚集创新资源。金吾伦等[42]认为创新生态系统是创新群落之间、创新群落与创新环境之间相互影响、相互作用而形成的动态系统。王祥兵等[43]提出区域创新系统是一定地区范围内的企业及与其合作的科研机构两者之间进行合作互动、学习探讨和动态博弈而形成的系统。邱苏楠[33]将区域创新生态系统看作一个存在于一定空间范围内的开放型动态平衡系统，并认为该系统通过物质循环、能量交换、信息流动等方式实现动态平衡；在区域创新生态系统情境下，分别对产学知识协同创新的现实问题、理论背景和研究议题这三个方面进行了详尽的阐述，提出区域创新生态系统的概念超越了传统区域网络与集群的内涵。国内其他一些学者如张敏和段进军[32]、薛晶心和张凌志[44]等均从不同角度对区域创新生态系统的内涵进行了论述。

（三）创新生态系统的要素和结构

创新生态系统的要素是指构成创新生态系统的所有主客体以及内外部条件等。关于创新生态系统构成要素的研究，朱迪·埃斯特琳[45]认为研究、开发、应用三大群落是创新生态系统的主要组成部分。Patchell 等[46]认为，区域创新系统包括：生产创新产品的企业，培养创新人才的教育机构，生产创新知识与技术的研究机构，用法律规定和政策文件对创新活动进行规范、引导、支持的政府机构，提供资金支持的金融机构，提供技术支持和咨询服务的商业服务机构等。黄鲁成[29]认为区域创新生态系统主要包括从事科研活动的技术创新主体，为科研活动提供服务的技术创新相关主体，以及由物质环境、人文社会环境、自然环境等构成的技术创新复合系统。陈斯琴、顾力刚[47]认为企业技术创新生态系统由核心层、开发应用层及创新平台构成：核心层是指在创新生态系统内部具有影响力和支配力的技术创新主体企业，扮演生态系统协调者的角色，同时也承担着构建创新平台的责任；开发应用层是承担供应、开发等职责的技术创新相关企业和部门；系统内的所有企业以创新平台为基础，实现技术创新和产品研发的最终目的。

关于创新生态系统的结构，学者们比较认同中心 - 外围结构，微观层次中的创新型企业是中心，其他组织被视为外围。微观层次"向上"拓展便形成中观层面的产业创新生态系统；微观层次"向外"拓展则形成区域创新生态系统。

企业层面的创新生态研究主要聚焦于核心企业的能力发展及核心企业与相关企业合作关系的变化。Moore[48]率先提出了"商业生态系统（Business

Ecosystem）"的概念，他认为商业生态系统实质上是一个由相互作用的组织和个人支持的经济共同体，其中包括供应商、主要生产者、竞争对手和其他利益相关者。在商业生态系统中，这些组织通过合作与竞争，围绕一项新的创新共同发展能力，以支持新产品、满足客户需求，并最终进入下一轮创新[49]。Adner[23]正式提出了企业创新生态系统的概念，并将其定义为企业之间通过协作安排，将各自的产品组合成一个连贯的、面向客户的解决方案；并认为创新生态系统已成为众多行业的企业经济增长核心战略。Jackson[50]将企业创新生态系统定义为市场主体相互之间形成的复杂关系，这些市场主体的共同目标和功能是实现技术发展和创新。Carayannis 和 Campbell[51]认为企业创新生态系统是由人员、文化和技术等基本组件和知识块构成的系统，这些基本组件和知识块相互碰撞并互动，以自上而下的政策驱动和自下而上的企业家精神授权的方式共同催化创造力，触发发明，加速跨学科与技术规则、跨公共和私营部门间的创新进程。Gomes 等[52]基于价值共创的角度，认为企业创新生态系统是主体之间相互合作以共同进行价值共创活动的组织形式。Jacobides 等[53]认为创新生态系统是诸多主体为支持某种核心创新活动或核心企业的创新与价值主张而进行互动，并创造创新并将其商业化以使终端用户获益的系统。Granstrand 和 Holgersson[54]从创新生态系统的构成组件与主体间的互动关系出发，将企业创新生态系统定义为一组参与者、活动、组件、制度和关系之间不断演化的集合，这些关系包括互补和替代关系。

国内学者张运生等[55]定义了高科技企业的创新生态系统，即在全球范围内形成的、以构件和 / 或模块为基础的知识异化、共生与协同演化的技术创新体系；该体系面向客户需求，从事协作的研发行动，在知识产权许可和建立技术标准的基础上进行合作，并在体系内形成战略联盟。孙聪等[56]也强调企业创新生态系统是由处于不同生态位却又相互关联的企业组成的复杂系统，各企业之间、企业与环境之间共生演化，实现企业和创新生态系统本身的自组织与平衡。近年来也有研究将融合理论应用于对企业创新生态系统的探索中，如冯南平等[57]、李翔龙等[58]从军民融合情境中开启了融合视角下的企业技术创新生态系统研究。

在中观层次方面对产业创新生态系统演化的研究主要关注于产业链中各企业的竞争合作关系以及相关产业在环境中的市场地位。Ander 和 Kapoor[59-60]通过对半导体光刻设备行业的技术演化规律进行分析后认为，在产业创新生态系统中，产业中的核心企业与上下游企业紧密结合，将产业创新成果整合为一致的、面向用户的解决方案。国内学者陈衍泰等[61]认为产业创新生态系统的结构可以被划分为产业供应方、市场需求方和支持双方的中介方三部分，并基于对我国电动汽车行业的跨案例研究，分析了产业创新生态系统在构建和管理两个阶段中的价值创造与价值获取机制。刘珂和乔钰容[62]引入生态学角度的思考，从创新、生态、系统三个方面探索了产业集群创新生态系统的进化机制。

许冠男等[63]则将产业创新生态系统界定为在某一产业领域中的复杂交互系统；在该系统中，企业、高校和科研院所均为核心主体，并共同经历着"基础研究—应用研究—产业化实现"的创新过程，合作共生，旨在共同实现价值创造。近年来，伴随着数字革命的到来，学界探讨了数字经济对产业结构、产业生态的影响，如：张凌洁和马立平[64]认为数字经济带来的产业升级效应表现为数字经济相关产业与传统产业深度融合，产生趋于系统化、复杂化的新业态和新模式；余东华和李云汉[65]认为数字经济推动产业组织创新，形成具有开放性与共生性等特征的产业链群生态体系。

企业和产业的创新活动是处于一定区域内的，区域创新生态系统的概念因此诞生了。有关区域创新生态系统的研究多以产学研合作或创新集群为主要分析对象，并侧重从整体创新网络空间角度刻画创新组织之间的互动与联系[66]。李晓娣等[67]认为区域创新生态系统是由共生基质在界面平台内相互作用和依存而形成的共生网络式的生态、有机和动态性系统，并受到外部环境的影响；区域创新生态系统可以被视为一个共生体，囊括了共生单元、共生基质、共生平台、共生网络和共生环境五大主要因素。王展昭等[68]将区域创新生态系统视为一种耗散结构，这种耗散结构也是具有多主体、多边关系和多层次特性的复杂开放式系统，并通过与外部环境进行信息、物质与能量方面的交互而不断演化。

（四）创新生态系统的特征

创新生态系统是由各种生存关系连接而成的异质性实体所组成的复杂网络系统，表现为不同的空间尺度和"固有频率"[69]。在区域创新生态系统中，创新种群与非生物环境在一定空间范围内通过物质循环、信息交流、能量流动等交互作用，共生演化形成具有动态适应性、自组织演化性、整体协调性等特征的复杂网络系统[70]。

1. 多主体共生、竞合

自然生态系统中的生物群落与环境之间的相互作用会在一定时间和空间范

围内形成具有一定大小和结构的整体；各生物主体会通过物质、能量和信息的传递和流动而相互联系、相互作用和相互依赖，在动态演化中形成具有自适应、自调节和自组织特性的复合系统[71]。创新生态系统沿用了自然生态系统的特性，是一个由政府、企业、高校、科研机构、金融机构、科技中介等创新主体组成的复杂创新网络。Adner 和 Kapoor[59]认为创新生态系统的参与成员包括核心企业、上游组件供应商、下游互补组件提供商、客户等，这些成员拥有共同的价值创造目标。创新生态系统包含了私有企业、公共代理机构等正式主体，也囊括了社区、非正式团体和个体等非正式主体，这些主体形成相互依赖的结构，共同通过创新活动创造和产生新的价值[72]。创新生态系统的组织多样性也可以从构成要素的角度来表征，即该系统由主体性要素（企业、大学和科研机构等创新组织）、能动性要素（创新创业人才）、服务性要素（中介服务机构等）以及环境性要素（创新的经济、政策、文化和自然环境等）构成[73]。

生态系统主体之间的互动会产生共生关系[74]，在创新生态系统中，上下游的合作伙伴、同行竞争者、高校与科研单位、政府部门、中介与风险投资公司等异质性创新组织之间会形成多边联系并进行互动，使得各方共生共存，共同创造、获取和分享价值[41]。因此，无论是自然生态系统，还是创新生态系统，这些系统都由彼此间相互联系与相互依赖的行为主体构成，都有相似的行为驱动与变化的过程，都能适应内外部环境的变化，行为主体之间以及行为主体与环境之间均能随着时间而共生演化[69]。基于此情况，赵放和曾国屏[66]紧扣生态学"主体与环境的相互关系"的隐喻，以微观、中观和宏观三大层次揭示企业、产业、区域和国家创新生态系统的内涵与结构，并分析了各层次创新生态系统之间的相互作用。由此，基于创新生态系统的互动与共生关系，Song[75]从我国高铁运输设备行业出发，分析创新生态系统中核心企业与其上下游成员之间的互动模式对合作创新绩效的影响，并发现核心企业与上游伙伴之间的互动强度比核心企业与下游伙伴企业之间的互动强度更能增进合作、创造新的绩效收益；此外，生态系统成员之间中心化的互动模式与分散化的互动模式相比，能产生更高的合作创新绩效。欧忠辉等[76]也基于创新生态系统主体之间的共生关系分析了核心企业共生单元与其他生态系统成员的共生单元在不同共生环境下的演化路径、影响因素及共生模式。他们发现创新生态系统演化的均衡结果取决于核心企业与其他生态系统成员之间的共生系数，且互惠共生是创新生态系统共生单元演化的最优决策。李晓娣和张小燕[67]利用中国 30 个省市 2007—2015 年的相关数据，应用共生测度模型计算我国区域创新生态系统的共生度，就区域创新生态系统共生与科技创新绩效之间的关系进行实证分析，提出建设区域创新生态系统并发挥共生效应是为推动地区科技创新发展应首选的战略。创新生态系统中的共生关系同时涵盖了竞争与合作两种关系，即所谓的竞合（coopetition）[77]。在创新生态系统中，核心企业可能会为了追求最大收益而选择与其他成员进行合作，但在合作中也会为了提升自己的利益而选择与其他成员进行竞争的策略[78]。创新生态系统中的共生关系往往蕴含着主体之间的竞合互动，这也使得创新生态系统呈现出动态交互演化的特征[79]。这种动态交互演化性体现为生态系统具有生命周期的不同阶段[80]，即诞生期、发展期、增长期和成熟期。在早期阶段，生态系统变化的速率、程度和方向是高度可变的；而在后期阶段，由于生态系统的边界、结构和关系被更清晰地确定，因此生态系统相对稳定[81]。此外，在创新生态系统生命周期的不同阶段，生态系统的结构将与核心商业模式同步发展，这将影响引导生态系统演化所需的必要能力[82]。在一个健康的创新生态系统中，企业的商业和创新战略应是协同和系统的合作、由产品竞争向平台竞争过渡、由独立发展向共生演化转变。创新生态系统涉及了大量的主体、相关组件及不同水平和层次上的连接关系。因此，随着创新生态系统中的成员逐渐增多以及环境动态性不断提升，企业会逐渐意识到其自身的命运与整个生态系统的命运紧密相连，这难免就会呈现出主体之间以及主体与环境之间的动态共演特征[49, 71]。

2. 自组织

自组织是指在没有等级命令和外界协调的情况下，区域创新生态系统通过不同物种与群落之间的相互作用和相互制约，实现整个生态系统的动态平衡，进而促进自身演化发展[83-84]。自组织生长性是创新生态系统的典型特征[53]，通过建立创新协同框架，可以整合生态系统的规划性和自组织行为，从而使系统内各创新主体有序运行。这种动态性也是区域创新生态系统区别于区域创新系统的典型特征[85]。美国的创新系统具有生态特征，其自组织、自调节和自生长等特征使美国长期保持世界领先地位[8]。模块化是创新生态系统实现自组织的前提[53]，区域创新生态系统中标准化和可替代的模块使自组织协调成为可能。根据功能定位的不同，区域创新生态系统群落可被划分为制造商、供应商、用户等不同类型，这些群落由诸多功能相似的创新物种构成。从微观视角来看，各创新物种之间形成一条完整的创新链，在这条创新链上，任何一个创新物种都可以被群落内的其他主体所替代，这种可替代的弱依赖关系强化了区域创新生态系统的自组织性。创新物种在地理空间上的聚集不仅可以使其共享劳动力、技术和市场资源，也使其在相互竞争中形成有效的学习能力和实现技术进步，进而促进区域创新生态系统的动态演化。

3. 开放性

区域创新生态系统是一个开放式的创新系统，其与外部生态系统之间存在物质与能量交换活动[85-86]。创新生态系统的开放性不仅强调利用积聚的知识从事创新活动并提高创新产出，还着眼于突破组织边界以实现跨组织资源与功能的互补。一个系统的开放性主要体现在对外部资源的获取以及内部资源向外部输出两个方面。在对外部资源的获取上，创新生态系统的开放性能够为系统内的企业在对高端前沿技术、核心知识等资源的获取以及关于外部创新主体的进入与退出决策方面创造机会和条件；而就内部资源向外部输出而言，开放性为生态系统内的企业在科研成果的商业化和非商业化活动方面都提供了极大的可能性，能有效提升创新产出[87]。欧盟在官方发布的《开放式创新2.0》报告中将区域创新生态系统视为开放式创新的重要载体和表现形式。Xie 和Wang[88]利用四个创新型企业的扎根案例与对226家创新型企业数据的模糊集定性比较分析（fsQCA），分析开放式创新生态系统模式是如何使企业提升产品创新的。他们还利用中国战略性新兴产业中的制造业企业数据探究了开放式创新生态系统中企业的创新利基与探索式和利用式创新之间的关系[89]。

在数字化时代，区域创新生态系统超越地理边界，对开放性的需求更加迫切。数字创新呈现出的自生长性、结构性和去中介性等特征[90]进一步增强了创新主体的可代替性。开放性区域创新生态系统通过吸收、迭代和淘汰创新物种和创新群落，最终实现自身演化升级。

（五）创新生态系统的作用及评价

创新生态系统的作用是指创新生态系统对内部主体以及对外部环境等产生的作用。关于创新生态系统作用的研究，Esty 和 Porter[91]认为创新生态系统的形成和发展既有利于区域内的企业提高产品质量，提升企业服务质量，优化用户体验，也有利于促进企业之间的合作，降低产品成本，提高经营利润，提高企业的竞争力。Chesbrough[92]认为创新生态系统通过对内、外资源的整合和利用，降低市场竞争中的风险性和不确定性，提高创新绩效。有关创新生态系统评价的研究主要集中在创新效率、适宜度、成熟度、健康度等方面。

1. 创新效率

在区域创新生态系统相关研究中，有关创新效率的研究备受关注。侯凤华等[93]对区域创新系统进行了效率层面的分析，通过运用数据包络分析（Data Envelopment Analysis，DEA）方法构建具体的评价指标体系。裘莹等[94]采用 DEA-Malmquist 指数方法对区域创新生态系统效率的相关影响因素进行研究。鲁继通[95]运用 DEA 方法、Malmquist 指数、Tobit 模型，经分析得出区域创新效率增长不仅源于技术进步，也得益于技术效率提升的结论。陈邑早等[96]从创新价值链视角入手，基于 Malmquist 指数法对我国 2014—2018 年区域创新生态系统的运行效率展开实证测度。廖凯诚等[97]以创新生态环境为投入、创新生态主体为产出，采用 SE-SBM DEA 模型和 Malmquist-Luenberger 指数测度了 2007—2018 年中国八大综合经济区创新生态系统的动态运行效率，并采用 Dagum 基尼系数和 PVAR 模型对创新生态系统动态运行效率的区域差异分解及形成机制进行了实证检验。

2. 适宜度

区域创新生态系统的适宜度衡量的是创新环境的某种特性和功能所达到的程度。这里的适宜度指的是在一定的区域内，创新环境能否适应于创新主体在开展创新活动时对最适合的资源位的需求。周青和陈畴镛[98]构建了包括创新群体、创新资源、经济环境和技术环境四个测度要素以及 15 个测度指标的区域技术创新生态系统适宜度评估指标体系，并对模型进行了实证检验。覃荔荔等[99]在传统生态位适宜度研究的基础上，引入二阶缓冲算子，并借鉴广义关联度思想，构建了包含创新资源、创新效率、创新潜力、创新活力四个目标的区域创新系统可持续性综合生态位适宜度模型。苌千里[100]选用生态位适宜度来衡量资源现状与资源需求之间的匹配程度，并从创新主体（含高校、科研机构、企业）与创新环境（经济、技术）两个方面加以评价。郭燕青等[101]引入灰色系统理论中的弱加权化缓冲算子，排除了时间和外部资源环境的干扰，从而确定生态因子的最适值，进而基于生态位优先模型确定各生态因子的权重。姚远[102]以评价者期望靶心为参考点确定益损评价矩阵，定义正负生态位最适值，确定正负前景评价矩阵，并以评价者期望和公平竞争原则构建生态因子指标权重模型，根据综合前景值确定区域创新系统排序，给出了基于生态位适宜度理论的评价指标体系。刘洪久等[103]通过构建区域创新生态系统的评价指标体系，采用生态位评估模型对苏州市与江苏省内其他主要城市以及长三角发达城市在创新生态系统适宜度方面进行比较，就区域创新生态系统适宜度与地区生产总值、高科技产业产值之间有何关系进行定量分析。实证结果显示，创新生态系统适宜度评估指标中的社会研发总费用是影响地区生产总值的主要生态因子，专利授权数量则是影响高科技产业产值的主要生态因子。与此相类似的还有李峰等[104]的研究。孙丽文等[105]先是应用生物种群的逻辑斯蒂（Logistic）增长模型对创新主体之间的竞争演化和协同创新演化问题进行研究，通过分析得出演化机理后，再对京津冀区域的生态位适宜度及进化动量进行了评价；结果发现，在生态位适宜度方面，北京的数值结果远远高于天津和河北，而在进化动量方面，河北高于北京和天津，这说明对于北京创新活动所需资源的满足程度较高，河北创新活动提升的空间较大。刘钒等[106]指出：在评价指标选择方面，传统的生态位适宜度模型往往从创新主体、创新资源、创新环境、创新成果四个维度对生态因子进行选择；在生态因子赋权方面，往往采用均等赋权法和熵值赋权法。而传统生态位适宜度模型的这些做法存在无法反映创新生态系统各要素的动态状态、无法体现不同生态因子在系统中的不同地位等不足之处。基于此，刘钒等对传统的生态位适宜度模型进行了修正与改进，重构了区域创新生态系统健康评价指标体系；采用描述性和定量分析方法对省域和城市两个不同层次的区域创新生态系统进行评价，得出了我国区域创新生态系统健康度不平衡状况仍在加剧的结论。金莉等[107]从区域创新生态系统的基本结构要素出发，从创新主体、创新资源、创新环境方面开展生态位适宜度测度。解学梅等[108]从创新群落、资源生态位、生境生态位、技术生态位四个维度测算了生态位适宜度。

3. 成熟度

马永红等[109]利用熵权物元可拓的方法划分了黑龙江省的区域创新生态系统成熟度等级。李昂[110]构建了包含创新环境、创新机制、创新资源、创新人才、创新市场的国家创新生态系统成熟度评价体系，并用层次分析法进行赋权，进而运用模糊综合评价建立评价指标体系。段进军等[111]从五方面入手，构建了区域创新生态系统成熟度评价指标体系，对苏州创新生态系统成熟度进行了研究。黄晓杏等[112]基于熵权 TOPSIS 法测算了中国中部六省十年间的绿色创新成熟度综合水平。

4. 健康度

Marco Iansiti[113]借鉴生态学相关概念，提出了商业生态系统健康（Ecosystem's Health）的概念，认为可以从五个方面对商业生态系统的健康性进行测度，即生存率（survival rates）、系统结构稳定性（persistence of ecosystem structure）、可预测性（predictability）、原有技术或投入有限废退的程度（limited obsolescence）、所利用经验和案例的延续性（continuity of use experience and use cases）。可采取的评估方法有两类。一类方法是分析生态系统中价值的可持续提供能力。在经历一个重要的外部扰动之后，生态系统中主要企业价值的持续力和恢复力可以作为评价生态系统健壮性的重要指标。另一类方法是通过检测财务指标和企业存活率进行评估。健康的商业生态系统将提升各类企业的生存，包括大量经历了不可避免的外部扰动的缝隙型企业，在经历不可避免的外部扰动之后。苗红、黄鲁成[114]基于对生态系统健康理论的分析，提出了对区域技术创新生态系统健康度的评价方法，建立了包括系统自组织健康程度、系统整体功能、系统外部胁迫三个方面的综合性健康评价指标体系，并且利用这一评价体系对苏州科技园区创新生态系统的健康状况进行了实证评价和分析。张运生、郑航[115]从企业这一微观视角出发，构建了包括融合风险、机会主义败德风险、资源流失风险、锁定风险及外部环境风险在内的高新科技企业创新生态系统风险评价指标体系。吴金希[116]认为可以从适应环境的能力、增值能力、健康度、寿命和生命周期阶段等方面衡量创新生态系统的活力。李福等[117]剖析了创新生态系统的竞争能力和持续运行机理，构建了创新生态系统健康度评价模型。何向武等[118]通过梳理文献，对创新生态系统相关理论进行了研究，除洛特卡－沃尔泰拉（Lotka-Volterra）模型外，他们还引入了聚类分析的方法，并以此为基础为评价区域高新技术产业创新生态系统的协同性建立了一套体系，并以中国大陆31个省、自治区和直辖市的实际数据进行测算，完成了相关评估。姚艳虹等[119]从企业主体视角出发，通过运用德尔菲法对指标进行甄别筛选，确定生产率、适应力和多样性三个一级评价指标以及生产效率、创新产出、抗扰能力和物种多样性等九个二级评价指标，开发可量化的三级评价指标，并确定各级指标权重，构建创新生态系统健康度评价指标体系。姚艳虹等据此对湖南省制造业集群的健康度进行评价，结果显示该健康度处于中等水平，该研究结合研究结果提出改善创新生态系统健康度的对策和建议。李佳颖[120]从创新要素、创新环境、系统交互性、创新绩效四个维度测度区域创新生态系统的健康性。王宏起等[121]根据创新生态系统在稳定性方面的表现，从结构、效益和功能三个维度构建了战略性新兴产业创新生态系统稳定性评价指标体系，利用熵权法和层次分析法，对黑龙江创新系统进行了评价分析。武翠等[122]从创新种群的异质性与共生性视角出发，采用Lotka-Volterra与复合系统协同度两种模型，对长三角一体化区域创新生态系统的动态演化进行了研究分析。颜靖艺等[123]以知识生态系统遵循的DICE运行模式作为分析框架，建立了中小城市国家高新区创新生态系统评价指标体系，并选取了九个城市进行实证研究。李晓娣等[124]采用具有速度特征的动态综合评价模型对我国30个省自治区和直辖市的区域创新生态系统健康性进行了综合评价研究。

李慧莹[125]建立了区域创新生态系统成熟度评价指标体系，并利用改进的密切值法构建了成熟度模型，使用2014—2019年四大城市群的相关数据进行了实证研究，描述了京津冀区域创新生态系统的发展现状，并根据研究结果提出具有针对性的建议和对策，以促进京津冀城市群更深层次的协同发展。刘和东等[126]将创新生态系统健康度、技术突破与产业结构升级纳入同一个框架，通过构建固定效应与门槛效应模型，基于2009—2020年我国30个省、自治区和直辖市的相关数据，从成长力、抵抗力、恢复力、环境适宜四个维度测度各区域的创新生态系统健康度及其影响效应。

（六）对中国区域层面和国家层面创新生态的研究

宏观视角下的创新生态系统是一个跨组织的，政治、经济、技术、环境相互作用、协同发展的系统，其在提升国家创新能力和促进经济社会发展的作用值得被关注[66, 108]。宏观层面的创新生态系统主要强调从体制基础和政策制度层面构建创新生态系统所需要的要素[127]。宏观层面的创新生态系统包括区域创新生态系统和国家创新生态系统。区域创新生态系统是基于生态学理论分析区域的创新活动和过程[67]；是在一定的空间范围内，由创新主体与创新环境通过相互作用、相互依存而形成的复杂动态系统[128]。在创新体系视野中，区域创新生态系统被视为国家创新生态系统的缩小版[18]；是国家创新生态系统的基础和管理工具[129]；是国家创新生态系统在地区的深化版本[130]。

在区域层面，创新生态系统中创新主体的共生关系应被关注，从而为区域提供创新动力[131]。创新主体之间的共生关系受到由区域内的经济、市场、政策、人文、技术、基础设施等构成的共生环境的影响。美国硅谷和北京中关村是具有代表性的区域创新生态系统[132]。李晓娣等认为建设创新生态系统并发挥其共生效应是为推动地区科技创新发展而应首选的战略。具体做法是利用共生测度模型计算我国区域创新生态系统的共生度，并进一步建立静态和动态面板数据模型，对区域创新生态系统共生与科技创新绩效间的关系进行实证分析[133]；以共生为视角，建立区域创新生态系统综合评价指标体系，对我国区域创新生态系统整体及各生态特征的发展状况进行静态和动态综合评价，并分析其时空特征、地区差异及关键因素的变迁[134]。王文静等[135]从演化视角出发，考察群落结构变化对区域创新生态系统韧性的影响及作用机制。

国家创新生态系统是从国家整体层面对建设创新型国家进行的全局部署，其范围更大、结构更复杂，企业、产业、区域以及其他类型的创新生态系统（如教育创新生态系统、创新创业生态系统、知识创新生态系统等）都是国家创新生态系统的组成部分[136-137]。

多位学者对国家创新生态系统进行了界定。国家创新生态系统是由政府主导的，强调以企业为核心主体，多维度、多领域的创新主体协同推进产业融合发展和区域协调高质量发展的整合式创新生态体系[128, 138]，其目标是推进技术创新和经济发展。国家创新生态系统的概念至少包括三个公认的假设：1. 各国在经济表现方面存在着系统性差异；2. 经济表现在很大程度上不仅取决于不同的技术和创新能力，还取决于制度的发展；3. 创新和技术政策是促进和塑造国家绩效的有效工具[139]。国家创新生态系统是一个国家内部的创新主体在创新环境中为实现创新总体目标，互利共生、价值共创、适应依存、协同演化，形成共生竞合、动态演化的开放、复杂的系统[136]。

陈劲等[138]基于整合式创新和国家创新系统理论，提出高效开放、协同的新型国家创新生态系统的内涵与框架，并结合多个国有企业的创新发展案例，提炼出建设新型国家创新生态系统、加速国有企业创新发展的六大典型路径，为全面提升国家创新系统效能、培育具有全球竞争力的世界一流创新型国有企业提供重要理论与政策参考。

杜传忠等[140]总结出国家创新生态系统具有多样共生性、层次交互性、动态稳定性、协同开放性等特征，其主要通过"结构－立体""活动－功能"和"系统－生态"三大机制提升一个国家的科技创新能力。现阶段，我国创新生态系统及创新能力主要存在转化率低等问题。为此，杜传忠等提出明确多元创新主体职能定位、强化企业创新主体作用、加快构建具有中国特色的创新生态系统等建议。

二、对现有研究的评述

作为一个全新的研究领域，创新生态系统的构成、发展以及功能等方面引起了学者的极大兴趣，并因此成为一个研究热点。由于该主题具有新颖性，在2023年11月之前，Web of Science数据库中只有1 104条有关区域创新生态系统的学术文章，不包括专利、会议纪要等。然而，正如图1-1所示，研究的数量显然在急速增加，且集中于2019—2023年，这五年中发表的相关学术文章有744篇之多，占同主题学术文章的67.5%。由此可以看出，区域创新生态系统作为一个较新颖的研究领域，正享受其繁荣的学术研究红利，并将在未来一段时间内保持其研究热度，直至饱和。

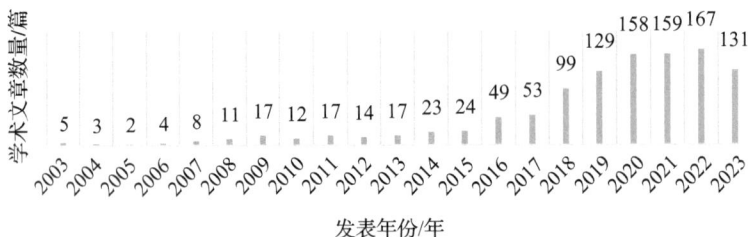

图 1-1　Web of Science 中关于区域创新生态系统的学术文章数量

作为创新活动领域的一个新兴方向，区域创新生态系统所涉及的学科相对集中，其中，最为集中的学科为经济管理、环境科学与生态学、区域规划、公共管理等。相关研究的基本内容涵盖从对区域创新生态系统内涵、特征等，到对生态系统的指标设计、量化评估，再到产业、城市、区域、国家层面的创新生态研究，这些研究依据区域创新生态系统理论研究和创新要素之间、主体之间的关系，分析地区发展短板并提出针对性路径或对策。作为创新生态系统理论的研究新阶段，区域创新生态系统进一步丰富了我国在科技创新、区域发展等方面的理论与实践。

区域创新生态系统是一门新兴的研究学科，本书将构建中国区域创新生态系统评价指标体系并进行测算，从城市、城市群角度对区域创新生态系统做出评价。在主体维度，本书主要分析企业、科研院所、政府在区域创新生态系统中的角色和作用；在创新阶段维度，本书将测算研发阶段和转化阶段的创新效率，分析区域创新生态系统在研发阶段和转化阶段的现状与存在的问题。

第三节　研究内容与结构安排

本书将分为十一章。

第一章为导论，介绍本书的研究背景、国内外研究现状和本书的主要内容。

第二章为创新生态系统核心概念与理论基础。这一章将界定创新、创新生态系统、区域创新生态系统等概念并概述科技创新理论、螺旋创新理论、临近理论、生态系统理论和区域协同发展理论。

第三章为区域创新生态系统评价指标体系构建。该章将提出构建逻辑与框架，采用主成分分析法和熵值法等综合指标体系测算方法，构建中国区域创新生态系统评价指标体系并进行测算分析。

第四章为区域创新生态系统适宜度、成熟度、健康度评价。创新生态位适宜度、成熟度、健康度是评价创新生态系统水平的重要指标。在对创新生态位适宜度的分析方面，本书借鉴了前辈的研究成果，创新性地加入"联结属性"，用以刻画产学研创新主体之间的相互关系，使评价指标更加动态化。在结合时代背景分析区域创新生态系统适宜度的基础上，该部分内容将深入探讨区域创新生态系统成熟度的概念、衡量方法和分析结果，重点强调创新生态系统成熟度的五个子系统；运用熵值法对中国31个省、自治区、直辖市的创新生态系统成熟度的进行了横向和纵向分析。在分析区域创新生态系统适宜度、成熟度的基础上，该章还将构建健康创新生态系统的维度，并提出一个基于成长、韧性、恢复力和可持续性的评价框架。第四章会利用熵值法对中国区域创新生态系统12年间的健康状况进行评分。该章最后建议采取针对性策略来提升创新生态系统健康度。

第五章为区域创新生态系统评价。这一章将基于对北京、上海与深圳这三个城市的对比分析，从创新投入、创新产出、创新效率角度对三地的创新情况进行比较，测算三地创新生态系统评价指数，从综合指数的评价结果和各分维度指数的评价结果对比分析三地的创新生态系统。

第六章为区域创新生态系统评价。该章将基于对京津冀、长三角与珠江三角地区这三大城市群的对比分析，从创新投入、创新产出、创新效率角度对三个区域的创新情况进行比较，测算这三个区域的创新生态系统评价指数，从综合指数的评价结果和各分维度指数的评价结果对比分析三个区域的创新生态系统。

第七、八、九章为区域创新生态系统的主体维度分析。在概述各主体角色概述基础上，这三章内容将分别分析企业、高校院所和政府在区域创新生态系统中的角色和作用。鉴于国有企业在我国的特殊地位和专精特新企业的重要作用，第七章主要分析了上市国有企业和专精特新企业的创新效率。高校是区域创新系统的支柱性主体，但其科技成果转化率较低，而师生共创模式是高校科技成果转化较成功的模式。由于大学科技园在高校科技成果转化和区域创新生态体系中具有特殊作用，第八章将重点探讨大学科技成果转化的师生共创模式和大学科技园在创新生态系统中的功能、地位和作用。财政分权体制改革之后，地方省委书记作为中央创新支持政策的主要贯彻执行者和辖区创新发展的主要责任人，在推动改善区域创新生态系统的进程中发挥着关键作用，他们更具引导改善创新生态系统的能力和动机。在区域创新效率方面，营商环境是重要的影响因素。第九章将重点分析地方官员来源和营商环境对全区域创新生态系统的影响。

第十章为区域创新生态系统的阶段维度分析。这一章将在概述创新各阶段的基础上，运用 DEA 方法测算研发阶段和转化阶段的创新效率，分析区域创新生态系统在研发阶段和转化阶段的现状与问题。

第十一章为总结和政策建议。

本章参考文献

［1］中共中央、国务院关于深化科技体制改革加快国家创新体系建设的意见［J］.中华人民共和国国务院公报，2012（28）：4-11.

［2］国务院关于印发"十三五"国家科技创新规划的通知［J］.中华人民共和国国务院公报，2016（240）：6-53

［3］习近平.高举中国特色社会主义伟大旗帜 为全面建设社会主义现代化国家而团结奋斗［N］.人民日报，2022-10-26（1）.

［4］MARSHALL A. The principles of economics［J］. Political science quarterly，1920，77（02）：519-524.

［5］FREEMAN C. Networks of innovators：a synthesis of research issues［J］. Research policy，1991，20（05）：499-514.

［6］COOKE P，URANGA M G，ETXEBARRIA G. Regional innovation systems：institutional and organisational dimensions［J］. Research policy，1997，26（4-5）：475-491.

［7］柳卸林.区域创新体系成立的条件和建设的关键因素［J］.中国科技论坛，2003，19（01）：18-22.

［8］PCAST. Sustaining the nation's innovation ecosystem：information technology manufacturing and competitiveness［R］. Washington：［s. n.］，2004.

［9］梅亮，陈劲，刘洋.创新生态系统：源起、知识演进和理论框架［J］.科学学研究，2014，32（12）：1771-1780.

［10］RUSSELL M G，SMORODINSKAYA N V. Leveraging complexity for ecosystemic innovation［J］. Technological forecasting and social change，2018，136（NOV.）：114-131. DOI：10.1016/j. techfore.2017.11.024.

［11］AUDRETSCH D B，LEHMANN E E. Does the knowledge spillover theory of entrepreneurship hold for regions? ［J］. Research policy，2005，34（08）：1191–1202.

［12］PORTER M E. Clusters and the new economics of competition ［J］. Harvard business review，1998，76（06）：77–90.

［13］LUNDALL B A. Product innovation and user–producer interaction ［M］. Aalborg：Aalborg University Press，1985：29–30.

［14］FREEMAN C. Technology policy and economic performance：lessons from Japan ［M］. London：FrancesPinter，1987：1–5.

［15］ASHEIM B T，ISAKSEN A. Location，agglomeration and innovation：towards regional innovation systems in Norway? ［J］. European planning studies，1997，5（03）：299–330.

［16］METCALFE S. The economic foundations of technology policy：equilibrium and evolutionary perspectives ［M］//STONEMAN P. Handbook of the economics of innovation and technological change. Oxford：Blackwell Publishers，1995：409–512.

［17］COOKE P. Regional innovation systems：competitive regulation in the new Europe ［J］. Geoforum，1992，23（03）：365–382.

［18］李万，常静，王敏杰，等. 创新3.0与创新生态系统 ［J］.科学学研究，2014，32（12）：1761–1770.

［19］TANSLEY A G. The use and abuse of vegetational concepts and terms ［J］. Ecology，1935，16（03）：284–307.

［20］ASHEIM B T，ISAKSEN A. Regional innovation systems：the interation of local "sticky" and global "ubiquitous" knowledge ［J］. The journal of technology transfer，2002，27（01）：77–86.

［21］LEE K，LIM C. Technological regimes，catching–up and leapfrogging：findings from the Korean industries ［J］. Research policy，2001，30（3）：459–483.

［22］GRANOVETTER M. The impact of social structure on economic outcomes ［J］. Journal of economic perspectives，2005，19（01）：33–50.

［23］ADNER R. Match your innovation strategy to your innovation ecosystem ［J］. Harvard business review，2006，84（04）：98–107.

［24］METCALFE S，RAMLOGAN R. Innovation systems and the competitive process in developing economies ［J］. Quarterly review of economics & finance，2008，48（02）：433–446.

［25］ESTRIN J. Closing the Innovation Gap：Reigniting the spark of creativity in a global economy ［M］. New York：Mc Graw–Hill，2009.

［26］ADNER R. Ecosystem as structure：an actionable construct for strategy ［J］. Journal of management，2017，43（01）：39–58.

［27］黄鲁成. 关于区域创新系统研究内容的探讨 ［J］.科研管理，2000，21（02）：43–48.

［28］黄鲁成. 论区域技术创新生态系统的生存机制 ［J］.科学管理研究，2003，21（02）：47–51.

［29］黄鲁成. 区域技术创新生态系统的稳定机制 ［J］.研究与发展管理，2003（04）：48–52；58.

［30］黄鲁成. 区域技术创新生态系统的特征 ［J］.中国科技论坛，2003（01）：23–26.

［31］黄鲁成.研究区域技术创新系统的新思路：关于生态学理论与方法的应用［J］.科技管理研究，2003（02）：29-32.

［32］张敏，段进军.区域创新生态系统：生成的合理性逻辑与实现路径简［J］.管理现代化，2018，38（01）：3.

［33］邱苏楠.区域创新生态系统的现状分析［J］.科技与创新，2018（21）：71-72.

［34］孔伟，张贵，李涛.中国区域创新生态系统的竞争力评价与实证研究［J］.科技管理研究，2019（04）：8.

［35］张小燕，李晓娣.我国区域创新生态系统共生性分类评价［J］.科技进步与对策，2020，37（12）：10.

［36］裴耀琳.区域创新生态系统供需协同的全要素生产率影响机制研究［D］.太原：山西财经大学，2021.

［37］FUKUDA K，WATANABE C. Japanese and US perspectives on the National Innovation Ecosystem［J］. Technology in society，2008，30：49-63.

［38］NAMBISAN S，ZAHRA S A. Entrepreneurship in global innovation ecosystem［J］. Academy of marketing science review，2011，1：4-17.

［39］冉奥博，刘云.创新生态系统结构、特征与模式研究［J］.科技管理研究，2014，34（23）：53-58.

［40］张省.创新生态系统理论框架构建与案例研究［J］.技术经济与管理研究，2018（05）：24-28.

［41］柳卸林，孙海鹰，马雪梅.基于创新生态观的科技管理模式［J］.科学学与科学技术管理，2015，36（01）：18-27.

［42］金吾伦，李敬德，颜振军.鼎力打造首都创新生态系统［J］.前线，2006（10）：38-40.

［43］王祥兵，严广乐，杨卫忠.区域创新系统动态演化的博弈机制研究［J］.科研管理，2012（11）：1-8.

［44］薛晶心，张凌志.区域创新生态系统的内生动力研究［J］.管理观察，2017（29）：77-78；81.

［45］埃斯特琳.美国创新在衰退？［M］.闫佳，翁翼飞，译.北京：机械工业出版社，2010.

［46］PATCHELL J，HAYTER R，REES K. Innovation and local development：the neglected role of large firms［A］. Making connections：technological learning and regional economic change. Aldershot：Ashgate，1999：109-142.

［47］陈斯琴，顾力刚.企业技术创新生态系统分析［J］.科技管理研究，2008（07）：453-454；447.

［48］MOORE J F. The death of competition：leadership and strategy in the age of business ecosystems［M］. New York：Harper Business，1996.

［49］MOORE J F. Predators and prey：a new ecology of competition［J］. Harvard business review，1993，71（03）：75-86.

［50］JACKSON D J. What is an innovation ecosystem？［J］. National science foundation，2011，1（02）：1-13.

［51］CARAYANNIS E G，CAMPBELL D F J. "Mode 3" and "quadruple helix"：toward a 21st century fractal innovation ecosystem [J]. International journal of technology management, 2009, 46 (3-4): 201-234.

[52] GOMES L A D, FACIN A L F, SALERNO M S, et al. Unpacking the innovation ecosystem construct: evolution, gaps and trends [J]. Technological forecasting and social change, 2018, 136: 30-48.

[53] JACOBIDES M G, CENNAMO C, GAWER A. Towards a theory of ecosystems [J]. Strategic management journal, 2018, 39 (08): 2255-2276.

[54] GRANSTRAND O, HOLGERSSON M. Innovation ecosystems: a conceptual review and a new definition [J]. Technovation, 2020, 90-91: 102098.

[55] 张运生, 邹思明. 高科技企业创新生态系统治理机制研究 [J]. 科学学研究, 2010, 28 (05): 785-792.

[56] 孙聪, 魏江. 企业层创新生态系统结构与协同机制研究 [J]. 科学学研究, 2019, 37 (07): 1316-1325.

[57] 冯南平, 管玉婷. 技术创新对军民融合创新生态系统共生组织规模的影响研究 [C] // 第十三届 (2018) 中国管理学年会论文集. 北京: 中国管理现代化研究会, 2018: 285-296.

[58] 李翔龙, 王庆金, 黄帅. 军民融合企业技术创新生态系统协同机制研究 [J]. 财经问题研究, 2021 (12): 133-143.

[59] ADNER R, KAPOOR R. Value creation in innovation ecosystems: how the structure of technological interdependence affects firm performance in new technology generations [J]. Strategic management journal, 2010, 31 (3): 306-333.

[60] ADNER R, KAPOOR R. Innovation ecosystems and the pace of substitution: re-examining technology s-curves [J]. Strategic management journal, 2016, 37 (04): 625-648.

[61] 陈衍泰, 孟嫒嫒, 张露嘉, 等. 产业创新生态系统的价值创造和获取机制分析: 基于中国电动汽车的跨案例分析 [J]. 科研管理, 2015, 36 (S1): 68-75.

[62] 刘珂, 乔钰容. 产业集群创新生态系统的进化机制研究 [J]. 商业经济研究, 2020 (10): 180-184.

[63] 许冠南, 周源, 吴晓波. 构筑多层联动的新兴产业创新生态系统: 理论框架与实证研究 [J]. 科学学与科学技术管理, 2020, 41 (07): 98-115.

[64] 张凌洁, 马立平. 数字经济、产业结构升级与全要素生产率 [J]. 统计与决策, 2022 (03): 5-10.

[65] 余东华, 李云汉. 数字经济时代的产业组织创新: 以数字技术驱动的产业链群生态体系为例 [J]. 改革, 2021 (07): 24-43.

[66] 赵放, 曾国屏. 多重视角下的创新生态系统 [J]. 科学学研究, 2014, 32 (12): 1781-1788; 1796.

[67] 李晓娣, 张小燕. 区域创新生态系统共生对地区科技创新影响研究 [J]. 科学学研究, 2019, 37 (05): 909-918; 939.

[68] 王展昭, 唐朝阳. 区域创新生态系统耗散结构研究 [J]. 科学学研究, 2021, 39 (01): 170-179.

［69］SHAW D R, ALLEN T. Studying innovation ecosystems using ecology theory ［J］. Technological forecasting and social change, 2018, 136: 88–102.

［70］IRYNA P, SHEVTSOVA H, ANTONYUK V, et al. A conceptual framework for developing of regional innovation ecosystems ［J］. European journal of sustainable development, 2020 （03）: 626–640.

［71］陈劲. 企业创新生态系统论 ［M］. 北京：科学出版社，2017.

［72］COHENDET P, SIMON L, MEHOUACHI C. From business ecosystems to ecosystems of innovation: the case of the video game industry in Montréal ［J］. industry and Innovation, 2021, 28 （08）: 1046–1076.

［73］王华，杨曦，赵婷微，等. 基于扎根理论的创新生态系统构建研究：以中国人工智能芯片为例 ［J］. 科学学研究，2023，41 （01）: 131–155.

［74］AARIKKA-STENROOS L, RITALA P. Network management in the era of ecosystems: systematic review and management framework ［J］. Industrial marketing management, 2017, 67: 23–36.

［75］SONG J. Innovation ecosystem: impact of interactive patterns, member location and member heterogeneity on cooperative innovation performance ［J］. Innovation: management policy and practice, 2016, 18 （01）: 13–29.

［76］欧忠辉，朱祖平，夏敏，等. 创新生态系统共生演化模型及仿真研究 ［J］. 科研管理，2017，38 （12）: 49–57.

［77］BACON E, WILLIAMS M D, DAVIES G. Coopetition in innovation ecosystems: a comparative analysis of knowledge transfer configurations ［J］. Journal of business research, 2020, 115: 307–316.

［78］LIU B, SHAO Y F, LIU G, et al. An evolutionary analysis of relational governance in an innovation ecosystem ［J］. SAGE open, 2022, 12 （02）: 21582440221093044.

［79］曾赛星，陈宏权，金治州，等. 重大工程创新生态系统演化及创新力提升 ［J］. 管理世界，2019，35 （04）: 28–38.

［80］PHILLIPS M A, RITALA P. A complex adaptive systems agenda for ecosystem research methodology ［J］. Technological forecasting and social change, 2019, 148: 119739.

［81］PHILLIPS M A, SRAI J S. Exploring emerging ecosystem boundaries: defining "the game" ［J］. International journal of innovation management, 2018, 22 （08）: 1–21.

［82］RONG K, PATTON D, CHEN W. Business models dynamics and business ecosystems in the emerging 3D printing industry ［J］. Technological forecasting and social change, 2018, 134: 234–245.

［83］曾国屏，苟尤钊，刘磊. 从"创新系统"到"创新生态系统" ［J］. 科学学研究，2013，31 （01）: 4–12.

［84］周茜. 基础研究生态系统的概念、结构、特征与运行 ［J］. 中国科技论坛，2022 （02）: 59–67.

［85］RONG K, LIN Y, YU J, et al. Exploring regional innovation ecosystems: an empirical study in China ［J］. Industry and innovation, 2021, 28 （05）: 545–569.

［86］ROBACZEWSKA J, VANHAVERBEKE W, LORENZ A. Applying open innovation strategies in the context of a regional innovation ecosystem: the case of Janssen Pharmaceuticals［J］. Global transitions, 2019, 1: 120-131.

［87］OH D S, PHILLIPS F, PARK S, et al. Innovation ecosystems: a critical examination［J］. Technovation, 2016, 54: 1-6.

［88］XIE X M, WANG H W. How can open innovation ecosystem modes push product innovation forward? An fsQCA analysis［J］. Journal of business research, 2020, 108: 29-41.

［89］XIE X M, WANG H W. How to bridge the gap between innovation niches and exploratory and exploitative innovations in open innovation ecosystems［J］. Journal of business research, 2021, 124: 299-311.

［90］AUTIO E, NAMBISAN S, THOMAS L D, et al. Digital affordances, spatial affordances, and the genesis of entrepreneurial ecosystems［J］. Strategic entrepreneurship journal, 2018, 12 (01): 72-95.

［91］ESTY D C PORTER M E. Industrial ecology and competitiveness strategic implications for the firm［J］. Journal of industrial ecology, 1998, 2 (01): 35-43.

［92］CHESBROUGH H W. Open innovation: the new imperative for creating and profiting from technology［M］. Boston: Harvard Business Press, 2006.

［93］侯风华, 赵国杰. 我国东部省市的区域创新能力评价研究［J］. 科学管理研究, 2008 (02): 21-23.

［94］裴莹, 张曙霄. 中国区域创新系统运行效率对离岸 ITO 发展的影响研究: 基于 DEA-malmquist 指数方法的分析［J］. 工业技术经济, 2013, 32 (09): 104-114.

［95］鲁继通. 我国区域创新效率及其影响因素研究: 基于创新成本控制视角的分析［J］. 价格理论与实践, 2018 (02): 143-146.

［96］陈邑早, 黄诗华, 王圣媛. 我国区域创新生态系统运行效率: 基于创新价值链视角［J］. 科研管理, 2022, 43 (07): 11-19.

［97］廖凯诚, 张玉臣, 杜千卉. 中国区域创新生态系统动态运行效率的区域差异分解及形成机制研究［J］. 科学学与科学技术管理, 2022, 43 (12): 94-116.

［98］周青, 陈畴镛. 中国区域技术创新生态系统适宜度的实证研究［J］. 科学学研究, 2008, 26 (S1): 242-246; 223.

［99］覃荔荔, 王道平, 周超. 综合生态位适宜度在区域创新系统可持续性评价中的应用［J］. 系统工程理论与实践, 2011, 31 (05): 927-935.

［100］苌千里. 基于生态位适宜度理论的区域创新系统评价研究［J］. 经济研究导刊, 2012 (13): 170-178.

［101］郭燕青, 姚远, 徐菁鸿. 基于生态位适宜度的创新生态系统评价模型［J］. 统计与决策, 2015 (15): 13-16.

［102］姚远. 基于累积前景理论的区域创新生态位适宜度灰靶评价研究［J］. 数学的实践与认识, 2019, 49 (19): 112-120.

［103］刘洪久, 胡彦蓉, 马卫民. 区域创新生态系统适宜度与经济发展的关系研究［J］. 中国管理科学, 2013, 21 (S2): 764-770.

［104］李峰，庞玉萍，金萍．区域创新生态系统适宜度实证研究［J］.改革与战略，2017，33（09）：121-126.

［105］孙丽文，李跃．京津冀区域创新生态系统生态位适宜度评价［J］.科技进步与对策，2017，34（04）：47-53.

［106］刘钒，张君宇，邓明亮．基于改进生态位适宜度模型的区域创新生态系统健康评价研究［J］.科技管理研究，2019，39（16）：1-10.

［107］金莉，周婷婷，李佳馨，等．生态位适宜度能否影响公共研发组织的创新效率：基于区域比较的实证分析［J］.中国软科学，2021（07）：143-151.

［108］解学梅，刘晓杰．区域创新生态系统生态位适宜度评价与预测：基于2009—2018中国30个省市数据实证研究［J］.科学学研究，2021（09）：1706-1719.

［109］马永红，王晓彤．基于熵权物元可拓的区域创新系统成熟度评价［J］.统计与决策，2014（22）：48-51.

［110］李昂．基于系统成熟度的国家创新生态评价指标研究［J］.科技管理研究，2016，36（17）：54-60.

［111］段进军，吴胜男．苏州创新生态系统成熟度研究：基于上海、杭州、深圳等16城市的比较分析［J］.苏州大学学报（哲学社会科学版），2017，38（06）：96-107+200.

［112］黄晓杏，余达锦，刘亦晴．区域绿色创新系统成熟度指标体系的构建与评价［J］.统计与决策，2019，35（21）：45-49.

［113］IANSITI M，LEVIEN R. The keystone advantage：what the new dynamics of business ecosystems mean for strategy, innovation and sustainability［M］.Boston：Harvard Business School Press，2004.

［114］苗红，黄鲁成．区域技术创新生态系统健康评价研究［J］.科技进步与对策，2008（08）：146-149.

［115］张运生，郑航．高科技企业创新生态系统风险评价研究［J］.科技管理研究，2009，29（07）：7-10.

［116］吴金希．创新生态体系的内涵、特征及其政策含义［J］.科学学研究，2014，32（01）：44-51；91.

［117］李福，曾国屏．创新生态系统的健康内涵及其评估分析［J］.软科学，2015，29（09）：1-4.

［118］何向武，周文泳．区域高技术产业创新生态系统协同性分类评价［J］.科学学研究，2018，36（03）：541-549.

［119］姚艳虹，高晗，昝傲．创新生态系统健康度评价指标体系及应用研究［J］.科学学研究，2019（10）：1892-1901.

［120］李佳颖．基于密切值法的我国区域创新生态系统健康性评价［J］.工业技术经济，2019（11）：94-100.

［121］王宏起，刘梦，武川，等．区域战略性新兴产业创新生态系统稳定水平评价研究［J］.科技进步与对策，2020，37（12）：118-125.

［122］武翠，谭清美．长三角一体化区域创新生态系统动态演化研究：基于创新种群异质性与共生性视角［J］.科技进步与对策，2021，38（05）：38-47.

［123］颜靖艺，李博 . 基于 DICE 模式的中小城市国家高新区创新生态系统评价研究：以 9 个中小城市国家高新区为例［J］. 产业创新研究，2021（22）：24-26.

［124］李晓娣，饶美仙，巩木 . 基于变化速度特征视角的我国区域创新生态系统健康性综合评价［J］. 华中师范大学学报（自然科学版），2021，55（05）：696-705.

［125］李慧莹 . 基于改进密切值法的京津冀区域创新生态系统成熟度研究［D］. 秦皇岛：燕山大学，2022.

［126］刘和东，王少强 . 创新生态系统健康度与产业结构升级的关系［J］. 科技管理研究，2023，43（12）：157-164.

［127］武建龙，于欢欢，黄静，等 . 创新生态系统研究述评［J］. 软科学，2017，31（03）：1-3；29.

［128］王凯，邹晓东 . 由国家创新系统到区域创新生态系统：产学协同创新研究的新视域［J］. 自然辩证法研究，2016，32（09）：97-101.

［129］唐开翼，欧阳娟，甄杰，等 . 区域创新生态系统如何驱动创新绩效：基于 31 个省市的模糊集定性比较分析［J］. 科学学与科学技术管理，2021，42（07）：53-72.

［130］王飞航，本连昌 . 创新生态系统视角下区域创新绩效提升路径研究［J］. 中国科技论坛，2021（03）：154-163.

［131］JIANG S，HU Y，WONG Z. Core firm based view on the mechanism of constructing an enterprise innovation ecosystem：a case study of Haier Group［J］. Sustainability，2019（11）：3108-3134.

［132］高山行，谭静 . 创新生态系统持续演进机制：基于政府和企业视角［J］. 科学学研究，2021，39（05）：900-908.

［133］李晓娣，张小燕 . 我国区域创新生态系统共生及其进化研究：基于共生度模型、融合速度特征进化动量模型的实证分析［J］. 科学学与科学技术管理，2019，40（04）：48-64.

［134］李晓娣，张小燕，尹士 . 共生视角下我国区域创新生态系统发展观测：基于 TOPSIS 生态位评估投影模型的时空特征分析［J］. 运筹与管理，2020，29（06）：198-209.

［135］王文静，刘一伟，赵子萱 . 群落演化对区域创新生态系统韧性的影响研究［J］. 科研管理，2023，44（11）：114-123.

［136］费艳颖，凌莉 . 构建高效的国家创新生态系统［J］. 人民论坛，2019（18）：62-63.

［137］杜传忠，刘忠京 . 基于创新生态系统的我国国家创新体系的构建［J］. 科学管理研究，2015，33（04）：6-9.

［138］陈劲，尹西明 . 建设新型国家创新生态系统 加速国企创新发展［J］. 科学学与科学技术管理，2018，39（11）：19-30.

［139］ACS Z J，AUDRETSCH D B，LEHMANN E E，et al. National systems of innovation［J］. The journal of technology transfer，2017，42（05）：997-1008.

［140］杜传忠，疏爽 . 我国提升科技创新能力的机制与路径分析：基于创新生态系统视角［J］. 社会科学辑刊，2023（01）：141-149.

第二章
创新生态系统核心概念与理论基础

2

第一节　核心概念

一、创新和创新网络

"创新"这一概念很宽泛，在经济学领域，奥地利经济学家约瑟夫·熊彼特在其 1912 年出版的《经济发展理论》一书中首先提出了创新方面的基本概念和思想，形成了最初的创新方面的理论。熊彼特认为，所谓创新，就是建立一种新的生产函数，其价值在于重新配置生产要素和生产条件。根据这一概念，他认为创新分为五种类型：1. 引入新产品或一种产品的新特性；2. 采用新技术，即新的生产方法；3. 开辟新市场；4. 获得原材料或半成品的新的供给来源；5. 产业的重新组织。"企业家"作为资本主义之"灵魂"的职能，就是实现"创新"[1]。此后，以技术变革和技术推广为对象的技术创新经济学和以制度变革和制度形成为对象的制度创新经济学形成了。所谓"经济发展"，也就是指整个资本主义社会不断实现这种"新组合"的演变。

学者 Freeman 于 1991 年基于目的视角率先提出创新网络的概念，他认为创新网络是城市企业之间通过合作而形成的，为提高创新能力而形成的一种非正式的关系产物[2]。此后，有关创新网络的研究不断深入。基于网络关系视角，创新网络是各企业之间通过交流合作，为获取对方特定设施、规范化管理和隐性知识而形成的一种正式和非正式的关系[3]。在不同的空间尺度视角下，创新网络可以被分为以个人、高校、企业、政府单位等组织形成的微观网络，以城市合作形成的中观网络，以及以国家之间贸易往来或技术合作而形成的宏观网络、制度体系等[4]。

二、区域创新生态系统

英国卡迪夫大学教授菲利普·库克首次提出了区域创新系统的概念，并且在《区域创新系统：全球化背景下区域政府管理的作用》一书中搭建了针对区域经济发展和创新的分析框架，以演化经济学为切入点，对区域创新系统的概念进行了详尽的介绍。他认为区域创新系统就是由生产上相互关联、经济上相互联系的企业、教育机构、科研组织等组成的区域性组织系统，这个系统支持、鼓励、产生创新，他进而从治理和商业创新的维度将区域创新系统划分为六种类型。库克从治理的角度，将区域创新系统分为基层型、网络型和统治型；从商业创新的维度，将区域创新系统分为当地型、互动型和全球型[5]。

创新生态系统可被定义为相互关联的元素在某种动态平衡的调节下共生的状态。其中，创新成为理想的产出，且各创新主体均在生态系统中扮演重要的角色[6-7]。区域生态系统是生态理论与区域创新系统相结合的产物[8]。将生态系统方法引入区域创新系统，这改变了人们对经济系统简单化、理论化、机械化的看法，在经济思维和经济政策制定中建立了一套与非线性发展相关的新原则，为区域创新系统研究提供一种新的视角与方法[9]。

在对美国硅谷创新持续发展方面的研究中，两本著名的著作——《区域优势：硅谷和128号公路的文化和竞争》（*Reginal Advantage：Culture and Competition in SiliconValley and Route 128*）和《硅谷前锋：创新和创业栖息地》（*The Silicon Valley Edge：A Habitat for Innovation and Entrepreneurship*）——诞生了。在《区域优势：硅谷和128号公路的文化和竞争》一书中，作者认为硅谷具有区域网络协作共生的工业体系，这是硅谷最明显的优势；而《硅谷前锋：创新和创业栖息地》一书则认为硅谷的最大优势在于硅谷是"高科技技术创业精神的栖息地"，且硅谷具有较强的"生态学"隐喻特征，这使硅谷经济具有难以复制性。因此，建立一个较强的知识生态体系（而非单纯模仿）才能实现强有力的知识经济[10-11]。在此生态学隐喻的基础上，克林顿政府在1994年发布的总统报告《科学与国家利益》中也提到，今天的科学和技术事业更像是生态系统，而非生产线。2004年，美国总统科技总顾问委员会（PCAST）先后发布了《维护国家的创新生态系统：信息技术制造和竞争力》和《维护国家的创新生态系统：保持美国科学和工程能力之实力》两份报告，正式提出了"创新生态系统"的概念。前者称国家的技术领导地位与创新领导地位取决于创新生态系统的获利能力与动态性[10]；后者则认为供给、需求、政策和基础设施是国家创新生态系统的四大关键要素，其中，供给和需求显著影响国家的创新生产力，政策和基础设施则提供了新的加速平台[12]。至此，学术界和实业界完成了由"创新系统"向"创新生态系统"的研究和实践过渡。

第二节　理论基础

一、创新与科技创新相关理论

（一）创新理论

自经济学家约瑟夫·熊彼特提出创新理论以来，经过一个多世纪的发展，创新理论日益成熟，演变出了诸多创新模式，经历了"线性创新模式—系统创新模式—三螺旋创新模式—创新生态系统模式"的发展历程。

熊彼特提出的创新是一个商业化的概念，部分产生于企业中。为把发明转化为创新，企业通常需要组合几种不同类型的知识、技术能力和资源。企业家若要实现创新，必须展现出对创新的实现能力，与其是否为发现者或发明家关系不大。重要的是，企业家必须克服心理和社会方面的阻力，坚持运用新方法以产生"新的组合"。

熊彼特认为，在对资源进行重新组合的过程中，企业家起到的作用是决定性的，企业家通过自己的洞察力、判断力以及协调能力来对企业员工施加影响，在企业内形成一种创新的氛围。

（二）新熊彼特主义：技术创新理论与制度创新理论

20世纪50年代以来，以微电子技术为主导的新技术革命蓬勃兴起，推动了技术的进步和经济的增长，随着各种技术创新和科技革命不断兴起，日益明显且作用突出的普遍创新现象使得理论界重新对熊彼特的创新理论给予了关注，从而促进了对技术创新理论的系统研究，并由此形成了所谓的"新熊彼特主义"。

新熊彼特主义把熊彼特"创新理论"发展成为当代西方经济学的另外两个分支：以技术变革和技术推广为对象的技术创新经济学；以制度变革和制度形成为对象的制度创新经济学。前者注重技术创新在经济增长中的作用，而后者更注重制度创新在经济增长中的作用，两者从各自不同的视角分析研究创新对经济增长的决定作用。从本质上说，制度创新与技术创新以及经济增长之间的关系是交互的，它们存在于相互支持和相互制约的关系网络之中。在这种关系网络中，制度创新为技术创新以及经济增长提供激励和秩序，技术创新为制度创新提供基础和工具。

1. 技术创新理论：技术外生增长与技术内生增长

技术创新经济学理论以技术创新和技术进步为研究对象。20 世纪 70 年代以来，技术创新理论和技术进步理论逐步成为经济学界和政策界的研究热点。技术创新理论的重点是研究企业在创新过程中的技术创新行为、规律及其影响。技术进步理论则侧重评价技术创新、技术扩散等对宏观经济的影响。

（1）技术外生经济增长

第二次世界大战以来，技术进步推动经济发展的作用已成为公认的事实。1956 年，罗伯特·索洛在《对经济增长理论的一个贡献》中提出了新古典增长理论，在解释经济增长时引入资本与劳动两个关键变量，对这两个变量在增长中的作用及相互关系进行了论述，同时引入"索洛余值"，用以解释除了资本和劳动之外的、影响经济产出的所有因素，包括技术进步、规模经济、市场扩张等的作用。

考虑到新古典增长理论的缺陷，1957 年，索洛发表了《技术变化和总量生产函数》，把柯布－道格拉斯生产函数形式本身和"技术水平恒定"的限制加以改进，分析技术进步的作用，指出了技术进步在经济增长中所提供的巨大贡献。索洛提出，技术创新是经济增长的基本因素；技术与其他商品一样，在带来创新收益的同时，也受到非独占性、外部性等市场失灵因素的影响，适当的政府干预将极大地促进技术创新活动。索洛还建立了著名的技术进步索洛模型，专门用于测度技术进步对经济增长的贡献率。

索洛模型是经济学界在开展技术进步（技术创新）与经济增长之间关系的实证性研究时经常采用的基础模型和主要方法。索洛提出的索洛模型强调资本、劳动这两大生要素对经济增长起到的作用，而将技术进步视为经济增长的外部因素，因此被称为外生增长理论。

（2）技术内生经济增长

1986 年，保罗·罗默在其代表性论文《收益递增与长期增长》中指出，在考虑经济增长时，应当进一步放宽新古典理论规模收益不变的假设前提，除劳动与资本两个要素外，还应加入"知识"要素。他认为，技术进步、知识积累会产生外溢效应，进而能提高投资收益，实现规模收益递增，最终也会带来一国长期收益的增长，因此，知识也是经济增长的生产要素，要实现经济增长，必然要在知识上进行投资[13-14]。

罗默在其后来的《内生的技术变化》一文中进一步将"知识"要素微观化和具象化，提出了"研发"（R&D）的概念，指出"研发"不是企业投资的附加产品，而是一种需要特别付酬的活动。他认为，技术进步与创新应归结为企业有意识地为获取垄断利益而进行的活动，技术的非竞争性与排他性决定了生产的规模收益递增，从事"研发"的企业因此会从中获取收益。由此，以"研发"为基础的增长模型可以被分为两种类型：一种是对新产品的发明和创造，即产品种类的增加与产品体系的丰富（如新产业的出现）；一种是对旧产品的升级和改造，即对原有产品性能和构造的改进（如同类产品的升级换代）。

罗默把知识分解为一般知识和专业知识。一般知识产生经济外部效应，使所有企业都能获得规模收益。专业知识产生经济内部效应，给个别企业带来垄断利润，从而为这些企业提供了研究与开发基金和内在动力。因此，知识作为一种内生的独立因素，不仅可以使知识本身产生递增收益，而且使资本、劳动等其他投入要素的收益递增。这就为经济的长期增长提供了条件。使技术与众不同的特点之一在于它是公共品，产出一种技术发明的费用昂贵，但复制它很廉价。

索洛关于技术进步贡献率和罗默关于知识积累的研究改变了人们关于增长途径的思维方式。如果技术水平的差异导致各国人民的生活水平有高有低，并且假定技术知识是可生产的要素，那么问题由此产生：国家应如何提高技术水平？怎样有效推进技术知识的转移、扩散和增值？这些问题引发了关于国家创新体系的思考。

系统模式的引进将创新理论推升到一个新的高度，系统理论的特点在于其整体性、持久性、开放性、非线性等。系统是由不同元素相互交织而成的，通过不同主体的经济活动相互联系、相互影响，系统整体的效率得以提高。系统理论试图将一切与创新相关的元素都纳入创新系统之中，试图做到"面面俱到""包罗万象"，因此，系统理论具有典型的跨学科的特点，但也因此陷入了"博而不专"的怪圈。20世纪80年代末—90年代初，有关国家创新系统的研究成为创新理论研究的焦点，以弗里曼、纳尔逊、伦德瓦尔、波特等为代表的经济学家们对此进行了深入研究，这一理论得到许多政府部门的重视。许多国家从国家创新系统理论出发，依据各自的理论观点，制定、出台了相关的国家创新战略，国家创新理论在实践中得到了广泛的关注和应用。1987年，克里斯托夫·弗里曼首次提出"国家创新系统"的概念，即"公共部门和私营部门中的各种组织机构以促进新技术的启蒙、引进、改造和扩散为目的而构成的网络"[15]。

弗里曼系统地考察、研究了日本经济发展的历史，在此基础上，他将日本的经济成果归因于"国家创新系统"。日本的国家创新系统是一个以企业创新为核心、以政府引导为基础，制度创新和组织创新相辅相成的系统，这也是日本经济发展后来居上的主要原因。理查德·R.尼尔森将国家创新体系定义为"其相互作用影响到企业技术创新成果的一整套制度"[16]。之后，他开始在更广阔的范围内研究国家创新系统，将现代国家创新体系扩展到各种制度因素、组织因素以外，认为国家创新系统还应该包括各种致力于开发公共技术的大学以及受到政府部门资金支持的专门研究机构等。

随着国家系统理论的不断深化以及经济全球化的发展，经济要素的空间积聚特征愈加明显，经济意义上的"国家"概念逐步让位于"区域"概念，区域创新系统理论在此基础上得到发展，该理论的主要代表人物有英国卡迪夫大学教授库克、阿希姆和艾萨克森、奥泰奥、考夫曼和托特林等。

2. 制度创新理论：国家创新体系与区域创新体系

（1）国家创新体系

国家创新体系是随着实践的发展不断演变和丰富的，是各创新主体、环节、要素在创新环境中相互影响、彼此互动而形成的系统网络。

20世纪70—80年代，日本通过实施"技术立国"战略使经济获得了高速发展，而欧美国家经济发展相对滞后；20世纪90年代以来，日本经济发展明显减缓，而欧美国家，尤其是美国，经济发展强劲。学者们经研究发现，先前日本经济之所以高速发展，得益于日本的技术创新体系，相比于欧美国家，日本较早地从关注"基础研究"向技术创新转移，强调政府的产业和创新政策；随后，世界经济开始向知识经济转移，科研体系在知识经济中起着关键作用。由于欧美国家在基础研究领域的基础较好，知识创新和技术创新并举，因而其经济发展势头良好；而日本则因在基础研究领域的知识创新能力相对不足导致其经济持续低迷。由此，有许多学者提出了国家创新体系理论，用来解释和指导知识经济时代下国家层面的创新活动。

创新是一个多主体、多过程相互衔接、相互影响和相互作用的复杂系统。20世纪80年代之后，学界广泛开展对于国家创新体系的研究。1987年，英国苏塞克斯大学的弗里曼在其《技术政策与经济绩效：日本的经验》中首次使用了"国家创新体系（也称国家创新系统）"的概念，从而正式开辟了国家创新体系的研究命题。在弗里曼看来，创新体系是一个包含市场主体、政策制定者和社会创新的系统网络，这一网络不仅包含企业、产业结构，还容纳政府和大学等教育培训机构。国家创新体系是参与和影响创新资源的配置及利用效率的行为主体、关系网络和运行机制的综合体系，在这个系统中，企业和其他组织等创新主体通过国家制度的安排及主体之间的相互作用，推动知识的创新、引进、扩散和应用，使整个国家的技术创新取得更好的绩效。第二次世界大战之后日本经济迅速腾飞的原因就在于日本构建了适应信息技术时代发展的国家创新体系，从而推动了创新能力的提升，进而在国际竞争中占据了优势地位[17]。

在此之后，美国经济学家纳尔逊进一步强调了宏观调控在国家创新体系建设中的必要性。丹麦经济学者本特奥克·伦德瓦尔从微观角度展开对国家创新体系的研究，深入国家创新体系内部，探究其组成要素和运作机制，探究产业网络、公共部门、金融、科学和技术机构在其中的互动情况[18]。1990年，美国经济学家迈克尔·波特在其《国家竞争优势》一书中从国家竞争优势的角度探究国家创新体系的作用，将国家创新体系同全球化的大背景结合起来，构建了著名的"钻石理论"以分析在构建国家竞争优势过程中所需的各要素及其相互关系[19]。他用"产业集群"的概念替代了传统的组成要素分析，吸纳了宏观制度研究和微观要素研究的成果，为国家创新体系研究做出了较大贡献。在诸多学者的研究基础上，国际经济组织也开始重视这一重要命题。经济合作与发展组（OECD）织于20世纪90年代起对国家创新体系的运行机制、动力系统、衡量评估等方面进行了全面、深入的研究。研究成果表明：创新过程的关键在于知识与信息在不同参与者和创新环节中的流动。不同行为者（包括企业、大学、政府、各类科学机构与消费者）在科学研究、工程实施、产品开发、生产制造和市场销售的过程中所形成的互动网络就是国家创新体系[20]。OECD在1994年启动了"国家创新体系项目"，从而在创新理论研究和实践上掀起了高潮。两年后，OECD相继发表《以知识为基础的经济》和《国家创新体系》两份报告，标志着对知识经济时代和国家创新体系概念的共识，关于国家创新体系的研究从理论研究进入各国决策层面[21]。

21世纪以来，有关国家创新体系的研究越发深入。一方面，有关国家创新体系的研究在内容方面更加丰富。Atkinsa等[22]将行业协会引入研究视野，研究其在国家创新体系中发挥的信息传递、推进不同主体合作协调的功能。韦尔托瓦关注金融体系在国家创新体系中的功能，指出微观上的金融工具有助于企业创新活动融资，但宏观上的经济金融化过程可能会影响国家创新能力[23]。

这丰富了国家创新体系主题的研究。

（2）区域创新体系

有关区域创新体系的研究先后经历了三个阶段，即产业集聚、区域创新网络和区域创新生态系统阶段[24]。其中，区域创新生态系统在区域创新体系的基础上又强调了区域内不同主体之间的互动关系与动态演化。Cooke 等[25] 提出区域层面的创新系统，成为国家创新系统的重要组成部分。他们指出，区域创新体系主要是由在地理上相互分工与关联的生产企业、研究机构和高等教育机构等构成的区域性组织系统，该系统支持并产生创新。区域创新体系的概念内涵包括四个方面：一是区域创新体系的参与主体，有政府、企业、院所（包含科研机构和中介机构）等；二是区域创新体系的资源投入，涉及人才、资金、技术等资源；三是区域创新体系的创新对象，包含制度创新、管理创新、技术创新等；四是区域创新体系的创新成果，包括产品创新、产业创新、环境创新等。

区域创新体系是一个嵌入制度环境中的企业与其他组织和机构交互学习的系统，其思想主要源于国家创新体系和产业集群，其理论基础包括演化经济学、新经济地理理论和学习经济理论等，强调邻近、集聚、集群、惯例、标准、网络、节点、交互学习与创新，以及知识生产与传播的本地嵌入等方面的重要性；认为创新是一个演化、非线性和交互的过程，不同创新主体之间的频繁交流与合作对提升区域创新能力至关重要[26]。

构成区域创新体系的基本要素包括：①主体要素，即创新活动的行为主体，包括企业、大学、科研机构、各类中介组织和地方政府，其中，企业是技术创新的主体，是创新体系的核心；②功能要素，即行为主体之间的联系与运行机制，包括制度创新、技术创新、管理创新的机制和能力；③环境要素，即创新环境，包括体制、基础设施、社会文化心理和保障条件等，市场环境是企业创新活动的基本背景。区域创新体系由嵌入区域内社会、经济和文化环境中的多个子系统构成，区域创新体系的总体框架模型主要包括六个部分，即科研开发系统、企业技术创新系统、创新成果扩散系统、教育培训系统、区域宏观调控系统和社会服务支撑系统。这六个系统又分为创新运营和创新支撑两大层次：科研开发系统、企业技术创新系统、创新成果扩散系统属于创新运营层次；教育培训系统、区域宏观调控系统、社会服务支撑系统属于创新支撑层次。区域创新体系的结构还可以被分为组织结构和空间结构两个层面：组织结构主要是指区域创新体系的单元，如企业、大学、科研机构、中介机构和政府部门；空间结构是指区域创新空间网络和区域创新集群。

虽然区域创新系统重视区域内各创新主体的构成和交互学习，但该系统并不是封闭的，它并非完全独立于国家创新体系和其他系统之外，区域创新系统的子系统与全球、国家和其他区域系统相连接。也就说，区域创新体系并不否认国家（包括国际）、技术和行业要素的必要性，延续了国家创新体系理论在区域层面的发展，在创新体系理论中承担起衔接宏观层面与微观层面的作用，丰富了区域经济理论在创新领域的发展。

区域创新体系尽管不否认国家、技术和行业要素的必要性，但区域维度的重要性已得到广泛认可，如：各个区域在产业专业化方式和创新绩效方面存在不同，很多创新政策和制度最终要落实到区域层面；创新发生在具体的制度、政治和社会环境中，区域创新系统概念的流行反映了社会发展与经济增长过程中"交互学习"和"社会环境"的重要性[26]。

二、螺旋理论

20 世纪末，知识经济时代来临，人才、知识、科技等要素取代了自然资源和资本，成为生产力的核心要素，作为高素质人才培养基地和科学研究主阵地的大学已经成为经济社会发展的重要助推器。大学作为重要的创新机构，推动区域经济发展，大学的崛起是三螺旋创新模型成立的前提和基础。

三螺旋理论是 Etzkowitz 等学者[27]借用生物学领域 DNA 研究中的三螺旋概念，在分析波士顿 128 号公路高技术园区和硅谷科技园建设经验时提出的政府、企业与高校之间的创新协同发展模式。1997 年，美国纽约州立大学石溪分校的教授亨利·埃茨科威兹和阿姆斯特丹科技学院的教授雷德斯道夫提出了创新的三螺旋模型，用该模型解释了知识经济时代大学、产业、政府这三个创新主体之间是如何进行协同和互动的。大学、产业、政府是知识社会创新的三大要素，这些要素相互联系又彼此独立，形成了三种力量相互交叉的三螺旋结构[28]。三螺旋创新模型的出现是一次对传统创新范式的突破，在此之前的创新模型往往强调某个核心元素的驱动作用，但三螺旋模型并不强调单个元素的作用，而是注重三个系统之间的相互补充、相互作用，实现了创新范式由单要素驱动向多系统驱动的突破。根据三螺旋理论，大学、产业、政府三个机构"每个机构都可以起到其他机构能够起到的作用"，它们之间的相互作用可以产生科技园、衍生公司等混合机构，但是它们之间又是相互独立的，彼此"保持独立的身份和地位"。

（一）三螺旋创新

1. 三螺旋理论的起源

随着知识经济的发展，学者们在对知识创新的研究过程中发现，知识创新正在转向一个新的模型，其中，知识生产者的边界变得越来越模糊，而已有的创新理论无法解释这一现象。受生物学中 DNA 的双螺旋分子结构特征和分子生物学、结晶学中的三螺旋模式的启示，埃茨科瓦茨和勒特·雷德斯道夫引进了三螺旋模型来分析知识经济时代大学、产业和政府的关系以及"大学—产业—政府"之间的动力学机制。

雷德斯道夫是荷兰阿姆斯特丹大学科学和技术动力学系的研究人员，埃茨科瓦茨是美国纽约州立大学帕切斯分校社会科学部科学政策研究所的研究人员。埃茨科瓦茨首先提出了三螺旋理论，随后两人在 1995 年共同编写了著作《大学和全球知识经济：大学—产业—政府关系的三螺旋》，同年又发表了论文《三螺旋——大学、产业、政府关系：以知识为基础的经济发展的实验室》，标志着三螺旋理论的诞生。

2. 三螺旋理论的内涵

三螺旋创新理论利用一个螺旋型非线性网状创新模型，描述不同创新机构之间在知识商品化不同阶段的多重关系，即"大学—产业—政府"三方在创新过程中以经济发展需求为纽带，在长期的正式和非正式的合作和交流中，密切合作、相互作用，形成三种力量相互交叉影响、螺旋上升的"三重螺旋"的新关系。

支持区域创新系统的制度所构成的关系网必须形成一个螺旋状的联系模式，这种缠绕在一起的螺旋有三股：第一股是由地方或区域政府和其机构组成的行政链；第二股是生产链，包括沿着垂直和水平方向或多或少联系着的组织化的公司；第三股是由研究和学术制度组成的技术–科学链。在区域发展中，要使三螺旋机制能够有效运作，其要素之间必须是高度同步的。假如一个或两个螺旋发展较弱或者不能很好地同步，生产机构、研究和教育体制以及公共权威之间的相互作用就被严重损坏了。

三螺旋就其精髓来说，虽然区分了三个群体和不同目标，却强调了产业、学术界和政府的合作关系，强调这些群体的共同利益是为他们所处的社会创造价值。其中的关键是，公共与私立、科学和技术、大学和产业之间的边界是流动的。大学和公司正承担以前由其他部门领衔的任务，对政府来说，在不同层次的科学和技术政策中塑造这些相互关系日益成为工作主题。总之，大学—产业—政府关系可以被视为以沟通为核心的进化网络的三螺旋[29]。

三螺旋理论认为大学、产业和政府的传统职能分别是知识创造、财富生产以及政策引导，三者之间的相互作用是改善创新活动、推动创新螺旋式上升的关键[30]。

三螺旋创新模式强调"大学—产业—政府"三方在创新过程中的密切合作、相互作用，其中的每个机构都能够扮演其他两者的角色。例如，大学将知识资本化，鼓励成立起源于大学学术研究的新公司，发挥着产业的作用；产业为了提高员工的工作技能而对员工进行培训，并通过建立企业内部的教育机构等促进知识的共享与转移，与大学的功能相似；政府则提供公共研究基金，如同一个创业投资家，并继续推进政府在创新方面的常规活动。如此，各个机构仍保留自己的原有作用及独特身份，又扩大了每个机构的功能以实现动态平衡，从而成为改进创新条件的关键[31-32]。

三螺旋理论揭示了一些大公司将在创新方面的投入从应用研究前移到基础研究乃至跨界基础研究的原因，也为大学开辟了新的使命——成为创新创业型大学，同时暗含着政府要转变为"创新型"政府的趋势[33]。

三螺旋的实质是从"核心元素驱动（线性驱动）"到"系统驱动"再到"多系统驱动"的转变，大学—产业—政府不是三个主体，而是三个系统的互相补充、交叠和促进。从这一点来看，创业型大学、创新型政府、大学型企业就成为必然。三螺旋在解释创新系统在区域层面的力量结构方面具有很强的说服力，例如有关大学推动式、大企业带动式、政府拉动式等的描述。

3. 三螺旋创新理论的主要观点

三螺旋创新理论的主要观点是：以知识为基础的大学、产业和政府之间的相互作用是改善创新活动的关键所在，其中哪一方是创新主体并非固定，三者"交叠"并相互作用，才能推动创新呈螺旋式上升。根据三螺旋模型，区域内的创新主体由三个部门组成，三者的传统职能分别是知识创造、财富生产和政策协调，通过各部门之间的互动，还会衍生出一系列新职能，最终孕育了以知识为基础的创新型社会。

（1）关键角色

三螺旋理论不强调哪一个部门是创新的核心主体，认为研究界、企业和政府的交叠才是创新系统的核心单元。三螺旋的核心是文化与制度的碰撞，每个参与主体都是具有独立意识和主观倾向的个人或者团体，都具有很强的"互动自反"能力，因此，创新的焦点在于各主体之间的沟通和期望的重叠网络。正是这些沟通和期望重塑了大学、产业和政府机构之间的制度安排。

与传统创新系统理论强调单个角色（企业或政府）作为创新系统的核心要素不同，三螺旋理论不强调大学、产业和政府哪一方是中枢，而是强调官产学三者紧密合作、共同创新，认为大学、产业和政府的"交叠"（overlap）才是创新系统的核心单元，三方的联系是推动知识生产和传播的重要因素，并以"自反互动"的形式融筑成了大学、产业和政府机构之间的制度安排。"大学（含科研机构）、政府、产业三者都重要"成为三螺旋理论的隐含逻辑[32-33]。

（2）国家的作用

在三螺旋理论中，国家的角色发生了某些变化，政府不再"高高在上"地"参与"到大学—产业—政府的多边互惠中，不再是保证有适当的创新基础，而是在微观和制度层面塑造创新行为的轨迹和方向。

（3）大学和知识的作用

三螺旋理论认为，知识的可获得性和可用性是创新最关键的资源，因而极其重视大学在创新系统中的重要性，认为大学在以知识为基础的社会中会发挥更加有用的作用，这一点正好适应了知识经济时代的创新要求。

（4）适用范围

三螺旋理论属于在基于知识的经济中创新的模式，这个模式描述了在创新系统中出现的制度力量的新结构，它有助于我们理解创新系统是如何以沟通和互动为基础的。

（5）主体互动机制

三螺旋模型除了强调创新主体内部及各主体之间的互动关系外，更加强调外部联系与协作，特别重视主要参与者通过各方之间的联系与协作而获得快速、有效的学习，强调地区创新体系及由此而发生的创新与特定位置之间关系的重要性，因而在解释国家和区域层次的创新体系方面具有较强的说服力。

4. 三螺旋模型的组织架构

根据埃茨科瓦茨和雷德斯道夫的论述，创新系统的进化，以及在大学和产业关系方面选择哪个路径，反映在大学—产业—政府关系的各种制度安排上。全世界各个国家的制度是不一样的，其创新系统也不尽相同，虽然都有大学—产业—政府关系，但其内在结构并不是一致的。三螺旋的组织架构具有三类不同的形式。

第一类，国家主义模式。在该模式下，政府占据主导地位，对于知识共享和创新具有绝对的控制权，对大学和企业的知识螺旋与共享产生主导性的影响作用。国家主义模式强调政府的调控与管理作用，在创新研发、资源配置、知识共享等方面占据领导和支配地位，这种模式主要是在集权体制背景下的发展模式，知识共享与创新的水平是有限的，因为资源和投入方面的限制在很大程度上制约了知识共享与知识的螺旋式发展[29, 34]。

第二类，自由放任模式。该模式的主要特征在于增加了大学与企业之间的知识互动，国家与大学、企业的关系不再简单或唯一地表现为主导和被控制的关系，其中也包括企业与大学、企业与政府、大学与政府之间的反馈和互动关系。不过该模式的自由放任是在企业与大学相互独立的情况下而言的，政府、产业和大学之间存在着明显的边界。三螺旋体被定义为包含市场运作、技术创新和界面控制的不同知识的螺旋体交互创新系统。

第三类，重叠模式。该模式表现出大学—产业—政府之间的重叠复合关系，政府、大学与企业的地位基本是平等的，在知识共享层面交互影响、功能互补、关系重叠，具有各知识螺旋体的功能互动性、自由身份与平等地位，政府、企业和大学被抽象为相互缠绕与重叠的知识螺旋线或知识螺旋体。随着对知识转化产生需求，一根螺旋线可以代替另一根成为主驱动力，大学、企业和政府都可以成为创新性的领导者，三者相互作用，实现动态平衡。该模式不是单一的由政府主导，而是一种双通道解决方案，通过重叠与互动关系尽可能促进资源的优化配置和知识共享，促进知识流和产业链资源共享，提高产业集群的合作创新能力和竞争力[34]。

从进化观点来看，在三螺旋结构中，技术创新创造变化，市场是对于流行的选择者，并由制度结构提供保持反思性的控制系统。三螺旋把大学—产业—政府关系表示为一个三方相对平等，然而也是相互依赖的制度领域，三方相互重叠并承接其他机构的角色。跨越明确边界的互动是以如产业联盟、技术转移和交易办公室等组织为中介。三螺旋不仅指出大学、产业和政府之间的关系变化，而且在这些领域中，每一方都有内部转变。这三方不再以预先决定的秩序组合在一起，但是会产生各种难题，要求参与者、分析者和政策制定者去解决。

5. 三螺旋理论的主要贡献

（1）三螺旋理论把握了知识和知识创新的统一性和多样性。按照传统的理解，从知识流的方向看，知识活动可以被简单地视为一个由科学发现（基础研究）、技术发明（主要是应用研究）和技术创新中的技术开发（主要是产业化）三个阶段组成的动态的线性连接过程。这些活动通常是在不同时期、不同地点或不同环节由不同的主体分别单列式地完成。这就是所谓的"单价知识"观。三螺旋理论则持"多价知识"观，认为应用研究与开发、产业化的过程完全可以与基础研究在时间和空间上一并进行，原来分列式的各个主体可以兼顾从事其他主体的创新活动。知识多价性的本质决定了不同创新主体在知识经济时代的多重作用，是大学—产业—政府之间三螺旋创新模式的理论基础。

当代科学技术发展的一个主要特点和趋势是发现（科学发现）、发明（技术发明）和创新（技术创新）日趋一体化。发现、发明和创新的周期日趋缩短，不仅技术创新的界面向上游移动，而且科学发现（基础研究）与技术发明（应用研究）的区别和界限已经变得比较模糊了。目前，技术创新的界面日益呈现出"前移""交叉""趋同"等新趋势，创新主体复合和边界模糊日益成为创新活动的新特征。显然，三螺旋理论较好地把握了知识的统一性和多样性特征，深刻地解释了创新活动的"前移""交叉""复合""集成""趋同"等新趋势。

（2）三螺旋理论诠释了研究型大学的新使命和大学变革的新方向。三螺旋理论认为，大学在理论研究方面具有得天独厚的优势，同时在技术实践和发展商业化方面也具有相当的能力，在未来区域经济与社会发展中的作用将日益提升，能够成为创新系统的领先性机构。因此，在知识经济中应成为创新和商业化重要舞台的大学应该注重利用自己的科技创新成果，引资创办高技术公司，并加速原创性科技成果的转化和孵化，由此催生新的产业，从而推动大学与产业之间的联系，即创业应该成为研究型大学的一项新职能和使命，创业型大学应该成为未来大学变革的新方向。从三螺旋理论来看，创业型大学的新使命使得大学从一个培养人才和产生科研成果的社会次要支撑机构向领导型社会主要机构转变，即从研究型大学向为知识社会的经济与社会发展服务的创业型大学转变；创业型大学必须既能够确认研究与教学领域，聚焦培养顶尖的杰出人才，吸引外部资金以发展重要的研究实力，又要同时具有挖掘科学发现的技术潜力以为产业和社会的发展而服务的能力。创业型大学赋予大学以新的学术职能与学术结构，将推动经济与社会发展作为大学新的学术任务，并据此重新定义和扩展原有的教学、研究与服务功能。

6. 三螺旋模型的局限性

三螺旋理论被提出后对国内外创新管理领域产生了巨大影响，并被公认为创新研究的新范式之一[32]。但三螺旋模型仍然存在着合作模式单一、内部利益失衡、角色转换趋同、耦合能力缺乏等发展局限性[35]。

（1）合作模式单一

大学—产业—政府三螺旋模型是科学与技术在经济化、区域化下的结合，是知识生产与社会发展相互适应、相互协调的双向过程。大学—产业—政府的合作模式包括自上而下和自下而上两种：①自下而上，以美国为代表，通过不同机构领域的个人和组织的互动来实现；②自上而下，以欧洲为代表，通过政策手段的鼓励来实现。事实上这两种模式都能在美国和欧洲运行，只是以不同的速率和侧重来呈现，自上而下的过程通常隐藏在自下而上的模式之中。

我国的大学—产业—政府关系网主要体现为产学研合作，表现为以产学研合的方式进行人才培养，如采取校企联合培养、项目（课题）、企业奖学金的方式，以及以产学研为手段进行科技创新和成果转化，如采用孵化器、技术转化办公室、创新平台。政府通过政策支持，鼓励大学与企业联合，大学作为公共领域代表，为政府提供政策建议以及科学、技术支持。但在互动过程中，自上而下的合作占据主体，自下而上的模式在大学—产业—政府关系中体现得并不充分。企业会通过成果转化和科技创新进入知识生产过程中，但这种知识生产往往是通过企业的研发团队和部门完成的，与大学、政府建立的长期合作并未扩展到较大的产业范围。事实上，知识生产以正向线性和反向线性两种方式交互进行，前者通过知识转让、知识产权、校友/教师创建公司来实现，后者通过社会、企业问题促进新研究项目和学科的发展来实现。大学—产业—政府关系网的合作模式已在各国根植，通过形成独立的咨询机构来实现。这种合作模式的单一使得三螺旋从知识生产上难以深入各个领域，导致科学—技术连接目标始终无法从产业经济上升到技术创新和区域发展层面。

（2）内部利益失衡

利益失衡表现在两个方面。第一，基础知识和应用知识对应的精英学者话语权失衡。教育领域中的诸多改革变化都体现了精英意识形态的霸权地位，导致受压制群体和知识更趋边缘化。知识经济化使得基础科学与应用科学在学术权力的重新分配中发生了变化，应用科学知识占据了高校学科发展的主导话语权，影响高校中基础科学的发展和资源配置，也影响对应领域学者资源的分配与合作的开展。第二，经济利益引导下的产业和大学内部发展的不平衡。当然，不同大学的定位不同：有的大学认为教授应为企业提供服务，争取企业家捐赠；有的大学认为校外工作会影响教授对于校园方面的职责观念。产业的发展通常受到领军企业或者垄断企业的影响，这些企业带动整个行业并对行业产生影响，通过人才需求、经济支持等方面对大学学科发展、教育培养产生影响。政府为了维持区域经济增长，对于大学的经济贡献和科学贡献也会倾向前者，导致产业与大学的利益失衡。

（3）角色转换趋同

知识的资本化让知识获得变得有偿，刺激大学—产业—政府关系网中各参与群体的角色发生转变，实现经济转化、产生经济效益、提供公共服务成为大学、产业和政府的主要导向，角色转换后的趋同带来的是各领域的发展目标、发展方式和发展轨迹的趋同。大学与产业之间经历了分离、紧密、共生的关系转变，而今随着产业革命中自然、社会问题逐渐突出，二者的关系又变得模糊不清。

第一阶段，大学—企业形成资本—人力资本组合，学术科学家从已有的研究领域里发现可实现经济化的知识，推动如研究中心、项目组等新兴研究机构的出现，教授很快成为全职研究领导、企业经理，科研团队转变为研究公司，学生转变为全职职员。当科学家、教授从独立为企业做咨询过渡到参与企业之中，最后到独立从事经济活动的角色转变，让科学和经济领域的目标日益变得模糊，大学经济化目标变得突出。第二阶段，大学—产业—政府关系建立在大学—企业之上，政府的行政职能和大学本身的行政体系使得这种关系正规化，进而使得大学与政府的角色向行政化趋同，财政手段成为经费由政府流向学术机构的主要渠道，同时也加大了政府对大学决策的影响，大学行政化变得突出。

（4）耦合能力缺乏

三螺旋模型中由于缺乏耦合力，难以实现大学—产业—政府关系网中各部门的利益绑定，无法实现各螺旋的理想"联结"。形成耦合力的关键在于形成共同目标，但各部分主体的目标不同，只能通过附加职能实现目标的统一。大学致力于探索未知世界和服务社会，产业致力于创造经济效益，政府致力于提供公共服务。大学—产业—政府关系网中只有大学不具备经济或者服务经济的功能，因此，三螺旋中需要缓解大学新旧职能中经济发展、研究和教育之间的相互影响与冲突。

导师通过咨询、项目间接与企业合作，或者通过学校转化部门、孵化器来实现与企业合作，但这种合作难以规避企业对于知识的认可程度。企业对于高校的投入和支持在很大程度上还是依托企业良心，从基础理论到生产运用仍存在距离，教授也多是给予咨询服务，难以将知识直接转化成生产力。政府从知识生产到经济发展的角色转换并不顺畅[35]。

（5）局限于政府、产业和大学三大主体，未将更多主体纳入进来

三螺旋模型为分析产业集群合作创新提供了必要的分析框架，但是我们也可以发现，在政府、企业、科研院所之外，资本、中介服务机构、公民社会、自然环境等主体和产业集群在合作创新中同样发挥着重要作用。资本部门可为主体创新活动提供融资支持，利用自身的专业优势和信息优势对主体创新项目进行评估、筛选和监督，减少盲目投资；还帮助主体对创新项目投资组合进行优化，分散和降低投资风险，提高创新收益[36]。金融、法律、物流、信息服务、技术辅导中心、行业协会等方面的中介机构是产业群发展中的重要中介服务业组成部分，在政府、企业、科研院所之间发挥着纽带、桥梁的作用，是促进知识共享与知识扩散的重要载体以及催化剂和黏合剂[34]。

（二）四螺旋创新理论

三螺旋理论的提出为分析非线性创新模式提供了理论基础，学者们应用该理论之余也对其进行拓展，在其基础上提出四螺旋理论。目前有关四螺旋理论的研究往往将社会公众扩展为三螺旋结构外的第四维度，Carayannis[37]提出以公共利益为目标的知识生产模式，引入"公众"的动力机制，构建出"大学—产业—政府—公众"四螺旋模型。黄瑶、王铭[35]认为四螺旋吸收公民社会作为知识空间的共享载体，将知识动力与公共利益紧密相连，确保知识发展中社会公共利益维护者发挥作用。西桂权、魏晨、付宏[38]认为第四螺旋模型不仅是引入了少数主体，更是引入了一种公众参与机制，使创新变成了无边界的活动，即成为开放式创新。

1. 四螺旋创新（开放式创新）

为了减少大学—产业—政府关系网知识经济化、效益化对科学和社会发展的负面效应，埃利亚斯·G.卡拉雅尼斯在三螺旋模型的基础上引入"公民社会"，由此提出了"学术界—产业—政府—公民社会"的四螺旋模型。学术界包括大学、科研院所等学术共同体组织。其中，"大学"实现知识传播，与产业衔接，满足人才需求，和学术共同体中的其他组织一同保障健康的青年社会化进程，避免知识的市场化对科学可持续发展产生影响。"产业"提供商品和服务，与大学合作，进行生产研究和科技转化。"政府"在四螺旋中的角色定位是"服务型"和"指导型"。"公民社会"将第三方组织、社会团体和社会力量引入对重要事项的决策中，以平衡各螺旋目标的局限性，从文化角度给予知识和经济方面的可持续化导向。

"公民社会"既是指"公众"作为创新行为的主体，也是指公民社会的创

新创业文化、价值观以及媒体、社会组织等要素。公众既可以通过调查研究等形式为其他创新主体提供用户需求的相关信息，从而间接参与创新过程，也可以在产品开发后期直接参与创新过程，以帮助创新产品在真实情境中得到精准测试。用户在整个创新过程中的角色主要是信息提供者，而非真正的产品开发者。用户提供的需求信息最终由大学中的相关专家或高技术公司等创新主体来确定和解释。因此，用户不但是创新成果的主要使用者，也是创新过程的信息提供者。用户在创新后期直接参与实际创新工作，对创新成果提出改进建议，从而实现用户与大学、政府、产业等跨部门利益相关者之间的深度协同互动[39]。

四螺旋理论并非排斥三螺旋理论的知识经济化目标，而是在实现过程中关注知识社会和民众对于过度经济化问题的平衡作用，从源头上应对社会生态、社会经济环境等问题的挑战。

2. 从三螺旋到四螺旋的演变动因

随着知识经济化向知识工业化的转变，推动着学界对区域创新生态系统模型构建的更新换代。不同的螺旋模型代表了个人学术兴趣、产业经济利益、社会公共利益的不同需求。这三种利益需求并非递进关系，而是将在同一时空内长期并存。三螺旋的动力来源是实现知识的经济价值，并非对知识本身的探索，而是由外在价值驱使，过多的政策和资金使教育远离其基本意图，引起对教育绩效、效益的过分追逐和盲目引入产业管理知识。而这会影响应用科学赖以为生的基础科学的发展，束缚科学和创新对原始力的发挥，使得公共的知识空间被压缩，影响科学的长远生产力。

四螺旋吸收公民社会作为知识空间的共享载体，将知识动力与公共利益紧密相连，确保社会公共利益维护者在知识发展中发挥作用。知识的社会公益化是指发挥知识的作用，维护社会公共利益，避免知识对人类产生不利影响，而不是单纯发挥知识的经济效益或者学术影响。当教育知识的发展与公民利益绑定时，教育资源的分配与社会对知识的认知在很大程度上受到公民社会的影响而显示出公共性。同时，社会公益性将蔓延到各个领域，突破原有的产业、政策制约，形成公民社会与社会公益的动力循环。

（1）从国际化到全球化的知识扩散

国际化的影响主要体现在发达国家对发展中国家在科学技术、经济方面的渗透，随后从经济领域扩散到科技教育等各领域，使得发展中国家的经济、教育呈现跳跃性发展，跳过某些阶段直接步入最新阶段，或者各阶段同时进行。

各国，尤其是发展中国家，在享受科学技术、经济资本的同时，也承受着如污染等自然环境问题，以及知识产权、文化价值观冲突等社会环境中各层面的区域性冲突。

四螺旋在已有的区域化经济影响的基础上，提出了全球生态环境的概念，包括经济可持续化的共识：在可持续发展方面，过去单纯的经济模式已经无法沿用，创新与创造力的出现并非一蹴而就，除了科学、技术、资金、政策的支持外，更重要的是对于创新发展路径的认同，营造让创新得以生长的土壤，使社会的公共利益得到自觉维护，并成为可持续发展的路径和政策制定的准绳。四螺旋的参与群体不再受到群体和职业身份的限制，打破了区域、国界、职业、文化的束缚，从全球社会环境整体受益的层面，为知识的生长和创新提供重要基础。

（2）利益相关群体从多极化到扁平化

三螺旋、四螺旋动力机制模型本质上都是从群体需求和利益出发，影响知识生产、教育实施、科技创新，最大程度实现自身利益，重塑社会关系和地位，以争取既定权利中的权利分割。三螺旋集结政府、大学、产业三者的精英，形成多极化权力结构。产业投入使教育的目的和结果不可避免地受到利益至上思想的裹挟，而大学由于处于经济劣势地位，很难与政府、产业形成稳态合作。产业、大学在引入科学技术的同时，因为体制、机制、文化的差异将无法规避科学技术的不利面。而政府决策的间接性和滞后性也将影响产业与大学中各部分的平衡发展。

四螺旋创新系统纳入公民社会这一新的维度，权力结构由多极化向扁平化过渡。公民社会从权利空间角度出发，在保障私人空间、权力空间的同时，积极发挥公共空间的作用。以政府为代表的权力空间所占据的比例会根据社会发展各阶段而伸缩，私人空间由于经过法律和规章的提前约定而固定，公共空间成为缓冲权力利益和私人利益的空间，它的存在可以引领社会健康的发展，促进文化、价值等因素的融合。"公民社会"将"学术界""产业""政府"机构中的个人职业角色剥离，唤醒青年回归于社会责任，提升预见和解决全球区域性重大问题的能力并制定科学决策，与民主治理、互联网和经济增长共同促进全球化与本土化发展。四螺旋形成多维交集，在各区域之间的合作中使社会经济效益和公共利益保持平衡，这种平衡直接体现在教育、卫生、环境等方面。政府、企业和学术界在引入和借鉴科学技术方面应设置制衡机制或社会参与渠道，使环境与经济并行，可持续发展，构建生态创新环境，使民主创新成为主流社会价值。

3. 四螺旋动力的核心：研究共同体

19 世纪末，伴随着知识经济的兴起，以科学信仰为依托的学术共同体走向衰弱，世俗的州立大学出现，大学除了教学职能外，又产生了研究职能，各种自然和人文学科相继作为单独的研究领域出现，职能的破碎使得原有课程之间的联系减弱。随着第二次世界大战后政治和社会趋于民主化，公共部门增多，因而需要更多大学毕业生；不断发展的产业经济使更多高技能、受过教育的工人被雇用；社会越来越相信经济的进一步发展依赖于受过良好教育的人力，特别是科学家和工程师；传统科学发展式微，学术共同体名存实亡。传统的学术共同体已经难以涵盖当前的多种知识态势，多元知识和价值观的出现使得原有的学术共同体难以提供巨大的包容力，进而阻碍了知识的进步。四螺旋形成的"研究共同体"更好地弥补了三螺旋中由于各类群体的价值观不同而带来的合作冲突，更多地考虑到社会公共利益的相关者，包容不同文化、价值观等意识形态，减少知识生产中的价值观束缚，扩大知识范围，解决全球化情境下的区域不均衡等意识冲突，共同应对当前世界、区域面临的重要问题。

（1）研究共同体的概念与构成

研究共同体的存在是为了在维护社会公共利益方面达成意识层面的统一，剥离各群体中参与个体本身的职业属性和阶级利益倾向，按照基础科学和应用科学领域，突破学科知识边界并加以重组，按照学科聚合性和聚散性的特征安排人员，组织成对应问题的解决小组，解决实际面临的重大问题。

研究共同体是参与群体以现实问题为研究对象，抛弃学科立场、职业利益，建立最强的社会公共利益维护意识，通过学术群体、应用技术群体、政策群体的融合互动，引领四螺旋形成社会公共利益、企业个体利益、国家利益的平衡。知识在扩散联系的各种专家群体研究活动中变得更有凝聚力和完整性，在研究共同体中，各领域人员的背景并不单一，他们具有多重教育背景和学科知识。研究共同体由四螺旋中"学术界—产业—政府—公民社会"的交集部分构成。研究共同体由学术共同体延伸而来，包含学术共同体的特征，并力图在权力制衡和权利维护方面发挥作用。研究共同体以社会福祉为目的，以维护社会公共利益为出发点，在可持续发展共识中促进知识良性增长和发挥良性功能。

（2）研究共同体的实现路径

①学科发展——平衡学科建设，促进超学科发展。人才培养、科学研究、文化传承、创新与服务社会是学校的办学宗旨，而学科则是知识的载体和主要

形式。从学科建设的角度看，学科发展不再是学科目标或者经济目标，社会公益目标得到重视。大学在发展中需要考量多重利益，重新发挥大学的公共服务作用，平衡基础科学、应用科学、人文社会科学的发展。大学要大力发展超学科，对于涉及重大问题和社会利益的学科、研究方向应给予支持和保障，对于多学科的合作应相应提供政策支持和建设平台，从人员、物资配置上予以配套完善。

②团队发展——培养多元能力教师。能力发展与知识背景和经验相关。四螺旋参与群体具有多重属性和角色：既可以是产业人员，也可以是兼顾学校专业教育的教师；既可以是政府人员，也可以有产业背景或者教育行业的从业背景；既可以是教师，还可以是产业的兼职人员或者创业者。这从知识背景上说明知识的边界正被逐步打破，职业或教育的多方面背景可以有效促进跨学科研究和交叉研究的发展。四螺旋中除了角色变换之外，还需要所有参与群体都具有社会公益维护者的角色，或者意识到维护社会公益的重要意义。教师除了从事科学研究、专利发明，还应通过横向课题、研发中心、创新平台、团队合作等形式积极介入产业发展，同时积极参加行业、产业协会等社会组织。

③创新驱动——建立创新的规则体系。"研究共同体"试图通过领域内部的合作来打破行政管理的框架，确保研究与解决问题环节的衔接与平衡，这种专业化能力的设计框架不仅需要参与群体、部门协调，更需要构建研究知识背景支撑问题结构及解决问题的规则体系。从动力螺旋机制发展的进程来看，参与群体经历了"研究者独立发展—群体被动参与—群体主动参与—协同创新"四个阶段，所谓"规则上的创新"实则是对研究环境的搭建。

④实现平台——建立研究中心。为研究重大社会问题，许多高校建立了研究中心，这些研究中心都表现出以下特点：第一，聚焦重大复杂社会问题；第二，研究问题需要多学科领域专家和人才的支持；第三，研究中心直接下设孵化器、种子基金、成本转化部门或者依托学校或社会的专门研发公司、基金会、企业、政府，促进社会公益化知识转移；第四，采取项目管理的方式，内部人员根据项目中子项目的安排实行人员的流动参与，来自企业、政府、社会组织等的外部人员可根据项目进展随时参与项目，研究过程中实现资源共享，由基金公司管理资金支持与分配，接受来自政府、企业、基金等多渠道的资金支持，设置项目参与人员工资上限，按照项目贡献支付薪金。

（三）五螺旋创新理论

随着知识社会和知识经济的深入发展，在三螺旋理论的基础上引入公民社会形成四螺旋理论之后，自然环境因素也被引入螺旋模型，从而形成了由大学、产业、政府、公民社会、自然环境五大螺旋体构成的五螺旋协同创新生态系统。在知识创新社会，"三螺旋"创新生态系统强调"知识经济"，"四螺旋"强调广域的"知识社会"，"五螺旋"则强调包容自然环境的社会生态圈，关注社会与自然的协同演进。随着"自然环境"螺旋体的引入，社会可持续发展、社会生态就成了社会创新和知识生产的重要组成部分，"五螺旋"勾画出了可持续发展对"生态创新"和"生态创业"的重要意义[40]。

创新生态系统基于科技进步、激烈竞争、可持续发展等知识经济社会变革背景而被提出，其中，可持续性发展的一个必要条件是总自然资本存量始终维持或高于当前水平。Costanza 与 Daly 认为，即使在较低自然资本存量下，创新生态系统仍可能可持续，但由于试错成本较高，甚至可能无法挽回，因而，社会不允许自然资本存量下降的情况发生。进而"自然资本总额恒定性规则"被视为可持续性的最低条件[41]。而如今全世界都在面临经济危机、全球变暖、资源枯竭、人口老龄化等多项危机，知识资源成为解决问题的关键资源。在知识资源生成过程中，无论是科研机构的科学研究、产业组织的产品创新、政府部门的科技政策，还是用户群体提出的需求，均需基于环境约束的前提之下，注重环境保护、生态平衡、资源节约等方面，继续进行价值创造与协同创新。进而 Carayannis 与 Campbell 在已有"三螺旋"与"四螺旋"等理论基础上增加"自然环境"这一螺旋诱因，将"模式3"知识生产模式等适应性拓展至"第五螺旋"，创造出"大学—产业—政府—公众社会—自然环境"五重螺旋创新生态系统[40]。

所谓"模式1""模式2""模式3"，即知识生产方式。迈克尔·吉本斯等西方学者认为，以"学科为本""大学为基地"的传统科学研究方式构成模式1的知识生产方式。模式1遵循人类普适性认知的科学研究方式，具有明显的学科化与规范化的学术环境。继而大部分学者利用万尼瓦尔·布什的"线性知识创新模式"对模式1进行解释。模式2来源于吉本斯等学者的《知识生产新模式》。这些学者认为模式2更强调知识的应用情景与跨学科属性；在组织结构上注重一致性，超越大学边界，涉及政府、企业、科研院所、社会智库等；更注重知识生产的社会价值，超越传统学术品行。"三螺旋"理论与其相适应，即通过共生的方式生成"大学—产业—政府"关系网络。在全球本土化时代浪潮和高级知识社会的背景下，知识生产模式进行了彻底的转型，演化出Carayannis 与 Campbell 提出的"模式3"。模式3是一个具有多形态、多层次、多节点、多主体的创新生态网络，强调大学、产业、政府、公民社会与自然环境之间协同创新，最终共同实现知识创新资源的生成、分配、应用与优化。以"三螺旋"为逻辑基础衍生的"四螺旋"与"五螺旋"为模式 3 提供相应的应用场景[40]。

1. 五螺旋创新生态系统的主要特征

五螺旋创新生态系统在已有系统基础上，着重突出生态系统性、要素多元性与创新共生性三大特征。

五螺旋创新生态系统更全面地刻画了创新生态体系的生态过程。生态系统理论认为，生物界中各物种、种群、群落与其所处环境相互依存、相互作用。依据演化经济学观点，人类的创新活动可以与生态系统相比拟，即产生政府、企业、科研机构、大学、用户及其联结而成的种群与群落在自然与社会环境中相互竞争、共生协作的过程。环境中社会与自然的动态平衡与物质能量的流动更加全面地解释了创新过程中环境的作用机制，即生态系统性。

五螺旋创新生态系统更注重创新要素的多元性。在此创新生态系统中，与先前系统类似，科研组织进行基础研究、企业组织进行产品研发、政府部门提供政策支持；同时，随着用户导向思想的不断深入，用户群体成为创新生态系统的又一重要主体，同企业一道成为创新知识产生的新渠道。除此之外，自然环境作为资源的提供方与约束方，得到各主体的全面重视，在资源约束的前提下提高创新效率与发展的可能性，使得自然环境成为创新生态系统的重要元素。因而，五螺旋创新生态系统所涵盖的利益主体更为广泛，各主体之间的网络联结更为复杂多样[42]。

五螺旋创新生态系统同时注重其创新共生性。大学、研究机构、新兴产业企业、相关政府部门、市场化服务组织与用户等各个主体均具有各自的资源优势与资源劣势，并面临多样化的资源需求。如科研机构与大学有充足的研究资源，企业具有较强的技术研发能力与资金资源，相关政府部门可基于社会需求提供多种扶持性政策资源，市场化服务组织与用户具有可观的一手数据与信息资源。由于创新活动面临资源需求多样、技术壁垒高、市场多变等问题，创新主体之间更应相互协调共生，使得资源配置效率达到最高[43]。

2. 五螺旋创新生态系统的构成

五螺旋创新生态系统可分为微观系统、中观系统与宏观系统三个层次。微观五螺旋创新生态系统以单个主导企业的价值创造为中心，分析此主导企业与其利益相关者所开展的共生性创新活动，从一个企业出发，依据特有数据进行针对性的分析。中观五螺旋创新生态系统则是以由异质性创新主体构成的创新群落为中心，挖掘特定区域内产业组织集群与所处创新环境之间相互依存共生、相互作用、协同演化的网络创新系统[44]；将分析视角扩大至一个区域，比较不同区域内不同环境对创新活动的影响。宏观五螺旋创新生态系统则进一步以国家乃至更加宏观范围的创新网络资源优化配置为中心，研究不同创新物种、创新种群、创新群落之间以及它们与创新环境之间进行物质、能量、信息交流的共生演化系统。其中，相关政府部门与机构及其出台的支持性法律法规以及国际组织等成为这一层次的研究重点。三个层次的创新生态系统由个体递进至群体，而不同层次之间亦交错穿插着复杂的结构关系[45]。

五螺旋创新生态系统的三个层次之间具有类似于由一致性创新主体与所处环境共同构成的结构。创新主体是开展创新活动的核心载体，主要从事研究、开发、应用等工作，主要包括科研组织、企业与用户。科研组织包括研究型大学及科研院所，是创新活动中知识等的产生者，聚集大量各个领域的科技创新人才，通过相应科研项目产生丰富的科研创新成果、基础性创新知识与前沿性专业技术，成为创新活动的根基。企业可分为主导企业、跟随企业与新创企业，是创新活动的主要承担者，及时获取社会消费的最新动向，把握技术开发的热点方向，将知识创新资源向产品与服务方向转化，满足社会、市场的需求，创造经济价值、社会价值与用户价值，并在此过程中积累核心竞争力。政府作为制度制定者，为对应系统的创新活动提供政策支持与方向指导。政府将国际上提出的新理念、新思想与新方法纳入原有制度体系，提出相应的宏观与微观创新政策，推出各个区域、产业以及行业的创新规划，配置政策资源，调节各主体与环境之间的平衡，进而激发、引导、支持企业、科研组织之间协同创新，释放各主体的创新活力。除以上核心主体外，五螺旋创新生态系统还包括辅助主体，即中介机构、金融机构、孵化机构等。

创新环境是指影响创新主体开展创新活动的各种外部因素，是五螺旋创新生态系统共生演化的背景条件，为创新生态系统的形成和发展提供环境支撑，主要包括政治环境、经济环境、法律环境、文化环境和自然环境[46]。

3. 五螺旋创新生态系统的创新机制

在五螺旋创新生态系统中，大学、产业、政府、公民社会、自然环境五大要素在各自独立进行创新活动的同时，相互互动协作、创新联结、进行成果转化，实现整个创新生态系统的运转，不断推动创新生态系统的升级。与自然界生态系统演化升级相似，五螺旋创新生态系统同样存在遗传、变异、衍生与选择四大创新机制，促进物质、能量、信息在各要素之间流转，持续推动整个创新生态系统的优化升级[43]。

三、多维邻近理论

多维邻近的发展是以迈克尔·波特对集群概念的定义为起点，他认为在地理空间上相近的企业或组织机构，因知识、技术积累的共性或互补性而联系在一起[47]，地理邻近对协同创新产出的积极作用得到越来越多学者的证实[48-49]，但随着经济全球化和信息技术的高速发展，地理邻近对创新产出的影响力越来越弱[50]，甚至有人提出"地理邻近已死"的观点[51]。同时，认为外部联系是提高创新产出重要因素的观点被提出[52]，也有学者用"通道"来形容这种外部联系[53]，但外部联系与节点本身的信息化程度、政策因素、产业连接程度等因素相关，仅以外部联系作为主要影响因素显然是有局限性的。因此，本地嗡嗡声–全球通道模型被提出，该模型认为主体从通过获取知识技术，会通过本地嗡嗡声将知识扩散出去，通道质量的高低也决定着本地嗡嗡声的传播效果[54]。20世纪以后，法国邻近动力学派的学者提出多维邻近性的概念[55]，认为地理邻近不是影响协同创新的单一因素，还应该包括认知邻近、组织邻近、制度邻近、社会邻近等[56]，不同的邻近性对创新网络的影响也不同[57-61]。

1. 地理邻近与创新网络

较多学者都认为地理距离在互联网时代到来之前一直都是创新网络形成的核心，也是推动合作的重要因素。与边际报酬递减规律一样，基于地理邻近理念的学者都认为过近或过远的地理邻近都会降低创新的可能，即过远的地理距离使得跨组织的技术人员在合作方面受限[62]，创新主体之间产生联系的可能性降低[63]，而过近的地理距离会导致创新主体对外部新知识的吸收能力降低，形成路径依赖和空间锁定[64]。适当的地理邻近使得相关产业聚集[65-66]，降低运输成本和协作成本，进而提高创新活力和创新效率[67-69]，但在当前交通运输便利与信息技术发展的条件下，创新主体之间的合作打破了地理距离的限制，地理距离对于创新主体之间的合作已经很难起到关键性的作用[70]。1996—2015年，在 OLED 产业的创新网络中，地理邻近对创新网络的发展产生的作用是逐渐减弱的[71]；但在产学研合作方面，地理邻近性显著影响着产学研协同创新[72-74]。整体而言，地理邻近对创新的影响势必随着社会的发展而不断减弱，正如 Ter Wal 通过分析德国生物技术创新网络演化影响因素而得出的结论那样，地理邻近在本地创新网络中对于集群技术创新的促进作用减弱，而对于远距离的外部创新网络则发挥着推动作用[75]。

2. 认知邻近与创新网络

认知邻近中包括母语、知识积累和技术结构上呈现的相似性，而其中的技术邻近被更多的学者所研究和讨论。技术邻近意味着网络主体拥有相似的技术、知识积累，不同主体之间的认知距离越近，主体所拥有的相似的知识和技术就越多，相互合作与交流的阻碍也就越小，因此，创新合作网络更有可能形成。但过于相似的认知结构会造成创新动力不足，非自愿溢出的风险也会增加[76]，创新源头遭受遏制。认知邻近之所以能够对创新网络的形成产生影响，是因为创新主体之间采取技术合作会带动相关知识的流通，促进双方在合作技术领域的发展[77]，但过近的技术邻近对技术创新的影响在减弱，这一点在我国学者的研究中也得到了证实[58, 78]。

3. 组织邻近与创新网络

组织邻近是指不同主体具有相似的组织特征，而根据 Boschma[56]对组织邻近的定义，他认为组织邻近是不同组织之间在组织安排方面的重合度，即拥有共同事项的程度。组织邻近与制度邻近、文化邻近和社会邻近等概念具有一定的相似性。组织邻近，更多的是基于个体组织性质（股份有限公司、合伙企业、事业单位、大学等）的不同而形成的概念，大量的研究也表明，相似的组织性质能够降低创新主体的合作成本和机会成本，减少技术产出或知识产出所有权的不确定性，但过度的组织邻近会使创新主体受困于封闭的网络之中，不利于网络功能的提升[79]。而制度邻近更多的则是对城市或国家性质的定义，如中国城市就包括直辖市、地级市、省会城市等，因此，制度邻近更多的是指创新主体之间是否具有相同或相似的制度条件。自然，相同或相似的制度条件会使创新主体之间更容易建立信任机制，降低合作的不确定性，促进新的合作产生[80]，但在实际的研究中，也有学者发现制度邻近对创新网络的形成并没有起到显著的作用[74]。社会邻近则更多地适用于以人的社会关系形成的网络，这种关系包括亲属关系、同学关系、朋友关系等，相关研究表明，社会关系的存在会加强不同主体之间的信任机制，强化创新合作对路径的依赖[80]，但过度邻近的社会关系会不可避免地带来道德风险，阻碍了主体之间的创新[71, 81]。

四、创新生态系统理论

自 20 世纪初熊彼特提出"创新"的概念以来，创新动力机制研究从单因素、双因素、三螺旋、网络结构到创新系统，实现了研究范式的第一次大转变。创新系统内部多因素间的非线性特征成为学者的研究共识。对这种互动过程的认识带动各国政府从以推动公立科研机构研究与发展为主要目标、以提供经费资助及实验设备和场地为主要形式的第一代创新政策，向以注重科研、教育、财税制度、知识产权保护等多领域整合发展以建成良好基础设施并加强衔接沟通的第二代创新政策转变[82-83]。

从"创新系统"到"创新生态系统"的理论和实践发展，很大程度上与日本的经济追赶和美国再度振兴相关联。美国的硅谷被公认为世界上创新水平最高、成果最多、转化应用能力最强的"创新生态系统"，而政府、企业、大学、科研院所、中介机构、金融机构这些创新主体对硅谷创新生态系统内的科技创新、成果转化、商业创新、融资创新、人才激励等发挥了非常重要的作用。

创新生态系统有别于传统意义上的创新系统，由强调政府主导下的资源投入发展模式转向依靠市场主体培育，以实现区域创新生态系统自组织成长为主要目标。在经济全球化的背景下，各国及各行业逐渐意识到，单一组织很难拥有开展创新活动所需的全部资源要素，企业与企业、企业与其他类型组织之间的资源高效配置与协同共生已成为产业经济发展和科技创新体制研究与实践的新热点和新趋势[83]。

（一）创新生态系统的内涵

创新生态系统是创新活动中各经济主体之间以及各经济主体与环境之间的动态互动关系。创新生态系统包括从学术界、产业界、资本基金、科学和经济组织到各级政府的一系列行动者。Rong 等[84]将区域创新生态系统定义为"一个由产业组织、政府、机构和客户等利益相关者组成的区域创新社区"。Granstranda 和 Holgerssonb[85]认为创新生态系统是参与者、活动、组件以及相关制度和关系的综合体。王凯和邹晓东[26]指出，区域创新生态系统是区域创新主体为促进物质、能量、信息的流动，与创新环境之间形成的具有生态系统特征的关系网络。

创新生态系统主要由三大群落、两大环境构成。三大群落包括生产者群落、消费者群落和分解者群落。主体种群主要包括生产者种群、消费者种群和分解者种群。生产者群落是指从事知识生产的各类主体集聚形成的创新群落，主要包括开展知识和技术创新的高校、科研院所和研发型企业，这些生产者种群聚集而成为生产者群落，能够产生规模效应，有效整合创新创业资源，提升知识创新、技术创新和新创意的生产效率。消费者群落是指将技术和知识产品投入产业化的主体所形成的群落，主要包括创业者、产业技术生产者、将技术转化为产品的企业等，消费者种群集聚而成为消费者群落，在现实中体现为产业集群、产业园区等形式。分解者群落主要指协助创新技术产品生产、中试及产业化落地等环节的组织和机构，主要包括政府和各类科技服务机构等，分解者通过发挥其功能，可以帮助将创新创业过程中所释放的经济、技术、文化等效益返还于创新生态系统，并将各种价值反馈给社会，以促进创新生态系统良性运转[86]。

两大环境则是创新支撑环境和宏观环境。支撑环境主要指各类创新资源和创新服务所形成的支撑条件。创新的支撑环境要素和各类主体种群的实践工作紧密联系，实践中体现为科技中介服务、金融支持以及文化教育等内容。宏观环境则是指各类宏观政策法规。宏观的基础环境在实践中体现为地区的经济环境、政治环境、法律环境、社会环境、资源环境、科技环境等。支撑环境要素和宏观环境要素对创新生态系统具有重要的支撑作用，为创新创业活动提供温床和条件[86]。扶持创新有一套包含五个要素的核心价值观，即询问、冒险、开放、耐心与信任，这些要素是创新的基础，共同决定个人、组织和国家的应变能力。由于创新性是一种文化特征，因此，文化也是创新生态系统的一个变量因素，并对生态系统产生着影响[21]。以上要素共同构成了一个完整创新生态系统。

创新生态系统要以良好的创新生态为支撑，要求有相应的可促进创新生态形成的战略谋划和政策支撑体系；对于创新生态系统的研究也具有强烈的政策导向性，创新生态理论的建设和完善不是单靠市场或单靠政府就能实现的，在此要强调的是在市场机制、市场精神基础上的政府的能动作用，市场与政府之间需要达到某种精妙的平衡[21]。

（二）创新生态系统的基本特征

创新生态系统的基本特征表现在主体与要素、结构与边界、功能与目标等方面。

1. 主体与要素

创新生态系统包含生产方和需求方等多方主体。创新生态系统是一个包含能够通过某种方式为实现共同目标而作出贡献的任何组织的系统，涵盖多种能够决定核心企业及其客户和供应商命运的组织群落、机构和个人，如竞争者、互补者、监管和协调机构、金融机构、标准制定机构、司法部门、教育和研究机构等。可以说，生态系统涉及的利益相关者最为广泛，清晰地将互补资产的生产方和需求方包含在内，这种全系统视角成为其区别于集群、创新网络、产业网络和需求网络等概念的重要特征。

创新生态系统包含创新主体要素、创新环境要素、功能要素及要素之间的互动。类比于生物生态系统，创新的过程即物种、种群乃至群落对环境变迁、扰动形成的应答过程。企业、政府、大学和科研机构等主体要素构成了创新生态系统中的物种，这些栖息者相互联结进而归入研究、开发和应用三大群落，并从人力和物质资源中获取养分，在竞合共生中保持各群落之间的平衡，与经济、地理、社会文化等关键环境要素相互作用，形成创新生态系统的动态演化。因此，一个良好的创新生态系统不仅需要使组织结构与创新行为在系统内部达到最优，还应该实现系统与外部环境的动态匹配。

2. 结构与边界

创新生态系统是以互补性的多层次网络为基础的。创新不可能独立存在，也不是一个线性的过程，其产生和演化均以网络的形式展开。创新生态系统中大量互补、相互联系的随机要素逐渐交织演变成为一个更具结构性的松散网络组织，网络中的成员依赖于其他成员而生存并实现有效性。网络结构使得生态系统在保持自身核心业务的同时，对活动、资产及能力进行灵活而持续的整合和重组，因而比传统的双边合作关系更具优势。生态系统中的核心业务层通过向上和向外扩展形成更广泛的网络层，从而将各类组成要素统一到一个中心—外围的结构分析框架中，这种分层布局更好地揭示了各层次主体及环境之间的演进方式与相互作用，并提供了更便利的协调方法。

创新生态系统中各个主体在开放的环境中相互学习、交流、聚合，而每个参与其中的主体均受益于网络中节点和参与者数量的增加[87]。同时，创新生态系统将各主体串联，其中经济体量大、研发能力强的个别关键企业、高校、科研院所等可以整合上下游资源，并通过竞争、共生等方式与其他主体以及环境进行物质和能量的交换，进一步发挥自身在人才、技术、资金、市场等方面的显著优势，促进整体生态网络的良性发展与稳定。

创新生态系统的架构设计是围绕核心企业或平台展开的。创新生态系统中通常存在一个或多个核心企业或共享技术平台。这些企业或平台通过控制系统的技术架构或品牌建设，集成核心资源或特殊渠道，定义标准化界面，为其他参与者提供用以提高自身绩效的服务、工具、技术或进入某一平台的规制手段，从而成为管理和协调生态系统的核心力量。创新生态系统中的领导企业并非规模最大或资源最丰富的企业，而是能够通过正式或非正式的组织安排，将自身影响力巧妙地作用于与其有直接或间接交易的主体，是积极有效地促进和引导生态系统发展的指挥者。

创新生态系统具有开放、跨产业和跨地区的模糊边界。生态系统的开放性和动态性使其创新主体及构成要素复杂多变，也让系统的边界更加模糊。生态系统超越了由特定产品及其生产者界定的产业边界，也逐渐突破了基于集群的地理边界，创新生态系统通过更广泛的生态共同体的一致性呈现出来。这种一致性体现在相互关联的技术和组织能力将主体紧密联系在一起，以及各主体为满足不断变化的需求而共同做出努力。在模糊和流动的边界中，创新想法和人才自由流动，创新物种不断移入和移出，加速了创新生态系统的演进。

3. 功能与目标

创新生态系统动态地进化和进行自组织。生态系统强调由个体的独立发展和简单的联合作业向协同和系统合作及共同进化转变。一个健康的创新生态系统并非为了使固有网络形态的潜在产出实现最优化，而是主张通过有效的学习和各主体共同选择互补能力、资源和知识网络，实现各主体及环境之间动态、可持续的共同演进，最终形成具有自适应、自调节和自组织功能的复合体。系统中的创新物种、创新群落等及其形成的食物链、生态链相互联系、制约，使得各个创新主体共生共荣，进而使得创新生态系统不断演化、不断进行优胜劣汰，促进优势新创新物种生长、不断超越自我[88]。自然生态系统进化在很大程度上是偶然和随机的，而创新生态系统在指出商业共同体形成过程中的偶然性和自组织性的同时，也强调了决策制定者在制订计划和预见未来方面的主观能动性。创新生态系统通过创新实现价值共赢与利益共享。

（三）创新生态系统的运行机制

创新生态系统主要是由一系列不同主体相互交织而产生的开放、多维、共同演进的复杂网络结构。作为动态的创新系统，创新生态系统的创新主体之间存在互惠共生、协同竞争的关系，共同促进创新生态系统的转型、升级。创新组织与其相关组织在创新过程中也能持续地进行资源交换，且逐步演化为网络化的新型组织模式。通常而言，创新生态系统主要包括创新环境系统和创新主体系统两方面。其中，创新环境系统主要表现为创新主体系统的支撑系统，依靠构建有助于创新发展的技术、经济、文化、社会环境，不断对创新生态系统进行优化升级。创新生态系统中的创新主体一般涵盖政府、企业、大学、科研院所、金融机构和中介机构，这些创新主体借助于资金流、物资流、信息流、知识流、人才流、政策流的集聚及转化，共同促进创新生态系统的良好运转。

创新生态系统中各个创新主体的作用分别表现如下

第一，政府作为制度创新的主体，在宏观方面可有效发挥宏观调控、政策引导、财政支持、服务保障等功能，并能提供优良的政策环境、资源环境、法律环境，对创新生态系统中的创新活动给予扶持并推动活动的开展，促进新技术的产生、转化，刺激企业对创新方向进行投资。

第二，企业作为技术创新的实施主体，在创新生态系统中处于核心位置。企业通过其具有的独特资源，对已有科学技术进行成果转化，通过应用、开发，促进产品与服务的进一步产出。政府在政策、税收、财政、法律等领域能对企业进行管制，而企业亦会影响政府对于相关政策的制定。

第三，大学和科研院所作为原始创新的主体，是前沿技术、基础研究的主力。大学和科研院所以技术研发为主导，为创新生态系统提供创新来源，是知识、技术、人才的主要供给者[89]。

第四，中介机构作为创新服务的主体，能为创新主体提供大量社会化、专业化的技术咨询服务，推动创新知识传播、技术扩散及科技成果转化。

第五，金融机构作为创新投入的主体，是创新生态系统中创新资金的提供主体，是创新生态系统保持高效运转的基础与保障。

第六，最终用户，其所形成的需求常常表现为直接驱动企业创新的动力。

各个创新主体在创新生态系统中的位列层次不同，扮演着不同的角色，共同加速创新生态系统的成长与发展。

（四）创新生态系统的生命周期

为适应环境、资源的变化，创新生态系统往往处于发展之中，这可以被看作创新生态系统的动态演化过程。在创新生态系统的形成、发育、成长、成熟阶段，政府、企业、大学、科研院所、中介机构、金融机构这些创新主体会有不同的表现形式。

1. 形成阶段：在形成时期，创新生态系统主体的研发还处于分散和无序状态，在合作创新方面不够强，需要政府去积极引导和推动。

2. 发育阶段：在发育时期，创新生态系统的技术创新由政府推动逐步转为由市场多元主体共同推动。创新主体之间的联系不断加强。中介机构、金融机构不断发展，进而推动创新组织以及创新生态系统的实力增强和转型升级[90]。在此阶段，创新生态系统的主要特征是市场与政府共同推动技术创新[89]。

3. 成长阶段：在成长时期，创新生态系统的产业化与商品化水平与社会需求陆续趋于协调。市场逐渐取代政府占据主导地位。创新生态系统的中介机构、金融机构等逐渐发挥作用，而创新组织被认为是实现创新生态系统整体功能的核心。

4. 成熟阶段：到了成熟时期，创新主体将完成从创新产生到外溢和可持续发展的过程，主体创新能力不断提高，系统创新机制不断完善，产品竞争力强劲。但另一方面，系统内会逐步显现"拥塞效应"，企业竞争激烈，出现技术趋同、互补性减弱的情况[89]。

五、区域协同发展理论

协同创新是创新模式从封闭转向开放的必然结果，是在"三螺旋创新理论"及"开放式创新理论"等理论基础上发展起来的创新理论，是创新生态系统得以维系与发展的模式和途径。

（一）协同创新的内涵

1965 年，美国战略管理学家伊戈尔·安索夫将协同学与管理学桥接起来，揭示了通过合作创新能够产生何种新效用，该研究引起了产业界和理论界的重视。20 世纪 70 年代，德国著名理论物理学家赫尔曼·哈肯构建了协同学理论。20 世纪 80 年代后，协同思想在创新系统理论中得到应用。

从当代科技创新的发展趋势来看，协同创新是企业、高校、科研机构、政府、科技中介服务机构等创新主体根据创新目标与任务，在发挥各自优势与能力的基础上，通过有效的运行机制，对创新资源和要素进行有效的汇聚、整合，突破创新主体之间的行业壁垒，充分释放彼此间"人才、资源、信息、技术"等创新要素的活力，共同投入、共同参与、共享成果、共担风险，为了在科技创新方面实现突破，加速技术推广、应用和产业化而开展深度合作的一种创新模式。

我国提出协同创新的目的在于，通过协同创新，打破组织、学科、机制、体制的樊篱，突破部门、行业、区域甚至国别的界限，最大程度地集成和汇聚人才、知识、信息、设备、资金等创新资源与要素，优化科技、教育与产业等系统内外部资源配置，实现知识创新主体（学研机构）与技术创新主体（企业）有效对接，从根本上解决目前我国科技、经济"两张皮"的科技成果转化问题[91]。

协同创新是一个系统工程，要求系统内各要素和子系统之间相互配合，进而获得超越各部分原有功能总和的新功效。在微观层面上，协同创新是指创新组织科研团队内部及团队之间形成知识（技术、思想、专业技能）共享机制，通过多方位交流与多样化协作以应对"大科学"时代带来的挑战。在中观层面上，协同创新是指企业、大学、科研院所这三个基本创新主体发挥各自的资源优势与创新能力，在政府、科技中介服务机构、金融机构等相关主体的支持下，实现"1+1+1＞3"的协同效应的过程。在宏观层面上，协同创新是指知识创新体系与经济体系之间有效结合与互动，促使科技、教育与经济融合发展。

（二）协同创新的特征

1. 创新资源的可获取性

协同创新是基于共同的技术创新目标而建立起来的一种网络组织形式。通过协同创新，各成员可以更好地利用外部资源，有效解决现代创新环境下技术创新的不确定性、资源稀缺性以及企业内部科技创新能力有限性之间的突出矛盾，提高各创新行为主体的竞争力和抗风险能力。

2. 创新环境的生态性

协同创新环境的生态化是以开放式创新和网络化创新为基础而形成的一种创新要素通过有机创新网络节点相互链接、彼此依存、及时反馈、良性互动，以及核心企业能力持续提升的一种局面。

3. 创新成果的共享性

协同创新的过程是企业、大学和科研机构各自所拥有的隐性知识与显性知识相互转换和提升的过程，是协同创新中各行为主体为了实现重大科技创新而开展的大跨度整合的创新组织模式。在这个过程中，各行为主体共同参与知识创造和技术开发，共同享有人才、技术、资金、信息等资源，通过相互协作，促进对交叉知识、衍生知识、隐性知识的融合学习，提高科技创新、技术创新、成果产业化水平。

4. 创新发展的持续性

协同创新是一个自组织系统，创新主体与外部环境之间既相互竞争、制约，又相互协同、受益，基于目的、信任、利益观念等方面的协同，以产学研结合、企业联盟、产业集群等形式保持长期、稳定、互惠、共生的协作关系，从而提高创新发展的持续性。

（三）协同创新主体的功能定位

协同创新的过程是大学、科研机构、企业、政府等不同主体为了满足市场和自身利益需求，利用各方优势资源，进行科学技术研发、产品生产以及市场运营的系列活动，是基于创新的协作和交流。在这个过程中，尽管各主体相互联系、相互作用，共同为协同创新发挥力量，但不同主体扮演着不同的角色，具有不同的功能和作用。

在协同创新体系中，企业、大学、政府和中介机构形成了各自定位清晰、分工合作、互利共赢的良好机制，从而使科学技术的创新成果以"放大效应"影响了整个国家的科技进步和产业实力。政府作为协同创新的重要推动力量，主要起到政策引导、调节配合和外部监督作用；大学作为知识创新和人才培养的主要供给方，主要提供了科学知识和技术创新的动力源；企业作为协同创新的积极参与者，主要承担了应用研究和科技成果转化的重要职能；中介机构作为融资、培训、评估、咨询等服务的提供者，主要发挥了桥梁和纽带的作用。各个主体在技术创新的研发、传递、转移和应用环节分工明确、优势互补，实现了技术创新与产业化的良性循环，有力地推动了产学研协同创新平台的形成和完善，提高了国家自主研发和科技创新的能力。另外，政府、企业和高校等不同产学研协同创新主体的地位并非一成不变。当协同创新实践机制逐步走向成熟或者形成了一定的可遵循的模式时，政府便逐渐退出主导地位，特别是在富有市场前景和经济收益的产学研合作中，企业会以更加雄厚的资金投入占据主导地位，大学和科研机构也会寻找到科学研究和技术创新的更强动力。政府的角色并非只是"高高在上"地俯视，而是在行动中进行干预指导，不断参与到大学、产业、政府的多边合作中，深入微观和制度层面为协同创新把握方向[92]。

（四）协同创新的模式与运行机制

协同创新模式是创新主体在创新实践过程中形成的创新行为，主要包括研发协同、创新外包、专利许可或技术转让、双元协同创新模式等类型。

协同创新运行机制是指各主体在实践协同创新过程中形成的动力、规则及程序的总和，是从各活动主体最初萌发组建协同创新联盟的意愿到协同创新利益分配结束全过程各个环节的运行机理、相关制度与作用方式。协同创新包括许多子运行机制，如动力机制、信任机制、资源共享机制、利益分配机制、合作伙伴选择机制及风险分散机制等。

本章参考文献

［1］熊彼特.经济发展理论［M］.孔伟艳，朱攀峰，娄季芳，译.北京：北京出版社，2008：52.

［2］FREEMAN C. Networks of innovators：A synthesis of research issues［J］．Research policy，1991，20（5）：499–514.

［3］NONOKA I，TAKEUCHI H. The knowledge–creating company［J］．Nankai business review，1998，482–484（02）：175–187.

［4］刘兰剑，司春林．创新网络17年研究文献述评［J］．研究与发展管理，2009，21（04）：10.

［5］COOKE P. Regional innovation systems：competitive regulation in the New Europe［J］．Geoforum，1991，23（03）：365–382.

［6］ADNER R. Match your innovation strategy to your innovation ecosystem［J］．Harvard business review，2006，84（04）：98–107.

［7］ADNER R，KAPOOR R. Value creation in innovation ecosystems：how the structure of technological interdependence affects firm performance in new technology generations［J］．Strategic management journal，2010，31（03）：306–333.

［8］LIU K，QIAO Y R，ZHOU Q. Spatiotemporal heterogeneity and driving force analysis of innovation output in the Yangtze River economic zone：the perspective of innovation ecosystem［J］．Complexity，2021（09）：1–16.

［9］刘钒，张君宇，邓明亮．基于改进生态位适宜度模型的区域创新生态系统健康评价研究［J］．科技管理研究，2019，39（16）：1–10.

［10］黄鲁成，米兰，吴菲菲．国外产业创新生态系统研究现状与趋势分析［J］．科研管理，2019，40（05）：1–12.

［11］曾国屏，苟尤钊，刘磊．从"创新系统"到"创新生态系统"［J］．科学学研究，2013，31（01）：4–12.

［12］戴亦舒，叶丽莎，董小英．创新生态系统的价值共创机制：基于腾讯众创空间的案例研究［J］．研究与发展管理，2018，30（04）：24–36.

［13］薛光明．创新理论的发展与反思：一个理论综述［J］．经济论坛，2017（12）：145–151.

［14］王蕾，曹希敬．熊彼特之创新理论的发展演变［J］．科技和产业，2012，12（06）：84–88.

［15］FREEMAN C. Technology policy and economic performance：lessons from Japan［M］．London：Printer Publishers，1987.

［16］尼尔森．国家（地区）创新体系：比较分析［M］．北京：知识产权出版社，2012.

［17］弗里曼．技术政策与经济绩效：日本国家创新系统的经验［M］．南京：东南大学出版社，2008：22–37.

［18］伦德瓦尔．国家创新系统：建构创新和交互学习的理论［M］．北京：知识产权出版社，2016：109–188.

［19］波特．国家竞争优势［M］．北京：华夏出版社，2002：65–123.

［20］OECD. National innovation system［R］．Paris：OECD，1997：7–10.

［21］曾国屏，苟尤钊，刘磊．从"创新系统"到"创新生态系统"［J］．科学学研究，2013，31（01）：4–12.

［22］WATKINS A，PAPAIOANNOU T，MUGWAGWA J，et al. National innovation systems and the intermediary role of industry associations in building institutional capacities for innovation in developing countries: a critical review of the literature [J]. Research policy, 2015, 44 (08): 1407-1418.

[23] 孙飞翔,吕拉昌.国家创新系统研究综述与展望 [J].科技管理研究,2017(23):1-9.

[24] 杨博旭,柳卸林,吉晓慧.区域创新生态系统:知识基础与理论框架 [J].科技进步与对策,2023,40 (13):152-160.

[25] COOKE P, LIRANGA M G, ETXEBARRIA G. Regional innovation systems: Institutional and organisational dimensions [J]. Research policy, 1997, 26 (4-5): 475-491. DOI: 10.1016/S0048-7333 (97) 00025-5.

[26] 王凯,邹晓东.由国家创新系统到区域创新生态系统:产学协同创新研究的新视域 [J].自然辩证法研究,2016,32 (09):97-101.

[27] ETZKOWITZ H, UYDESDORFF L. The triple helix—university-industry-government relations: a laboratory for knowledge-based economic development [J]. Easst Review, 1995, 14 (01): 14-19.

[28] 埃茨科威兹.三螺旋 [M].周春彦,译.北京:东方出版社,2005:6.

[29] 方卫华.创新研究的三螺旋模型:概念、结构和公共政策含义 [J].自然辩证法研究,2003 (11):69-72;78.

[30] 胡曙虹,黄丽,杜德斌.全球科技创新中心建构的实践:基于三螺旋和创新生态系统视角的分析:以硅谷为例 [J].上海经济研究,2016 (03):21-28. DOI:10.19626/j.cnki. cn31-1163/f.2016.03.003.

[31] 蔡翔,王文平,李远远.三螺旋创新理论的主要贡献、待解决问题及对中国的启示 [J].技术经济与管理研究,2010 (01):26-29.

[32] 李明珍,张洁音.我国三螺旋创新理论研究进展综述:基于 CSSCI 的分析 [J].科技和产业,2015,15 (09):93-100.

[33] 董铠军,吴金希.创新理论发展的四阶段论:回顾与解读 [J].自然辩证法研究,2018,34 (02):60-65.

[34] 金潇明.产业集群知识共享的四螺旋结构模型 [J].系统工程,2010,28 (1):90-94.

[35] 黄瑶,王铭."三螺旋"到"四螺旋":知识生产模式的动力机制演变 [J].教育发展研究,2018,38 (01):69-75. DOI:10.14121/j. cnki.1008-3855.2018.01.013.

[36] 吴卫红,陈高翔,张爱美.基于状态空间模型的政产学研资协同创新四螺旋影响因素实证研究 [J].科技进步与对策,2018,35 (14):22-29.

[37] CARAYANNIS E G, Campbell D F J. Mode 3 knowledge production in quadruple helix innovation systems [M]. New York: Springer Science + Business Media, 2012: 69-72.

[38] 西桂权,魏晨,付宏.面向科技服务业的四螺旋协同创新发展模型研究 [J].科技管理研究,2020,40 (23):31-37.

[39] 杨晓斐,武学超."四重螺旋"创新生态系统构建研究 [J].中国高校科技,2019 (10):30-34.

[40] 武学超.五重螺旋创新生态系统要素构成及运行机理 [J].自然辩证法研究,2015,31 (06):50-53.

［41］霍影.多重螺旋视域下创新生态系统研究理论进展与制度反思［J］.科学与管理，2023，43（04）：1-10.

［42］陈健，高太山，柳卸林，等.创新生态系统：概念、理论基础与治理［J］.科技进步与对策，2016（17）：153-160.

［43］刘畅，李建华.五重螺旋创新生态系统协同创新机制研究［J］.经济纵横，2019（03）：122-128.

［44］刘雪芹，张贵.创新生态系统：创新驱动的本质探源与范式转换［J］.科学进步与对策，2016（20）：1-6.

［45］罗国锋，林笑宜.创新生态系统的演化及其动力机制［J］.学术交流，2015（08）：119-124.

［46］宋晶，高旭东，王一.创新生态系统与经济增长的关系［J］.技术经济，2017（12）：23-29.

［47］PORTER M. The competitive advantage of nations［J］. Harvard business review, 1990, 68（02）: 73-93.

［48］MORGAN K. The learning region: institutions, innovation and reginal renewal［J］. Regional studies, 1997, 31（5）: 491-503.

［49］MASKELL P, MALMBERG A. Localized learning and industrial competitiveness［J］. Cambridge journal of economics, 1999, 23（08）: 167-185.

［50］LAGENDIJK A. Making connections: technological learning and regional economic change［M］. Aldershot: Ashgate, 1999.

［51］SCHULTZ D E. The death of distance: how the communications revolution will change our lives［J］. International marketing review, 1983, 15（04）: 309-311.

［52］SCOTT A. A new map of Hollywood: the production and distribution of American motion pictures［J］. Regional Studies, 2002, 36（09）: 957-975.

［53］SMITH O J, POWELL W W. Knowledge networks as channels and conduits: the effects of spillovers in the Boston biotechnology community［J］. Organization science, 2004, 15（01）: 5-21.

［54］BATHEIT H, MALMBERG A, MASKELL P. Clusters and knowledge: local buzz, global pipelines and the process of knowledge creation［J］. Progress in human geography, 2002, 28（01）: 31-56.

［55］TOMANEY J, WARD N. Debates and surveys［J］. Regional studies, 2000, 34（9）: 857-873.

［56］BOSCHMA R A. Proximity and innovation: a critical assessment［J］. Regional studies, 2005, 39（01）: 61-74.

［57］MAREK P, TITZE M, FUHRMEISTER C, et al. R&D collaborations and the role of proximity［J］. Regional studies, 2017, 51（12）: 1761-1773.

［58］胡杨，李郇.多维邻近性对产学研合作创新的影响：广州市高新技术企业的案例分析［J］.地理研究，2017，36（04）：12.

［59］李晨，覃成林，任建辉.空间溢出、邻近性与区域创新［J］.中国科技论坛，2017（01）：

47–52；68.

［60］夏丽娟，谢富纪，付丙海.邻近性视角下的跨区域产学协同创新网络及影响因素分析［J］.管理学报，2017，14（12）：1795–1803.

［61］SUN Y T, LIU K. Proximity effect, preferential attachment and path dependence in inter-regional network［J］. Scientometrics, 2016, 108（01）: 201–220.

［62］BRESCHI S, LISSONI F. Mobility of skilled workers and co-invention networks: an anatomy of localized knowledge flows［J］. Journal of economic geography, 2009, 9（04）: 439–468.

［63］ABRAMOVSKY L, SIMPSON H. Geographic proximity and firm–university innovation linkages: evidence from Great Britain［J］. Journal of economic geography, 2011（11）: 949–977.

［64］王孝斌，李福刚.地理邻近在区域创新中的作用机理及其启示［J］.经济地理，2007，27（04）：543–546；552.

［65］史焱文，李二玲，李小建.地理邻近、关系邻近对农业产业集群创新影响：基于山东省寿光蔬菜产业集群实证研究［J］.地理科学，2016，36（05）：9.

［66］李琳，龚晨.多维邻近性对不同知识基础产业创新的影响：基于 ANN 和 OLS 回归双重检验［J］.科学学研究，2017，35（08）：1273–1280.

［67］FUNK R J. Making the most of where you are: geography, networks, and innovation in organizations［J］. Academy of management journal, 2014, 57（01）: 193–222.

［68］曹兴，宋长江.认知邻近性、地理邻近性对双元创新影响的实证研究［J］.中国软科学，2017（04）：120–131.

［69］BALLAND P A, BELSO–MARTINEZ J A, MORRISON A. The dynamics of technical and business knowledge networks in industrial clusters: embeddedness, status, or proximity?［J］. Economic geography, 2016, 92（01）: 35–60.

［70］COWAN R, JONARD N, OZMAN M. Knowledge dynamics in a network industry［J］. Technological forecasting and social change, 2004, 71（05）: 469–484.

［71］阮平南，王文丽，刘晓燕.基于多维邻近性的技术创新网络演化动力研究：以 OLED 产业为例［J］.研究与发展管理，2018，30（06）：59–66.

［72］刘凤朝，闫菲菲，马荣康，等.邻近性对跨区域研发合作模式的影响研究：基于北京、上海、广东的实证［J］.科研管理，2014（11）：100–108.

［73］刘斌，唐慧敏，王玉凤，等.地理接近性对高校技术创新合作及创新绩效的影响［J］.研究与发展管理，2016，28（01）：121–131.

［74］夏丽娟，谢富纪，王海花.制度邻近、技术邻近与产学协同创新绩效：基于产学联合专利数据的研究［J］.科学学研究，2017，35（05）：782–791.

［75］WAL A L J T. The dynamics of the inventor network in German biotechnology: geographic proximity versus triadic closure［J］. Journal of economic geography, 2014, 14（03）: 589–620.

［76］CANTWELL J, SANTANGELO G D. The new geography of corporate research in Information and Communications Technology（ICT）［J］. Journal of evolutionary economics, 2002, 12

（12）：163-197.

［77］MÜLLER M, STEWART A. Does temporary geographical proximity predict learning？ Knowledge dynamics in the Olympic Games ［J］. Social science electronic publishing, 2016, 50（03）：1-14.

［78］刘凤朝，肖站旗，马荣康.多维邻近性对技术交易网络的动态影响研究［J］.科学学研究，2018，36（12）：2205-2214.

［79］李琳，杨田.地理邻近和组织邻近对产业集群创新影响效应：基于对我国汽车产业集群的实证研究［J］.中国软科学，2011（09）：133-143.

［80］AGRAWAL A, COCKBURN I, MCHALE J. Gone but not forgotten：knowledge flows, labor mobility, and enduring social relationships ［J］. Journal of economic geography, 2006, 6（05）：571-591.

［81］吕国庆，曾刚，顾娜娜.基于地理邻近与社会邻近的创新网络动态演化分析：以我国装备制造业为例［J］.中国软科学，2014（05）：97-106.

［82］董铠军.微观视角下创新生态系统研究：概念与界定［J］.科技进步与对策，2017，34（08）：9-14.

［83］徐长春，杨雄年.创新生态系统：理论、实践与启示［J］.农业科技管理，2018，37（04）：1-4.

［84］RONG K, LIN Y, YU J, et al. Exploring regional innovation ecosystems：an empirical study in China ［J］. Industry and innovation, 2021, 28（05）：545-569.

［85］GRANSTRAND O, HOLGERSSON M. Innovation ecosystems：a conceptual review and a new definition ［J］. Technovation, 2020, 90-91：102098.

［86］毕娟.完善我国创新生态系统的战略路径研究［J］.科技创新与应用，2019（17）：23-24.

［87］TERSTRIEP J, REHFELD D, KLEVE R BECK M. Favourable social innovation ecosystem（s）？ An explorative approach ［J］. European planning studies, 2020, 28（05）：881-905.

［88］闫俊周，朱露欣，齐念念.区域创新生态系统：理论框架与研究展望［J］.技术与创新管理，2022，43（06）：620-631.

［89］范洁.创新生态系统的理论逻辑与治理机制：基于生命周期演化的视角［J］.技术经济与管理研究，2017（09）：32-36.

［90］颜永才.产业集群创新生态系统的构建及其治理研究［D］.武汉：武汉理工大学，2013.

［91］张艺，许治，朱桂龙.协同创新的内涵、层次与框架［J］.科技进步与对策，2018，35（18）：20-28.

［92］蓝晓霞，刘宝存.美国协同创新主体功能定位研究［J］.南昌大学学报（人文社会科学版），2014，45（04）：155-160.

3

第三章
区域创新生态系统评价指标体系构建

第一节 构建创新生态系统评价体系的必要性

"创新生态系统"强调创新过程中政府、企业、科研机构、高校、金融机构等多主体的协同作用，各个主体充分发挥自身优势，广泛加强功能上的协同，共同构建起创新的支持机制。

创新生态系统的完善能够在极大意义上促进创新事业发展、引领创新事业进步。2020年，习近平总书记于《在科学家座谈会上的讲话》中强调，中国科技事业发展"关键是要改善科技创新生态，激发创新创造活力，给广大科学家和科技工作者搭建施展才华的舞台"，充分把握良好创新生态在促进科技进步中的关键作用。党的二十大报告指出，"强化国家战略科技力量，提升国家创新体系整体效能，形成具有全球竞争力的开放创新生态"，再次强调了创新生态系统建设对于科技创新发展的重要性。

在党和国家的坚强领导以及具体切实的政策指引下，中国持续发力建设创新生态系统。世界知识产权组织发布的《2022年全球创新指数报告》显示，中国排名第11位，较2021年上升一位，连续十年稳步提升。在81项细分指标中，中国有九项指标排名全球第一，世界五大科技集群独占两席[1]。这表明中国的创新实力和创新动力不断增强，在世界范围内的创新竞争力不断提高。

然而，虽然中国的创新生态环境在不断改善，在世界范围内的整体竞争力不断提高，但由于创新生态系统的组成部分较多，影响因素复杂，各地区创新生态发展情况不一。目前，有关各地区创新生态系统的量化研究在指标体系的

---

[1] 数据来源：中国新闻网，http://www.chinanews.com.cn/gn/2022/09-29/9864003.shtml。

覆盖度、普适性、测算方法及效果方面均有待进一步的探索。鉴于此，本章将构建能体现一定综合性的创新生态系统评价模型，基于指标体系的测算提供了针对不同地区的具体分析。根据测算结果，被测地可以清晰地审视自身的优势与短板，有利于根据自身所处的行政级别、所具备的禀赋条件、毗邻情况等进行综合施策，明确自身创新生态系统的建设方向。进一步地，各地根据指标测算结果，因地制宜，有针对性地施策，有利于加强区域间就创新生态系统建设问题进行沟通和交流，从而进一步改善国家创新生态系统。

第二节　文献综述

创新生态系统的概念起源于国外学者关于创新系统的研究，其概念的演化发生在宏观和微观的基础之上。在宏观层面，1987 年，Freeman[1] 在著作中提出"国家创新系统"的概念，认为国家创新系统是涵盖公共部门、私人部门和各种机构的一个网络，新技术的投用、引进、改良和传播都通过该网络中的机构发挥职能和进行互动得以实现；Lundvall[2] 研究了国家创新生态系统的构成与运作机制，提出国家创新系统有广义和狭义之分，其最基础的资源是知识，最重要的过程是学习；Nelson[3] 通过在大致统一的框架内对 15 个经济体的创新系统进行比较分析，展现了这些创新系统的差异性和相似性，同时对其创新发展模式做出阐释。在微观层面，Moore[4] 研究了创新生态理论在企业发展中的应用，指出企业在生态系统中广泛竞争与合作，通过满足客户需求达到创新。

2004 年，美国政府首次在总统科技顾问委员会报告中提出了创新生态系统的概念，强调美国的技术创新、经济发展地位得益于创新生态系统的建立与完善[5]。此后，诸多学者对创新生态系统的内涵进行探讨，Iansiti 和 Levien[6] 认为创新生态系统是一个较为松散的网络，单个企业的战略会影响整个网络的健康程度，最终作用于组织绩效；Adner[7, 8] 将创新生态系统定义为企业整合的创新成果，提供面向客户的解决方案机制，指出企业进入创新生态系统的同时也面临着新的机遇和风险，提出"创新生态战略"，认为创新生态系统的参与者需要关注外部环境的变化；Carayannis 和 Campbell[9] 在研究中提出"三螺旋""四螺旋"和"五螺旋"结构，探讨创新和环境的关联，认为创新生态系统需要考虑大学、工业、政府、社会及其背后的自然环境；Zahra 和 Nambisan[10] 从要素视角阐释创新生态系统，提出系统中的成员在体系中通过要素的流动实现价值共创；Holgersson 等[11] 从角色的角度进行界定，通过研究得出创新生态系统需要合作者、竞争者、补充者和替代者四种角色共同参与。

　　中国学者也对创新生态系统的概念与内涵进行了广泛探讨，形成了对于创新生态及其主体之间相互作用的多元化认知。张运生[12]、张利飞[13]将创新生态系统定义为高科技企业以技术标准为创新耦合的纽带，在全球范围内形成的基于构件/模块的知识异化、协同配套、共存共生、共同进化的技术创新体系，二人主要从企业和产业的微观、中观角度来审视创新生态系统；李万等[14]认为创新生态系统是创新 3.0 的核心要义，是指创新群落与创新环境之间通过物质、能量和信息流的传递形成的复杂系统，强调系统中的能量与要素的流动；柳卸林等[15]在考察创新要素流动的同时，指出创新生态中的创新主体有着共同的愿景与目标，利用各自所长，实现互惠互利、合作共赢；张贵和刘雪芹[16]认为，创新生态系统具有动态性、开放性，类似于自然生态，同时强调创新要素之间的协同作用；张省[17]将创新资源的吸引作为创新生态系统主体集聚的原因，并指出创新生态系统主体通过价值共塑、利益共享和风险共担形成联合，且具有相对稳定性、自我进化性。中外学者对于创新生态系统定义的阐释虽然十分多元，但同时强调了创新生态系统主体较广泛、要素流动多、协同作用强的基本特征。

　　随着创新生态系统定义的逐步明晰，有关该领域的研究重点也逐渐从厘清概念、阐释内涵的质性研究转向评估发展现状、指明未来方向的定量研究，采用多样化的评价方法，将目光聚集于对于国家、地区及其具体产业的创新生态系统综合评价。Heller[18]着眼于 2013 年俄罗斯的创新生态系统建设，通过市场、资本、人员、文化、基础设施和法律六个类别的指标指出其优劣势和建设情况；Suseno 和 Standing[19]选用基于政策的人力资本、基础设施、公私部门合作、资金投入和商业化以及创新文化五个维度，对比了澳大利亚和新加坡的创新生态系统，并在对比中融入了对两国创新要素交流的分析；Viktor 等[20]将经济合作与发展组织的成员国作为研究对象，使用 DEA 和模糊集定性分析混合模型测度创新生态系统的运行效率，并结合测算结果指出公共支出、知识教育、研发支出的形式多样性对于创新生态系统效率改善的促进作用。从较为微观的产业视角出发，Weil 等[21]以美国生物燃料市场为例，基于网络映射软件可视化发展现状，分析了市场动态对于技术选择的影响，将创新生态系统发展与市场动态联结；Stadler 和 Chauvet[22]聚焦法国生物经济发展情况，指出工农业资源集群的建立促进了生物经济创新生态系统建设，生物经济发展需要基于系统与协作的战略支持和公私合作；Radicic 等[23]使用欧盟国家的数据，以欧洲传统制造业中小企业为研究对象，指出创新支持可以促进公私合作，帮助传统制造业企业巩固和扩大创新生态系统。

国内的学者们使用多样化的分析方法对创新生态系统发展状况进行了量化评估。在主观研究方法方面，姜庆国[24]使用模糊层次分析法构建指标体系并进行赋权，评估中国的创新生态系统发展现状；姚艳红等[25]通过专家咨询法构建创新生态系统"健康度"评价体系，以湖南省为例进行分析，并针对专利产出、风险防范、研发投入等方面提出政策建议。在客观研究方法方面，生态位适宜度模型、熵权法和主成分分析法是学者们重点使用的方法。生态位适宜度模型被广泛应用于针对省际、城市群以及具体省份的创新生态系统评估中，如周青和陈畴镛[26]、武翠和谭清美[27]、解学梅和刘晓杰[28]等均从生态位角度把握创新生态系统发展状况，选取不同省、自治区和直辖市的相关数据进行定量评估，并结合地区情况进行对比分析；孙丽文和李跃[29]则利用生态位适宜度模型研究京津冀区域的创新发展情况，并与东部地区进行对比，以期提升整体创新能力；刘洪久等[30]、郭燕青等[31]着眼于微观的区域创新生态系统展开研究，分析了苏州市、湖南省的情况。学者们对于熵权法、主成分分析法的应用加强了对于产业创新生态系统的思考，刘兰剑等[32]、王宏起等[33]、范德成和谷晓梅[34]的研究采用熵权法（或结合其原理的改进方法），分别对高新技术产业、战略性新兴产业、高技术产业的创新生态系统进行评估；陈向东和刘志春[35]、欧光军等[36]、马宗国和丁晨辉[37]在研究中以主成分分析法为基础，研究科技园区、国家高新区、自主创新示范区等创新集群、集聚区的创新生态建设情况。

以上学者对于创新生态系统概念与内涵的研究有助于从主体分类、要素流动、协同机制等角度广泛了解创新生态系统的内涵，为以创新生态系统建设的量化测度与评估为本文的测算方法选择、指标体系构建奠定了基础。然而，综合研究现状表明，学者们在评估创新生态系统建设时主要使用 2018 年及以前数据，指标体系的重合度较高，且较少研究在测算后检验结果的稳健性。基于此，本书选择 2016—2020 年中国 30 个省、自治区和直辖市①的面板数据，将科技企业孵化器、众创空间及其资金使用等涉及创新载体合作、科技金融融合

---

① 包括北京市、天津市、河北省、山西省、内蒙古自治区、辽宁省、吉林省、黑龙江省、上海市、江苏省、浙江省、安徽省、福建省、江西省、山东省、河南省、湖北省、湖南省、广东省、广西壮族自治区、海南省、重庆市、四川省、贵州省、云南省、陕西省、甘肃省、青海省、宁夏回族自治区、新疆维吾尔自治区。考虑到数据可得性，排除了西藏自治区、香港特别行政区、澳门特别行政区和台湾地区。

发展的新概念指标纳入考量，通过替换测算时的赋权方法来检验结论的稳健性，致力于打通创新生态系统量化评估的"最后一公里"。

第三节　创新生态系统指标体系构建

本节在现有核心概念界定和理论基础上分析如何构建创新生态系统指标体系。通过结合现有研究中有关对国家自主创新示范区创新生态系统指标体系构建与创新生态系统建设的实际需要问题，本节选择与一级指标、建设过程存在较为密切联系并被广泛应用的维度，并将一级指标分为环境层、实践层与目标层。在一级指标下，本节进一步选取了三至四个二级指标进行测算，以反映相应一级指标的发展状况。该体系所需资料及数据均来自公开的统计年鉴、报告以及权威数据库，且统计口径保持相对一致，以保证测算结果的准确性和可用性。在方法选取与测算方面，本书考虑到创新生态系统评价指标多元化的情况，选用主成分分析法进行数据分析，将各指标转化为综合指标，使其成为具有较强解释力的主成分。在此基础上，本节按照建立原始矩阵、标准化处理、计算相关系数矩阵及其特征值、计算成分得分系数矩阵及得出维度方程的过程，计算出各省、自治区和直辖市的创新生态系统指标排名。

一、指标选取与数据采集

国家自主创新示范区是国务院为推进自主创新进行先行先试、探索经验并做出示范的区域，对于本地区、邻近区域乃至全国各地的创新事业发挥着重要的引领、辐射和带动作用。在建设示范区创新生态系统过程中产生的经验可以为全国各省、自治区和直辖市的创新生态系统发展提供有益指导。考虑到示范区建设的重大意义和指导作用，以及创新生态系统中政府、企业、高校、金融机构等多部门、多主体发挥作用的现实机制，本书参考龙海波和杨超[38]关于国家自主创新示范区构建良好创新生态系统的经验与做法的具体论述，将重点经验转换为评价指标维度，从环境层、实践层解读创新生态系统建设，并划分出体制机制顺畅度、主体地位明晰度、创新资源整合能力、创新载体协作能力、科技金融融合度五个维度，将五个维度分别作为一级指标加以测算，构建创新生态系统指标体系。

结合创新生态系统建设的实际需要，本书所选择的维度和一级指标与建设过程存在较为密切的联系，这些维度和指标被广泛应用于创新生态系统的建设过程中，如图 3-1 所示。环境层的一级指标包括体制机制顺畅度、科技金融融合度两个方面，分别反映了从事创新活动的行政环境和融资环境。政府负责划清职能边界，着力于公开透明，有利于捋顺体制机制、减轻部分冗杂的行政手续、提高创新实践的效率；同时，政府、金融机构等资金持有者通过加大资金支持力度，充分突出企业在创新中的主体地位，帮助创新主体广泛利用创新资源、各司其职、加强协作，为创新成果的产出与转化提供融资保障。从属于创新实践层的三个一级指标通过各自的完善，发挥共建创新生态系统的效能。企业的主体地位较为明晰，其对于创新的支持具有较强的针对性，有利于企业树立创新目标、提升可利用创新资源的广泛性和对于利用创新资源积极性。在调动资源进行创新实践的过程中，各个创新参与者随要素资源的流动形成协作机制，各履其职，集合为成熟的创新生态系统。

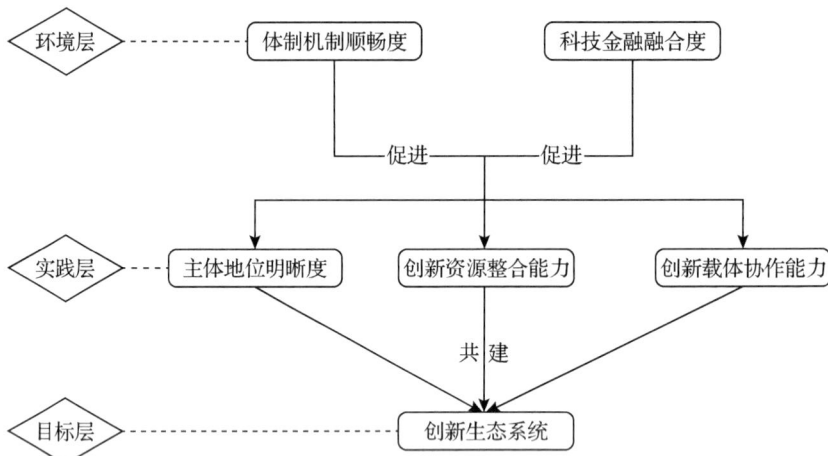

图 3-1 本书所选维度与一级指标分类及其作用过程

在一级指标下，本书进一步选取了三至四个二级指标进行测算，以反映相应一级指标的发展状况，详见表 3-1。

表 3-1 创新生态系统指标体系

维度层面	一级指标	二级指标	单　位
环境层	体制机制顺畅度	市场分配资源的比重 x_{11}	
		政府透明度指数 x_{12}	
		知识产权保护指数 x_{13}	

续表

维度层面	一级指标	二级指标	单　位
环境层	科技金融融合度	科学技术支出占财政支出的比重 x_{21}	
		科技企业孵化器当年获得的风险投资额 x_{22}	万元
		众创空间团队及企业当年获得的投资总额 x_{23}	万元
实践层	主体地位明晰度	规模以上工业企业平均 R&D 项目 x_{31}	个
		规模以上工业企业平均 R&D 经费 x_{32}	万元
		规模以上工业企业平均 R&D 人员 x_{33}	人
	创新资源整合能力	当年外商投资总额 x_{41}	万美元
		研究生毕业人数 x_{42}	人
		区域内普通高等学校数 x_{43}	个
		科学研究与开发机构数 x_{44}	个
	创新载体协作能力	技术市场技术输出地域（合同数）x_{51}	个
		技术市场成交额 x_{52}	亿元
		在统孵化器数量 x_{53}	个
		孵化器内企业数量 x_{54}	个

注：市场分配资源的比重 =1– 财政支出 /GDP；知识产权保护指数 = 专利授权量 /GDP；科学技术支出占财政支出的比重 = 科学技术支出 / 财政支出总额；规模以上工业企业平均 R&D 项目 = 规模以上工业企业项目总数 / 规模以上工业企业数。体制机制顺畅度内其他二级指标计算形式与以上相同。资料均来自公开的统计年鉴、报告以及权威数据库，且统计口径保持相对一致，以保证测算结果的准确性、可用性。

　　在体制机制顺畅度指标中，政府透明度指数二级指标来源于中国社会科学院法学研究所发布的《中国政府透明度指数报告》，由于 2016 年省级行政区政府透明度并未测算，该年指标采用 2015 年、2017 年两年的算术平均值予以代替，其余两个二级指标借鉴王小鲁等[39]在其中国分省份市场化指数测算报告中关于政府与市场关系的相关指标；创新资源整合能力中的当年外商投资总额二级指标数据来源于国泰安数据库，研究生毕业人数二级指标数据来源于省级行政区统计年鉴和《中国教育统计年鉴》，由于 2020 年科学研究与开发机构数二级指标数据有所缺失，考虑到其数据绝对量随时间变动较小的特点，利用 2017—2019 年的数据，经移动平均得到替代值；其余二级指标数据均来自《中国统计年鉴》《中国科技统计年鉴》和《中国火炬统计年鉴》。

二、方法选取与测算

结合国内外研究状况，考虑到创新生态系统评估指标多元化的特点，本书选取的二级指标对一级指标的解释程度存在内部差异，故选用主成分分析法进行数据分析，将各指标转化为综合指标，使其成为具有较强解释力的主成分。

运用 SPSS 26.0 软件对原始数据进行标准化，并进行初始值检验，得到各个一级指标下的 KMO 值分别为 0.667、0.692、0.722、0.713 和 0.595，符合运用主成分分析法的基础标准，测算过程如下。

（1）建立原始数据矩阵 X_{ij}。设有 n 个样本，每个样本有 p 个衡量指标，公式如下：

$$x_{ij} = \begin{bmatrix} x_{11} & \cdots & x_{1p} \\ \vdots & \ddots & \vdots \\ x_{n1} & \cdots & x_{np} \end{bmatrix} = (x_1, \ x_2, \ \cdots, \ x_p) \tag{3-1}$$

$$x_j = (x_{1j}, \ x_{2j}, \ \cdots, \ x_{nj})^T \tag{3-2}$$

（2）考虑到指标之间的量纲差异，采用 Z-score 将原始数据进行标准化处理，从而使原始数据矩阵 X_{ij} 变换为标准化矩阵 Z_{ij}。$\tilde{x}_{ij}$ 是中心标准化数据，$\bar{x}_j$ 是变量 x_j 的样本均值，s_j 为变量 x_j 的样本标准差。公式如下：

$$\tilde{x}_{ij} = \frac{x_{ij} - \bar{x}_j}{s_j} \tag{3-3}$$

$$\bar{x}_j = \frac{1}{n} \sum_{i=1}^{n} x_{ij} \tag{3-4}$$

$$s_j^2 = \frac{1}{n-1} \sum_{i=1}^{n} (x_{ij} - \bar{x}_j)^2 \tag{3-5}$$

（3）计算相关系数矩阵及其特征值，公式如下：

$$R = [r_{ij}]_{pp} = \frac{1}{n-1} \sum_{i=1}^{n} Z_{ij}^T Z_{ij} \tag{3-6}$$

$$|R - \lambda U| = 0 \tag{3-7}$$

根据特征值的分布情况，采用最大方差法旋转，以方便对因子进行解释；对各一级指标提取两个主成分，使每个一级指标的累积方差贡献率都超过75%，能够较好地表达原始变量的主要信息。

（4）计算成分得分系数矩阵，通过将标准化样本矩阵 Z_{ij} 与由主成分的特

征向量构成的矩阵 U 相乘，可以求出样本主成分得分值矩阵，公式如下：

$$F = Z \cdot U \tag{3-8}$$

将成分得分系数矩阵中各个二级指标的得分作为该主成分下对应二级指标的权重，再将一级指标下每个主成分的方差解释率占比作为提取的主成分的权重，以构建出五个一级指标的评分方程，如下所示。

体制机制顺畅度：

$$\begin{cases} Y_1 = 0.527F_{11} + 0.473F_{12} \\ F_{11} = 0.880x_{11} - 0.332x_{12} + 0.375x_{13} \\ F_{12} = -0.360x_{11} + 0.978x_{12} + 0.235x_{13} \end{cases} \tag{3-9}$$

科技金融融合度：

$$\begin{cases} Y_2 = 0.584F_{21} + 0.416F_{12} \\ F_{21} = 0.796x_{21} + 0.510x_{22} - 0.476x_{23} \\ F_{22} = -0.406x_{21} - 0.013x_{22} + 1.182x_{23} \end{cases} \tag{3-10}$$

主体地位明晰度：

$$\begin{cases} Y_3 = 0.523F_{31} + 0.468F_{32} \\ F_{31} = -0.793x_{31} + 1.149x_{32} + 0.405x_{33} \\ F_{32} = 1.367x_{31} - 0.723x_{32} + 0.098x_{33} \end{cases} \tag{3-11}$$

创新资源整合能力：

$$\begin{cases} Y_4 = 0.605F_{41} + 0.464F_{42} \\ F_{41} = -0.283x_{41} + 0.494x_{42} + 0.176x_{43} + 0.569x_{44} \\ F_{42} = 0.932x_{41} - 0.095x_{42} + 0.319x_{43} - 0.242x_{44} \end{cases} \tag{3-12}$$

创新载体协作能力：

$$\begin{cases} Y_5 = 0.503F_{51} + 0.497F_{52} \\ F_{51} = -0.116x_{51} - 0.191x_{52} + 0.592x_{53} + 0.524x_{54} \\ F_{52} = 0.539x_{51} + 0.590x_{52} - 0.189x_{53} - 0.089x_{54} \end{cases} \tag{3-13}$$

经上述计算过程，可得到 2016—2020 年 30 个省、自治区和直辖市各年中各一级指标得分。为充分考虑五年内地区创新生态系统建设的综合水平，参考范德成和谷晓梅[34]在研究高技术产业创新生态系统健康性时的做法，对五年的数据取算术平均值，作为该时间段内省级行政区各个一级指标的时间序列综合得分。

创新生态系统环境层维度为系统建设提供了最基本的环境支持，并直接作用于创新实践；同样，主体地位明晰度、创新资源整合能力和创新载体协作能力三个方面发力，在环境层维度建设完善的基础上将创新落到实处。基于环境层、实践层维度下的一级指标及其对应的二级指标的共同作用机制，参考王小鲁等[39]的做法，对省级行政区各个一级指标的时间序列综合得分进行算术平均，得到五年内创新生态系统最终得分评价结果。

为了不占用过多篇幅，本书在此仅列示经上述过程得到的部分省级行政区一级指标最终得分评价结果如表 3-2 所列。

表 3-2　部分省级行政区一级指标最终得分

地　　区	体制机制	科技金融	主体地位	创新资源	创新载体	综合得分
北京市	1.041	2.355	2.105	2.033	1.760	1.859
上海市	0.701	1.295	1.037	0.469	0.303	0.761
江苏省	0.833	1.074	0.673	1.241	1.695	1.103
浙江省	0.938	0.691	0.409	0.109	0.436	0.517
安徽省	0.741	0.284	−0.151	0.003	−0.036	0.168
福建省	0.500	−0.062	−0.104	−0.171	−0.287	−0.025
江西省	0.026	−0.124	−0.329	−0.151	−0.410	−0.198
山东省	0.536	−0.061	0.247	0.818	0.719	0.452
河南省	0.245	−0.235	−0.244	0.135	−0.114	−0.043
湖北省	0.129	0.170	−0.044	0.380	0.393	0.206
湖南省	−0.008	−0.218	−0.107	0.719	−0.243	0.029
广东省	1.236	1.571	0.747	1.407	1.807	1.353
广西壮族自治区	−0.418	−0.455	−0.827	−0.305	−0.423	−0.486
海南省	−0.587	−0.472	−0.066	−0.835	−0.579	−0.508
重庆市	0.019	−0.315	0.621	−0.582	−0.396	−0.130
四川省	0.361	−0.198	−0.335	0.399	0.083	0.062
贵州省	−0.074	−0.286	−0.679	−0.558	−0.496	−0.419
云南省	−0.266	−0.448	−0.233	−0.296	−0.484	−0.345
陕西省	−0.197	−0.203	−0.092	0.049	0.304	−0.028

续表

地　　区	体制机制	科技金融	主体地位	创新资源	创新载体	综合得分
甘肃省	-0.768	-0.439	-0.410	-0.541	-0.368	-0.505
青海省	-1.488	-0.476	-0.861	-1.172	-0.580	-0.916
宁夏回族自治区	-0.529	-0.328	-0.072	-1.133	-0.575	-0.527
新疆维吾尔自治区	-1.200	-0.471	-1.046	-0.581	-0.527	-0.765

第四节　稳健性检验

在区域创新生态系统核心概念、理论基础与指标核算的基础上，本节分析如何检验创新生态系统指标的稳健性。首先，本书采取熵权 –CRITIC 法组合权重模型对各个指标进行再赋权，对比主成分分析法与熵权 –CRITIC 方法测算得出的省级行政区综合得分排名区间分布，检验测算结果的稳健性。除个例外，结果较为稳健。其次，在将熵权 –CRITIC 法组合权重模型结果与前文对比之后认为其检验效果较好的基础上，本书继续采用蒙特卡罗法进行检验，以主成分分析的赋权作为基础权重，对每个权重设置固定的调整范围，并进行随机实验，考察权重变化引起的排名变化。实际上，核算结果在实验过程中受具体模型所包含的权重影响会存在轻微波动，但总体上前文所提供核算指标体系较为合理。

一、熵权 -CRITIC 法

本书首先采取熵权 –CRITIC 法组合权重模型对各个指标进行再赋权，对比两次赋权结果来检验稳健性。CRITIC 法通过评价指标的对比强度和冲突性来衡量指标的客观权重。对比强度用标准差表示，冲突性用相关系数表示。熵权法根据指标之间的离散程度来确定指标权重，弥补了 CRITIC 法不能反映指标离散程度的不足，综合使用 CRITIC 法和熵权法能够更加客观地反映指标的权重，其中每个指标的权重是 CRITIC 法和熵权法计算出来的结果，各取 50% 的赋权。

设有 a 个评价对象、b 个评价指标，参照傅为忠和储刘平[40]的做法，得到测算过程如下。

1. 使用熵权法

（1）计算第 i 个评价对象第 j 项指标出现的概率，公式如下：

$$P_{ij} = \frac{x_{ij}}{\sum_{i=1}^{a} x_{ij}} \tag{3-14}$$

（2）计算第 j 项指标的信息熵，公式如下：

$$e_j = \frac{-1}{\ln a} \sum_{i=1}^{a} P_{ij} \ln P_{ij} \tag{3-15}$$

（3）得到第 j 项指标的权重，公式如下：

$$W_1 = \frac{1-e_j}{\sum_{j=1}^{n}(1-e_j)} \tag{3-16}$$

2. 使用 CRITIC 方法

设 SD 为指标的标准差，μ 为其平均值，r 为两指标间的相关系数。

（1）计算指标的信息量，公式如下：

$$c = \frac{SD}{\mu} \sum_{i=1}^{a}(1-r) \tag{3-17}$$

（2）计算指标的权重，公式如下：

$$W_2 = \frac{c}{\sum_{j=1}^{b} c} \tag{3-18}$$

（3）取平均值得到组合权重，公式如下：

$$W = \frac{1}{2}(W_1 + W_2) \tag{3-19}$$

使用主成分分析法和熵权 –CRITIC 法测算得到的创新生态系统最终得分排名对比结果见表 3–3，可以较为直观地发现两次测算结果的差距不超过三位。

表 3–3　主成分分析和熵权 –CRITIC 法测算得到的最终得分排名对比

地　区	主成分分析法测算所得最终得分排名	熵权 –CRITIC 法测算所得最终得分排名
北京市	1	1
天津市	7	7
河北省	17	18

续表

地　区	主成分分析法测算所得 最终得分排名	熵权 –CRITIC 法测算所得 最终得分排名
山西省	19	21
内蒙古自治区	23	24
辽宁省	15	14
吉林省	27	28
黑龙江省	21	20
上海市	4	4
江苏省	3	3
浙江省	5	5
安徽省	9	9
福建省	12	11
江西省	18	17
山东省	6	6
河南省	14	15
湖北省	8	8
湖南省	11	12
广东省	2	2
广西壮族自治区	24	27
海南省	26	23
重庆市	16	16
四川省	10	10
贵州省	22	22
云南省	20	19
陕西省	13	13
甘肃省	25	26
青海省	30	30
宁夏回族自治区	28	25
新疆维吾尔自治区	29	29

将省级行政区通过主成分分析法测算得到的最终得分排名作为横坐标、通过熵权–CRITIC 法测算得到的最终得分排名作为纵坐标落在二维平面图上（图 3–2），每一个坐标圈代表两种测算方法下的排名。可以看到，排名相对靠前的省级行政区两次测算结果拟合程度较高，排名在中间偏后的省份两次测算结果有较小偏差，整体偏差较小。

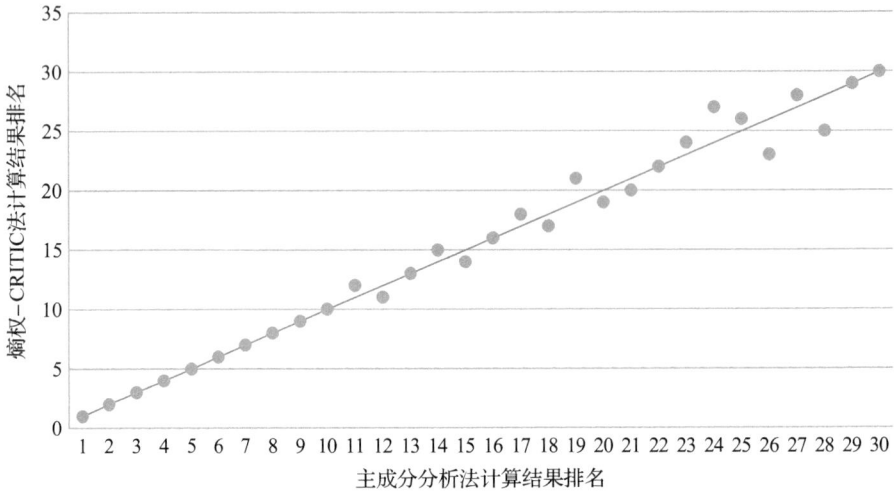

图 3–2 主成分分析法与熵权–CRITIC 法测算省级行政区综合得分排名对比

基于以上数据，继续计算出省级行政区排名的均值、标准差分别为 15.50 与 8.66。以此为分类标准划分排名区间分别为（0，6.84）（6.84，24.16）（24.16，30），并分别将这三个排名区间计为 –1、0、1 区间。表 3–4 展示了 30 个省级行政区在两次赋权方法中所在区间的对比，发现仅有广西壮族自治区、海南省出现了区间不一致的情况，整体一致率为 93.33%，说明本书构建的指标体系较为完善。

表 3–4 主成分分析法与熵权–CRITIC 法测算 30 个省级行政区综合得分排名区间分布对比

地　区	主成分分析法测算得分排名区间	熵权–CRITIC 法测算得分排名区间	是否一致
北京市	–1	–1	是
天津市	0	0	是
河北省	0	0	是
山西省	0	0	是

地　　区	主成分分析法测算得分 排名区间	熵权 –CRITIC 法测算得分 排名区间	是否一致
内蒙古自治区	0	0	是
辽宁省	0	0	是
吉林省	1	1	是
黑龙江省	0	0	是
上海市	−1	−1	是
江苏省	−1	−1	是
浙江省	−1	−1	是
安徽省	0	0	是
福建省	0	0	是
江西省	0	0	是
山东省	−1	−1	是
河南省	0	0	是
湖北省	0	0	是
湖南省	0	0	是
广东省	−1	−1	是
广西壮族自治区	0	1	否
海南省	1	0	否
重庆市	0	0	是
四川省	0	0	是
贵州省	0	0	是
云南省	0	0	是
陕西省	0	0	是
甘肃省	1	1	是
青海省	1	1	是
宁夏回族自治区	1	1	是
新疆维吾尔自治区	1	1	是

二、蒙特卡罗法

上述检验结果在一定程度上证明了结论的可靠性。为进一步检验测算结果的稳健性，本书继续采用蒙特卡罗法进行检验，参照李军军[41]的做法，以主成分分析的赋权作为基础权重，对每个权重设置固定的调整范围，并进行随机实验，考察权重变化引起的排名变化。

（一）各一级指标检验结果

对于各一级指标，将其权重偏离范围设置为 [−0.1，0.1]，并以 0.01作为权重变动的最小单位。例如，对于"体制机制顺畅度"下辖的三个二级指标，每个二级指标都有 21 种可能的权重变动（计入无偏离的情况）。由于最后一个二级指标的权重取决于前面若干个，因此共有 21 × 21 = 441种实验结果，其余一级指标对应的计算方法依此类推。图 3−3—图 3−7 展示了各一级指标的实验结果。

综合上述实验结果，可得出以下结论。

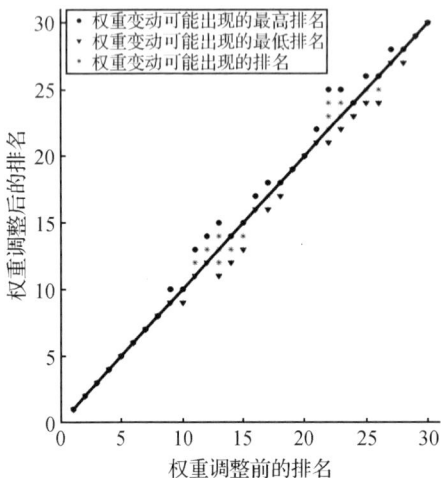

图 3−3　体制机制顺畅度实验结果

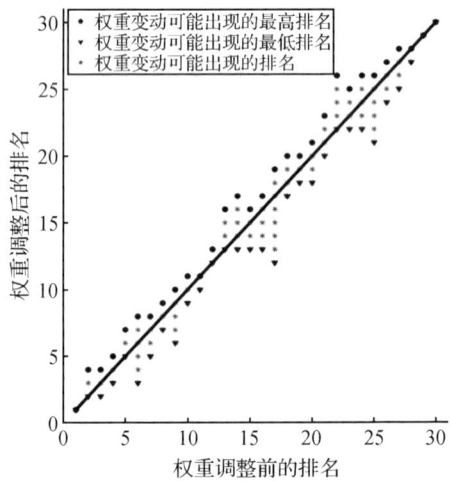

图 3−4　科技金融融合度实验结果

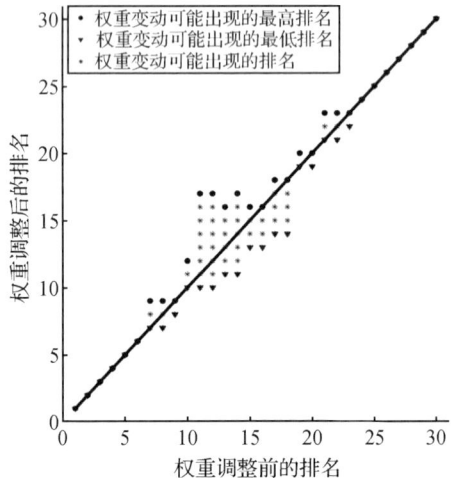

图 3−5　主体地位明晰度的实验结果

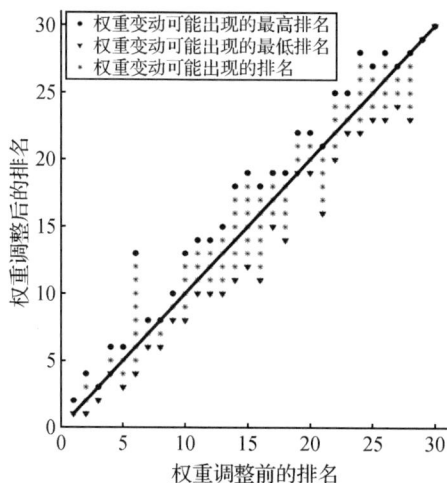

图 3-6 创新资源整合能力的实验结果

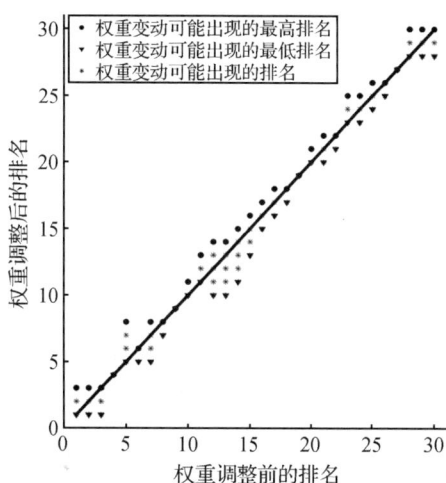

图 3-7 创新载体协作能力的实验结果

1. 权重的设置结构对于测算结果具有一定的影响，其波动会导致一级指标最终得分在一定范围内有所波动。

2. 虽然权重变动导致实验结果产生变化，但各一级指标得分变动大致呈现对称分布，仅存在较小程度的偏移。由此，可以认为本书的测算结果在权重变动的情况下整体波动较小，证明了测算结果具有稳健性。

3. 在环境层维度中，体制机制顺畅度一级指标得分变动相对较大；在实践层维度中，创新资源整合能力一级指标得分变动相对较大；其余一级指标变动较小。

4. 在所有一级指标的变动中，得分排名居前、居后的省级行政区因各一级指标的得分均偏高或偏低，使得其权重变动对结果影响较小；排名居中稍后的省级行政区则存在较为明显的突出（或偏弱）指标，所受权重随机变动的影响较大。

（二）最终得分检验结果

对于综合得分，沿用以上的权重偏移方式，共计算出 $21 \times 21 \times 21 \times 21 = 194\,481$ 次结果，如图 3-8 所示。由于二级指标得分的差异，居中稍后各省

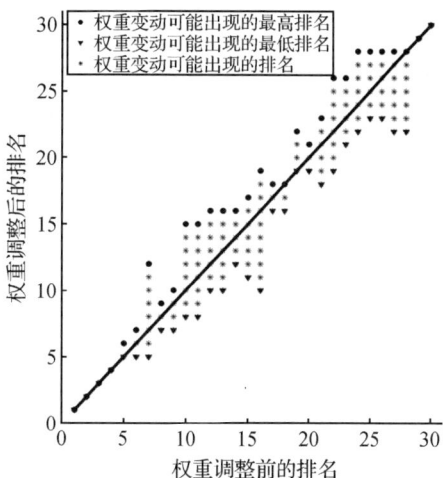

图 3-8 省级行政区创新生态系统最终
得分的实验结果

级行政区所受权重变动影响依然较大，整体综合得分呈现较为明显的对称性。

第五节　测算结果分析

在相关概念、理论、指标测算及对指标稳健性进行分析的基础上，本节将对省级行政区的创新生态系统建设现状和趋势进行深入分析。首先，本书结合各地区综合得分的测算结果列举省级行政区的排名情况，并与先前学者的研究结果进行对比验证，以保证本书测算结果的准确性。其次，本书根据中国七大地理区域划分情况，对七个地区的创新生态系统发展现状进行描述，指出各地区的发展优势和存在的问题。随后，本书通过对五年来各地区创新生态系统总体发展趋势的稳定性与增长性展开分析，为未来制定政策和规划提供参考建议。最后，本书对各一级指标的发展趋势进行具体分析，包括体制机制顺畅度、科技金融融合度等指标。由此可以全面了解各地区创新生态系统的整体发展情况，也为未来的发展方向和政策调整提供进一步的数据和理论支持。

一、创新生态系统建设现状分析

根据对省级行政区创新生态系统综合得分的测算结果，北京市、广东省、江苏省、上海市、浙江省分列 30 个省级行政区综合得分的前五名，海南省、吉林省、宁夏回族自治区、新疆维吾尔自治区、青海省分列 30 个省级行政区综合得分的后五名。本书得出的综合测算结果与以往学者研究具有较高的耦合度：叶爱山等[42]基于创新生态系统生态位适宜度的测算结果中，前五名省级行政区与本书所得结果相同，仅是五个省级行政区内部排名有所差异；在武翠和谭清美[27]、周青和陈畴镛[26]等的研究中，前五名省级行政区的结果也与本文有高度重合。在上述学者的研究中，位列后五名的省和自治区与本文有较高重合度，但在个别排名上存在一些差异，可能与测算时间跨度和具体指标的选择有关。上述研究所选择的时间主要集中在 2018 年以前，尚未能反映省级行政区创新生态系统相关要素的最新发展状况；在指标选择上，本书选取的创新载体协作、科技金融融合下属二级指标在上述研究中体现不多，这些研究角度的差异也可以在一定程度上解释结果的差异。总体来说，本书与以往研究结果的契合度较高，本书结论可以得到较高程度的验证。

考虑到将省级行政区作为单个数据点进行分析，规律难寻且无法体现区域协同意义，为进一步分析测算结果，本书基于对各级行政区市的测算结果，参照曹小曙等[43]在《中国地学通鉴·城市卷》使用的中国七大地理区域划分①作为下一步的分析单位继续对创新生态系统发展的现状进行分析。

（一）华北地区

华北地区创新生态系统整体发展水平处于全国中段，存在综合发展极点——北京市，区域内有较大的省际差异。其中，北京市作为全国科技创新中心，较早地建立了科技创新协同机制，多方面发展了创新生态系统相关要素，政府致力于改善融资环境，使用完善度较高的政务服务线上平台处理群众诉求，力争行政审批公开透明，培养了诸多创新"独角兽"企业，建成了高等教育集群，积累了较为广泛的发展优势。在京津冀协同发展战略的支持下，天津市、河北省积极承接首都转移职能，学习、借鉴科技创新事业发展经验，在一定程度上享受了北京市的发展红利。

（二）东北地区

东北地区创新生态系统整体发展水平处于全国中后段，辽宁省具有区域优势。在体制机制方面，东北地区作为老工业基地，由于存在历史原因，国有工业企业（或具有相关背景的企业）较多，在处理政府与市场的关系、发挥创新主体积极性方面还有提升空间；在主体地位、创新资源方面，辽宁省对于企业研发的投入强度大，黑龙江省凭借高素质人才培养的发展也进入全国中段；在创新载体、科技金融方面，区域内各省差距较小，分别位于全国中段和后段，可能与东北地区整体在该方面起步较晚有关。

（三）华东地区

华东地区创新生态系统整体发展水平位于全国前列，区域内创新生态系统建设呈现较为明显的集群效应，但也出现了安徽省、福建省、江西省在多数指标发展上与其余省份存在明显差距的情况，江西省发展水平则居于区域末位。究其原因，可能这三省的产业结构更加偏向第一、第二产业，多生产初级加工农产品、服装等轻工业产品，偏向产业链的延伸与再生产，在创新研发投入方面强度不足。在创新资源集聚方面，这三省也存在一些共同劣势，如常见的丘陵或山区地势为外资企业选址造成不便，使对外资的吸引力降低。值得一提的是，科技金融指标是该区域内协同发展程度最高的指标，这在一定程度上缩小

---

① 注：华北地区包括北京市、天津市、河北省、山西省、内蒙古自治区；东北地区包括黑龙江省、吉林省、辽宁省；华东地区包括上海市、江苏省、浙江省、安徽省、江西省、山东省、福建省、台湾地区（本文未纳入测算）；华中地区包括河南省、湖北省、湖南省；华南地区包括广东省、广西壮族自治区（本文未纳入测算）；西北地区包括陕西省、甘肃省、青海省、宁夏回族自治区、新疆维吾尔自治区。

了因时间因素而积累起来的区域内部差距，帮助安徽省、福建省、江西省三省弥补了一定的差距。

（四）华中地区

华中地区创新生态系统整体发展水平位于全国前中段，区域内差距不大，湖北省略有优势。在体制机制方面，华中地区市场化水平相对较高，但知识产权保护情况亟待改善；在主体地位方面，河南省由于创新主体较多但投入总量不足，稍微落后于其他两省；在创新资源方面，湖南省依靠高等教育人才培养的高效率取得了优势；在创新载体、科技金融方面，湖北省政府对于科技创新事业的资金支持力度大，充分利用区域内科技企业孵化器、众创空间等创新助推机构培育创新主体，省内多所"双一流"高校促进人才培养的同时，也在促进科技成果转化方面起到了积极的推动作用。

（五）华南地区

华南地区创新生态系统发展水平在区域内部具有较大差异，广东省位居全国第二，广西壮族自治区和海南省处于全国后段。广东省作为中国东南沿海地区的开放高地，拥有深圳、珠海、汕头等走在改革开放前列的城市，该省份本身也凭借区位优势实现了经济的大发展、大跨越。经过改革开放四十余年来的发展，广东省充分加强政府与市场的协作，在与港澳台地区的贸易往来中学习、借鉴了培养企业作为创新主体的广泛经验。广东省在长期经济交流、文化往来的过程中建立了诸如粤港澳大湾区等兼具创新资源集聚与文化交融发展的创新高地，积淀了解放思想、敢为人先的创新精神，因此在创新载体建设、科技金融融合等新兴概念的推广方面能够先行一步。相比而言，广西壮族自治区虽然也存在沿海、沿边、沿江的区位优势，但区域整体开放较晚，经济发展水平相对较低，导致创新资源集聚能力较弱、载体协作不足。海南省具有特殊的地理位置，与其他省级行政区的交通联系相对不便，经济活动和创新事业受到区位较强的制约。

（六）西南地区

西南地区内创新生态系统发展呈现较为明显的分层分布，其中重庆市、四川省处于全国中段，贵州省、云南省处于全国后段。重庆市的优势主要体现在创新主体培育上，作为直辖市之一，重庆市较早地获得了政策支持，在企业发展历史、发展程度上优势明显，与北京市、上海市的广泛交流帮助其积累了信息优势，与全国企业发展的前沿模式对接程度较高。在创新资源、创新载体方面，四川省在区域内具有较明显优势。重庆市虽然把握着作为直辖市的政策红利，但在高等教育上与四川省存在较大差距。此外，四川省悠久的工业发展历史与教育资源的联动，对应了本地产学研发展的较高水平，体现了创新载体协作的优势。西南地区内各省级行政区在科技金融指标上的表现相比于其他指标有着明显进步，可能与四川省、重庆市两地发展的带动作用有关，但由于地理位置靠近内陆，相比华东、华南地区的领先省份，西南地区整体信息通达度较差，这也是其难有进一步突破的阻碍因素之一。

（七）西北地区

西北地区创新生态系统整体发展水平处于全国中后段，区域内差异显著。其中，相比于区域内其他省份，陕西省具有整体发展优势，资源禀赋作为基础性促进因素存在，且地理位置相对靠近中部，区位优势更加适合开发，为外资企业、科技企业孵化器等的选址提供了较大便利。在主体地位维度，宁夏回族自治区展现出区域内最高的发展水平，观察数据可以发现，其科技创新投入强度整体较大，尤其是企业研发项目较多，反映出宁夏回族自治区对科技创新事业的认可与支持。

二、创新生态系统建设趋势分析

上述对各地理分区创新生态系统发展现状的分析反映了创新生态系统建设的总体水平。为了反映时间序列上的生态系统建设过程，本书沿用现状分析中区域划分的思路，进一步从系统总体和各一级指标发展两个方面对五年来各地区的创新生态系统发展趋势进行分析。

（一）系统总体发展趋势

将一个地区内所有省级行政区的当年得分取算术平均值，得到该地区当年的创新生态系统总体发展得分，并分别按照年份进行统计，从左到右按照2016—2020年的顺序绘制在图3-9中。

从各地区发展趋势来看，2016—2020年各地区创新生态系统总体发展趋势可分为稳定型和增长型。东北地区五年内创新生态系统建设水平较为稳定，但总体水平较低，该地区对于创新生态系统建设的重视程度和投入强度亟待提升，需要逐步完善各类政策机制，走出传统重工业发展的"舒适圈"，加大力度培育创新主体、促进创新协同。在建设水平逐步提升的地区，华北地区和华东地区初始建设水平较高且发展速度较快，其中的原因可能在于，华北地区得益于北京市作为全国科技创新中心的影响与带动，而华东地区则得益于上海市、江苏省、浙江省等省级行政区的创新生态集群效应。华中地区和华南地区

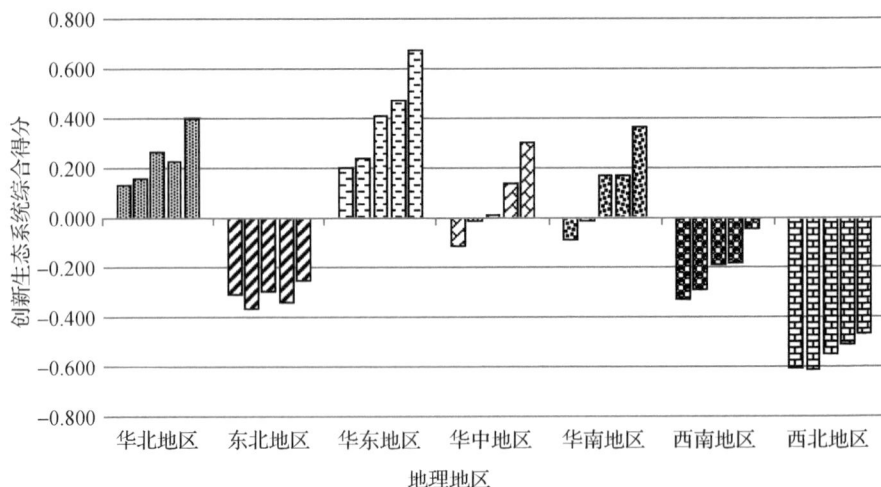

图 3-9　2016—2020 年各地区创新生态系统总体发展趋势

虽然初始水平较低，但五年内发展速度较快，直接表现为建设水平得分由负值转化为正值。西南地区和西北地区虽然区域内创新事业起步较晚，区位条件和自然条件相对恶劣，但近年来在国家结对帮扶、资金投入等政策的支持下，也实现了创新生态系统建设方面的明显进步，得分呈现稳定增长态势，逐渐缩小了此前与东部发达地区的较大差距。

（二）各一级指标发展趋势

沿用系统总体趋势分析中对于各地区得分的处理方法，可以得到环境层、实践层维度的时间序列发展状况图，见图 3-10—图 3-14。

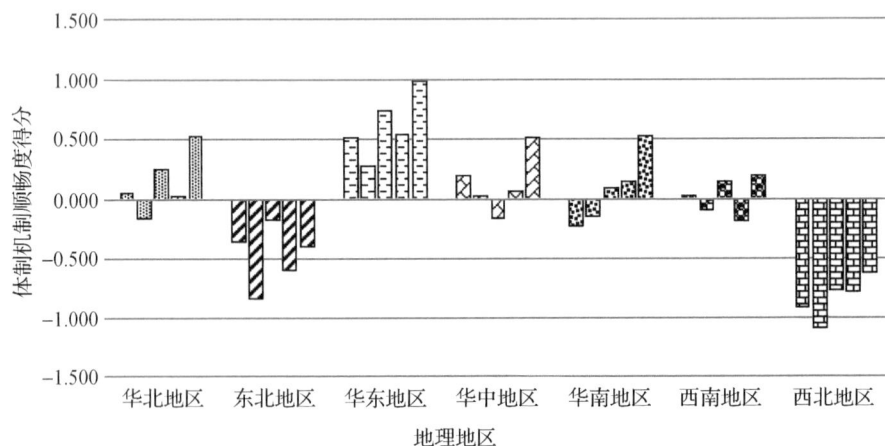

图 3-10　2016—2020 年各地区体制机制顺畅度发展趋势

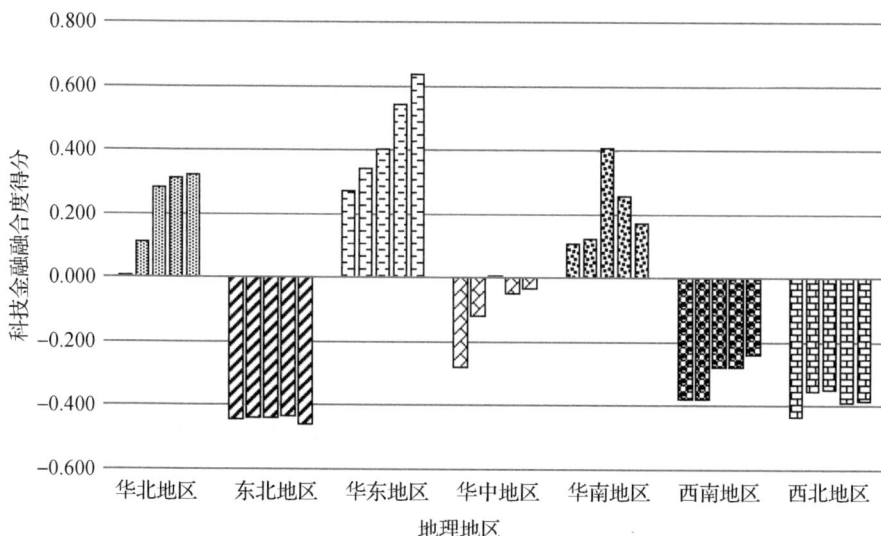

图 3-11　2016—2020 年各地区科技金融融合度发展趋势

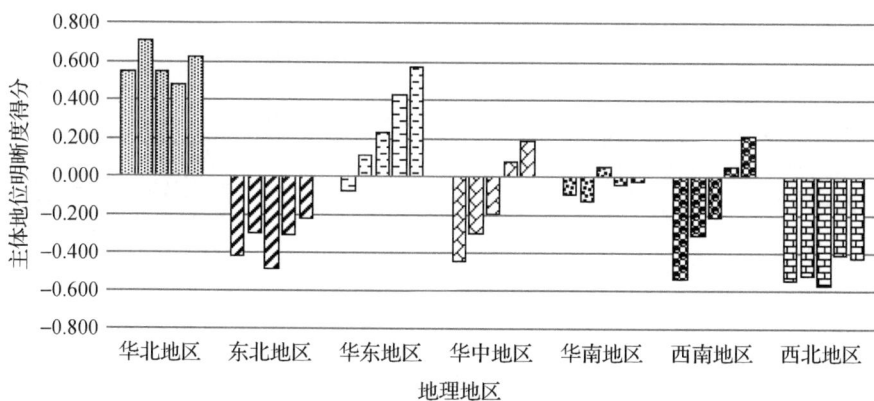

图 3-12　2016—2020 年各地区主体地位明晰度发展趋势

观察各一级指标得分的发展趋势可以看出，同为环境层维度，体制机制顺畅度和科技金融融合度两个一级指标呈现出不同的发展趋势。在五年内，全国各地区的体制机制顺畅度指标随时间推移发生了明显改善。其中：华东地区由于开放较早，政府较早建立了公开透明的制度，体制机制建设水平指标较高；东北地区和西北地区的体制机制发展程度仍然较低，可能分别受到传统国有工业结构、知识产权保护力度不够强的制约；西南地区虽然在禀赋上欠发达，但其近年来致力于通过政府信息化建设来改善政府与市场之间的关系，及时公开

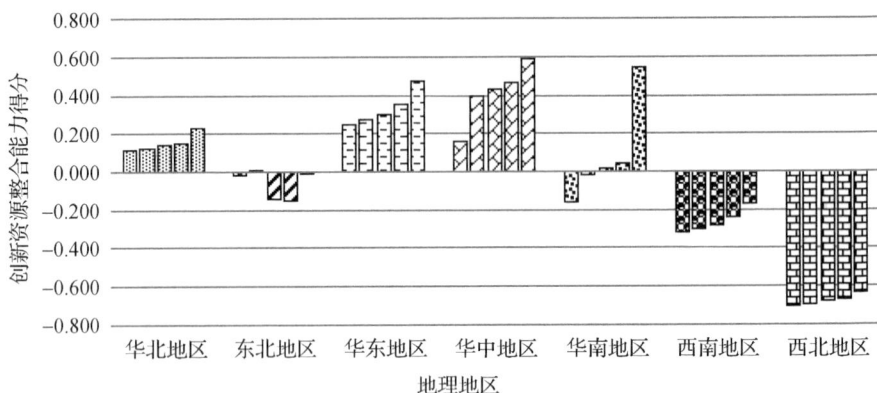

图 3-13 2016—2020 年各地区创新资源整合能力发展趋势

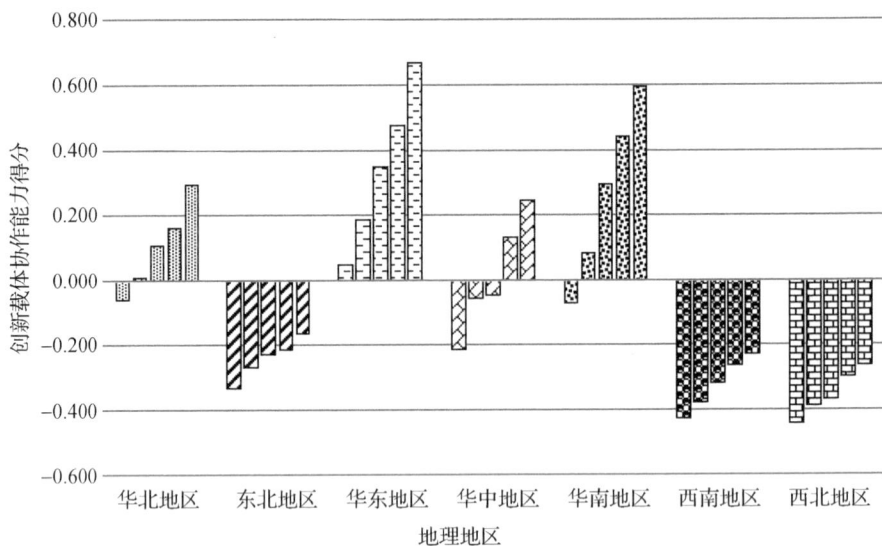

图 3-14 2016—2020 年各地区创新载体协作能力发展趋势

各项信息事项，促进了政府透明度的提升。

科技金融融合度指标在随时间推移中呈现出显著的地区差异，且与各个地区的发展模式存在一定关联。华东地区由于在较长时间的创新实践中已经形成了创新合作机制和集群效应，区域内科技金融整体发展水平较高；华北地区、华南地区分别位居第二、第三位，得益于其区域内存在发展水平较高的创新极；东北地区、华中地区、西南地区和西北地区由于区域内尚未形成协同与带动效应，科技金融融合度建设稍显乏力。

在实践层维度中，各一级指标的发展趋势相似度较高。华北地区、华东地区和华南地区在建设过程中获得了显著优势，而其余地区虽然也通过加大资金投入、加强政策指引等手段取得了一定的发展，但与上述三个地区仍然存在不小的差距。值得注意的是，华南地区在创新主体地位突出方面丧失了优势，究其原因可能是广西、海南两地对于企业科技创新的支持力度不足。在创新资源整合能力在2019—2020年得到迅速提高的背景下，华南地区需要同时着力培育创新主体，通过在科创项目、资金和人才方面"多管齐下"，促进对于集聚创新资源的利用，推动区域创新生态系统各要素发展程度的协同耦合。

第六节　结论与对策建议

当前，我们正面临世界百年未有之大变局，国家科技创新实力对于获得国际竞争力的重要性凸显，中国作为在创新方面具有长期规划的发展中大国，迫切需要制定国内创新生态系统建设水平的统一标准。

本书响应国家创新重大战略，综合考虑创新生态系统建设的各大要素，用五个一级指标下所包含的17个二级指标综合测算创新生态系统的发展现状，构建起覆盖面较广、数据选用较新、与实践的结合更紧密的创新生态系统评价指标体系，并检验了该体系的稳健性。结果表明，2016—2020年，全国省级行政区创新生态系统建设水平总体上有所提升，其中，省级行政区在环境层维度的发展趋势具有差异，在实践层维度的发展趋势相似度较高，各一级指标和总体得分呈现显著的区域异质性，集中表现为华北地区、华东地区、华中地区、华南地区发展水平相对较高，而东北地区、西南地区、西北地区发展水平相对较低。

该评价指标体系的建立结合数据结果的定性、量化分析及对策建议在一定程度上能够帮助省级行政区寻找创新生态系统建设中的优势与短板，有利于明确自身发展方向、扬长避短，促进区域协同创新，从而进一步完善国家整体创新生态系统，提高自主创新能力。

基于指标体系构建和各地一级指标得分及综合得分，本书结合省级行政区发展实际情况进行了分析。为推动创新生态系统的健康可持续发展，本书以各一级指标作为划分依据，给出完善创新生态系统的如下对策建议。

一、划清职能界限，保护创新成果

中国把创新摆在国家发展全局的核心位置，是对创新有着长期规划的发展中大国，但在体制机制、政策效益方面仍存在着上升空间。政府在经济体系中发挥着稳定大局的作用，在加强市场监管、营造良好市场环境的同时，也要厘清职能边界，将主要商品交由市场配置，为各主体的创新提供活跃的市场环境，这是创新活力迸发的基本条件之一。同时，我国需要充分利用互联网构建信息化政府，及时公开政务事项，提高政府的透明度；在知识产权方面提高政策效能，严厉打击窃取成果、假冒伪劣等阻碍创新的行为，加大对重大创新成果的保护力度。

二、增加科研投入，夯实创新主体

创新生态系统内部包含政府、企业、高校、科研机构、金融机构等多个主体，相比于其他主体，企业具有较为明显的优势，具有较强的创新积极性和研究成果转化能力。现阶段，中国企业的创新能力相比 21 世纪初期有了较大的提高，但仍然存在创新投入不平衡、主观能动性不足等问题。中国的省级行政区由于受自然禀赋、发展历史、区域位置等相关因素的影响，在创新投入方面差距较大，针对这一情况，政府可以通过合理划分财政收支、设立专项重点资金等方式，帮助企业提高创新积极性。企业则应当避免短视，加强战略规划，适度提高研发经费投入，为核心研发人员提供良好的待遇，同时加强技能培训，充分发挥"传、帮、带"的科研传承作用，为较长时间的持续创新工作提供储备。

三、着力人才培养，拓宽资源路径

相比其他生产性活动，创新事业具有时间周期长、资源投入强度大等显著特点。中国虽然在创新资源的基础方面具有一定优势，但也需要拓宽资源路径，为创新事业提供更为广泛的资源来源。在创新资源运用方面，把握资金意味着投入强度得到一定保障，把握高端人才意味着创新高度具有相对优势。改革开放以来，中国已经逐步形成了全方位、多层次、宽领域的对外开放格局，东部、南部沿海地区开放程度较高，外资利用基础较好，应当在保持对外交流的同时，通过结对帮扶、经验交流等形式，帮助内地省级行政区利用资源优势和工业基础，加强对外资的吸引力。在人才培养方面，国家应当通过高考改革、专项招生计划等具体形式，缓解目前存在的教育资源分配不平衡、部分地区人才流失严重的问题。高等教育较为薄弱的地区可以积极筹备、寻求优质高校进行合作办学等，以促进高等教育事业的发展。同时，教育资源匮乏的省级行政区可以适度提高人才引进补贴标准，如在住房、就业、工作条件等方面给予明确政策，发挥出"栽下梧桐树，引得凤凰来"的引进实效。

四、活跃技术市场，共育协作模式

创新生态系统的概念源于有关创新环境的生态位阐释，其概念本身便蕴含着合作与协同的含义，包含区域间协同和区域内协同两个维度。为促进各地技术市场的发展，政府应当首先明确技术市场交易的特点，并针对性地出台交易条例与政策，在发展伊始尽早建立政策框架，帮助技术市场健康发展。对于企业来说，技术市场交易是创新合作的重要形式，应当抓住技术市场发展的潮流，推广高技术、新技术，促进企业价值的实现，将技术价值转化为经济价值。从多主体的协同发展角度审视，各主体需要充分利用技术市场这一交易渠道，同时将较为成熟的产学研合作机制发展成为"政用产学研"的协作模式，加强政府的引导与用户导向职能，强调面向应用价值的实现。

五、提高融资能力，优化金融服务

高技术产业的创新具有回报周期长、长期投入大等特点，需要稳定的资金支持，而金融机构是创新生态系统中除政府以外的主要资金供给方。从中国科技创新的实际发展角度审视，能够得到大部分政府资金支持的国有企业创新动力较弱，而中小微企业具有创新动力方面的优势，却缺乏进行长期创新的资金支持。为推动中小微企业将创新动力转化为创新实效，政府和金融服务机构需要形成合力。各地政府在改善科技经费支出结构、利用专项资金直接资助科技创新型中小微企业的同时，也应当积极探索民间投资进入渠道，规范企业股权融资机制，从而促进企业提高融资能力。金融服务企业在广泛加强与央行的沟通、明确政策导向的同时，需要切实优化金融服务、提高服务质量，如在机构设置上设立科技创新专门服务机构，充分利用国家支持政策，出台长期、低息的扶持性贷款、资金支持方案等。企业本身作为科技创新的主体，在政府支持、机构推动的前提下，也需要明确战略规划，探索金融租赁、债券融资、股份转让等多角度融资渠道，在解决资金难问题方面发挥主观能动性。

本章参考文献

［1］FREEMAN C. Technology policy and economic performance：lessons from Japan［M］. London：London Printer，1987：7-30.

［2］LUNDVALL B A. National systems of innovation：toward a theory of innovation and interactive learning［M］. London：Anthem Press，1992：85-103.

［3］NELSON R R. National innovation systems：a comparative analysis［M］. New York：Oxford University Press，1993.

［4］MOORE J F. Predators and prey：a new ecology of competition［J］. Harvard business review，1993（03）：75-86.

［5］United States president's advisory council on science and technology. Sustaining the nation's innovation ecosystem：maintaining the strength of our science and engineering capabilities［R］. Washington D C：PCAST，2004.

［6］IANSITI M, LEVIEN R. Strategy as ecology［J］. Harvard business review，2004（03）：68-78.

［7］ADNER R. Match your innovation strategy to your innovation ecosystem［J］. Harvard business review，2006，84（04）：98-107.

［8］ADNER R，KAPOOR R. Value creation in innovation ecosystems：how the structure of technological interdependence affects firm performance in new technology generations［J］. Strategic management journal，2010，31（03）：306-333.

［9］CARAYANNIS E G，CAMPBELL D F J. Triple helix, quadruple helix and quintuple helix and how do knowledge，innovation and the environment relate to each other：a pro-posed framework for a trans-disciplinary analysis of sustainable development and social ecology［J］. International journal of social ecology and sustainable development，2010，1（01）：41-69.

［10］ZAHRA S A，NAMBISAN S. Entrepreneurship in global innovation ecosystems［J］.Academy of marketing science review，2011（01）：4-17.

［11］HOLGERSSON M，GRANSTRAND O，BOGERS M. The evolution of intellectual property strategy in innovation ecosystems：uncovering complementary and substitute appropriability regimes［J］. Long range planning，2018，51（02）：303-319.

［12］张运生. 高科技企业创新生态系统风险识别与控制研究［J］. 财经理论与实践，2008（03）：113-116.

［13］张利飞. 高科技产业创新生态系统耦合理论综评［J］. 研究与发展管理，2009，21（03）：70-75.

［14］李万，常静，王敏杰，等. 创新3.0与创新生态系统［J］. 科学学研究，2014，32（12）：1761-1770.

［15］柳卸林，孙海鹰，马雪梅. 基于创新生态观的科技管理模式［J］. 科学学与科学技术

管理，2015，36（01）：18-27.

［16］张贵，刘雪芹.创新生态系统作用机理及演化研究：基于生态场视角的解释［J］.软
科学，2016，30（12）：16-19；42.

［17］张省.创新生态系统理论框架构建与案例研究［J］.技术经济与管理研究，2018（05）：
24-28.

［18］HELLER R. The Russian innovation ecosystem 2013［J］. International journal of innovation
science, 2013, 5（02）：119-130.

［19］SUSENO Y, STANDING C. The systems perspective of national innovation ecosystems［J］.
Systems research and behavioral science, 2018, 35（03）：282-307.

［20］PROKOP V, HAJEK P, STEJSKAL J. Configuration paths to efficient national innovation
ecosystems［J］.Technological forecasting and social change, 2021, 168（03）. DOI：
10.1016/j.techfore.2021.120787.

［21］WEIL H B, SABHLOK V P, COONEY C L. The dynamics of innovation ecosystems：a case
study of the US biofuel market［J］. Energy strategy reviews, 2014, 3：88-99.

［22］STADLER T, CHAUVET J M. New innovative ecosystems in France to develop the
bioeconomy［J］. New biotechnology, 2018（40）：113-118.

［23］RADICIC D, PUGH G, DOUGLAS D. Promoting cooperation in innovation ecosystems：
evidence from European traditional manufacturing SMEs［J］. Small business economics,
2020, 54（03）：257-283.

［24］姜庆国.中国创新生态系统的构建及评价研究［J］.经济经纬，2018，35（04）：1-8.

［25］姚艳虹，高晗，昝傲.创新生态系统健康度评价指标体系及应用研究［J］.科学学研
究，2019，37（10）：1892-1901.

［26］周青，陈畴镛.中国区域技术创新生态系统适宜度的实证研究［J］.科学学研究，
2008，26（S1）：242-246；223.

［27］武翠，谭清美.基于生态位适宜度的区域创新生态系统与产业协同集聚研究［J］.科
技管理研究，2021，41（03）：1-9.

［28］解学梅，刘晓杰.区域创新生态系统生态位适宜度评价与预测：基于2009—2018中
国30个省市数据实证研究［J］.科学学研究，2021，39（09）：1706-1719.

［29］孙丽文，李跃.京津冀区域创新生态系统生态位适宜度评价［J］.科技进步与对策，
2017，34（04）：47-53.

［30］刘洪久，胡彦蓉，马卫民.区域创新生态系统适宜度与经济发展的关系研究［J］.中
国管理科学，2013，21（S2）：764-770.

［31］郭燕青，姚远，徐菁鸿.基于生态位适宜度的创新生态系统评价模型［J］.统计与决
策，2015（15）：13-16.

［32］刘兰剑，项丽琳，夏青.基于创新政策的高新技术产业创新生态系统评估研究［J］.
科研管理，2020，41（05）：1-9.

［33］王宏起，刘梦，武川，等.区域战略性新兴产业创新生态系统稳定水平评价研究［J］.
科技进步与对策，2020，37（12）：118-125.

［34］范德成，谷晓梅.高技术产业技术创新生态系统健康性评价及关键影响因素分析：基

于改进熵值–DEMATEL–ISM组合方法的实证研究［J］. 运筹与管理, 2021, 30（07）: 167–174.

［35］陈向东, 刘志春. 基于创新生态系统观点的我国科技园区发展预测［J］. 中国软科学, 2014（11）: 151–161.

［36］欧光军, 杨青, 雷霖. 国家高新区产业集群创新生态能力评价研究［J］. 科研管理, 2018, 39（08）: 63–71.

［37］马宗国, 丁晨辉. 国家自主创新示范区创新生态系统的构建与评价: 基于研究联合体视角［J］. 经济体制改革, 2019（6）: 60–67.

［38］龙海波, 杨超. 区域创新生态体系建设的探索与思考［J］. 发展研究, 2014（11）: 19–22.

［39］王小鲁, 胡李鹏, 樊纲. 中国分省份市场化指数报告（2021）［M］. 北京: 社会科学文献出版社, 2021: 64–65.

［40］傅为忠, 储刘平. 长三角一体化视角下制造业高质量发展评价研究: 基于改进的CRITIC–熵权法组合权重的TOPSIS评价模型［J］. 工业技术经济, 2020, 39（09）: 145–152.

［41］李军军. 全球环境竞争力测评方法和稳健性检验［J］. 福建师范大学学报（哲学社会科学版）, 2014（05）: 35–41.

［42］叶爱山, 邓洋阳, 夏海力. 生态位下中国区域创新生态系统适宜度评价与预测研究［J］. 科学与管理, 2022, 42（05）: 16–26.

［43］曹小曙, 颜廷真, 陈忠暖, 等. 中国地学通鉴: 城市卷［M］. 西安: 陕西师范大学出版社, 2018: 201–470.

第四章
区域创新生态系统适宜度、成熟度、健康度评价

第一节　区域创新生态系统适宜度评价

在中国经济高质量发展的新时代背景下,《中华人民共和国国民经济和社会发展第十四个五年规划和 2035 年远景目标纲要》提出了一系列构建技术创新体系、激发人才创新活力、完善创新体制机制等举措,凸显了构建创新生态系统的迫切性和重要性。在评价创新生态系统水平时,创新生态位适宜度成为一项重要的评价指标。创新生态位适宜度反映了创新主体获取资源的便利程度,其值越大,意味着创新主体越容易获得系统内部和外部的异质性资源,从而更有利于创新活动的开展。然而,现有文献对创新生态位适宜度的研究存在一些不足之处,如忽略了创新主体之间的动态联系和数据的时空可比性,限制了对创新生态系统的全面评价。本节构建了一个创新生态位适宜度评价体系,旨在帮助各地区构建高水平的创新生态系统、深入实施创新驱动发展战略。本节将从动态和现实两个维度出发,丰富创新生态位适宜度指标体系,并改进现有模型,以提高数据的时空可比性。同时,本节还创新性地加入了联结属性和政策环境等项目,从而能更全面地评价创新生态系统。通过对中国 30 个省级行政区(因缺乏数据,不包括)创新生态位适宜度的测算结果进行分析,本节进一步分析了各地区创新生态系统的发展状况,为构建具有竞争力的创新生态系统提供政策参考与建议。

我国已迈入高质量发展的新时代,这个转向的背后是一系列荆棘密布的难关,而创新将是我国这艘经济"巨轮"破浪远航的首要动力。要实现创新,并非企业家的"单打独斗",而是要依靠整个创新生态系统的良好运作。构建多主体、全方位的创新生态系统已成为当今时代创新的重要基础[1],《中华人民共和国国民经济和社会发展第十四个五年规划和 2035 年远景目标纲要》在关

于创新的篇章中所提出的"形成技术创新体系""激发人才创新活力""完善创新体制机制"等举措内含着建设强大创新生态系统之义。在此背景下，本章以期构建创新生态系统适宜度评价体系，为各地建设高水平创新生态系统、深入实施创新驱动发展战略提供有益参考。

一、指标构建与测度方法

创新生态位适宜度是评价创新生态系统水平的重要指标，衡量了每个创新生态因子现实值与最适值之间的几何贴近度[2]。其值越大，意味着创新主体越容易获得系统内部和外部的异质性资源[3]，在区域内进行创新活动就越有利、越活跃[4-5]。现有文献对创新生态位适宜度的研究主要集中在指标体系构建与数值计算上，研究范围涵盖宏观和微观层面，既有对区域[6-7]、行业[8]的评价，也有对于国家高新区[9]的评价。现有文献对创新生态位适宜度和绿色全要素生产率的讨论存在以下不足之处：第一，在构建创新生态位适宜度指标时，现有文献大多忽略了创新主体的动态联系，这实际上不符合创新生态系统的内涵；第二，由于现有生态位适宜度模型是个体和指标的二维模型，上述文献使用该模型测算出来的生态位适宜度实际仅横向可比，这将使得运用面板数据进行回归而得出的结论在可靠性方面受到质疑。基于此，本书在总结前人成果的基础上，丰富了创新生态位适宜度指标体系，使其更具动态性和现实性；并改进了现有生态位适宜度模型，使改进的模型测度出来的数据具有时空可比性。

为了突破现有文献测度在创新生态位适宜度纵向不可比方面的局限性，本章综合参考了徐君等[10]使用的生态位适宜度模型和尚娟等[11]使用的经过改进后的熵值法，对二维生态位适宜度模型进行了适当改进，使得结果具有时空可比性。

X_{ijt} 表示 i 省创新生态位适宜度指标 j 在 t 年的取值。

第一步，将数据全局标准化，公式如下（由于本书所有指标都使用正向指标，因此只列出正向指标标准化公式）：

$$X_{ijt} = \frac{X_{ijt} - X_{j\,min}}{X_{j\,max} - X_{j\,min}}, \; i=1, 2, \cdots, 30; \; j=1, 2, \cdots, 27; \; t=1, 2, \cdots, 9$$

$$(4-1)$$

第二步，计算各指标的熵值，公式如下：

$$P_{ijt} = \frac{x_{ijt}}{\sum_i \sum_t x_{ijt}}, \quad i=1, 2, \cdots, 30; \; j=1, 2, \cdots, 27; \; t=1, 2, \cdots, 9$$

$$（4-2）$$

$$e_j = -\frac{1}{\ln(30 \times 9)} \sum_i \sum_t (P_{ijt} \times \ln P_{ijt}), \quad j = 1, 2, \cdots, 27 \qquad （4-3）$$

第三步，计算各指标的权重，公式如下：

$$g_j = 1 - e_j, \quad j = 1, 2, \cdots, 27 \qquad （4-4）$$

$$w_j = \frac{g_j}{\sum_j g_j}, \quad j = 1, 2, \cdots, 27 \qquad （4-5）$$

第四步，计算最佳生态位 Q_j 以及指标与最佳生态位的距离 β_{ijt}，公式如下：

$$Q_j = x_{j\,max} \qquad （4-6）$$

$$\beta_{ijt} = |x_{ijt} - Q_j|, \quad j = 1, 2, \cdots, 27; \; t = 1, 2, \cdots, 9 \qquad （4-7）$$

第五步，计算模型参数 ρ，公式如下：

$$\overline{\beta_{ijt}} = \frac{1}{30 \times 27 \times 9} \sum_{i=1}^{30} \sum_{j=1}^{27} \sum_{t=1}^{9} \beta_{ijt} \qquad （4-8）$$

$$\frac{\min \beta_{ijt} + \rho \times \max \beta_{ijt}}{\overline{\beta_{ijt}} + \rho \times \max \beta_{ijt}} = 0.5 \qquad （4-9）$$

由上式 4-8、式 4-9 可解得 ρ 值。

第六步，计算创新生态适宜度 E_{it} 和进化动量 F_{it}，公式如下：

$$E_{it} = \sum_{j=1}^{27} w_j \frac{\min \beta_{ijt} + \rho \max \beta_{ijt}}{\beta_{ijt} + \rho \max \beta_{ijt}}, \quad i = 1, 2, \cdots, 30; \; t = 1, 2, \cdots, 9 \qquad （4-10）$$

$$F_{it} = \sqrt{\frac{\sum_{j=1}^{b} \beta_{ijt}}{27}}, \quad i = 1, 2, \cdots, 30; \; t = 1, 2, \cdots, 9 \qquad （4-11）$$

在构建创新生态位适宜度指标时，学界中有两条路径。其中之一是从具体的要素入手，对测度要素进行"创新群落—创新资源—创新环境"这种大体上的"三分"，并在此基础上进行多样化补充[2, 3, 5]。除了从要素入手外，现有文献也有从抽象的属性和过程入手来构建指标的做法。如徐君等[10]依据数字创新的四大属性构建起了另一个视角下的指标体系，又如雷雨嫣等[8]基于技术创新演化的视角，从"共生依附""网络属性""生态嵌入"三条回路中构建起了高技术产业的创新生态适宜度指标。本章将这两种构建方法结合起来，以要素导向型指标体系为主体框架，总结前人研究成果，并做出三点创新。以下将对本书在指标体系上的创新点及相应指标选取进行说明。

本书在构建创新生态位适宜度指标体系时，创新性地加入"联结属性"，用以刻画产学研创新主体之间的相互关系，相比于前人的研究，本章的评价指标更能体现联系视角和动态视角，更具生态学意义和现实合理性。技术创新离不开多方合力，在构建创新生态适宜度评价指标时，不应孤立地看待每一个创新主体，也不应认为一个创新主体对其他创新主体的作用仅仅只是静态的"个数"的作用，而应该把创新主体之间，特别是产学研之间的互动关系考虑进去，具体而言，就是需要考察产学研合作的不同形式及其强度，以避免测度的偏差。本书参考王进富等[12]对产学研合作模式的定义，设置"技术转让""合作开发""创办企业"三个项目，并根据国家统计局的指标解释和《国家大学科技园管理办法》中的认定条件，分别选择具体指标衡量上述三个项目的强度。

本书的创新生态位适宜度指标体系在政策环境中创新性地加入了"园区建设"项目，将地区国家大学科技园数量和国家级高新技术产业开发区数量纳入评价指标。大学科技园和高新区是创新生态的微观形态。截至2019年，国家共批设116个国家大学科技园、169个国家高新区，其重要性不容忽视。"园区建设"中政策要素的重要体现之一在于税收优惠，而税收减免等政策支持在现有文献所构建的指标体系中并未有所反映，这将低估政府在创新生态系统中的作用。本章基于上述考虑，增加了"园区建设"一项，用大学科技园和高新区的数量来度量创新生态系统构建中包括税收优惠在内的难以测度的政府力量。

创新生态系统生态位适宜度指标体系如表4-1所列。

表4-1 创新生态位适宜度指标体系

测度要素	测度指标	实测指标
创新群落	企业	规模以上工业企业数 / 个
	研究机构	研究机构数量 / 个
	高等院校	高等院校数量 / 个

续表

测度要素	测度指标	实测指标
创新资源	创新人才	R&D 人员全时当量 / 人年
	创新经费	R&D 经费内部支出 / 万元
	创新设备	全社会固定资产投资 / 亿元
经济环境	居民收支	居民人均可支配收入 / 元
		居民人均消费支出 / 元
	市场容量	社会消费品零售总额 / 亿元
政策环境	经费支持	地方财政科技经费支出 / 亿元
	园区建设	国家大学科技园数量 / 个
		国家级高新技术产业开发区数量 / 个
技术环境	成果数量	专利授权数量 / 件
	成果流通	技术市场成交额 / 万元
	成果应用	规模以上工业企业新产品销售收入 / 万元
通达属性	信息通达	互联网宽带接入端口数 / 万个
		邮电业务量 / 亿元
	货物通达	货运量 / 万吨
		运输线路长度 / 千米
开放属性	技术引进	国外技术引进合同金额 / 万美元
	外商投资	外商投资企业货物进出口总额 / 万美元
联结属性	创办企业	国家大学科技园在孵企业数 / 个
	技术转让	企业购买国内技术经费支出 / 万元
	合作开发	规模以上工业企业 R&D 对境内研究机构支出 / 万元
		规模以上工业企业 R&D 对境内高校支出 / 万元
发展潜力	教育投入	地方财政教育支出 / 亿元
	人才储备	每十万人口高等学校平均在校生数 / 人

创新生态位适宜度计算数据来源于国家统计局网站、《中国科技统计年鉴》《中国统计年鉴》和 EPS 数据平台。本章名义数据在使用前已经过以 2010 年为基期的四种价格指数的平减，对美元计价数据进行汇率换算后再平减。本书运用了插值法对缺失数据进行了补充。

二、结果与分析

根据上述测度方法，本章测度了 2011—2019 年中国 30 个省级行政区的创新系统生态位适宜度 E_{it}，如表 4-2 所列（由于篇幅限制，仅展示 2011 年、2015 年和 2019 年 30 个省级行政区创新生态位适宜度及平均值和年均增长率数据），并绘制图 4-1 和图 4-2。

表 4-2　2011 年、2015 年和 2019 年中国 30 个省级行政区的创新生态位适宜度

地　区	2011 年	2015 年	2019 年	平均值	年均增长率
北京市	0.535 6	0.550 1	0.605 6	0.558 0	1.546 7%
天津市	0.469 7	0.476 5	0.477 1	0.475 4	0.196 5%
河北省	0.471 2	0.483 0	0.495 6	0.483 6	0.633 3%
山西省	0.460 7	0.465 2	0.469 1	0.465 1	0.228 0%
内蒙古自治区	0.460 3	0.463 4	0.467 0	0.463 8	0.179 1%
辽宁省	0.482 4	0.488 9	0.490 3	0.488 5	0.202 0%
吉林省	0.460 0	0.465 6	0.469 6	0.466 5	0.258 5%
黑龙江省	0.466 2	0.468 9	0.472 0	0.469 5	0.156 1%
上海市	0.522 8	0.535 1	0.558 9	0.540 2	0.837 0%
江苏省	0.581 9	0.644 2	0.676 4	0.633 0	1.898 9%
浙江省	0.503 6	0.538 1	0.583 4	0.538 2	1.854 7%
安徽省	0.473 0	0.490 6	0.508 9	0.491 7	0.918 6%
福建省	0.469 4	0.484 0	0.496 6	0.483 6	0.706 4%
江西省	0.462 1	0.474 8	0.490 2	0.474 6	0.739 0%
山东省	0.528 1	0.556 2	0.563 6	0.554 8	0.815 5%
河南省	0.479 0	0.496 5	0.516 4	0.497 1	0.945 4%

续表

地　区	2011 年	2015 年	2019 年	平均值	年均增长率
湖北省	0.475 5	0.496 5	0.519 1	0.496 1	1.103 0%
湖南省	0.473 2	0.486 1	0.502 9	0.487 9	0.763 3%
广东省	0.572 5	0.632 3	0.806 1	0.654 0	4.370 9%
广西壮族自治区	0.458 9	0.465 0	0.474 0	0.465 6	0.404 6%
海南省	0.448 0	0.451 8	0.453 6	0.451 5	0.156 1%
重庆市	0.467 5	0.470 6	0.479 1	0.478 1	0.305 8%
四川省	0.478 0	0.497 6	0.521 7	0.498 3	1.098 9%
贵州省	0.452 0	0.460 2	0.471 2	0.460 6	0.521 8%
云南省	0.458 0	0.464 7	0.476 2	0.465 9	0.486 5%
陕西省	0.468 6	0.479 6	0.491 7	0.479 8	0.602 0%
甘肃省	0.456 1	0.460 7	0.462 8	0.459 6	0.181 6%
青海省	0.447 7	0.449 0	0.450 7	0.449 0	0.082 9%
宁夏回族自治区	0.447 4	0.452 5	0.453 0	0.450 8	0.154 1%
新疆维吾尔自治区	0.454 2	0.460 3	0.464 6	0.460 0	0.284 4%
平均值	0.479 5	0.493 6	0.512 2	0.494 7	0.830 1%

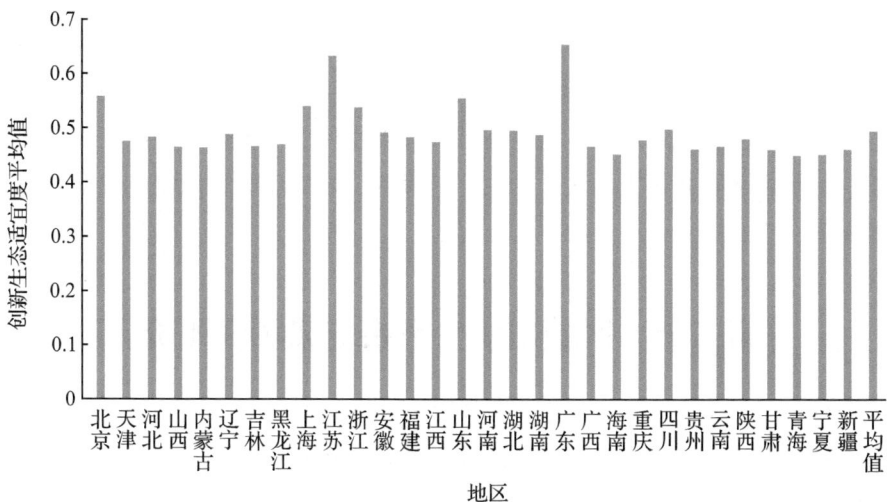

图 4-1　2011—2019 年中国 30 个省级行政区的创新生态位适宜度平均值

101

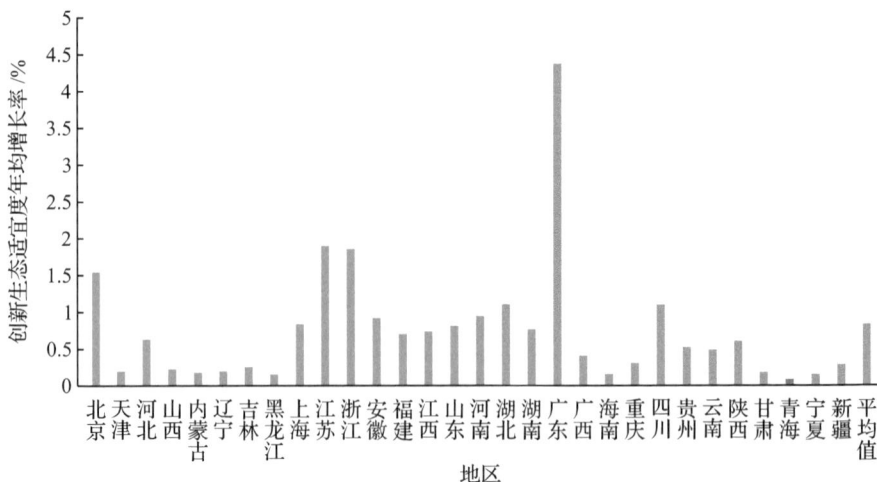

图 4-2　2011—2019 年中国 30 个省级行政区的创新生态位适宜度年均增长率

　　从测算结果可以得知，2011—2019 年，我国 30 个省级行政区的创新生态适宜度均呈上升趋势，这表明各省级行政区构建创新生态的努力取得了成效，创新主体逐渐壮大、创新资源不断丰富、创新环境持续改善、主体联系有所加强，平均来看，每个生态因子的现实值向其最佳值逐年靠近，越来越有利于创新主体发挥其作用。图 4-2 显示了各省级行政区的生态位适宜度年均增长率，可见东部沿海地区是创新生态高速发展聚集区，尤其是北京市、江苏省、浙江省和广东省，而湖北省和四川省则分别是中部地区和西部地区的创新高地。结合平均值和年均增长率数据来看，创新生态位适宜度高的省级行政区往往也是创新生态系统发展速度快的地区，产生这一现象的原因可能是发展速度的非平衡一定程度上导致了发展水平的非平衡。总的来说，我国应深化对于创新生态系统的构建，在壮大创新主体、积累创新资源、优化创新环境、加强创新联系等方面久久为功，转换经济发展动能，以创新驱动经济高质量发展。

第二节　区域创新生态系统成熟度评价

　　在结合时代背景分析区域创新生态系统适宜度的基础上，本节将深入探讨区域创新生态系统成熟度的概念、衡量方法和分析结果。在综述现有研究成果的基础上，本节首先介绍成熟度的概念及成熟度在系统评价中的应用背景，重点强调了创新生态系统成熟度的五个子系统。其次，文中运用熵值法对中国31个省级行政区的创新生态系统成熟度进行了横向和纵向分析。在分析结果中，横向分析显示出各省级行政区的成熟度普遍较低，东部地区明显高于西部地区；纵向分析则揭示了我国创新生态系统成熟度逐年上升的趋势，这与政府对创新的高度重视密切相关。此外，本节还对创新生态系统的五个子系统进行详细分析，发现各省级行政区在不同子系统下的表现存在显著差异。最后，结合分析结果可知，加强创新投入、改善创新环境、提高创新产出能力有助于促进创新生态系统的持续成熟发展，在相关决策制定方面具有重要参考意义。

一、创新生态系统成熟度的内涵

"成熟度"这一概念被广泛应用于有关评价系统运行程度的研究中，如评价供应链管理、系统工程等，相应地就产生了供应链管理成熟度、系统工程成熟度等概念。在关于成熟度模型的研究方面，1986年，美国卡耐基·梅隆大学的软件工程研究所率先提出能力成熟度模型CMM，用来评估软件供应商的能力[13]。知识管理成熟度模型也获得较多研究，Pee和Kankanhalli[14]认为知识管理成熟度是知识管理被清晰定义、管理和控制的程度。西门子公司开发的知识管理成熟度模型（KMMM）使成熟度模型成功实现了从软件开发到知识管理领域的转移[15]。

二、对区域创新生态系统成熟度的衡量

成熟度是一个衡量事物发展进程的比较性概念，通常用[0，1]区间的连续数值来度量，"0"表示该创新生态系统完全不成熟，"1"表示完全成熟。在实践中，区域创新生态系统都具有一定的成熟度，而完全成熟是一种理想状态。区域创新生态系统是一个网络结构，具有明显的复杂性，为了确保分析和评价结果能全面、客观、准确地反映区域创新创业生态体系建设的现状和发展趋势，本书借鉴五螺旋理论，参考段进军[16]、李昂[17]等的研究，在此基础上构建了创新投入、创新产出、创新环境、创新流动能力和创新可持续发展能力五个子系统来衡量区域创新生态系统的成熟度。区域创新生态成熟度具体评价指标如表4-3所列。

表 4-3　区域创新生态系统成熟度评价指标

一级指标	二级指标	三级指标	单　位
创新投入	经费投入	R&D 经费支出	万元
		R&D 经费支出占 GDP 的比重	%
		R&D 经费投入强度	%
		地方财政科技支出占财政支出的比重	%
	人员投入	普通高校专任教师数	人
		普通高校师生比	%
		每 10 万人口高等学校平均在校生数	人 /10 万人
创新产出	专利	每 10 万人口专利申请数	件 /10 万人
		每 10 万人口专利授权数	件 /10 万人
	经济产出	高新技术产业主营业务收入	亿元
		高新技术产业利润	亿元
		规模以上工业企业新产品销售收入	亿元
创新环境	创新载体	规模以上工业企业数	个
		规模以上工业企业设立研发机构数	个
		高技术产业 R&D 机构数	个
		高技术产业企业数	个
	基础设施环境	年度客运量	万人
		年度货运量	万吨
		邮政局所数	个
		邮电业务总量	亿元
	文化教育环境	普通高等学校在校学生数	人
		财政教育支出占总支出的比重	%
		公共图书馆总数	个
		人均拥有公共图书馆藏量	册 / 人
	经济环境	人均地区生产总值	元
		社会消费品零售总额	亿元
		城镇居民家庭人均可支配收入	元 / 人
		农村居民家庭人均可支配收入	元 / 人
	对外贸易	货物进出口总额	亿美元
		货物出口总额	亿美元

续表

一级指标	二级指标	三级指标	单 位
创新流动能力	技术转移	规模以上工业企业技术引进经费支出	万元
		规模以上工业企业消化吸收经费支出	万元
		规模以上工业企业购买国内技术经费支出	万元
		规模以上工业企业技术改造经费支出	万元
	人才流动	研究生毕业生数	人
		普通高校本、专科生毕业生数	人
创新可持续发展能力	经济增长	GDP 增长率	%
		人均 GDP 增长率	%
	结构优化	第三产业增加值占 GDP 比重	%

　　考虑到数据的可获得性、连续性，为提高研究的科学性和有效性，本书经过对数据进行筛选、删除缺失严重的数据、对缺少的极个别数据运用插值法进行填补等数据处理后，最终得到了 31 个省级行政区的 372 个有效样本。数据主要来自 EPS 数据库。

三、区域创新生态系统成熟度结果分析

（一）区域创新生态系统成熟度横向分析

　　本书基于 Stata17 软件，运用熵值法对我国 31 个省级行政区的创新生态系统成熟度进行计算。取各地区 2010—2021 年综合得分的平均值代表该地区的创新生态系统成熟度综合得分。31 个省级行政区的成熟度得分及排名如表 4-4 所列，并绘制如图 4-3 的条形图。

表 4-4　31 个省级行政区创新生态系统成熟度综合得分及排名

地 区	综合得分	成熟度排名	地 区	综合得分	成熟度排名
广东	0.501	1	四川	0.155	8
江苏	0.405	2	安徽	0.155	9
浙江	0.295	3	福建	0.154	10
上海	0.258	4	湖北	0.151	11
山东	0.252	5	湖南	0.141	12
北京	0.247	6	辽宁	0.132	13
河南	0.159	7	天津	0.131	14

续表

地　区	综合得分	成熟度排名	地　区	综合得分	成熟度排名
河北	0.123	15	内蒙古	0.070	24
陕西	0.119	16	贵州	0.070	25
江西	0.113	17	甘肃	0.060	26
重庆	0.109	18	新疆	0.054	27
广西	0.087	19	宁夏	0.047	28
山西	0.081	20	海南	0.045	29
吉林	0.079	21	青海	0.031	30
云南	0.077	22	西藏	0.027	31
黑龙江	0.074	23			

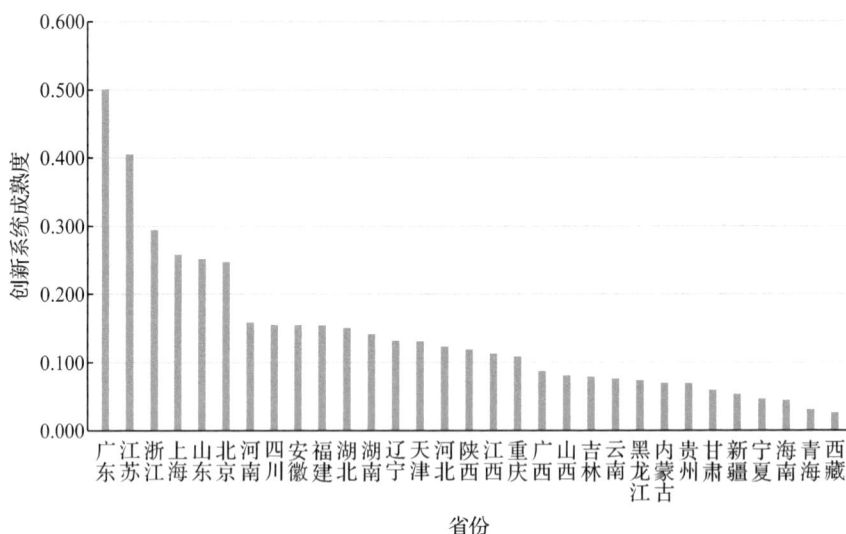

图4-3　31个省份创新生态系统成熟度排名条形图

从表4-4和图4-3可以看出两个问题。一是31个省级行政区创新生态系统成熟度总体上偏低，仅广东省的创新生态系统成熟度超过0.5，超过半数地区的创新生态系统成熟度得分集中在0.1—0.3之间，比例达51.61%，超过平均值水平的有11个省级行政区，占比35.48%，这表明我国创新生态系统成熟度水平偏低，创新生态系统的发展成熟水平还有较大的提升空间。二是各省级行政区之间在创新生态系统成熟度方面存在一定的差异。成熟度最高的广东省与最低的西藏自治区相差0.47，有13个省级行政区的成熟度得分低于0.1，占比 42%。大致情形是，经济发展水平靠前、创新能力强的地方，区域创新生态系统成熟度较高，如广东省、江苏省、浙江省、上海市。从实际情况来看该情形也较符合，经济发展水平比较靠前的地方，交通便利程度高，人口密集，产业聚集所产生的向周围地方辐射的能力也越强，创新能力强，区域创新生态系统发展较好，发展成熟度也较高。

（二）区域创新生态系统成熟度纵向分析

为了能够较清楚地展示出 31 个省份创新生态系统成熟度的演变趋势，取 31 个省份每一年创新生态系统成熟度得分的平均值代表该年的创新生态系统成熟度得分，结果如图 4-4 所示。

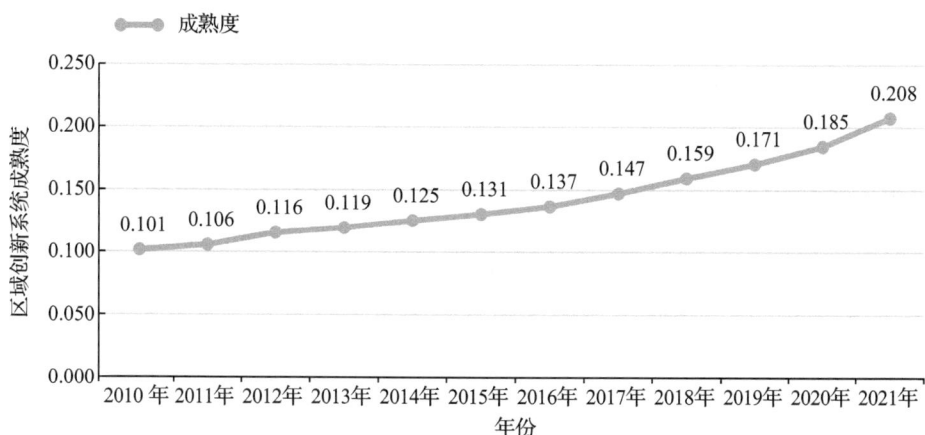

图 4-4 2010—2021 年区域创新生态系统成熟度时间序列分布

从图 4-4 的时间序列分布情况中可以看出，我国区域创新生态系统的成熟度逐年提升，这与我国重视创新、创新能力不断提高的实际情况相吻合。我国近年来在创新方面取得了显著的进步。政府高度重视创新，并将创新作为国家发展的核心驱动力之一，制定了一系列政策和计划，鼓励和支持科技创新，包括加大研发投入、改革知识产权保护制度、推动科技与产业融合等。在研发投入方面，我国逐年增加对科技创新的资金投入，投入强度持续提高，研发经费总量迈上新台阶。2022 年，我国研发经费投入总量突破 3 万亿，达到 30 782.9 亿元，比上一年增长 10.1%，延续较快增长势头。此外，我国还积极推动完善知识产权保护体系。近年来，政府不断加强对知识产权的保护力度，并加强了对侵权行为的打击力度。这为企业提供了更好的创新环境和保护机制。在推动科技与产业融合方面，我国也取得了显著成就。政府积极推动高新技术与传统产业的深度融合，在电子信息、生物医药、新材料等领域取得了突破性进展。这些举措加速了科技创新的应用和推广，推动了中国经济的转型升级。

（三）区域创新生态系统成熟度子系统分析

1. 创新投入子系统分析

图 4-5 展示了 31 个省级行政区创新投入子系统成熟度排名情况。创新投入子系统成熟度排名前六的地区为北京、广东、上海、江苏、山东和江苏，这和区域创新生态系统成熟度排名前六的地区重合。东部地区的省级行政区创新投入子系统的成熟度水平较高，西部地区较低。其中，北京市的创新投入子系统成熟度得分最高。结合统计数据，2022 年，北京市全社会 R&D 经费投入总量为 2 843.3 亿元，同比增长 8.1%，占全国 R&D 经费投入的比重为 9.2%，占比保持稳定。自 2019 年全社会 R&D 经费投入强度达到 6% 以来，总体呈上升态势，2022 年提升至 6.83%。2020 年，北京市 R&D（研究与试验发展）人员数量大幅增加，达 33.6 万人，是 2012 年的 1.4 倍，年均增长 4.6%。2021 年，北京市财政科技经费支出 449.4 亿元，是 2012 年的 2.2 倍，占一般公共预算支出的比重为 6.2%，比 2012 年提高 0.8 个百分点。这些数据表明，北京市在创新投入方面的力度和强度不断加强，也使得其创新投入子系统成熟度水平较高。

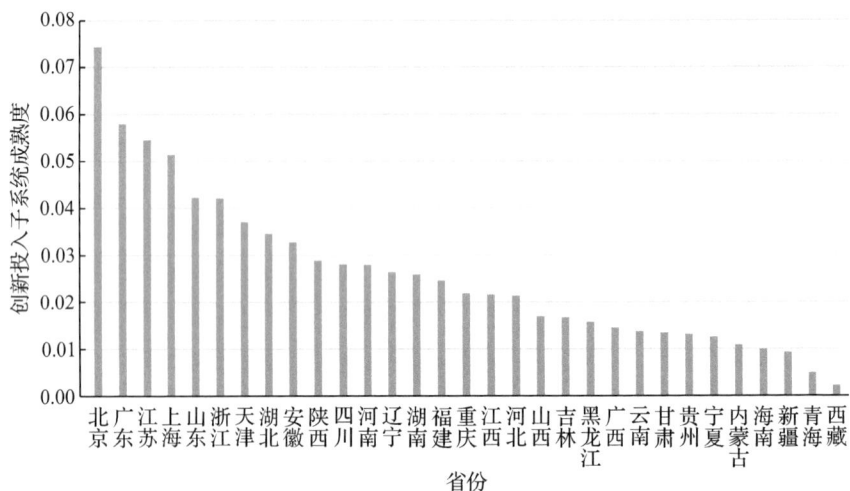

图 4-5　31 个省级行政区创新投入子系统成熟度排名

2. 创新产出子系统分析

图 4-6 展示了 31 个省级行政区创新产出子系统成熟度排名情况。创新产出子系统成熟度排名前六的地区为广东、江苏、浙江、北京、上海和山东。

其中，广东省的创新产出子系统成熟度排名最高，且仅广东省成熟度得分超过 0.10，与排名第二的江苏远超过其他省级行政区的创新产出子系统成熟度。《中国区域创新能力评价报告 2022》中指出，广东省规模以上工业企业研发人员数、专利申请数和新产品销售收入等指标均位居全国首位，企业创新活动十分活跃。广东省在实施重大科技项目的过程中，不断加强企业的参与度、话语权，在布局省重点研发计划"新药创制""绿色生物制造""高端医疗器械"三个专项时，都突出以产业化为导向，立项的项目中有 75% 由企业牵头承担；不断深化产学研合作，重视创新转化，这非常有利于创新产出，从而使得创新产出子系统的成熟度水平较高。各省级行政区之间在创新产出子系统成熟度方面的差异较大，东部发达省级行政区的成熟度水平远高于西部欠发达省级行政区。

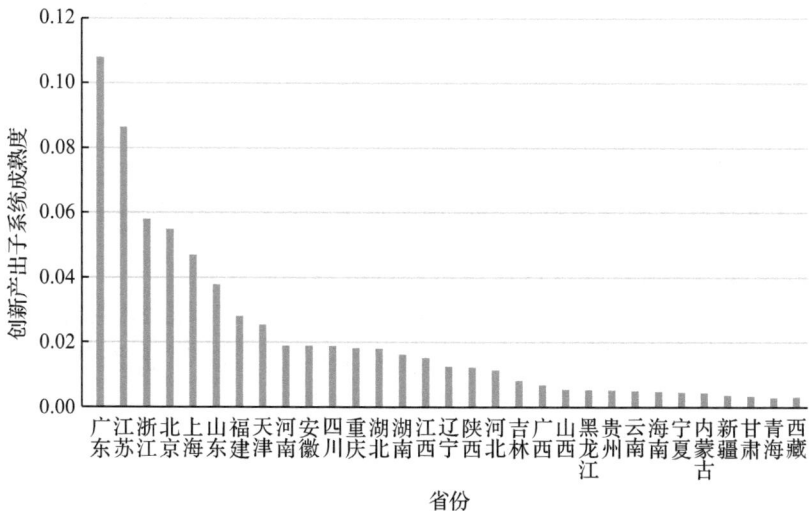

图 4-6 31 个省级行政区创新产出子系统成熟度排名

3. 创新环境子系统分析

图 4-7 展示了 31 个省级行政区创新环境子系统成熟度排名情况。创新环境子系统成熟度排名前三的地区为广东、江苏和浙江。其中，广东省的创新环境子系统成熟度排名最高，远超过其他省份的创新环境子系统成熟度。从实际来看，广东省"科技企业孵化器数量"和"高技术企业数"两个指标位居全国首位，该省积极推进省实验室、高水平研究院、高水平大学、大科学装置等重点项目建设，组织产业核心技术攻关、不断加强基础研究和应用基础研究、提升原始创新能力，为创新创造良好环境。

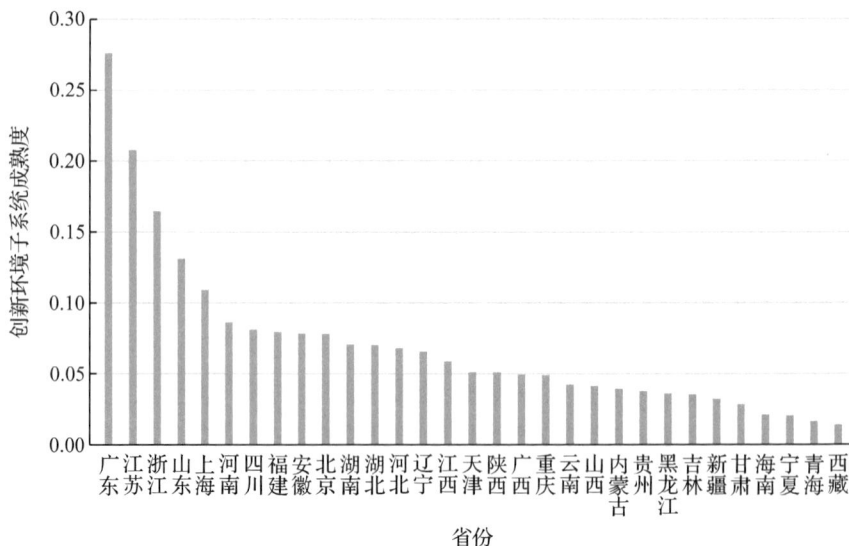

图 4-7　31 个省级行政区创新环境子系统成熟度排名

4. 创新流动能力子系统分析

图 4-8 展示了 31 个省级行政区创新流动能力子系统成熟度排名情况。创新流动能力子系统成熟度排名前三的地区为广东、江苏和上海。这些地区的常住人口较多，人口流动性较大，开放程度较高，人才流入较多，与内部主体和外部世界的沟通、交流更为频繁，可以更有效地促进创新思维的碰撞和创新想法交流，有利于提高创新流动能力子系统成熟度。

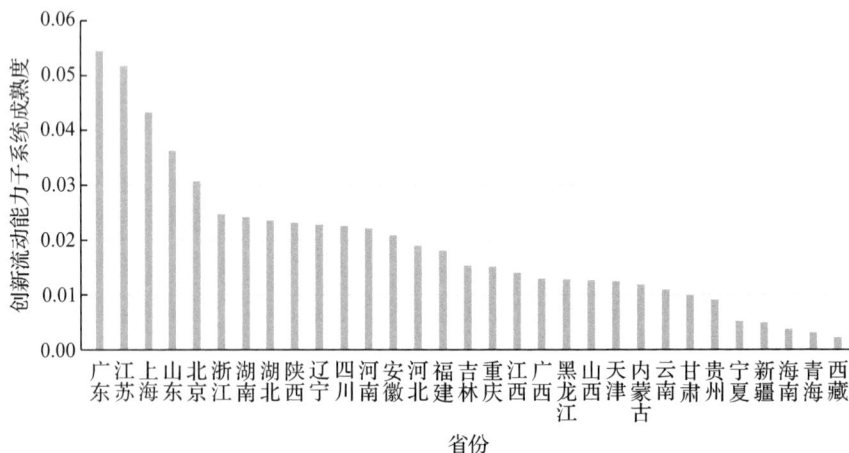

图 4-8　31 个省级行政区创新流动能力子系统成熟度排名

5. 创新可持续发展能力子系统分析

图 4-9 展示了 31 个省级行政区创新可持续发展能力子系统成熟度排名情况。创新可持续发展能力子系统成熟度排名前三的地区为北京、上海和广东，这些地区的经济增长幅度较高，产业结构优化升级较好，也使得创新生态系统可持续发展力子系统的成熟度提升。

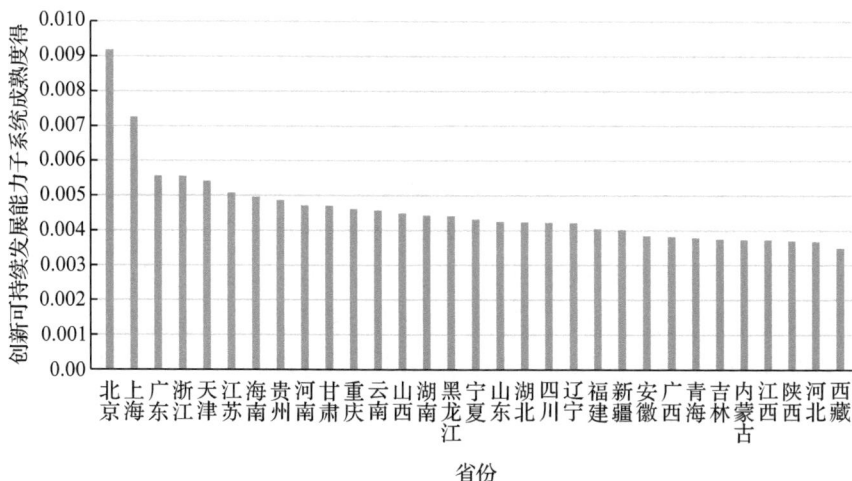

图 4-9　31 个省级行政区创新可持续发展能力子系统成熟度排名

总体来说，我国创新能力不断提高，区域创新生态系统的成熟度也不断提升，区域创新生态发展不断完善成熟。但省级行政区的创新生态系统成熟度还偏低，地区之间的差异较大。我国应正视不足和短板，从五个子系统入手，在加强创新投入的同时，也要重视创新转化，提高创新产出能力，不断改善创新环境，加强技术转移，积极进行创新交流，优化结构，提升创新的流动能力和可持续发展能力，从而不断提高创新生态系统的成熟度。

第三节　区域创新生态系统健康度评价

在分析区域创新生态系统适宜度、成熟度的基础上，本节重点分析区域创新生态系统健康度这一指标。首先，本节通过回顾创新领域竞争的演变，强调竞争焦点从单个企业到创新生态系统之间的竞争进而转向健康的创新生态系统在抵抗外部干扰和实现可持续发展方面的重要性。其次，本节构建了健康创新生态系统的维度，并提出一个基于成长、韧性、恢复力和可持续性的评价框

111

架。随后，本节利用熵值法对中国区域创新生态系统在 12 年间的健康状况进行评分。分析表明，省级行政区的创新生态系统健康状况存在差异，有一些保持稳定趋势，还有一些则出现波动或改善、恶化。基于空间视角的分析显示，创新生态系统健康度分布不均，东部地区领先，而西部地区滞后。基于时间视角的分析将省级行政区划分为稳定、波动、改善或恶化的健康模式，建议采取针对性的策略来提升创新生态系统的健康度。最后，本节再一次强调需要结合实际情况制定相应政策来提升中国各地区创新生态系统的健康状况。

伴随着创新的不断发展，不同国家、区域、产业乃至企业之间的竞争焦点也逐步由单个企业竞争转向了生态化、有机式创新生态系统之间的竞争[18]。当系统处于健康状态时，系统内的成员也可以得到稳定发展；而当系统处于不健康状态时，系统成员也面临着生存威胁。健康性是一个创新生态系统能够持续运行、良性进化及有序联动的基本前提[19]。唯有健康的创新生态系统才能更好地抵抗外部干扰与威胁、保持强持续力、实现高质量跨越式发展[20]，因此，保持创新生态系统的健康状态十分重要。通过对创新生态系统健康进行研究来把握和评价创新系统的运行状态，可以为评价创新生态系统提供新的方法，为系统健康有序发展提供新的思路[21]。同时，这类研究也能丰富现有研究视角，当前对于创新生态健康度的评价多局限于高新技术产业、企业、城市以及高新区等层面，鲜有文献从省级行政区的角度探讨健康度。

一、指标构建

尽管目前学界对创新生态系统健康的内涵尚未达成共识，但近年来已有的研究大多运用自然生态系统的特点来类比创新生态系统，基于生态系统具有整体性、多样性、受环境变化影响深刻、能够自我调控等特征，阐释了创新生态系统实现健康可持续发展需要具备的条件和特征，为构建创新生态系统健康度评估指标体系提供了思路。国内外学者对创新生态系统健康性的研究主要聚焦于耦合协调、网络演化、综合评价等方面[22]。Iansiti 和 Levien[23]首先强调了生态系统"健康性"的重要作用，并认为"健康性"由系统的稳健性、生产力以及创造力这三个维度组成，其中：稳健性是系统对环境不确定性的应对能力；生产力反映系统的产出能力；而创造力则主要来源于系统中角色和资源的丰富度。在 Iansiti 和 Levien 的研究基础之上，并借鉴其他已有研究[24-26]，本书从成长力、抵抗力、恢复力和可持续性四个维度构建区域创新生态系统健康度评价体系，评价指标如表 4-5 所列。

表 4-5　区域创新生态系统健康度评价指标体系

一级指标	二级指标	三级指标
成长力	研发产出	专利授权数
	商业化产出	技术市场成交额
		技术市场合同数
		新产品销售收入
抵抗力	多样性	高技术企业数
		高校数
		研发与开发机构数
	区域经济发展水平	人均 GDP
恢复力	创新资源	R&D 人员全时当量
		新产品开发经费支出
		新产品开发项目数
		R&D 经费投入强度
	辅助资源	财政科学技术支出
		金融业增加值
可持续性	基础设施环境	科技企业孵化器数量
		公路总长度
		铁路总长度
		互联网宽带接入数
	文化环境	公共图书馆数量
		每 10 万人在校大学生数量
		地区公共图书馆藏书量

　　考虑到西藏自治区数据缺失较严重，选取除西藏自治区之外的 30 个省级行政区 2010—2021 年共计 12 年的数据，个别缺失值通过插值法补全，数据来源主要是《中国统计年鉴》《中国科技统计年鉴》和各省统计年鉴，对数据的描述性分析结果如表 4-6 所列。

表 4-6　描述性分析结果

变　　量	观测值	平均值	标准差	最小值	最大值
专利授权数	360	63 191.425	102 847.91	264	872 209
技术市场成交额	360	4 568 924.1	8 992 581.9	5 666	70 056 520

续表

变　量	观测值	平均值	标准差	最小值	最大值
新产品销售收入	360	55 974 370	80 546 950	85 659	496 849 025.5
高技术企业数	360	4 163.872	7 481.832	31	59 475
高校数	360	85.508	38.892	9	167
研发与开发机构数	360	115.56	67.643	17	396
R&D 人员全时当量	360	132 540.65	153 351.18	4 008	885 247.69
新产品开发经费支出	360	4 094 819.8	6 341 043.2	34 745	46 369 760
R&D 投入强度	360	1.68	1.141	0.34	6.53
财政科学技术支出	360	1 288 001.9	1 643 134.2	37 600	11 687 929
金融业增加值	360	1 816.243	1 843.025	54.53	11 058.064
公路里程	360	151 477.98	80 835.983	11 974	398 898.94
铁路营业里程	360	3 968.927	2 310.025	422.4	14 209.488
互联网宽带接入端口	360	2 029.329	1 764.808	51.61	9 333.74
每万人高等教育平均在校生数	360	2 675.905	851.206	1 082.149	6 196.365
地区公共图书馆藏书量	360	29 138.991	22 696.521	2 850	126 872.2
人均 GDP	360	56 510.823	28 907.382	13 119	183 980
新产品开发项目数	360	15 711.425	26 230.588	83	201 009
合同数	360	12 419.708	16 929.931	36	93 563
公共图书馆数量	360	101.608	46.601	20	207

二、测度方法

考虑到熵值法可以有效解决多指标变量间信息重叠的问题，也可以避免主观臆断性，本书采取熵值法计算区域创新生态系统健康度。熵值法计算步骤如下。

1. 将原始数据进行标准化处理。将正向指标标准化的公式如下：

$$x'_{ij} = \frac{(x_{ij} - \overline{x})}{S_j} \tag{4-12}$$

将负向指标标准化的公式如下：

$$x'_{ij} = \frac{(\bar{x} - x_{ij})}{S_j} \tag{4-13}$$

式 4-12 和式 4-13 中，x_{ij} 为第 i 个样本、第 j 项指标的原始数值，x'_{ij} 为标准化后的指标值，$\bar{x}$ 和 S_j 分别为第 j 项指标的平均值和标准差。

2. 将各指标同度量化，计算第 j 项指标下第 i 省市占该指标比重（p_{ij}），公式如下：

$$p_{ij} = \frac{x'_{ij}}{\sum_{i=1}^{n} x'_{ij}}, \quad i = 1, 2, \cdots, n; \ j = 1, 2, \cdots, m \tag{4-14}$$

式中，n 为样本（省级行政区）个数，m 为指标个数。

3. 计算第 j 项指标熵值（e_j），公式如下：

$$e_j = -k \sum_{i=1}^{n} p_{ij} \ln(p_{ij}), \quad k = \frac{1}{\ln(n)}, \quad e_j \geq 0 \tag{4-15}$$

4. 计算第 j 项指标的差异系数（g_i），公式如下：

$$g_j = 1 - e_j \tag{4-16}$$

5. 对差异系数归一化，计算第 j 项指标的权重（ω_j），公式如下：

$$\omega_j = \frac{g_j}{\sum_{j=1}^{m} g_j}, \quad j = 1, 2, \cdots, m \tag{4-17}$$

6. 计算第 i 个省级行政区的区域创新生态系统健康度得分，公式如下：

$$F_i = \sum_{j=1}^{m} \omega_j p_{ij} \tag{4-18}$$

三、结果分析

表 4-7 和图 4-10 展示了部分年份对我国 30 个省级行政区创新生态系统健康度进行分析的结果，从 12 年的健康度平均值来看，排名前五的地区分别是广东省、江苏省、北京市、浙江省和山东省，这与这些地区拥有庞大的科技创新资源、经济高质量发展、国家政策支持息息相关，例如广东省创建综合性国家科学中心、打造广深港澳科技创新走廊、形成国际科技创新中心的创新主轴，十分有利于创新生态系统健康度的提升。但同时，省级行政区之间的创新生态系统健康度水平差距比较大，地区之间资源等差异导致水平不一，同时，

目前我国就整体而言创新生态系统健康度并不高，关注健康度的提升，加强抵抗风险能力、恢复能力等问题是非常必要的。

表 4-7　区域创新生态系统健康度部分年份得分

地　　区	2010 年		2015 年		2021 年		12 年	
	健康度	排名 / 位	健康度	排名 / 位	健康度	排名 / 位	健康度 平均值	排名 / 位
北京	0.610 3	3	0.569 9	3	0.453 9	5	0.533 1	3
天津	0.200 9	11	0.219 2	11	0.150 7	17	0.189 3	15
河北	0.176 3	15	0.183 9	16	0.213 5	14	0.186 2	16
山西	0.125 5	18	0.108 8	21	0.112 5	21	0.112 7	20
内蒙古	0.119 8	20	0.113 5	20	0.102 7	23	0.110 8	21
辽宁	0.250 1	7	0.213 5	12	0.174 6	16	0.209 4	11
吉林	0.107 6	22	0.099 7	24	0.089 2	24	0.099 4	24
黑龙江	0.147 1	17	0.120 3	19	0.103 3	22	0.118 6	19
上海	0.482 0	4	0.373 2	6	0.330 8	6	0.376 9	6
江苏	0.631 9	2	0.718 0	1	0.671 8	2	0.667 0	2
浙江	0.471 0	5	0.517 7	4	0.531 0	3	0.486 9	4
安徽	0.190 0	13	0.243 3	9	0.277 5	8	0.232 8	9
福建	0.177 6	14	0.197 9	15	0.218 1	13	0.193 7	14
江西	0.110 3	21	0.132 3	18	0.182 9	15	0.138 0	17
山东	0.435 9	6	0.442 2	5	0.456 4	4	0.424 1	5
河南	0.208 9	10	0.221 3	10	0.248 9	10	0.219 2	10
湖北	0.216 5	9	0.283 9	7	0.309 8	7	0.263 0	7
湖南	0.191 2	12	0.199 4	14	0.248 1	11	0.204 7	12
广东	0.641 9	1	0.706 1	2	0.831 6	1	0.722 1	1
广西	0.105 0	23	0.107 4	22	0.125 1	19	0.108 1	22
海南	0.018 5	30	0.017 9	30	0.025 6	29	0.019 7	30
重庆	0.120 9	19	0.135 5	17	0.137 7	18	0.128 5	18
四川	0.219 9	8	0.250 6	8	0.272 8	9	0.245 0	8
贵州	0.064 6	27	0.073 0	27	0.088 5	25	0.076 4	26
云南	0.100 9	24	0.106 1	23	0.114 4	20	0.106 7	23

续表

地　区	2010 年		2015 年		2021 年		12 年	
	健康度	排名 /位	健康度	排名 /位	健康度	排名 /位	健康度平均值	排名 /位
陕西	0.174 2	16	0.200 5	13	0.227 9	12	0.196 3	13
甘肃	0.073 1	26	0.079 3	25	0.080 3	27	0.076 3	27
青海	0.022 8	29	0.021 6	29	0.019 7	30	0.021 3	29
宁夏	0.023 8	28	0.025 6	28	0.029 4	28	0.026 4	28
新疆	0.081 5	25	0.079 2	26	0.081 2	26	0.078 6	25

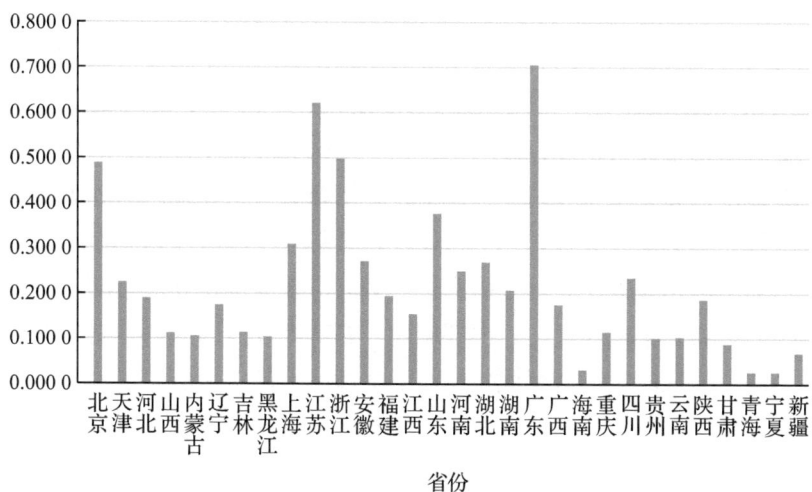

图 4-10　30 个省级行政区区域创新生态系统健康度平均得分

　　从空间视角来看，30 个省级行政区的创新生态系统健康度在地理上存在非均衡性：从总体上看，我国创新生态健康度呈现从东南到西北递减的趋势。图 4-11 展示了区域划分的东部地区、中部地区、东北地区和西部地区的创新生态系统健康度平均值对比情况，东部地区当之无愧地位于四大区划之首。东部地区创新成效显著，这与其建立区域协调创新机制、集聚全球要素资源、创新资源丰富、加强创新前瞻布局和资源共享相关，同时，健康度高的区域可以有效辐射到周边区域，通过专业化的协作来相互影响与渗透，实现协同发展。而西部地区创新生态系统健康度较低，这可能与其经济发展水平不高、创新资源匮乏有关。

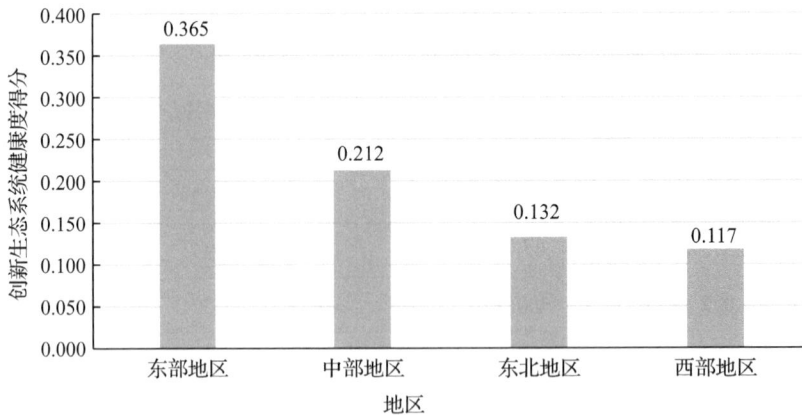

图 4-11　四大地区区域创新生态系统健康度平均得分

　　从时间视角来看，不同省级行政区的创新生态系统健康度情况可被划分为稳定型、波动型、提升型与下降型四种发展模式（见表 4-8）：稳定型，这些地区的健康度排名保持稳定；波动型，这些地区的健康度排名上下波动；提升型，这些地区的健康度排名情况持续提升；下降型，这些地区的健康度排名情况持续下降。从这些分类来看，可以知晓省级行政区健康度排名随时间变化的情况，从而引起相关关注。例如提升型的地区应多加重视创新驱动发展以及国家制定的有关实施东部现代化、中部崛起、西部大开发的战略，其他地区应学习相关经验，实现健康度持续优化；而下降型的地区多为资源依赖型与重工业发达型地区，例如东北三省，这些地区应提升自身的健康度，促进产业结构升级，同时，北京市、上海市和天津市也在下降型之列，应予以重视，但也可能是这三个直辖市正在转向高质量发展阶段，例如由于为削减过度的支出而转向效率型，这也可能会造成一定的下降；稳定型与波动型地区则要进一步提升自身的成长力、抵抗力、恢复力。

表 4-8　四种类型的健康度

类　　型	特　　征	省　　份
波动型	相对排名上下波动	河北、山西、内蒙古、江苏、福建、河南、湖南、广东、广西、重庆、四川、陕西、甘肃、新疆
稳定型	相对排名不变	宁夏
提升型	相对排名持续上升	浙江、安徽、江西、山东、湖北、海南、贵州、云南
下降型	相对排名持续下降	北京、天津、辽宁、吉林、黑龙江、上海、青海

总的来说，目前我国区域创新生态系统健康度水平不高，且各区域创新生态系统健康性度水平差距悬殊，大多数省级行政区健康度随时间变化波动较大，各地区应该根据自身健康度特点，结合实际情况，因地制宜，研究提升区域创新生态系统健康性水平的靶向路径，制定精准的政策供给。

本章参考文献

［1］梅亮，陈劲，刘洋.创新生态系统：源起、知识演进和理论框架［J］.科学学研究，2014，32（12）：1771-1780.

［2］孙丽文，李跃.京津冀区域创新生态系统生态位适宜度评价［J］.科技进步与对策，2017，34（04）：47-53.

［3］刘和东，陈洁.创新系统生态位适宜度与经济高质量发展关系研究［J］.科技进步与对策，2021，38（11）：1-9.

［4］周青，陈畴镛.中国区域技术创新生态系统适宜度的实证研究［J］.科学学研究，2008，26（S1）：242-246；223.

［5］刘洪久，胡彦蓉，马卫民.区域创新生态系统适宜度与经济发展的关系研究［J］.中国管理科学，2013，21（S2）：764-770.

［6］覃荔荔，王道平，周超.综合生态位适宜度在区域创新系统可持续性评价中的应用［J］.系统工程理论与实践，2011，31（05）：927-935.

［7］解学梅，刘晓杰.区域创新生态系统生态位适宜度评价与预测：基于2009—2018中国30个省市数据实证研究［J］.科学学研究，2021，39（09）：1706-1719.

［8］雷雨嫣，陈关聚，刘启雷.高技术产业创新生态系统的创新生态位适宜度及演化［J］.系统工程，2018，36（02）：103-111.

［9］甄美荣，江晓壮，杨晶照.国家级高新区创新生态系统适宜度与经济绩效测度［J］.统计与决策，2020，36（13）：67-72.

［10］徐君，郭鑫，蒋雨晨.中国区域数字创新能力评价及空间相关性与分异性研究［J］.软科学，2022，36（11）：49-58.

［11］尚娟，廖珍珍.新型城镇化对绿色全要素生产率的影响［J］.统计与决策，2021，37（05）：116-119.

［12］王进富，兰岚.产学研协同创新路径研究：基于知识产权归属视角［J］.科技管理研究，2013，33（21）：123-128.

［13］PAULK M, CURTIS B, CHRISSIS M, et al. Capability maturity model for Software, Version1.1［J］. IEEE Software：1993, 10（4）：18-27.

［14］PEE L G, KANKANHALLI A. A model of organizational knowledge management maturity based on people, process, and technology［J］. Journal of information and knowledge management，2009，8（02）：79-99.

［15］EHMS K，LANGEN M. Holistic development of knowledge management with KMMM［J］. Knowledge management and business transformation，2002（03）：1-8.

［16］段进军，吴胜男．苏州创新生态系统成熟度研究：基于上海、杭州、深圳等 16 城市的比较分析［J］.苏州大学学报（哲学社会科学版），2017，38（06）：96-107；200.

［17］李昂．基于系统成熟度的国家创新生态评价指标研究［J］.科技管理研究，2016，36（17）：54-60.

［18］姚艳虹，高晗，昝傲．创新生态系统健康度评价指标体系及应用研究［J］.科学学研究，2019，37（10）：1892-1901. DOI：10.16192/j.cnki.1003-2053.2019.10.019.

［19］HARTIGH D E，TOL M，VISSCHER W. The health measurement of a business ecosystem［C］. Proceedings of the European Network on Chaos and Complexity Research and Management Practice Meeting，2006.

［20］宋华，陈思洁．高新技术产业如何打造健康的创新生态系统：基于核心能力的观点［J］.管理评论，2021，33（06）：76-84. DOI：10.14120/j.cnki.cn11-5057/f.2021.06.007.

［21］MALERBA F，NELSON R. Learning and catching up in different sectoral systems：evidence from six industries［J］. Industrial and corporate change，2011，20（06）：1645-1675.

［22］范德成，谷晓梅．高技术产业技术创新生态系统健康性评价及关键影响因素分析：基于改进熵值 -DEMATEL-ISM 组合方法的实证研究［J］.运筹与管理，2021，30（07）：167-174.

［23］IANSITI M，LEVIEN R. The new operational dynamics of business ecosystems：implications for policy，operations and technology strategy［M］. Boston，MA：Divisio n of Research，Harvard Business School，2002.

［24］李福，曾国屏．创新生态系统的健康内涵及其评估分析［J］.软科学，2015，29（09）：1-4；28. DOI：10.13956/j.ss.1001-8409.2015.09.01.

［25］张贵，程林林，郎玮．基于突变算法的高技术产业创新生态系统健康性实证研究［J］.科技管理研究，2018，38（03）：19-24.

［26］彭定洪，董婷婷．城市群创新生态系统健康性评价方法研究：以长江经济带五大城市群为例［J］.华东经济管理，2022，36（11）：17-27. DOI：10.19629/j.cnki.34-1014/f.220421005.

第五章

区域创新生态系统评价：对北京市、上海市与深圳市的城市对比分析

2021 年 3 月，国家"十四五"规划纲要提出，"建设重大科技创新平台。支持北京、上海、粤港澳大湾区形成国际科技创新中心"。三大国际科技创新中心拥有我国最密集、优质的科技资源，创新活力十足，作为重要科技创新策源地和区域发展增长极，能够辐射带动国内创新发展，深度参与全球科技产业竞争与合作，能在国内大循环和国内国际双循环中发挥关键作用，是科技高质量发展和自立自强的重要支撑，承担着攀登全球科技创新高地的重任。

根据 2021 年国际科技创新中心指数发布的数据：北京市综合排名从 2020 年的第五位上升至第四位，粤港澳大湾区排名第七位，上海市也跻身前二十强。虽然美国有多个老牌创新中心仍保持领先地位，但中国这三个地区展现出很强的增长动力和良好态势。三个地区依托各自的资源优势、区位优势、产业优势、政策优势，在建设国际科创中心的定位方面也应有所差异。北京、上海、深圳三市在技术基础与演化特征方面有显著的差异，需要制定针对性的发展政策[1]；方力等[2]提出京沪深的创新发展模式不同。因此，对三地创新情况进行研究，提出更有针对性的政策建议，对中国科技创新中心建设和创新驱动发展战略落地有重要意义。

第一节　对三地创新情况的比较分析

本节对北京、上海和深圳三个城市在创新投入、产出和效率方面进行对比分析。首先，通过比较三个城市在 R&D 人员、经费投入以及新产品开发支出等方面的总量和趋势，可以看出，北京市在资金投入方面是投入最多的城市，而深圳市则在新产品开发经费支出方面表现较好。其次，通过对创新产出

进行对比，本文发现，北京市在有效发明专利数上遥遥领先，深圳市则在高新技术产品出口额和新产品销售收入方面表现较好。此外，通过运用数据包络分析（DEA）方法测度创新效率，本文发现，深圳市在创新效率方面表现较好，而北京市和上海市则存在一定的改进空间。最后，通过进行敏感度分析和投影值分析，本文发现，三个城市在投入和产出方面存在不平衡，需要加强对人才结构、资金管理以及产品出口等方面的管理并进行优化。总而言之，深圳市在创新效率方面具有一定的优势，而北京市和上海市则在某些方面有待提升。同时，本节还针对创新投入和产出之间的关系，以及内外部因素对创新效率的影响进行分析。三个城市都面临着投入过剩、资源浪费以及高新技术产品出口不足等问题，需要在政策引导、资源配置和技术创新等方面进一步加以完善，以推动创新效率提升和经济发展持续增长。

一、创新投入对比分析

（一）总量对比

表 5-1 展示了三个城市的创新投入主要指标——R&D 人员全时当量、R&D 经费内部支出和新产品开发经费支出的相关数据情况。如图 5-1—图 5-3，从总量上来说：北京市在绝大多数年份中均在 R&D 人员全时当量和 R&D 经费内部支出两项指标上投入最多，其中，北京市在 R&D 经费内部支出

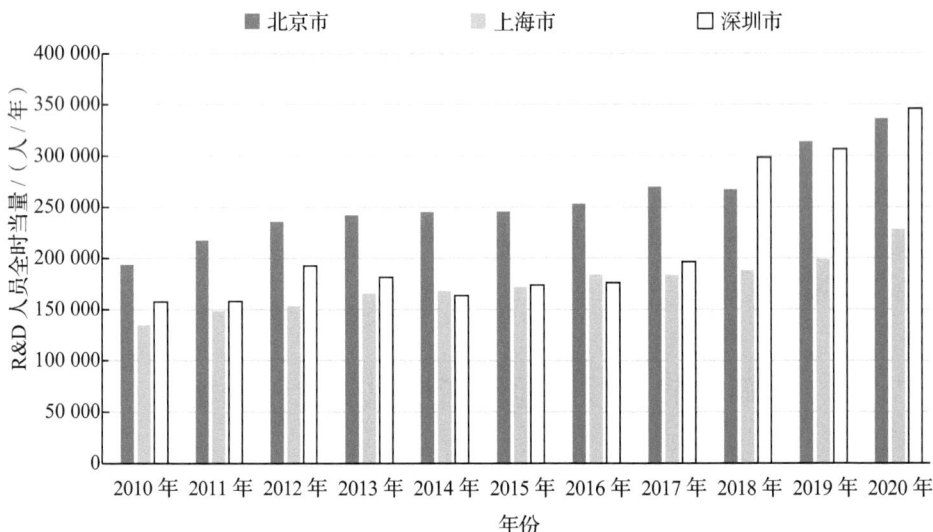

图 5-1　R&D 人员全时当量对比图

表 5—1　创新投入相关数据

指标	城　市	2010 年	2011 年	2012 年	2013 年	2014 年	2015 年	2016 年	2017 年	2018 年	2019 年	2020 年
R&D 人员全时当量/（人/年）	北京市	193 718	217 255	235 493	242 175	245 384	245 728	253 337	269 835	267 338	313 986	336 280
	上海市	135 000	148 500	153 400	165 800	168 200	171 800	183 900	183 500	188 100	198 600	228 600
	深圳市	157 429	158 023	192 584	181 321	163 689	173 764	176 040	196 398	298 412	306 467	345 780
R&D 经费内部支出/万元	北京市	8 218 234	9 366 440	10 633 640	11 850 469	12 687 953	13 840 231	14 845 762	15 796 512	18 707 701	22 335 870	23 265 793
	上海市	4 817 000	5 977 100	6 794 600	7 767 800	8 619 500	9 361 400	10 493 200	12 052 100	13 592 000	15 245 500	16 156 900
	深圳市	3 333 102	4 161 363	4 883 738	5 846 115	6 400 662	7 323 851	8 429 693	9 769 377	11 635 386	13 282 829	15 108 088
新产品开发经费支出/万元	北京市	1 269 210	2 135 861	2 527 103	2 931 908	2 971 203	3 053 943	3 226 374	3 454 456	3 602 685	4 244 502	4 523 146
	上海市	3 024 543	4 476 248	4 840 036	5 282 586	5 875 497	5 716 228	6 227 654	6 787 046	7 558 012	8 516 190	8 689 077
	深圳市	2 104 077	4 780 146	5 082 580	5 849 360	7 329 189	8 722 544	10 902 729	13 402 850	15 399 808	18 062 773	18 743 079

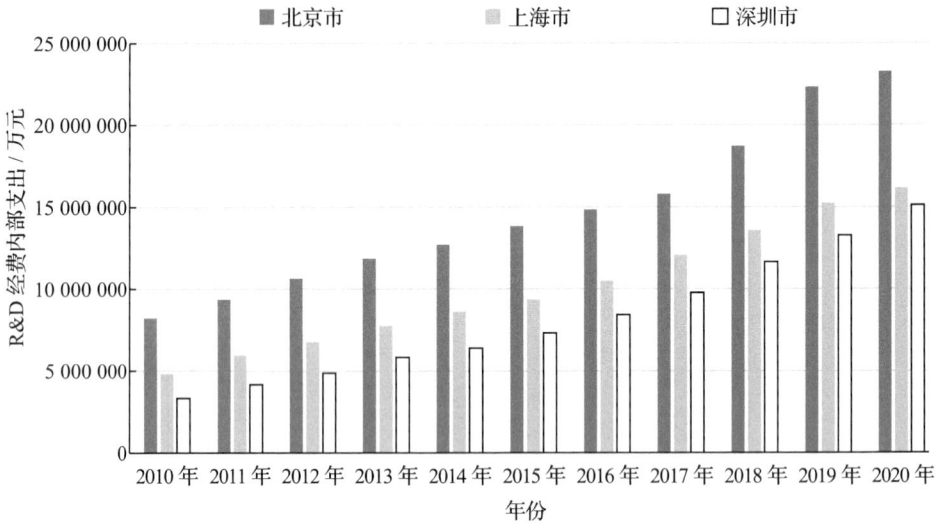

图 5-2　R&D 经费内部支出对比图

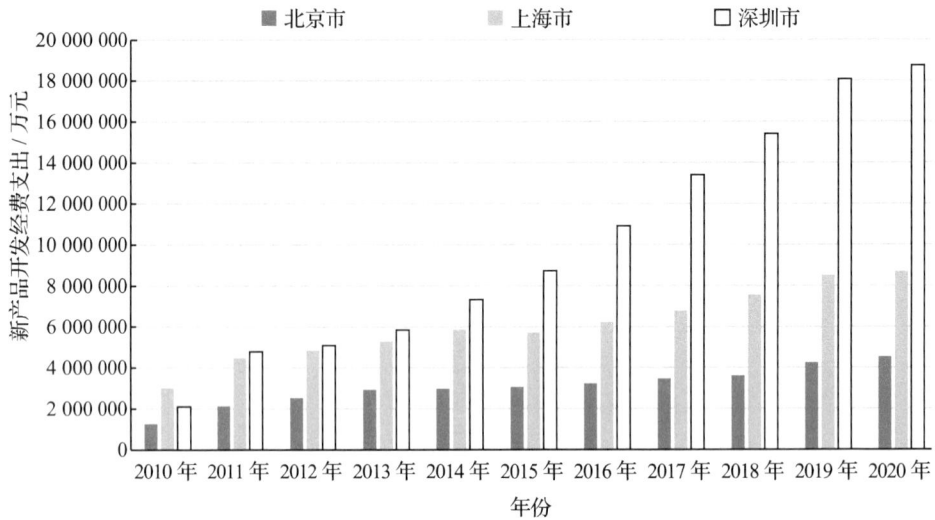

图 5-3　新产品开发经费支出对比图

即资金投入方面远超于其他两市；而深圳市相较于其他两市而言，在新产品开发经费支出上投入较多。

（二）趋势对比

从趋势上来看，对比 R&D 人员全时当量指标：北京市起点最高，呈现平缓上升的趋势，其中在 2019 年有显著提升；上海市也呈现平缓上升的趋势，上升劲头低于北京市；深圳市呈现波动上升的趋势，上升趋势显著，后来居上，发展前景较好。对比 R&D 经费内部支出指标，三个城市均呈现上升趋势，表明这三个城市均对通过资金投入来促进创新的做法予以重视。对比新产品开发经费支出指标，三个城市也均呈现上升趋势，其中，深圳市上升势头显著超于其他两市，表明深圳市对创新经济转化的重视。

二、创新产出对比分析

（一）总量对比

表 5-2 展示了三个城市的创新产出主要指标——有效发明专利数、高新技术产品出口总额和新产品销售收入的相关数据情况。如图 5-4—图 5-6，从总量上来说，北京市在有效发明专利数上遥遥领先于另外两市，表明北京市在专利产出方面具有优势；深圳市高新技术产品出口总额总量较多，上海市次之，北京市总量最少且远低于其他两市；在新产品销售收入方面，深圳市总量也较好，上海市次之。可以发现，深圳市在创新产出中的经济产出方面表现较好，与前文有关深圳市在创新经济转化的投入方面也可以相对应。

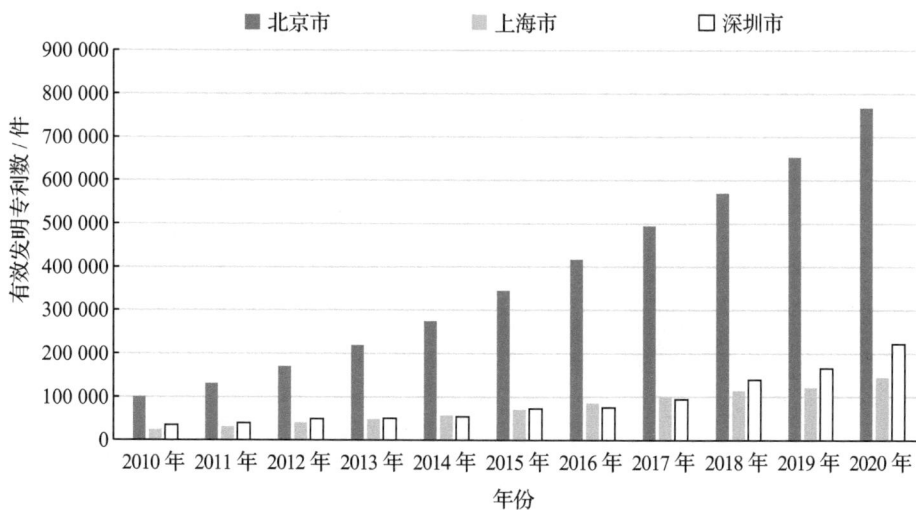

图 5-4　有效发明专利数对比图

（二）趋势对比

从趋势上来看，对比有效发明专利数指标：北京市起点最高，同时呈现显著上升趋势；相比之下，上海市和深圳市的上升趋势则不明显。对比高新技术产品出口总额指标，三个城市均经历了显著上升再急速下降的趋势，其中，深圳市和上海市在低点后有了上升趋势，而北京市维持下降趋势，高新技术产品

表 5-2　创新产出相关数据

指　标	城　市	数　据										
		2010 年	2011 年	2012 年	2013 年	2014 年	2015 年	2016 年	2017 年	2018 年	2019 年	2020 年
有效发明专利数/件	北京市	100 623	131 255	170 516	219 243	274 667	344 916	417 666	494 941	569 929	653 053	768 090
	上海市	23 843	31 117	40 309	48 370	56 515	69 982	85 049	100 433	114 966	122 304	145 604
	深圳市	34 951	39 363	48 662	49 756	53 687	72 120	75 043	94 250	140 202	166 609	222 412
高新技术产品出口总额/万美元	北京市	1 936 840.0	1 811 744.0	1 901 750.0	2 035 695.0	1 874 973.0	1 403 488.0	1 131 875.0	1 128 359.8	1 521 596.9	1 574 731.7	1 974 188.6
	上海市	8 411 100	9 336 300	9 066 400	8 871 300	8 906 300	8 615 500	7 906 000	8 417 000	8 695 900	8 181 200	8 354 000
	深圳市	10 872 668	12 480 000	14 122 000	16 900 557	13 674 080	14 033 773	12 154 291	11 420 191	12 460 737	11 716 242	14 023 264
新产品销售收入/万元	北京市	33 549 442	34 803 252	33 176 311	36 727 656	42 470 008	35 640 401	40 858 562	41 192 831	41 366 175	52 201 988	53 449 397
	上海市	65 430 700	77 722 000	73 999 100	76 883 800	84 469 600	74 709 300	90 334 800	100 681 500	97 967 300	101 409 500	101 592 200
	深圳市	51 782 185	57 777 823	62 076 797	67 704 277	73 943 823	87 134 304	101 883 636	121 387 080	120 512 172	142 386 906	148 717 396

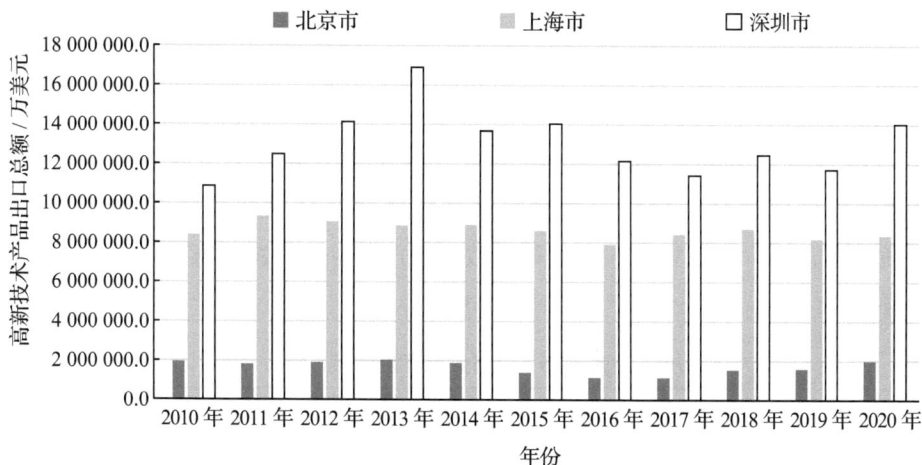

图 5-5　高新技术产品出口总额对比图

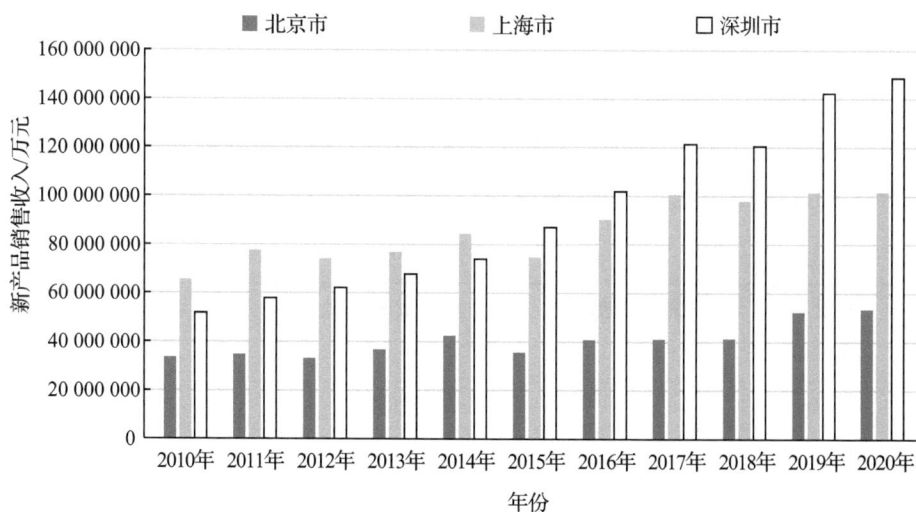

图 5-6　新产品销售收入对比图

出口总额不断减少。对比新产品销售收入指标，三个城市都在低点后呈现显著的上升趋势，其中上海市上升趋势最为显著。

三、创新效率对比分析

数据包络分析（DEA）模型主要用于评价多投入和多产出决策单元的相对有效性，通过测试有效性，针对无效单元提出建议。DEA 作为常见、常用的效率测算方法，与需要大规模样本的 SFA 不同，DEA 无须对数据进行参数估计与标准化，可以削弱主观因素影响，能根据有限的样本进行测算，对于多产出情况应用起来也更方便。鉴于此，本书使用 DEA 方法测度京沪深三地创新效率。

根据指标数据的完整性与可获得性，本书以各年份作为决策单元，选取京沪深三个城市 2010—2020 年共 11 年的数据建立 DEA 模型，以此测度京沪深创新效率，评价体系如表 5-3 所列。数据来源于《深圳统计年鉴》《北京统计年鉴》《上海统计年鉴》《中国科技统计年鉴》。

表 5-3　创新效率评价体系

投入指标			产出指标		
人员投入	资金投入		专利产出	经济产出	
R&D 人员全时当量 /（人 / 年）	R&D 经费内部支出 / 万元	新产品开发经费支出 / 万元	有效发明专利数 / 件	新产品销售收入 / 元	高新技术产品出口总额 / 万美元

（一）创新效率测度结果

本书运用 DEAP2.1 软件，选取京沪深 2010—2020 年的数据，将这些数据综合成 33 个决策单元，对创新效率进行测度，结果如表 5-4 所列。

表 5-4　京沪深创新效率表

年份	深圳市效率值	北京市效率值	上海市效率值
2010 年	1	1	1
2011 年	1	0.753	1
2012 年	0.961	0.683	0.94
2013 年	1	0.702	0.897
2014 年	0.984	0.824	0.936
2015 年	1	0.807	0.872
2016 年	1	0.899	0.934
2017 年	1	0.969	1
2018 年	0.894	0.95	0.977
2019 年	0.945	0.969	0.948
2020 年	0.946	1	0.866
平均值	0.975	0.869	0.943

如图 5-7 所示，从数值上分析，横向来看：深圳市各年都比较接近 1，说明其各年创新效率较高，12 年中达到效率包络面上的决策单元个数为 6，占深圳决策单元总数的 55%，平均效率高达 0.975，但是仍存在非效率情形，创新效率改进空间处于 1.6%~10.6% 之间，另外需注意到 2018 年创新效率下降幅度相对较大，造成整体轻微波动；北京市效率值基本均低于 1，达到 DEA 有效的年份仅有两年，尤其是前几年效率值较低，但是近几年效率有所提升，逐渐达到有效；上海市效率值变动频繁，达到包络面上的年份有三年，近几年表现不如另外两个城市，总体来说不太稳定，进步空间相对较大。

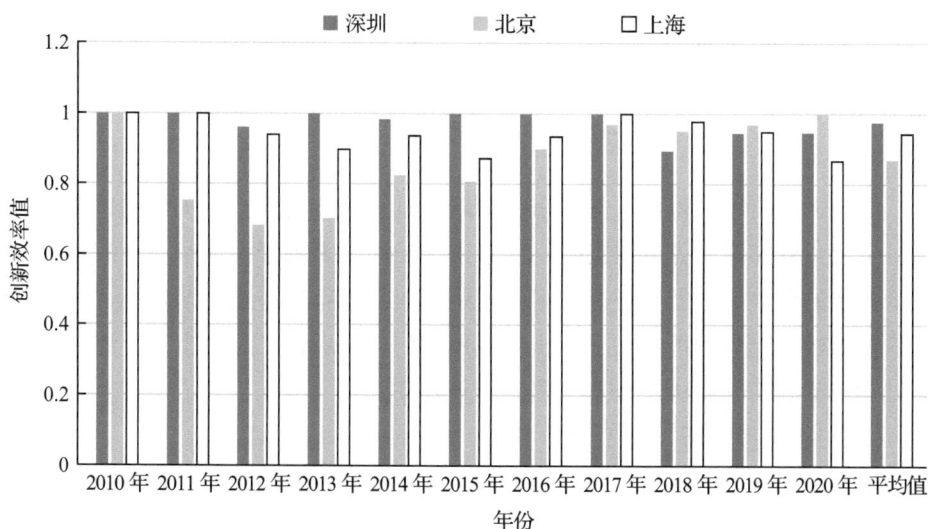

图 5-7　京沪深创新效率对比柱状图

纵向来看，深圳市在大部分年份的创新效率均高于另外两个城市，同时，年份间波动、年份间差距也要小于另外两个城市。北京市有强劲的发展势头，2018 年反超深圳市。北京市、上海市达到 DEA 有效的年份占比低于深圳市，可改进比例也高于深圳市。从各年效率均值来看，深圳市领先，其次是上海市，最后是北京市，而这并不能说明北京市效率低，结合效率值更能体现北京市在前几年落后较多的情形下发展迅速，不断缩小与其他两个城市之间的差距。

如图 5-8 所示，从走势来分析：相较而言，深圳市走势较为平稳，有着较好的创新起点，且一直保持着较高的创新效率，但是 2018 年下降较多，有一定的波动；北京市上升趋势明显，从较低水平起始，发展速度较快；上海市波动较大，从较高水平起始，呈现下降趋势。

图 5-8　京沪深创新效率对比走势图

由上述分析可以得出：深圳市在创新上具有一定的模范带头作用，尤为突出；上海市效率值率先取得突破；北京市增长性显著高于深圳市和上海市。这三个主要的科创中心城市虽有一定的差距，但是近年来差距逐渐减小，三个城市的创新效率趋势均可观，下一步应聚焦如何让深圳市、北京市、上海市等中心城市带动和引领周边甚至全国提升创新效率。

（二）敏感度分析

通过分析增加或减少输入变量或输出变量的情况下效率值的变化，我们可以更深入地了解各因素对于效率值影响的大小。以深圳为例，图 5-9——

图 5-9　有效发明专利数敏感度图

图 5-14 显示出了减少深圳市各指标后得到的效率值与标准效率值的走势对比图，可以看出：去掉新产品开发经费支出指标的效率值曲线与原曲线完全重合（图 5-14），说明该指标对深圳市效率值没有影响；去掉有效发明专利数（图 5-9）和高新技术产品出口额（图 5-10）两个指标的效率值曲线与原先的效率值曲线基本重合，说明效率值对两者的敏感度不太高，但是也有个别年份有明显波动，如图 5-9，去掉有效发明专利数的效率值在 2017—2020 年有一定程度下降。而如图 5-10 所示，2017 年以前去掉高新技术产品

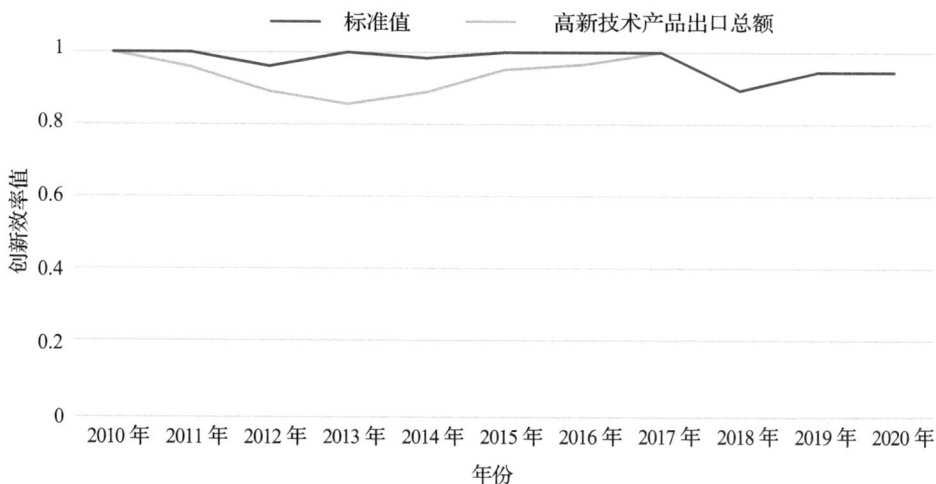

图 5-10　高新技术产品出口总额敏感度图

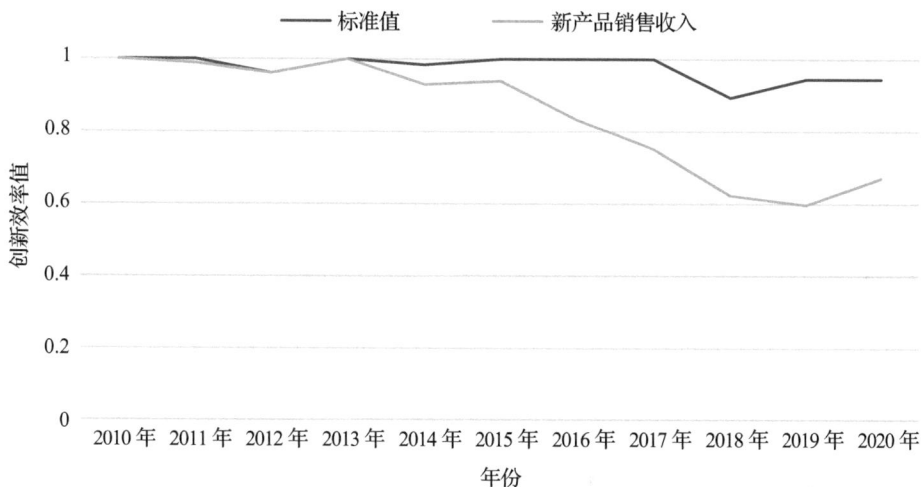

图 5-11　新产品销售收入敏感度图

出口额的效率值曲线一定程度上偏离了原来的曲线；而去掉新产品销售收入（图 5–11）、R&D 人员全时当量（图 5–12）与 R&D 经费内部支出指标（图 5–13）的三条效率曲线与原先的曲线偏离较多，尤其是去掉新产品销售收入的曲线波动较大。

图 5–15 展现了依次去掉有效发明专利、高新技术产品出口总额、新产品销售收入、R&D 人员全时当量、R&D 经费内部支出和新产品开发经费支出后，得到的京沪深三个城市的新效率值均值与原效率值均值的差额，以此来表

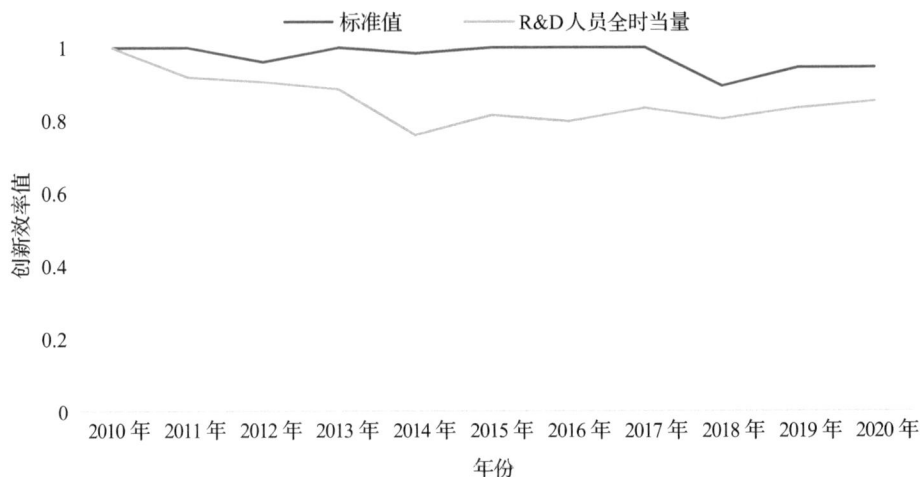

图 5–12　R&D 人员全时当量敏感度图

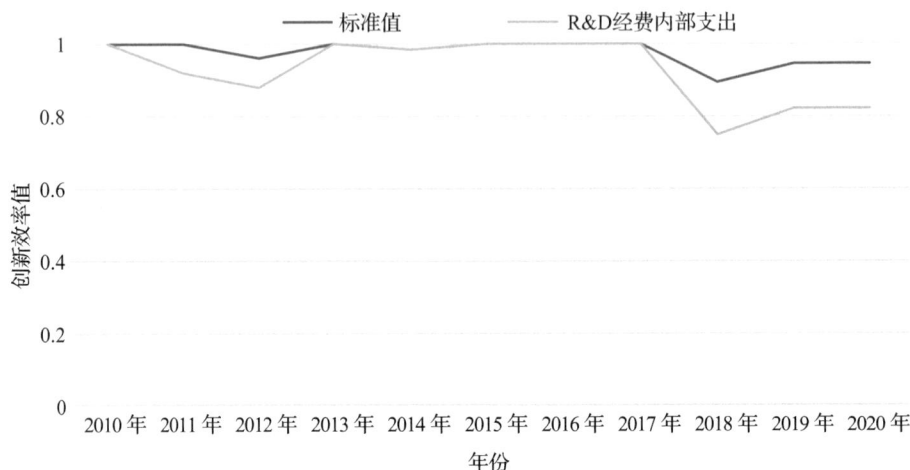

图 5–13　R&D 经费内部支出敏感度

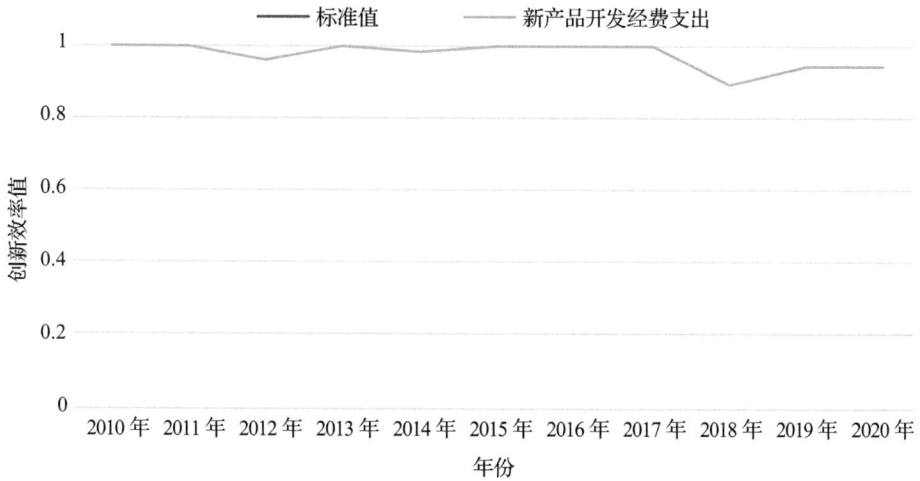

图 5-14 新产品开发经费支出敏感度

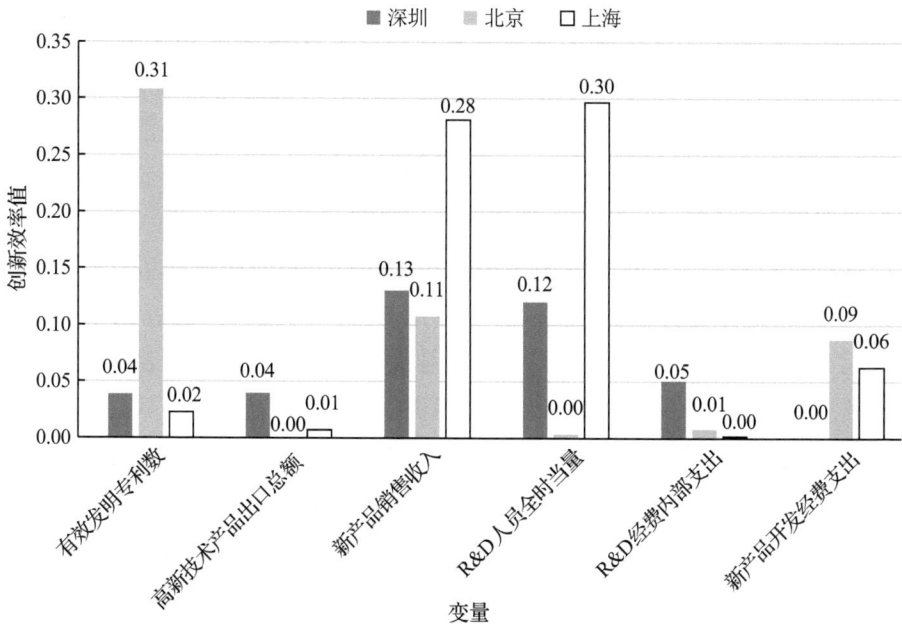

图 5-15 三市敏感度柱状图

示这三个城市各变量对创新效率影响的强弱。

整体来看，各城市的效率值除了对高新技术产品出口总额和 R&D 内部经费支出的敏感度较低外，对其他变量都有一定的敏感度。从具体城市来看，深圳市对新产品销售收入和 R&D 人员全时当量有一定的敏感度：去掉新产品销售收入，平均使效率值降低 13%，最多让效率值降低 34.8%；去掉 R&D 人员全时当量，平均使效率值降低 12%，最多让效率值降低 22.4%。可见深圳市应该加强对这两个要素的管理。北京市效率值对有效发明专利数十分敏感：去掉有效发明专利数，平均使效率值降低 31%，最多让效率值降低 51.9%。可见北京市应该加强对有效专利数的管理。上海市效率值对新产品销售收入和 R&D 人员全时当量敏感：去掉新产品销售收入，平均使效率值降低 28%，最多让效率值降低 33.7%；去掉 R&D 人员全时当量，平均使效率值降低 30%，最多让效率值降低 42.2%，可见上海市应该重点关注这两个要素。

（三）投影值分析

通过投影值分析可以回答造成京沪深三个城市部分年份没达到 DEA 有效的原因，同时也能回答与达到 DEA 有效的年份之间的差距具体是多少。截取 DEAP2.1 运行结果与投影值相关部分得到表 5-5。从投入来看：深圳市在对人才运用以及研发投入的控制方面表现较好，只在 2014 年因 R&D 经费投入过多导致非效率，但是存在新产品开发费用冗余问题；而北京市在 15 年间断断续续出现了人才投入相对于产出效率不足、研发费用投入过多的情况；上海市在对人才投入和新产品研发经费支出方面控制得较好，却在超半数的年份里有研发费用投入过多的情况，存在资源浪费的问题。

从产出来看：深圳市有零星年份的有效发明专利数和新产品销售收入过多，可能和政策优惠力度（例如研发费用补贴）有关，但是近几年都保持 DEA 有效；提高高新技术产品出口总额是深圳市近几年的重要效率节点；北京市和上海市有效发明专利数和新产品销售收入一直为有效，高新技术产品出口总额不足是影响这两个城市创新效率的重要原因，对于上海市尤为如此，可见提高高新技术产品出口总额是这两个城市今后工作的重点。

总的来看，京沪深三个城市普遍存在投入方面的经费支出过剩的问题，也有其他研究发现过类似的问题：中国科技创新研发投入大多没有达到 DEA 有效，且政府研发投入对于工业企业的创新活动效率并不能起到促进作用[3]。也有研究以宁夏为例，发现研发经费投入强度对宁夏研发活动效率起负向作用[4]。中国经济已进入高质量发展阶段，通过大规模经费投入拉动科技创新[5]的发展方式已经不再适用。北京市还存在人员投入相对于产出效率不足的问题，也有研究得到了相似的结论：对于集成电路产业创新效率而言，企业 R&D 人员投入和人才密集性分别有消极和积极影响[6]。从衍生企业视角来看，

表 5-5　投影值分析

年份	城市	标准效率值	排名	松弛变量				剩余变量	
				R&D 人员全时当量/（人/年）	R&D 经费内部支出/万元	新产品开发经费支出/万元	有效发明专利数/件	高新技术产品出口总额/万美元	新产品销售收入/万元
2010 年	深圳市	1	1	0	0	0	0	0	0
2011 年	深圳市	1	1	0	0	0	0	0	0
2012 年	深圳市	0.961	16	0	0	1 262 100.808	0	0	1 168 055.691
2013 年	深圳市	1	1	0	0	0	0	0	0
2014 年	深圳市	0.984	12	0	38 039.284	83 756.635	5 666.52	0	0
2015 年	深圳市	1	1	0	0	0	0	0	0
2016 年	深圳市	1	1	0	0	0	0	0	0
2017 年	深圳市	1	1	0	0	0	0	0	0
2018 年	深圳市	0.894	26	0	0	3 224 895.206	0	3 097 777.175	0
2019 年	深圳市	0.945	20	0	0	3 375 146.189	0	4 612 137.421	0
2020 年	深圳市	0.946	19	0	0	3 917 381.435	0	3 471 285.603	0
2010 年	北京市	1	1	0	157 761.617	0	0	0	0
2011 年	北京市	0.753	31	0	0	0	0	2 319 246.75	0
2012 年	北京市	0.683	33	4 125.583	0	0	0	2 026 088.192	0
2013 年	北京市	0.702	32	0	31 265.887	0	0	2 528 329.583	0
2014 年	北京市	0.824	29	0	267 559.093	0	0	3 112 764.695	0

续表

年份	城市	标准效率值	排名	松弛变量			剩余变量		
				R&D人员全时当量/(人/年)	R&D经费内部支出/万元	新产品开发经费支出/万元	有效发明专利数/件	高新技术产品出口总额/万美元	新产品销售收入/万元
2015年	北京市	0.807	30	10 347.879	0	0	0	1 839 071.923	0
2016年	北京市	0.899	24	8 115.724	0	0	0	2 362 153.237	0
2017年	北京市	0.969	14	25 272.147	0	172 256.512	0	1 618 875.397	0
2018年	北京市	0.95	17	0	432 757.187	0	0	284 336.834	0
2019年	北京市	0.969	14	0	1 532 814.786	0	0	1 478 276.534	0
2020年	北京市	1	1	0	0	0	0	0	0
2010年	上海市	1	1	0	0	0	0	0	0
2011年	上海市	1	1	0	0	0	0	0	0
2012年	上海市	0.94	21	0	420 730.835	0	0	0	0
2013年	上海市	0.897	25	0	258 148.847	0	0	0	0
2014年	上海市	0.936	22	0	57 156.107	0	0	0	0
2015年	上海市	0.872	27	0	940 761.361	0	0	0	0
2016年	上海市	0.934	23	0	0	0	0	726 409.039	0
2017年	上海市	1	1	0	0	0	0	0	0
2018年	上海市	0.977	13	0	1 730 809.026	0	0	0	0
2019年	上海市	0.948	18	0	2 761 707.769	0	0	493 976.506	0
2020年	上海市	0.866	28	0	1 282 990.136	0	0	124 457.158	0

科研投入、创新服务机构和发明披露都能促进衍生企业的增加，而研发人员没能起促进作用[7]。

从投入和产出两方面来说，如今高投入并不一定会带来高产出，更加需要对资源进行合理的配置。当前，科研人员高度集中在北京市[8]，而结果表明，无论是科技创新还是创新效率的提升，关键在于质量，而非数量，要加强对于人才结构、资金的科学管理与配置，提高人才素质，宁缺毋滥。

在产出方面，最近几年，京沪深三个城市的高新技术产品出口总额均不足。以 2010 年为基期，如图 5-16，计算得到京沪深三地高新技术产品出口总额增长率，可以看到，三地高新技术产品出口额总体规模虽然均呈现不断扩大的趋势，但是增长速度放缓，下降趋势明显，甚至出现负增长，北京市大部分年份处于负增长。目前，国际上"逆全球化"思潮兴起，发达国家贸易保护主义抬头，各国实施了一系列的贸易保护措施，大多使用知识产权保护壁垒等限制措施来针对中国高新技术产品的出口，对中国高新技术产品出口和发展造成了严重的阻碍。除技术性壁垒等外部阻碍之外，我国还存在内部瓶颈，中国创新质量、自主创新能力形势仍然严峻，高新技术产品出口贸易结构单一[9]。总之，中国高新技术产品出口面临内外部压力的双重夹击。

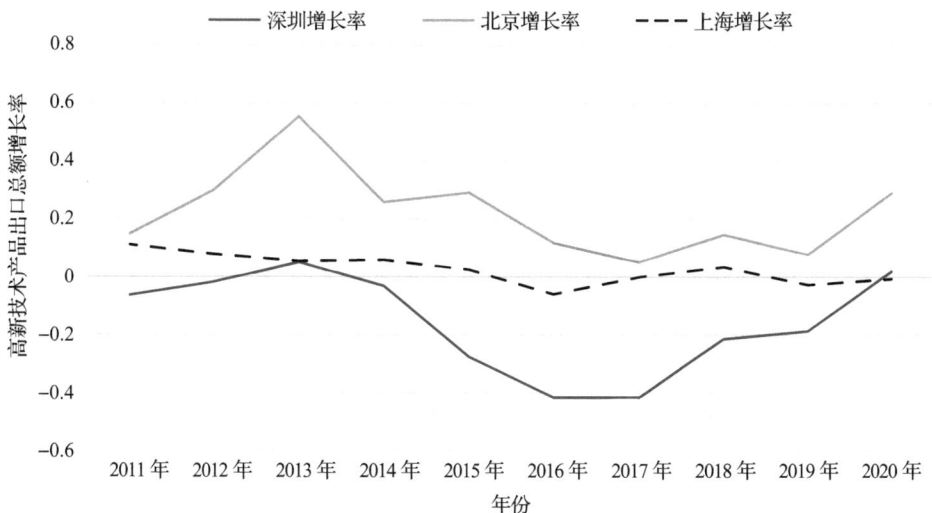

图 5-16　高新技术产品出口总额增长率

第二节　结　论

本章第一节基于数据包络分析方法（DEA）对京沪深三地进行创新效率评价；通过效率值分析，得到对各市的横向年度变化分析及三个城市的纵向对比分析；通过敏感度分析，得到各个输入、输出变量对于创新效率的具体影响力；通过投影值分析，找出创新效率较低的决策单元存在的薄弱环节。总的来看，三地存在一些相似的问题，也存在特性问题，可以得出如下结论。

1. 三地创新效率逐渐接近，但随时间变化呈现不同的发展趋势。

效率值分析结果显示：近3—4年，三地总的趋势均处于较高效率水平，三地趋势线逐渐靠近；深圳市、上海市起始水平都较高。而三地创新效率随时间变化呈现出不同的发展趋势：深圳市属于高位平稳型，综合效率领先于北京市和上海市；北京市属于低开高走型，增长性显著高于深圳市和上海市；上海市属于小幅起伏型。

2. 影响三地创新效率的要素既有共同点又有差异性。

敏感度分析结果显示：三地均对新产品销售收入这一要素敏感；深圳市和上海市两市都对 R&D 人员全时当量这一要素敏感。而北京市对有效发明专利数更为敏感，这可能与北京市高校、科研院所众多，专利产出占比高有关。

3. 从创新效率反映的问题来看，三地存在共同的问题，但北京还存在特殊性问题。

投影值分析显示，三地均存在经费投入过多和高新技术产品出口总额不足的问题。这正说明通过投入大规模研发经费来推动提高创新产出的做法已经不适应如今的发展阶段，换言之，高投入不一定能带来高绩效，要想实现经济高质量发展，各地还需要在科技创新与创新上的发展方式方面继续进行探索。另一方面，高新技术产品出口面临外在环境不确定、阻碍多与内部瓶颈难以突破的双重问题，这些都有可能造成高新技术产品出口总额不足。

同时，相较于深圳市和上海市，北京市还存在 R&D 人员全时当量冗余值过大、单位人员产出较少的问题。大多研究都认为对于研发人员的投入对创新及创新活动起到促进作用[10-11]，但是也有研究发现了不同的结论：当研发投入跨过阈值时，研发投入对于江苏省经济高质量发展的促进作用将会被削弱，甚至发生大滑坡，而研发人员甚至会对经济高质量发展起到负向作用，导致产生结构性变化[12]。虽然只有北京市存在单位研发人员产出效率较低的问题，但是该问题需要引起三地的重视，不仅仅是数量上的问题，很有可能还存在结构性的问题。中国的研发人员全时当量虽然位居世界第一，但在高质量研究成果及转化带动产业从低端走向高端方面难以达到发达国家水平。如果研发人员总量过剩而结构失衡、一般研发人员冗余而核心研发人员缺失，反而会造成资源浪费、效率降低。

第三节　政策建议

本节结合北京市、上海市、深圳市三地区域创新生态系统的对比结果与分析结论提出政策建议，主要包括合理规划投入、顺应双循环发展格局和聚焦重点要素几方面。首先，针对研发投入，本书提出应采取扩大规模和提高强度、优化资源配置、审慎选择项目等措施，并强调不以量取胜，而是注重质量的提升。其次，针对人才引进，本书建议注重人才质量而非数量，加强对前瞻性指标的评估，科学确定引进数量，避免人才过度密集，并改变以往的财政投入方式。此外，本书建议顺应双循环发展格局，积极探索国际市场和拓展国内大循环，加强国际、国内高新技术产品销售，促进建设统一大市场。最后，本书通过敏感度分析确定重点要素，针对京沪深三地的特色和短板提出了相应的管理策略，旨在解决高新技术产品出口总额增长放缓的问题。

一、合理规划投入，注重增质提效

（一）研发投入

经费投入是京沪深三地普遍存在问题的一个方面。在增大研发投入规模和强度的同时，要更加强调各研发要素在不同研发活动类型、不同创新主体之间的合理配置，对 R&D 经费项目实施的必要性要加以严格审查，对于容易突破但耗费相对较高的项目，可以选择从国外引进，提高对研发经费和研发人员的运用效率，切忌以量的扩张取代质的提升。不断完善研发经费审查管理机制，避免研发投入在投入前夸大、在进行中浪费的情况；探讨评价政府技术创新、创新支持力度及发展程度的新体系，除了硬性的绝对指标，例如科研经费投入等，尝试加入效率指标，这样也许能更好地激励政府合理安排资源配置，谨防资源浪费、政府懒政；除此之外，还可以采用税收优惠等取代政府直接增加研发投入的方式。

（二）研发人员

在研发人员方面，政府的引才政策可以适当偏向高层次人才，以质代量，但是也要避免走入仅"以学历论英雄"的困境，有研究表明，以博士占比作为高层次科技人才表示在知识创新效率测度中表现为负向作用[13]。可以加大创造性、求知欲等前瞻性指标在高层次人才引进评估中的比重。同时，应该科学合理地确定人才引进数量，避免来者不拒、广撒网，应科学判断人才缺口、人才类型缺口，强化对于重点领域、关键环节的人才支持。北京市可以就现有研发人员数量及分布进行分析，判断是否存在某一研究领域，尤其是成熟研究领域研发人员过度密集的情况，如若存在，应该妥善建立人才引导机制，引导人才向周边区域流动，防止人才浪费。同时，在引才方面，可以尝试将以往用在宣传、人才竞争等方面的经费转而投入创新生态环境等对人才有吸引力的方面。

二、顺应双循环发展格局，着眼先锋突破

在受制于不稳定国际环境持续甚至增强的情况下，一方面，京沪深三地建设国际科创中心便是中国在不稳定、不确定的国际环境下进行的先行先试，我们始终坚持对外开放，三地要积极探索提高高新技术产品出口总额的方式方法，打破层级壁垒，补短板，积极探索新的出口对象、多元化的出口路径与出口产品种类，勇于探索，敢于试错，为中国其他地区找到路径、积累经验。另一方面，中国拥有广阔国内市场，随着构建全国统一大市场的提出，在探寻如何突破国际障碍的同时，也要立足内需，将目光转移到国内大循环中，增加国内高新技术产品的销售量，通过加强各要素流动、融入国内大循环来促进统一大市场的建立。同时，我国可尝试灵活改进评价体系，将国际、国内高新技术产品销售均纳入效率评价系统，双驱齐动，两"市"并行。

三、聚焦重点要素，进行特色管理

通过敏感度分析，我们找到投入产出要素中对于三地效率值影响较大的要素：首先，R&D人员全时当量对上海市、深圳市十分重要，可见两地应该有目的、有选择、有意识地引入人才，引入的同时还要留得住人才，所以两地应该在人才政策等方面下功夫；其次，有效发明专利数对北京市很重要，北京市可以对专利创新主体企业、高校、科研机构进行分类管理，有效促进这些创新主体提高专利水平[14]；最后，新产品销售收入对三地均重要，作为市场化最

显著的环节，新产品联结科创成果与市场，也是"转移"的重要结果，所以新产品肯定是十分重要的，三地应该找到各自的特色，丰富新产品种类，促进、服务于科技成果转化。总而言之，京沪深三地创新各具特性，需要抓住各自的重点，解决各自的瓶颈与短板，需要因地施策，建设有特色的创新中心与国际科创中心。

本章参考文献

［1］王俊松，颜燕．复杂度、关联度与城市技术演化路径：基于北京、上海、深圳的对比分析［J］．地理科学进展，2022，41（04）：554-566.

［2］方力，张士运，王健．京沪深科技创新综合效应比较评价研究［J］．世界科技研究与发展，2020，42（02）：192-205. DOI：10.16507/j.issn.1006-6055.2020.02.004.

［3］何卫平，刘兵．地方政府研发投入对工业企业科技创新效率的影响研究［J］．科技促进发展，2020，16（08）：939-945.

［4］苗冠军，苏杨，张庆霞．研发投入强度及资源配置结构对西部欠发达地区研发效率的影响：以宁夏为例［J］．中国科技论坛，2019（07）：11-18. DOI：10.13580/j.cnki.fstc.2019.07.002.

［5］韩晶．中国高技术产业创新效率研究：基于SFA方法的实证分析［J］．科学学研究，2010，28（03）：467-472. DOI：10.16192/j.cnki.1003-2053.2010.03.016.

［6］李宏宽，何海燕，单捷飞，蔡静静．剔除非管理性因素影响的我国集成电路产业技术创新效率研究：基于广义三阶段DEA和Tobit模型［J］．管理工程学报，2020，34（02）：60-70. DOI：10.13587/j.cnki.jieem.2020.02.007.

［7］陈强，赵一青，常旭华．衍生企业视角的高校技术转移绩效影响因素研究［J］．中国科技论坛，2021（09）：71-81. DOI：10.13580/j.cnki.fstc.2021.09.009.

［8］王若宇，黄旭，薛德升，刘晔．2005—2015年中国高校科研人才的时空变化及影响因素分析［J］．地理科学，2019，39（08）：1199-1207. DOI：10.13249/j.cnki.sgs.2019.08.001.

［9］柴利，马龙南．中美贸易摩擦背景下中国高新技术产品出口贸易瓶颈及对策［J］．价格月刊，2020（12）：57-63. DOI：10.14076/j.issn.1006-2025.2020.12.10.

［10］赵顺龙，吴思静．企业R&D人员间知识转移过程对技术创新的影响机理分析［J］．科技管理研究，2009，29（11）：330-332.

［11］高霞，其格其，高群婷．知识转移效果的结构性指标对企业创新绩效的影响［J］．科学学与科学技术管理，2018，39（05）：89-100.

［12］赵喜仓，朱大鹏．研发投入对江苏经济高质量发展的影响分析［J］．科技管理研究，

2021，41（12）：70-76.

［13］徐斌，罗文.价值链视角下科技人才分布对区域创新系统效率的影响［J］.科技进步与对策，2020，37（03）：52-61.

［14］沈映春，吴佩珍，张旭辉.新发展理念下北京市创新主体投入结构产出效率动态分析：基于DEA-malquist指数与灰色系统理论的专利产出分析［J］.科技管理研究，2019，39（02）：71-79.

［15］柴利，马龙南.中美贸易摩擦背景下中国高新技术产品出口贸易瓶颈及对策［J］.价格月刊，2020（12）：57-63.DOI：10.14076/j.issn.1006-2025.2020.12.10.

第六章

区域创新生态系统评价：对京津冀、长三角与珠三角地区的城市群对比分析

在本书前文中，我们已经对中国省级行政区的创新生态系统发展水平进行了测算，本章将继续将衡量创新生态系统发展的层次细化，针对京津冀、长江三角洲（简称长三角）、珠江三角洲（简称珠三角）地区三个国家战略规划支持建设的城市群展开研究。作为中国创新事业发展的"排头兵"，上述三个城市群分别包含北京市、上海市、深圳市三个创新增长极，对周边城市和区域整体的创新生态系统发展起到较为重要的引领、辐射和带动作用。

第一节　城市群创新生态系统指标体系构建

本节依照前文所述方法，对京津冀、长三角与珠三角地区创新生态系统发展进行量化研究。首先，本书通过客观赋权方法构建包括市场分配资源比重、知识产权保护指数等六个指标的评价体系，旨在反映城市的创新环境和主体投入情况。随后，本书通过统计年鉴、报告等权威数据源收集了2011—2020年46个城市的相关数据，并进行了数据补全和插值处理。接着，本书综合运用熵权法和CRITIC权重法进行赋权，以确定各指标的权重。最后，本书结合权重与数据相乘并加总，计算出十年内各城市创新生态系统发展的时间序列综合得分，以反映各城市创新生态系统发展的综合效果。本书选用的研究方法充分考虑了时间序列因素的影响，通过对46个城市的得分进行排名，为评价京津冀、长三角与珠三角城市群创新生态系统的发展提供了客观、量化的分析依据。

一、指标选取与数据采集

为了对三个城市群的创新生态系统发展进行量化研究，仍然采用客观赋权

方法构建指标体系，并进行综合得分的计算与比较。参照在省级行政区分析中的指标选取，结合城市群中地级市的统计指标的设置及数据披露情况，共选取市场分配资源的比重、知识产权保护指数等6个指标，侧重考察城市的创新环境和主体投入情况，详见表6-1。

表6-1 城市群创新生态系统评价指标体系

指标名称	单　位
市场分配资源的比重	
知识产权保护指数	
科学技术支出占财政支出的比重	
实际利用外资额	万美元
规模以上工业企业平均 R&D 经费	万元
规模以上工业企业平均 R&D 人员	人

注：对于与省级行政区评价指标体系中指标重复的部分，计算方法相同。

为了保证测算结果能够更精准地反映创新生态系统发展的实际情况，以上指标体系中的数据来源均为统计年鉴、报告、权威数据库以及各地市人民政府网站。在研究数据覆盖的对象方面，京津冀、长三角和珠三角城市群共包含48个城市，其中河北省廊坊市、浙江省金华市存在较为明显的数据缺失情况，对于上述指标的数据披露量尚无法满足计算综合得分的需要，因此，本书最终的测算对象为其余46个城市，时间范围为2011—2020年。对于其他测算对象中偶有的三年以内的数据缺失问题，本书根据数据的分布特点与变化趋势，综合采用移动平均法、增长率平均值法等进行插值补全，以形成面板数据。由于篇幅所限，本书仅在此展示2020年京津冀城市群所包含行政区各指标的具体数据，如表6-2所示。

表6-2 2020年京津冀城市群行政区各指标数据

行政区	市场分配资源的比重	知识产权保护指数	科学技术支出占财政支出的比重	实际利用外资额/万美元	规模以上工业企业平均R&D经费/万元	规模以上工业企业平均R&D人员/人
北京市	0.803	4.510	0.058	1 410 441	982.218	21.221
天津市	0.776	5.356	0.037	473 536	446.820	12.794
石家庄市	0.808	3.454	0.013	184 793	242.484	6.778

续表

行政区	市场分配资源的比重	知识产权保护指数	科学技术支出占财政支出的比重	实际利用外资额 / 万美元	规模以上工业企业平均 R&D 经费 / 万元	规模以上工业企业平均 R&D 人员 / 人
唐山市	0.872	1.575	0.013	194 548	805.967	13.613
秦皇岛市	0.798	2.601	0.006	132 328	435.566	17.466
邯郸市	0.783	1.858	0.009	134 462	426.182	9.392
邢台市	0.722	3.490	0.006	77 054	116.789	3.977
保定市	0.687	3.319	0.004	113 576	355.636	12.979
张家口市	0.598	1.589	0.006	48 940	141.206	0.000
承德市	0.710	1.388	0.006	21 519	516.130	7.296
沧州市	0.801	2.458	0.008	80 191	206.940	7.086
衡水市	0.731	3.009	0.016	27 894	178.896	4.791

二、方法选取与测算

前文在对省级行政区的创新生态系统发展水平进行测算时已经提到，熵权法和 CRITIC 权重法在原理上具有一定程度的互补优势，综合两种客观赋权方法进行测算，可以将数据的离散程度、对比强度和冲突性均纳入考虑范围，从而更加客观地反映指标权重。基于上述分析，我们仍然对熵权法和 CRITIC 权重法的赋权结果各取 50% 并加总，将得到的组合权重作为计算综合得分的依据。设有 a 个评价对象、b 个评价指标，对原始数据进行 min–max 标准化处理后，赋权过程如下。

（一）使用熵权法

1. 计算第 i 个评价对象第 j 项指标出现的概率，公式如下：

$$P_{ij} = \frac{x_{ij}}{\sum_{i=1}^{a} x_{ij}} \tag{6-1}$$

2. 计算第 j 项指标的信息熵，公式如下：

$$e_j = \frac{-1}{\ln a} \sum_{i=1}^{a} P_{ij} \ln P_{ij} \tag{6-2}$$

3. 得到第 j 项指标的权重，公式如下：

$$W_1 = \frac{1-e_j}{\sum_{j=1}^{b}(1-e_j)} \qquad (6\text{-}3)$$

（二）使用 CRITIC 方法

设 SD 为指标的标准差，μ 为其平均值，r 为两指标之间的相关系数。

1. 计算指标的信息量，公式如下：

$$c = \frac{SD}{\mu}\sum_{i=1}^{a}(1-r) \qquad (6\text{-}4)$$

（2）计算其权重，公式如下：

$$W_2 = \frac{c}{\sum_{j=1}^{b}c} \qquad (6\text{-}5)$$

（3）取平均值得到组合权重，公式如下：

$$W = \frac{1}{2}(W_1 + W_2) \qquad (6\text{-}6)$$

得到的各指标最终权重如表 6-3 所列。

表 6-3　城市群创新生态系统评价各指标的最终权重

指标名称	权　重
市场分配资源的比重	8.59%
知识产权保护指数	11.46%
科学技术支出占财政支出的比重	16.49%
实际利用外资额	22.96%
规模以上工业企业平均 R&D 经费	16.16%
规模以上工业企业平均 R&D 人员	24.34%

使用上述权重与相应数据相乘后加总，即为各城市群中行政区的当年创新生态系统发展水平得分。为充分考虑时间序列因素的影响，反映各城市十年内创新生态系统发展的综合效果，对十年的数据取算术平均值，作为该城市十年内创新生态系统发展的时间序列综合得分。表 6-4 展示了 46 个城市的时间序列综合得分及其排名情况。

表 6-4 46 个城市的创新生态系统时间序列综合得分及排名

行政区	时间序列综合得分	排名	行政区	时间序列综合得分	排名
北京市	0.299	2	宁波市	0.208	16
天津市	0.253	10	嘉兴市	0.193	20
石家庄市	0.138	35	湖州市	0.177	26
唐山市	0.174	27	绍兴市	0.203	18
秦皇岛市	0.139	33	舟山市	0.153	32
邯郸市	0.122	39	台州市	0.156	31
邢台市	0.094	45	合肥市	0.260	6
保定市	0.124	38	芜湖市	0.268	4
张家口市	0.082	46	马鞍山市	0.186	25
承德市	0.102	42	铜陵市	0.225	13
沧州市	0.099	43	安庆市	0.111	40
衡水市	0.095	44	滁州市	0.128	37
上海市	0.283	3	池州市	0.105	41
南京市	0.242	11	宣城市	0.139	34
无锡市	0.225	12	广州市	0.262	5
常州市	0.205	17	佛山市	0.214	15
苏州市	0.258	7	肇庆市	0.132	36
南通市	0.186	24	深圳市	0.375	1
盐城市	0.167	29	东莞市	0.200	19
扬州市	0.189	21	惠州市	0.187	23
镇江市	0.187	22	珠海市	0.253	9
泰州市	0.167	28	中山市	0.219	14
杭州市	0.257	8	江门市	0.161	30

第二节 结果分析与对策建议

本节主要对各城市和城市群的创新生态系统发展情况进行分析，并提出相应对策建议。首先，通过对 46 个城市的得分进行直观的比较，本书发现，深圳市、北京市、上海市等城市在创新生态系统发展方面位居前列，其中，深圳市由于长期对外开放和积累资源，形成了良好的创新氛围。其次，对京津冀、长三角和珠三角三个城市群进行比较，本书发现珠三角的创新生态系统发展水平最高，长三角次之，而京津冀的发展相对落后。这种差异与各城市群内部创新生态系统发展水平的差异以及增长极的分布情况有关。最后，本书针对不同城市群的特点提出相应的对策建议：对于京津冀城市群，应加大交通基础设施建设，加强京、津两地与河北省的产业合作；而对于长三角和珠三角城市群，则应加强资源流通和创新合作，促进完善区域内城市创新生态系统。这些对策建议有助于不同城市和城市群在创新生态系统建设中实现更好的发展。

一、各城市创新生态系统建设情况分析

结合上文测算的得分结果，可以发现，创新生态系统发展水平位居46个城市中前十位的城市依次为：深圳市、北京市、上海市、芜湖市、广州市、合肥市、苏州市、杭州市、珠海市和天津市。从较为直观的得分状况看，深圳市由于改革开放早期的经济特区属性，在长期对外开放中广泛积累资源，形成了浓厚的创新氛围和良好的创新环境。北京市、上海市同样作为中国北方和南方的主要创新增长极而发挥作用，在衡量创新生态系统发展情况的各个指标中表现较为平均，且整体水平较高。芜湖市、合肥市创新表现亮眼，作为安徽省的主要城市，两地近年来充分利用政府资金投入科技创新事业，同时加大力度在R&D资金、人员方面支持本市创新主体，实现了创新环境、创新资源到创新实效的有力转换。此外，从整体上看，46个样本城市的创新生态系统发展水平差异较大，呈现出较为明显的"沿海高，内陆低"的格局。

二、城市群创新生态系统建设情况分析

京津冀、长三角和珠三角城市群虽同为中国国内的创新高地，但三者创新生态系统的发展水平和模式也不尽相同。在得到各城市综合得分的基础上，基于城市群的边界，本书将城市群内部各城市的综合得分进行算术平均，得到表6-5所列的城市群创新生态系统时间序列综合得分。在三个城市群中，珠三角以0.223分位居第一，而长三角和京津冀分别以0.195分和0.143分位列第二和第三。之所以形成这样的创新发展格局，可能是由于珠三角和长三角城市群中，城市之间的创新事业发展水平差距较小，且增长极的个数、分布较多。如在长三角城市群中，上海市、芜湖市、合肥市、苏州市、杭州市等均位居创新发展的前列，而在珠三角城市群中也有深圳市作为主增长极、广州市和

珠海市作为副增长极的复合辐射与带动作用。同时，珠三角城市群的规模相对较小，区域间基础设施的建设成本、知识的溢出与转移成本等较小，也在一定程度上帮助该城市群提高了创新能力，最终显示出城市群内 77.78% 的城市位列前 50%。对比而言，京津冀城市群虽然有北京市在创新事业中"打头阵"，但创新能力的辐射带动往往局限于京、津两地之间，河北省各城市的参与度和创新发展水平较低，这样"断层领先"的格局在一定程度上阻碍了区域内创新生态系统的共同进步。

表 6-5 城市群创新生态系统时间序列综合得分

城市群名称	城市群得分	城市群排名
京津冀	0.143	3
长三角	0.195	2
珠三角	0.223	1

三、对策建议

京津冀、长三角和珠三角城市群创新生态系统发展呈现出不同的特点，导致三个城市群应采取的进一步政策措施也存在异质性。作为中国北方较早发展起来的城市群，京津冀城市群仍应该在保持京、津两地密切资金往来、人员沟通的基础上，加大力度建设交通基础设施，在政府层面就河北省对京、津两地的产业承接情况进行广泛沟通，放大辐射与带动效应。相比而言，长三角和珠三角城市群区域内发展程度差异较小，主、副增长极的辐射与带动作用已经初有成效，在城市群发展阶段上也相对领先，下一步应将重点放在疏通资源流通渠道上，通过更加密集的资源流动和更加广泛的创新合作促进区域内城市创新生态系统的完善。

第七章
区域创新生态系统的主体维度分析——企业

7

第一节　国有企业

一、引言

习近平总书记指出："国有企业是中国特色社会主义的重要物质基础和政治基础，是党执政兴国的重要支柱和依靠力量。"国有企业的这一特殊地位体现为其对国民经济发展的关键支撑作用、其在实现高质量创新发展上的引领作用和其在保障和服务国计民生方面的重要作用。作为新型举国体制的重要力量，国有企业在创新驱动发展战略的实施与实现中发挥着不可替代的作用，在引领关键核心技术攻关、推进现代化重大创新工程建设并最终实现科技创新跨越中更是肩负着重要的使命和责任。因此，推动国有企业的全面创新改革刻不容缓。2021年2月，国资委在新闻发布会上提出将科技创新设定为中央企业的"头号任务"，以推动"头号任务"的实现为抓手，要求国有企业采取各项措施在科技攻关、人才培养和激励机制三方面实现更新和突破，提升中央企业的创新能力，将其打造成为国家战略科技力量。党的二十大报告提出，"深化国资国企改革""推动国有资本和国有企业做强做优做大，增强核心功能，提升核心竞争力"。在现阶段的政策指导下，推动国有企业做强做优的关键在于，集聚国有企业创新的资源和力量，提升国有企业创新效率，不断增强其在国家创新生态系统中的重要作用。因此，有效测度国有企业创新效率，在此基础上探究如何激发效率以提升国有企业的创新能力，则成为当前研究的重中之重。

二、研究综述

（一）企业创新效率评价

创新是经济发展的核心力量，是把一种新的生产条件和生产要素相结合后引入生产体系而建立的一种新的生产函数。对于企业创新效率的评价，目前学界主要从行业视角展开实证研究。郭磊[1]采用共同前沿面模型，研究2001—2010年中国工业行业的技术创新效率，对综合技术效率进行分析，发现中国工业行业技术创新效率整体不高；将纯技术效率和规模效率进行比较，发现纯技术效率不高是影响八年间中国工业行业技术创新效率提升的主要原因。朱燕苏[2]采用DEA-BCC方法对2016—2018年中国上市医疗器械公司的技术创新效率进行实证研究，分析其综合技术效率，结果发现，中国医疗器械行业内综合创新能力分布不均，不同企业之间存在较大差距；通过对比上市公司的综合技术效率、纯技术效率和规模效率发现，中国医疗器械行业上市公司发展处于上升期，但创新投入与产出的优化速度缓慢，企业在稳步发展保持规模效率的基础上，还需重点提高纯技术层面的能力和发展速度。严也舟等[3]选用DEA模型对中国30家电子信息上市企业2018年的技术创新效率进行实证研究，发现2018年电子信息行业技术创新效率偏低，企业之间的效率异质性明显，纯技术效率对综合效率的影响略高于规模效率的影响，且半数企业呈规模报酬递减，投入产出结构欠合理。

也有学者将多行业的企业创新效率进行对比分析。刘迎春[4]基于多投入、多产出指标的DEA模型，经研究发现，2000—2014年，中国战略性新兴产业创新效率较高，各行业效率差异明显，医疗设备业技术开发创新效率最高，航空航天业技术开发创新表现最差，电子及通信设备业、电子计算机及办公室设备业技术开发能力较强，强于行业平均水平。肖仁桥等[5]在共同前沿和群组前沿下构建并联网络DEA模型，测算分析2007—2015年中国五大高技术制造业创新效率，发现医疗设备及仪器仪表制造业效率均值最高，其次是电子计算机及办公设备制造业、电子及通信设备制造业和医药制造业，航空航天器制造业效率最低。

在探究影响企业创新效率的因素时，很多学者选择研究不同股权性质的企业在创新效率方面是否存在显著差异。肖文等[6]基于2000—2009年中国工业行业面板数据，用随机前沿分析方法测算了36个行业的技术创新效率，研究发现，中国工业行业总体技术创新效率的提升空间仍然很大，对于以市场化为导向的技术创新活动而言，提升空间接近 50%；国有企业占比较高的工业行业技术创新效率水平较低，说明相对其他所有制形式企业而言，国有企业的技术创新活动创新效率较低。贺正楚等[7]基于数字化转型视角，以 2007—2020 年中国制造业上市公司为研究样本，运用传统 DEA 模型对企业创新效率进行测算，发现在数字经济和数字化转型的环境中，国有企业相对于民营企业在规模效率上仍保持较大优势，但民营企业相对于国有企业在纯技术效率方面的优势正逐步被替代。吴翔华等[8]用 DEA 方法从静态和动态两个角度对 2016—2020 年期间中国 25 个建筑业上市企业的科技创新效率进行测算，并采用 Tobit 模型对科技创新的影响因素进行探究，发现建筑业科技创新效率在企业之间的差距较大，民营企业的技术效率均值呈逐年波动下降态势，国有企业呈波动式上升态势，但存在企业创新内生动力和能力不足的问题。罗志红等[9]运用 Maxdea 程序测算 2015—2019 年中国装备制造业上市企业绿色创新效率，探究不同股权性质对装备制造企业的绿色创新效率是否存在明显差异，发现国有企业的绿色创新效率低于非国有企业，效率差异呈先缩小后扩大的趋势；但国有企业科技研发效率大幅提升，拉近了与非国有企业的效率差距。

（二）国有企业创新效率评价

学界目前多将国有企业创新效率与其他股权性质的企业创新效率作对比，发现国企创新效率并不突出。Zheng J 等[10]运用 DEA 方法对 1986—1990 年间国有企业、集体企业和乡镇企业的技术效率进行比较分析，发现国有企业的技术效率在三者中是最低的。李长青等[11]利用中国 2002—2007 年微观企业数据，通过运用技术创新的投入指标、产出指标、效率指标和基于 DEA 的 Maluquist 生产率分解指标，对中国不同所有制企业的技术创新能力进行分行业的测度，发现港澳台企业、集体企业、外资企业和私营企业在竞争性行业中的创新效率远高于国有企业。钱丽等[12]将企业创新活动分解为科技研发和成果转化两个阶段，利用共同前沿理论和 DEA 模型测度分析 2007—2016 年两种前沿下中国区域不同性质企业的创新效率差异，发现中国省级行政区不同性质企业的效率差异明显，所有制结构加剧了国有企业与其他企业之间的技术差距，国有企业的研发和成果转化效率最低，而外资企业效率较高，各企业成果转化效率递减趋势明显，共同前沿下的效率值均不超过群组前沿下的效率值。

基于以上文献的研究，本书选择将上市国有企业作为研究对象，根据

Wind（万得）数据库一级行业分类和数据的可得性，测度材料、工业、可选消费、信息技术和医疗保健五大行业的国有企业创新效率。

三、理论模型及指标选择

（一）DEA-BCC 模型

目前用于测量企业创新效率的方法主要有两类，一类是以数据包络分析法（DEA）为代表的非参数法，另一类是以随机前沿分析法（SFA）为代表的参数法。与 SFA 等参数法相比，DEA 方法的优势在于不需要估计投入和产出的生产函数，也不必确定各指标的权重和量纲性影响等[4]。由于企业创新是一项具有多投入和多产出的复杂活动，很难确定其生产函数关系，因此，本书选择采用 DEA 方法对国有企业创新效率进行评价。

Charnes 等[13]首次提出数据包络分析方法（DEA）。目前比较常用的 DEA 分析方法有两种，分别为基于规模报酬不变假设的 CCR 模型和基于规模报酬可变假设的 BCC 模型，两种模型均可测度企业创新效率。由于现实生活中的经济生产活动大多是规模可变的情况，因此，通过 BCC 模型获得的技术效率会优于或等于通过 CCR 模型获得的评价数据。

采用基于投入视角导向的 DEA-BCC 模型来计算五大行业上市国企的创新效率，其模型公式阐述如下。

假设一组样本包含 N 个决策单元（决策单元可简写为 DMU，本书中一家医疗器械上市公司即可被视为一个 DMU），每个决策单元记为 DMU_n（$1 \leqslant n \leqslant N$）。若每个决策单元（DMU）包括 m 种投入量指标和 n 种产出量指标，则第 j 个决策单元（DMU）的投入量和产出量可分别记为：

$$X_j = (X_{1j}, X_{2j}, X_{3j}, \cdots, X_{ij}, \cdots, X_{mj})^r > 0, \ 1 \leqslant j \leqslant N \tag{7-1}$$

$$Y_j = (Y_{1j}, Y_{2j}, Y_{3j}, \cdots, Y_{ij}, \cdots, Y_{mj})^r > 0, \ 1 \leqslant j \leqslant N \tag{7-2}$$

其中，X_j 为第 j 个 DMU 的投入量，Y_j 为第 j 个 DMU 的产出量，以 X_j 和 Y_j 为基础对 N 个 DMU 的样本组构建生产前沿面。随后，以创新投入视角建立效率评价的模型规划，方程式如下：

$$\min(\theta) \tag{7-3}$$

$$\text{s. t.} \sum_{j=1}^{n} X_j \lambda_j + S^+ = \theta X_0 \tag{7-4}$$

$$\sum_{j=1}^{n} Y_j \lambda_j - S^- = Y_0 \qquad\qquad (7\text{-}5)$$

$$\sum_{j=1}^{n} \lambda_j = 1 \qquad\qquad (7\text{-}6)$$

$$\lambda_j \geqslant 0, \ j = 1, \ 2, \ 3, \ \cdots, \ n \qquad\qquad (7\text{-}7)$$

$$S^+ \geqslant 0, \ S^- \geqslant 0 \qquad\qquad (7\text{-}8)$$

其中，θ 为系统的有效值，是模型中需要估计的综合技术效率值，取值范围是 $0 \leqslant \theta \leqslant 1$。$S^+$ 和 S^- 均为松弛变量，分别表示投入的冗余量和产出的冗余量。若 $\theta = 1$，且 $S^+ = 0$，$S^- = 0$，则称该 DMU 为 DEA 有效；若 $\theta = 1$，且 $S^+ \neq 0$，$S^- \neq 0$，则称该 DMU 为弱 DEA 有效；若 $\theta = 1$，则称该 DMU 为 DEA 无效。在 DEA-BCC 模型中，系统的综合技术效率值还会分解为纯技术效率与规模效率，以便于我们判断 DMU 所处的规模状态。

（二）指标选取

从投入角度来讲，效率是最优投入与实际投入的比值；从产出角度来讲，效率是实际产出与最优产出的比值。创新效率则是创新行为的投入与产出的比值，对创新投入和创新产出指标的选取是创新效率测算中的重要环节。

创新投入一般包括人力投入、资金投入和物力投入等[14-17]，考虑到企业规模和发展阶段有所不同，本书分别用 R&D 人员数量占比、R&D 经费投入强度和总资产来衡量上述三个投入指标。创新产出一般指研发活动的直接创新成果，专利是研发活动的直接创新成果，同时也是国际上通用的对于技术创新产出的测量指标[18-20]，因此，本书选取当年专利申请数量作为产出指标。

（三）数据来源

本书研究对象为 Wind 数据库一级行业分类的五大行业（材料、工业、可选消费、信息技术、医疗保健）上市国有企业。本书中的投入指标来源于 Wind 数据库，产出指标来源于国泰安数据库。

四、实证结果与分析

（一）材料行业上市国有企业创新效率分析

将 2015—2022 年材料行业上市国有企业的投入、产出数据代入 DEAP2.1 软件，对各年的企业创新效率进行测算，结果见表 7-1—表 7-8。

表 7-1　2015 年材料行业上市国有企业创新效率

序　　号	企业名称	综合技术效率	纯技术效率	规模效率	规模报酬
1	安道麦 A	0.035	0.736	0.047	递增
2	中钨高新	0.273	0.335	0.815	递增
3	中信特钢	0.075	0.167	0.445	递增
4	河钢股份	1	1	1	不变
5	四川美丰	0.718	1	0.718	递增
6	北方铜业	0.218	0.395	0.552	递增
7	北新建材	1	1	1	不变
8	盐湖股份	0.228	0.361	0.633	递增
9	泸天化	0.046	0.272	0.169	递增
10	沃顿科技	0.626	0.897	0.698	递增
11	华菱钢铁	0.063	0.119	0.524	递增
12	首钢股份	1	1	1	不变
13	锡业股份	0.38	0.436	0.872	递增
14	安泰科技	0.119	0.16	0.747	递增
15	中科三环	0.113	0.314	0.359	递增
16	佛塑科技	0.06	0.379	0.159	递增
17	诚志股份	0.277	0.311	0.892	递增
18	瑞泰科技	0.215	0.347	0.619	递增
19	黑猫股份	0.059	0.134	0.437	递增
20	中泰化学	0.073	0.204	0.357	递增
21	三钢闽光	0.039	0.107	0.369	递增
22	常铝股份	0.008	0.112	0.073	递增
23	宝武镁业	0.135	0.298	0.454	递增
24	力合科创	0.291	0.56	0.519	递增
25	北化股份	0.53	0.819	0.647	递增
26	利尔化学	0.31	0.491	0.631	递增
27	西部建设	0.027	0.066	0.419	递增
28	尤夫股份	0.037	0.285	0.131	递增
29	金洲管道	0.093	0.269	0.346	递增

续表

序　号	企业名称	综合技术效率	纯技术效率	规模效率	规模报酬
30	万润股份	0.216	0.371	0.582	递增
31	广东宏大	0.081	0.194	0.419	递增
32	当升科技	0.242	0.516	0.47	递增
33	科恒股份	0.161	0.672	0.24	递增
34	中国巨石	0.055	0.113	0.486	递增
35	昊华科技	0.219	0.705	0.31	递增
36	宝钛股份	0.027	0.219	0.125	递增
37	中金黄金	0.016	0.118	0.136	递增
38	驰宏锌锗	0.121	0.183	0.657	递增
39	山东黄金	0.088	0.374	0.236	递增
40	江苏索普	0.175	1	0.175	递增
41	紫金矿业	0.04	0.346	0.116	递增
均　值		0.231	0.424	0.478	

表 7-2　2016 年材料行业上市国有企业创新效率

序　号	企业名称	综合技术效率	纯技术效率	规模效率	规模报酬
1	中钨高新	0.646	0.865	0.747	递减
2	河钢股份	1	1	1	不变
3	中色股份	1	1	1	不变
4	本钢板材	0.502	0.538	0.932	递增
5	盐湖股份	0.128	0.31	0.412	递增
6	云铝股份	0.118	0.177	0.668	递增
7	太钢不锈	0.232	0.259	0.893	递增
8	云南铜业	0.035	0.177	0.199	递增
9	安泰科技	0.23	0.292	0.787	递增
10	佛塑科技	0.195	0.492	0.396	递增
11	诚志股份	1	1	1	不变
12	瑞泰科技	1	1	1	不变
13	中泰化学	0.102	0.205	0.497	递增

序　号	企业名称	综合技术效率	纯技术效率	规模效率	规模报酬
14	三钢闽光	0.063	0.184	0.345	递增
15	常铝股份	0.052	0.302	0.173	递增
16	恒邦股份	0.009	0.16	0.059	递增
17	力合科创	0.46	0.764	0.602	递增
18	大东南	0.061	0.46	0.134	递增
19	西部建设	0.195	0.217	0.898	递增
20	尤夫股份	0.173	0.413	0.419	递增
21	金洲管道	0.274	0.611	0.448	递增
22	金正大	0.105	0.201	0.523	递增
23	广东宏大	0.312	0.386	0.808	递增
24	当升科技	0.605	0.742	0.814	递增
25	新疆天业	0.422	0.484	0.871	递增
26	康欣新材	0.021	0.514	0.042	递增
27	云天化	0.062	0.316	0.197	递增
28	乐凯胶片	0.217	0.897	0.241	递增
29	中国巨石	0.191	0.257	0.744	递增
30	有研新材	0.284	0.427	0.667	递增
31	万华化学	0.197	0.232	0.853	递增
32	昊华科技	0.15	1	0.15	递增
33	盛和资源	0.119	0.767	0.155	递增
34	华鲁恒升	0.027	0.162	0.167	递增
35	扬农化工	0.104	0.319	0.327	递增
36	驰宏锌锗	0.22	0.277	0.795	递增
37	中化国际	0.301	0.564	0.534	递增
38	安阳钢铁	0.1	0.259	0.386	递增
39	八一钢铁	0.981	1	0.981	递增
40	华谊集团	0.344	0.514	0.668	递增
41	阳煤化工	0.476	0.631	0.754	递增

续表

序　号	企业名称	综合技术效率	纯技术效率	规模效率	规模报酬
42	湖南海利	0.392	0.786	0.499	递增
43	神马股份	0.253	0.887	0.285	递增
44	凯盛新能	0.416	1	0.416	递增
45	南京化纤	0.078	1	0.078	递增
46	贵绳股份	0.655	0.748	0.876	递增
47	柳钢股份	0.614	0.975	0.63	递增
48	中国铝业	0.307	0.574	0.535	递增
49	紫金矿业	0.057	0.494	0.115	递增
50	宝钢包装	0.051	0.373	0.137	递增
51	苏盐井神	0.061	0.378	0.161	递增
52	国泰集团	0.791	1	0.791	递增
均　值		0.315	0.55	0.535	

表 7-3　2017 年材料行业上市国有企业创新效率

序　号	企业名称	综合技术效率	纯技术效率	规模效率	规模报酬
1	中钨高新	1	1	1	不变
2	河钢股份	1	1	1	不变
3	中南股份	1	1	1	不变
4	中色股份	1	1	1	不变
5	本钢板材	0.04	0.123	0.321	递增
6	盐湖股份	0.881	0.894	0.986	递增
7	云南铜业	0.32	0.366	0.874	递增
8	鞍钢股份	0.097	0.161	0.598	递增
9	安泰科技	0.429	0.464	0.926	递增
10	佛塑科技	0.135	0.238	0.568	递增
11	瑞泰科技	0.6	0.799	0.751	递增
12	中泰化学	0.125	0.202	0.619	递增
13	罗平锌电	0.601	1	0.601	递增
14	常铝股份	0.053	0.133	0.4	递增

续表

序　号	企业名称	综合技术效率	纯技术效率	规模效率	规模报酬
15	力合科创	0.63	0.822	0.767	递增
16	北化股份	1	1	1	不变
17	金洲管道	0.198	0.338	0.586	递增
18	凯龙股份	0.55	0.639	0.861	递增
19	当升科技	0.293	0.457	0.641	递增
20	同大股份	0.111	0.929	0.12	递增
21	皖维高新	0.08	0.162	0.493	递增
22	云天化	0.158	0.319	0.495	递增
23	乐凯胶片	0.204	0.416	0.49	递增
24	巨化股份	0.221	0.308	0.716	递增
25	有研新材	1	1	1	不变
26	沧州大化	0.293	1	0.293	递增
27	昊华科技	0.517	0.977	0.529	递增
28	华鲁恒升	0.07	0.148	0.473	递增
29	驰宏锌锗	0.286	0.298	0.957	递增
30	中化国际	0.207	0.575	0.36	递增
31	大西洋	0.121	0.309	0.392	递增
32	安阳钢铁	0.088	0.303	0.291	递增
33	华谊集团	0.418	0.484	0.862	递增
34	阳煤化工	0.992	1	0.992	递减
35	江苏索普	0.276	1	0.276	递增
36	神马股份	0.373	0.964	0.387	递增
37	耀皮玻璃	0.153	0.355	0.431	递增
38	丹化科技	0.039	0.437	0.089	递增
39	凯盛新能	0.363	0.633	0.573	递增
40	贵绳股份	0.555	0.724	0.767	递增
41	柳钢股份	1	1	1	不变
42	中国铝业	0.207	0.215	0.962	递增
43	苏盐井神	0.071	0.19	0.374	递增
均　值		0.413	0.59	0.647	

表 7-4   2018 年材料行业上市国有企业创新效率

序　号	企业名称	综合技术效率	纯技术效率	规模效率	规模报酬
1	中钨高新	1	1	1	不变
2	中信特钢	0.307	0.491	0.624	递增
3	河钢股份	1	1	1	不变
4	北方铜业	0.456	0.73	0.625	递增
5	中色股份	1	1	1	不变
6	盐湖股份	0.268	0.274	0.978	递增
7	航锦科技	0.22	0.761	0.289	递增
8	鞍钢股份	1	1	1	不变
9	安泰科技	0.226	0.388	0.581	递增
10	佛塑科技	0.129	0.458	0.28	递增
11	瑞泰科技	0.391	0.983	0.398	递增
12	三钢闽光	0.092	0.269	0.342	递增
13	常铝股份	0.153	0.291	0.528	递增
14	力合科创	1	1	1	不变
15	当升科技	0.339	0.451	0.751	递增
16	乐凯胶片	0.197	0.818	0.24	递增
17	有研新材	0.831	0.853	0.974	递增
18	中盐化工	0.498	0.628	0.793	递增
19	江西铜业	0.112	0.146	0.764	递增
20	昊华科技	1	1	1	不变
21	柳化股份	0.13	0.716	0.181	递增
22	时代新材	0.735	1	0.735	递减
23	扬农化工	0.087	0.31	0.281	递增
24	驰宏锌锗	0.204	0.341	0.598	递增
25	中化国际	0.517	0.597	0.866	递增
26	厦门钨业	0.353	0.462	0.765	递增
27	大西洋	0.156	0.356	0.439	递增
28	安阳钢铁	0.077	0.557	0.139	递增
29	华谊集团	0.492	0.55	0.896	递增

序　号	企业名称	综合技术效率	纯技术效率	规模效率	规模报酬
30	江苏索普	0.236	1	0.236	递增
31	马钢股份	0.337	0.384	0.879	递增
32	凯盛新能	0.268	0.411	0.652	递增
33	柳钢股份	0.963	1	0.963	递增
34	中国铝业	0.358	0.439	0.816	递增
35	紫金矿业	0.111	0.57	0.195	递增
36	金钼股份	0.179	0.367	0.487	递增
37	宝钢包装	1	1	1	不变
均　值		0.444	0.638	0.657	

表 7-5　2019 年材料行业上市国有企业创新效率

序　号	企业名称	综合技术效率	纯技术效率	规模效率	规模报酬
1	晨鸣纸业	0.027	0.154	0.177	递增
2	中钨高新	0.548	0.672	0.816	递增
3	河钢股份	1	1	1	不变
4	中南股份	1	1	1	不变
5	北方铜业	0.71	1	0.71	递增
6	中色股份	1	1	1	不变
7	本钢板材	0.315	0.381	0.827	递增
8	盐湖股份	0.938	0.952	0.985	递减
9	云南铜业	0.277	0.367	0.755	递增
10	鞍钢股份	1	1	1	不变
11	锡业股份	0.235	0.33	0.71	递增
12	佛塑科技	0.417	0.794	0.525	递增
13	保利联合	0.694	0.773	0.898	递增
14	瑞泰科技	0.669	1	0.669	递增
15	三钢闽光	0.131	0.285	0.459	递增
16	大东南	0.199	0.839	0.237	递增
17	西部建设	0.588	0.634	0.929	递增

序　号	企业名称	综合技术效率	纯技术效率	规模效率	规模报酬
18	金洲管道	0.217	0.724	0.3	递增
19	金贵银业	0.201	0.287	0.699	递增
20	当升科技	0.34	0.673	0.505	递增
21	云天化	0.189	0.551	0.343	递增
22	乐凯胶片	0.364	1	0.364	递增
23	巨化股份	0.281	0.42	0.669	递增
24	酒钢宏兴	1	1	1	不变
25	万华化学	0.752	0.847	0.888	递减
26	中盐化工	0.848	1	0.848	递增
27	江西铜业	0.11	0.146	0.754	递增
28	红星发展	0.142	0.767	0.185	递增
29	昊华科技	1	1	1	不变
30	华鲁恒升	0.088	0.326	0.27	递增
31	时代新材	0.872	0.892	0.978	递增
32	中金黄金	0.15	0.301	0.498	递增
33	驰宏锌锗	0.377	0.445	0.848	递增
34	中化国际	0.788	0.875	0.901	递增
35	安阳钢铁	0.236	0.517	0.456	递增
36	华谊集团	0.227	0.381	0.595	递增
37	阳煤化工	0.906	1	0.906	递增
38	株冶集团	0.24	0.875	0.275	递增
39	岳阳林纸	0.125	0.426	0.294	递增
40	贵绳股份	0.749	1	0.749	递增
41	柳钢股份	0.917	1	0.917	递增
42	紫金矿业	0.174	0.886	0.196	递增
43	西部超导	0.495	0.609	0.813	递增
均　值		0.501	0.701	0.673	

表 7-6　2020 年材料行业上市国有企业创新效率

序　号	企业名称	综合技术效率	纯技术效率	规模效率	规模报酬
1	中钨高新	0.996	1	0.996	递增
2	河钢股份	1	1	1	不变
3	中南股份	1	1	1	不变
4	四川美丰	0.103	0.554	0.185	递增
5	北方铜业	1	1	1	不变
6	中色股份	1	1	1	不变
7	本钢板材	0.45	0.462	0.974	递增
8	盐湖股份	1	1	1	不变
9	云南铜业	0.26	0.268	0.971	递增
10	中粮科技	0.597	0.598	0.998	递增
11	华西股份	1	1	1	不变
12	安泰科技	0.625	0.647	0.967	递增
13	佛塑科技	0.454	0.578	0.785	递增
14	保利联合	0.928	0.928	0.999	递增
15	三钢闽光	0.098	0.15	0.655	递增
16	恒邦股份	0.015	0.126	0.12	递增
17	大东南	0.03	0.611	0.049	递增
18	浙江众成	0.045	0.508	0.089	递增
19	当升科技	0.433	0.474	0.915	递增
20	新疆天业	0.329	0.33	0.997	递增
21	康欣新材	0.091	0.29	0.316	递增
22	乐凯胶片	0.343	0.638	0.537	递增
23	巨化股份	0.438	0.444	0.987	递增
24	凌钢股份	0.294	0.434	0.677	递增
25	扬农化工	0.489	0.515	0.95	递增
26	中金黄金	0.266	0.276	0.965	递增
27	山东黄金	0.688	0.793	0.867	递减
28	安阳钢铁	0.571	0.605	0.943	递增
29	华谊集团	0.332	0.349	0.949	递增

续表

序　号	企业名称	综合技术效率	纯技术效率	规模效率	规模报酬
30	阳煤化工	1	1	1	不变
31	南京化纤	1	1	1	不变
32	重庆钢铁	0.64	0.666	0.962	递减
33	北元集团	0.646	0.648	0.997	递增
34	紫金矿业	0.061	0.076	0.807	递增
35	雪峰科技	0.375	0.602	0.623	递增
36	苏盐井神	0.134	0.268	0.502	递增
37	西部超导	0.688	0.693	0.992	递增
38	有研粉材	0.773	1	0.773	递增
39	铁科轨道	0.709	0.727	0.975	递增
均　值		0.536	0.622	0.808	

表 7-7　2021 年材料行业上市国有企业创新效率

序　号	企业名称	综合技术效率	纯技术效率	规模效率	规模报酬
1	渝三峡 A	0.171	0.75	0.228	递增
2	中钨高新	1	1	1	不变
3	中南股份	1	1	1	不变
4	中色股份	1	1	1	不变
5	本钢板材	0.472	0.519	0.909	递增
6	盐湖股份	0.466	0.59	0.789	递减
7	云铝股份	0.191	0.294	0.649	递增
8	泸天化	0.273	0.333	0.82	递增
9	东方钽业	0.373	0.615	0.606	递增
10	安泰科技	0.425	0.51	0.834	递增
11	佛塑科技	0.572	0.76	0.753	递增
12	三钢闽光	0.086	0.199	0.433	递增
13	浙江众成	0.053	0.507	0.105	递增
14	同大股份	0.12	1	0.12	递增
15	江天化学	0.497	1	0.497	递增

续表

序　号	企业名称	综合技术效率	纯技术效率	规模效率	规模报酬
16	新疆天业	0.276	0.306	0.902	递增
17	巨化股份	0.364	0.476	0.765	递增
18	酒钢宏兴	1	1	1	不变
19	亚星化学	1	1	1	不变
20	中盐化工	0.524	0.563	0.93	递增
21	江西铜业	0.197	0.217	0.906	递增
22	红星发展	0.153	0.653	0.235	递增
23	昊华科技	1	1	1	不变
24	华鲁恒升	0.132	0.241	0.546	递增
25	驰宏锌锗	0.563	0.733	0.768	递增
26	中化国际	1	1	1	不变
27	安阳钢铁	0.332	0.38	0.874	递增
28	华谊集团	0.466	0.591	0.789	递增
29	湖南海利	0.422	0.896	0.471	递增
30	凯盛新能	0.445	0.468	0.95	递增
31	重庆钢铁	0.63	0.634	0.994	递增
32	紫金矿业	0.099	0.225	0.439	递增
33	雪峰科技	1	1	1	不变
34	西部超导	0.615	0.627	0.98	递减
35	云路股份	0.424	0.702	0.604	递增
36	凯立新材	0.242	0.676	0.358	递增
37	有研粉材	0.645	1	0.645	递增
38	铁科轨道	1	1	1	不变
39	杭华股份	0.147	0.73	0.202	递增
40	同益中	0.219	1	0.219	递增
41	厦钨新能	0.147	0.352	0.418	递增
42	长远锂科	0.273	0.382	0.714	递增
均　值		0.477	0.665	0.701	

表 7-8　2022 年材料行业上市国有企业创新效率

序　号	企业名称	综合技术效率	纯技术效率	规模效率	规模报酬
1	中钨高新	0.823	0.859	0.958	递减
2	本钢板材	0.887	0.888	0.998	递减
3	太钢不锈	0.557	0.559	0.997	递减
4	国风新材	1	1	1	不变
5	泸天化	0.355	0.46	0.772	递增
6	东方钽业	0.23	0.54	0.426	递增
7	诚志股份	0.082	0.472	0.175	递增
8	瑞泰科技	0.696	0.94	0.741	递增
9	三钢闽光	0.286	0.415	0.688	递增
10	金洲管道	0.113	0.421	0.269	递增
11	浙江众成	0.015	0.489	0.03	递增
12	江天化学	0.105	1	0.105	递增
13	云天化	0.306	1	0.306	递增
14	巨化股份	0.356	0.63	0.565	递增
15	万华化学	1	1	1	不变
16	中盐化工	0.218	0.624	0.349	递增
17	恒丰纸业	0.07	0.584	0.119	递增
18	昊华科技	0.966	1	0.966	递减
19	华鲁恒升	0.201	0.367	0.549	递增
20	时代新材	0.968	1	0.968	递减
21	中化国际	0.988	1	0.988	递增
22	大西洋	0.107	0.502	0.212	递增
23	华谊集团	0.449	0.674	0.666	递增
24	阳煤化工	0.683	0.818	0.835	递增
25	江苏索普	0.088	0.338	0.262	递增
26	凯盛新能	0.43	0.615	0.698	递增
27	南京化纤	0.291	1	0.291	递增
28	龙高股份	0.613	1	0.613	递增
29	中钢洛耐	0.926	0.933	0.993	递增

序　号	企业名称	综合技术效率	纯技术效率	规模效率	规模报酬
30	西部超导	0.489	0.49	0.997	递增
31	云路股份	0.464	0.645	0.719	递增
32	凯立新材	0.629	0.954	0.659	递增
33	中复神鹰	1	1	1	不变
34	有研粉材	0.574	0.936	0.613	递增
35	铁科轨道	0.705	0.74	0.953	递增
36	杭华股份	0.071	0.768	0.093	递增
37	同益中	0.787	1	0.787	递增
38	厦钨新能	0.228	0.516	0.441	递增
39	长远锂科	0.115	0.349	0.328	递增
均　值		0.484	0.731	0.619	

纯技术效率是企业因受技术、管理等因素的影响而产生的效率值。通过分析表 7-1—表 7-8 可知：八年间，材料行业上市国有企业纯技术效率均值在 0.424~0.731 之间；纯技术效率等于 1 的企业占比在 12%~30% 之间，说明只有少部分国有企业现有技术管理水平较高；而其余大部分企业纯技术效率偏低，表明这些企业在技术管理方面存在资源浪费的现象，需要通过减少投入或者增加产出来提高自身纯技术效率，从而改善行业整体的综合效率现状[3]。

规模效率是指在企业生产中受到规模因素影响的部分。通过分析可知：八年间材料行业上市国有企业规模效率均值在 0.478~0.808 之间；规模效率达到 1 的国有企业数量极少；绝大多数国有企业都处于规模报酬递增的状态，表明材料行业上市国有企业需要逐步优化内部的产业结构。

综合技术效率是在企业内部技术水平、管理水平、规模效益等因素的综合影响下的效率水平。通过分析可知，八年间，材料行业上市国有企业综合技术效率均值在 0.231~0.536 之间。就整体而言，材料行业上市国有企业综合效率均值低于 0.6，效率较低，距生产前沿面较远；就企业而言，材料行业上市国有企业的综合能力分布不均，不同企业之间存在较大差异。

（二）工业行业上市国有企业创新效率分析

将 2015—2022 年工业行业上市国有企业的投入、产出数据代入 DEAP2.1 软件，对各年的企业创新效率进行测算，结果见表 7-9—表 7-16。

表 7-9　2015 年工业行业上市国有企业创新效率

序　号	企业名称	综合技术效率	纯技术效率	规模效率	规模报酬
1	德赛电池	0.443	0.796	0.557	递增
2	北方国际	0.046	0.22	0.207	递增
3	许继电气	0.921	1	0.921	递减
4	长虹华意	0.148	0.379	0.39	递增
5	柳工	0.353	0.38	0.928	递增
6	创元科技	0.04	0.46	0.087	递增
7	宝塔实业	1	1	1	不变
8	山推股份	0.289	0.377	0.767	递增
9	中核科技	0.207	0.75	0.276	递增
10	云内动力	0.22	0.436	0.505	递增
11	浙江交科	0.07	0.458	0.153	递增
12	江苏国泰	0.266	0.417	0.639	递增
13	东华科技	0.139	0.334	0.414	递增
14	方正电机	0.115	0.672	0.171	递增
15	万马股份	0.195	0.435	0.448	递增
16	博深股份	0.272	0.921	0.295	递增
17	东方园林	0.066	0.173	0.382	递增
18	合众思壮	0.216	0.35	0.616	递增
19	天原股份	0.091	0.224	0.407	递增
20	棕榈股份	0.065	0.201	0.325	递增
21	中化岩土	0.398	0.527	0.755	递增
22	岭南股份	0.048	0.489	0.099	递增
23	机器人	0.59	0.74	0.797	递减
24	碧水源	0.158	0.211	0.749	递增
25	海新能科	0.434	0.481	0.904	递增
26	龙源技术	0.581	0.641	0.905	递增
27	节能环境	0.327	0.852	0.384	递增
28	中金环境	0.847	0.919	0.922	递增

续表

序　号	企业名称	综合技术效率	纯技术效率	规模效率	规模报酬
29	安控科技	0.145	0.552	0.263	递增
30	节能国祯	0.112	0.583	0.193	递增
31	博世科	0.664	0.875	0.759	递增
32	赢合科技	0.788	1	0.788	递增
33	赛摩智能	0.408	1	0.408	递增
34	光电股份	0.12	0.5	0.241	递增
35	安彩高科	1	1	1	不变
36	国电南自	0.684	0.702	0.975	递增
37	航天动力	0.464	0.526	0.882	递增
38	百利电气	1	1	1	不变
39	航天晨光	0.427	0.5	0.854	递增
40	金自天正	0.208	1	0.208	递增
41	国睿科技	0.145	0.398	0.363	递增
42	天地科技	0.493	0.531	0.928	递减
43	天津港	0.15	0.415	0.362	递增
44	东方电气	0.172	0.282	0.61	递增
45	航天电子	1	1	1	不变
46	航发动力	1	1	1	不变
47	中材国际	0.105	0.155	0.677	递增
48	四创电子	1	1	1	不变
49	一拖股份	0.122	0.253	0.482	递增
50	华电重工	0.499	0.526	0.95	递增
51	陕鼓动力	0.011	0.142	0.078	递增
52	中国重工	0.22	0.226	0.97	递减
53	中材节能	0.159	0.498	0.319	递增
54	航天工程	0.245	0.318	0.77	递增
均　值		0.368	0.571	0.594	

表 7-10　2016 年工业行业上市国有企业创新效率

序　号	企业名称	综合技术效率	纯技术效率	规模效率	规模报酬
1	德赛电池	1	1	1	不变
2	许继电气	1	1	1	不变
3	长虹华意	0.212	0.356	0.594	递增
4	中兵红箭	0.163	0.259	0.629	递增
5	柳工	0.663	0.674	0.984	递减
6	山推股份	0.402	0.414	0.972	递增
7	航发控制	0.83	0.841	0.987	递增
8	秦川机床	0.062	0.289	0.214	递增
9	中广核技	0.443	0.448	0.989	递增
10	中钢天源	0.312	1	0.312	递增
11	东华科技	0.077	0.305	0.254	递增
12	海南发展	0.6	0.937	0.64	递增
13	方正电机	0.078	0.533	0.146	递增
14	万马股份	0.184	0.444	0.415	递增
15	博深股份	0.187	0.874	0.214	递增
16	东方园林	0.149	0.161	0.925	递增
17	合众思壮	0.192	0.338	0.567	递增
18	棕榈股份	0.085	0.17	0.502	递增
19	岭南股份	0.276	0.409	0.676	递增
20	碧水源	0.452	0.512	0.882	递减
21	金通灵	0.096	0.574	0.167	递增
22	龙源技术	0.523	0.634	0.824	递增
23	节能铁汉	0.16	0.249	0.644	递增
24	安控科技	0.249	0.42	0.593	递增
25	中铁装配	0.382	1	0.382	递增
26	节能国祯	0.237	0.431	0.551	递增
27	中建环能	0.473	0.72	0.657	递增
28	上港集团	1	1	1	不变

续表

序　号	企业名称	综合技术效率	纯技术效率	规模效率	规模报酬
29	东湖高新	0.456	0.782	0.583	递增
30	太原重工	0.194	0.26	0.749	递增
31	光电股份	0.298	0.604	0.493	递增
32	安彩高科	1	1	1	不变
33	国电南自	0.772	0.777	0.993	递增
34	农发种业	0.081	0.392	0.208	递增
35	航发科技	0.151	0.431	0.35	递增
36	国机通用	0.165	0.773	0.213	递增
37	百利电气	0.879	0.885	0.993	递增
38	航天晨光	0.599	0.619	0.968	递增
39	金自天正	0.255	0.744	0.343	递增
40	国睿科技	0.207	0.3	0.689	递增
41	方正科技	0.058	0.199	0.292	递增
42	苏美达	0.153	0.592	0.259	递增
43	天津港	0.231	0.269	0.858	递增
44	东方电气	0.441	0.447	0.987	递增
45	航天电子	1	1	1	不变
46	内蒙一机	0.525	0.625	0.839	递增
47	中材国际	0.234	0.235	0.994	递增
48	北矿科技	1	1	1	不变
49	四创电子	0.987	1	0.987	递减
50	陕鼓动力	0.025	0.143	0.172	递增
51	中国核建	0.342	0.453	0.756	递增
52	中国重工	0.667	1	0.667	递减
53	中材节能	0.221	0.502	0.441	递增
54	兰石重装	0.678	0.837	0.809	递减
55	航天工程	0.229	0.38	0.603	递增
均　值		0.406	0.586	0.654	

表 7-11 2017 年工业行业上市国有企业创新效率

序　号	企业名称	综合技术效率	纯技术效率	规模效率	规模报酬
1	神州高铁	0.131	0.17	0.771	递增
2	许继电气	0.62	1	0.62	递减
3	长虹华意	0.186	0.357	0.521	递增
4	中兵红箭	0.035	0.228	0.155	递增
5	柳工	0.482	0.52	0.926	递增
6	苏常柴 A	0.053	0.471	0.112	递增
7	山推股份	0.252	0.358	0.706	递增
8	航发控制	0.282	0.378	0.746	递增
9	秦川机床	0.05	0.267	0.186	递增
10	中广核技	0.208	0.358	0.582	递增
11	云内动力	0.12	0.294	0.407	递增
12	招商公路	0.158	0.341	0.462	递增
13	中钢天源	0.312	0.54	0.577	递增
14	东华科技	0.042	0.289	0.144	递增
15	海南发展	0.508	0.912	0.557	递增
16	东方园林	0.097	0.179	0.542	递增
17	天原股份	0.213	0.321	0.664	递增
18	岭南股份	0.145	0.268	0.541	递增
19	银宝山新	0.244	0.55	0.443	递增
20	机器人	0.301	0.303	0.994	递增
21	碧水源	0.225	0.23	0.978	递增
22	海新能科	0.336	0.405	0.832	递增
23	金通灵	0.102	0.517	0.197	递增
24	龙源技术	0.348	0.481	0.723	递增
25	福能东方	1	1	1	不变
26	节能铁汉	0.112	0.246	0.457	递增
27	节能国祯	0.086	0.382	0.227	递增
28	宝色股份	0.071	0.653	0.108	递增

序　号	企业名称	综合技术效率	纯技术效率	规模效率	规模报酬
29	赛摩智能	0.223	0.444	0.502	递增
30	新余国科	0.203	1	0.203	递增
31	太原重工	0.131	0.242	0.539	递增
32	安彩高科	0.465	1	0.465	递增
33	国电南自	0.561	0.574	0.977	递增
34	农发种业	0.01	0.383	0.025	递增
35	振华重工	0.186	0.197	0.944	递增
36	航天动力	0.193	0.451	0.428	递增
37	百利电气	0.397	0.494	0.804	递增
38	航天晨光	0.279	0.438	0.638	递增
39	克劳斯	0.249	0.496	0.502	递增
40	方正科技	0.02	0.182	0.111	递增
41	天津港	0.131	0.313	0.42	递增
42	中国海防	0.092	0.571	0.16	递增
43	悦达投资	1	1	1	不变
44	航天电子	1	1	1	不变
45	内蒙一机	0.418	0.544	0.768	递增
46	中材国际	0.092	0.158	0.581	递增
47	四创电子	0.367	0.374	0.981	递增
48	陕鼓动力	0.011	0.133	0.079	递增
49	中国核建	0.365	0.524	0.697	递增
50	中国重工	0.314	1	0.314	递减
51	宁波精达	0.438	1	0.438	递增
52	中材节能	0.102	0.474	0.216	递增
53	兰石重装	0.794	1	0.794	递增
54	航天工程	0.161	0.325	0.494	递增
均　值		0.276	0.488	0.542	

表 7-12 2018 年工业行业上市国有企业创新效率

序 号	企业名称	综合技术效率	纯技术效率	规模效率	规模报酬
1	深桑达 A	0.08	0.663	0.121	递增
2	柳工	0.872	0.968	0.901	递增
3	山推股份	1	1	1	不变
4	航发控制	0.868	0.876	0.99	递减
5	中核科技	1	1	1	不变
6	甘咨询	0.119	1	0.119	递增
7	秦川机床	0.189	0.322	0.588	递增
8	中广核技	1	1	1	不变
9	佳电股份	0.378	0.562	0.672	递增
10	中钢天源	0.542	0.658	0.824	递增
11	东方园林	0.171	0.216	0.79	递增
12	航天彩虹	0.368	0.405	0.908	递增
13	棕榈股份	0.025	0.112	0.222	递增
14	清新环境	0.203	0.311	0.652	递增
15	机器人	0.793	1	0.793	递减
16	海新能科	0.815	0.907	0.898	递增
17	金通灵	0.071	0.285	0.249	递增
18	节能环境	0.483	0.521	0.927	递增
19	节能铁汉	0.073	0.204	0.358	递增
20	节能国祯	0.055	0.365	0.151	递增
21	中船应急	0.626	0.723	0.866	递增
22	建科院	0.358	0.71	0.504	递增
23	新余国科	0.58	1	0.58	递增
24	中国船舶	1	1	1	不变
25	太原重工	0.5	0.656	0.762	递增
26	安彩高科	1	1	1	不变
27	宝光股份	0.354	1	0.354	递增
28	北方导航	0.05	0.274	0.181	递增

续表

序　号	企业名称	综合技术效率	纯技术效率	规模效率	规模报酬
29	百利电气	1	1	1	不变
30	晋西车轴	0.162	0.464	0.35	递增
31	航天晨光	0.705	0.707	0.997	递减
32	苏美达	1	1	1	不变
33	天津港	0.431	0.555	0.776	递增
34	中材国际	0.358	0.371	0.966	递增
35	中铝国际	0.692	0.72	0.96	递增
36	青岛港	1	1	1	不变
37	陕鼓动力	0.066	0.129	0.509	递增
38	长城军工	0.245	0.465	0.527	递增
39	中国核建	0.846	0.854	0.991	递减
40	中国重工	1	1	1	不变
41	中材节能	0.235	0.497	0.473	递增
42	兰石重装	1	1	1	不变
43	航天工程	0.113	0.352	0.32	递增
均　值		0.521	0.671	0.704	

表7-13　2019年工业行业上市国有企业创新效率

序　号	企业名称	综合技术效率	纯技术效率	规模效率	规模报酬
1	德赛电池	0.612	0.784	0.782	递增
2	柳工	0.653	0.74	0.882	递增
3	苏常柴A	0.098	0.494	0.199	递增
4	山推股份	0.521	0.567	0.918	递增
5	航发控制	0.763	0.763	1	不变
6	中核科技	0.812	1	0.812	递增
7	甘咨询	0.334	0.715	0.467	递增
8	秦川机床	0.154	0.369	0.416	递增
9	中广核技	0.531	0.64	0.83	递增
10	佳电股份	0.217	0.496	0.438	递增

续表

序　号	企业名称	综合技术效率	纯技术效率	规模效率	规模报酬
11	中钢天源	0.532	0.659	0.808	递增
12	东华科技	0.19	0.363	0.525	递增
13	天原股份	0.164	0.293	0.558	递增
14	航天彩虹	0.578	0.602	0.959	递增
15	棕榈股份	0.038	0.211	0.181	递增
16	新筑股份	0.176	0.321	0.549	递增
17	天奥电子	0.159	0.356	0.445	递增
18	碧水源	0.439	0.444	0.989	递减
19	金通灵	0.103	0.342	0.3	递增
20	龙源技术	1	1	1	不变
21	节能环境	0.499	0.588	0.849	递增
22	节能铁汉	0.046	0.173	0.266	递增
23	中船应急	0.562	0.724	0.777	递增
24	新余国科	0.86	1	0.86	递增
25	中国船舶	1	1	1	不变
26	安彩高科	1	1	1	不变
27	国电南自	1	1	1	不变
28	航天动力	1	1	1	不变
29	宝光股份	0.585	1	0.585	递增
30	百利电气	1	1	1	不变
31	华光环能	0.768	0.809	0.949	递减
32	晋西车轴	0.144	0.505	0.286	递增
33	航天晨光	0.585	0.689	0.848	递增
34	太极实业	0.093	0.209	0.442	递增
35	天津港	0.376	0.498	0.755	递增
36	中航高科	0.45	0.555	0.811	递增
37	航发动力	1	1	1	不变
38	内蒙一机	0.437	0.438	0.997	递减
39	中材国际	0.399	0.411	0.971	递增

续表

序　号	企业名称	综合技术效率	纯技术效率	规模效率	规模报酬
40	中铝国际	0.459	0.475	0.966	递增
41	中国西电	0.528	0.632	0.836	递增
42	青岛港	1	1	1	不变
43	陕鼓动力	0.302	0.307	0.986	递增
44	长城军工	0.257	0.518	0.495	递增
45	中国重工	0.435	1	0.435	递减
46	中材节能	0.244	0.431	0.567	递增
47	兰石重装	0.761	0.802	0.949	递增
48	航天工程	0.28	0.398	0.702	递增
49	建发合诚	0.51	0.973	0.524	递增
50	中国电研	0.91	0.998	0.912	递增
均　值		0.511	0.646	0.737	

表7-14　2020年工业行业上市国有企业创新效率

序　号	企业名称	综合技术效率	纯技术效率	规模效率	规模报酬
1	德赛电池	0.632	0.899	0.703	递增
2	北方国际	0.02	0.227	0.089	递增
3	许继电气	1	1	1	不变
4	柳工	0.475	0.608	0.782	递增
5	苏常柴A	0.109	0.588	0.185	递增
6	山推股份	0.432	0.532	0.812	递增
7	航发控制	0.616	0.655	0.94	递增
8	秦川机床	0.189	0.608	0.312	递增
9	中工国际	0.191	0.241	0.792	递增
10	中钢天源	1	1	1	不变
11	东华科技	0.125	0.386	0.325	递增
12	国统股份	0.379	0.602	0.629	递增
13	北新路桥	0.143	0.296	0.484	递增
14	天原股份	0.177	0.521	0.34	递增
15	杭氧股份	0.232	0.371	0.624	递增

续表

序　号	企业名称	综合技术效率	纯技术效率	规模效率	规模报酬
16	棕榈股份	0.009	0.409	0.022	递增
17	宝鼎科技	0.273	1	0.273	递增
18	清新环境	0.241	0.53	0.455	递增
19	东江环保	0.357	0.653	0.546	递增
20	节能环境	0.589	0.758	0.777	递增
21	兴源环境	0.534	0.571	0.935	递增
22	中建环能	1	1	1	不变
23	中船应急	0.48	0.626	0.766	递增
24	华瑞股份	0.077	0.766	0.101	递增
25	建科院	0.097	0.524	0.186	递增
26	新余国科	0.647	1	0.647	递增
27	上港集团	0.11	0.177	0.623	递增
28	安彩高科	0.584	1	0.584	递增
29	国电南自	0.944	1	0.944	递增
30	振华重工	0.258	0.308	0.836	递增
31	航天动力	0.823	1	0.823	递增
32	百利电气	0.536	0.667	0.803	递增
33	华光环能	0.635	0.661	0.96	递减
34	航天晨光	0.616	0.67	0.918	递增
35	金自天正	0.181	0.643	0.281	递增
36	中船防务	0.82	0.847	0.968	递增
37	天津港	0.42	0.49	0.857	递增
38	中航高科	0.245	0.578	0.425	递增
39	航发动力	1	1	1	不变
40	内蒙一机	0.633	0.802	0.789	递增
41	宝胜股份	0.365	0.459	0.794	递增
42	建设机械	0.068	0.503	0.136	递增
43	中铝国际	0.482	0.518	0.932	递增
44	秦港股份	0.429	1	0.429	递增

续表

序　号	企业名称	综合技术效率	纯技术效率	规模效率	规模报酬
45	陕鼓动力	0.267	0.328	0.815	递增
46	长城军工	0.275	0.559	0.492	递增
47	中国中车	1	1	1	不变
48	中国重工	0.46	0.478	0.963	递减
49	兰石重装	0.593	0.818	0.724	递增
50	航天工程	0.179	0.364	0.491	递增
51	中国通号	0.796	0.891	0.893	递减
52	中国电研	0.628	0.788	0.796	递增
53	埃夫特不变 U	0.596	0.714	0.834	递增
54	江航装备	0.957	1	0.957	递增
55	新风光	0.776	1	0.776	递增
均　值		0.467	0.666	0.665	

表 7-15　2021 年工业行业上市国有企业创新效率

序　号	企业名称	综合技术效率	纯技术效率	规模效率	规模报酬
1	德赛电池	0.323	0.327	0.988	递减
2	柳工	0.312	0.47	0.663	递减
3	苏常柴 A	0.165	0.246	0.67	递增
4	航发控制	0.454	0.631	0.718	递减
5	山高环能	1	1	1	不变
6	秦川机床	0.125	0.145	0.859	递增
7	中工国际	0.127	0.129	0.979	递增
8	中钢天源	1	1	1	不变
9	棕榈股份	0.037	0.075	0.486	递增
10	宝鼎科技	0.341	1	0.341	递增
11	远程股份	0.127	0.251	0.508	递增
12	天奥电子	0.162	0.327	0.496	递增
13	金通灵	0.423	0.431	0.981	递增
14	节能环境	0.306	0.408	0.75	递增
15	通裕重工	0.136	0.15	0.907	递增

续表

序　号	企业名称	综合技术效率	纯技术效率	规模效率	规模报酬
16	东杰智能	0.472	0.547	0.864	递增
17	金冠股份	0.458	0.509	0.9	递增
18	建科院	0.087	0.509	0.171	递增
19	新余国科	0.894	1	0.894	递增
20	深城交	1	1	1	不变
21	上港集团	0.057	0.07	0.81	递增
22	安彩高科	0.122	0.292	0.418	递增
23	国电南自	0.709	0.852	0.832	递减
24	振华重工	0.171	0.282	0.606	递减
25	航天动力	0.708	0.725	0.976	递增
26	湘电股份	0.078	0.11	0.703	递增
27	百利电气	0.32	0.376	0.853	递增
28	华光环能	0.405	0.552	0.734	递减
29	航天晨光	0.651	0.656	0.992	递增
30	菲达环保	0.612	0.678	0.903	递减
31	保变电气	0.956	1	0.956	递减
32	金自天正	0.158	0.366	0.431	递增
33	中船防务	0.455	0.824	0.553	递减
34	中航重机	0.48	0.656	0.732	递减
35	鲁银投资	0.517	0.539	0.96	递增
36	航发动力	0.41	1	0.41	递减
37	广日股份	0.387	0.41	0.946	递减
38	内蒙一机	0.258	0.348	0.743	递减
39	中铝国际	0.227	0.367	0.617	递减
40	中国一重	0.096	0.096	0.994	递增
41	秦港股份	0.055	0.229	0.238	递增
42	陕鼓动力	0.179	0.213	0.844	递减
43	中国外运	0.018	0.045	0.405	递增
44	长城军工	0.226	0.283	0.797	递增

续表

序 号	企业名称	综合技术效率	纯技术效率	规模效率	规模报酬
45	中国中冶	0.553	1	0.553	递减
46	中国电建	0.173	0.368	0.471	递减
47	中国中车	0.348	0.649	0.537	递减
48	中国重工	0.241	0.476	0.505	递减
49	兰石重装	0.131	0.159	0.823	递增
50	航天工程	0.2	0.221	0.904	递增
51	中国电研	0.737	0.747	0.986	递减
52	华强科技	0.218	0.293	0.742	递增
53	埃夫特不变U	0.839	0.848	0.989	递增
54	时代电气	0.35	0.579	0.604	递减
55	南网科技	0.802	0.838	0.957	递增
56	高铁电气	0.482	0.546	0.883	递增
57	铁建重工	0.653	1	0.653	递减
58	正元地信	0.074	0.199	0.372	递增
59	江航装备	0.822	0.837	0.983	递增
60	电气风电	0.247	0.315	0.785	递减
61	新风光	0.932	1	0.932	递增
62	振华新材	0.014	0.111	0.122	递增
均 值		0.387	0.505	0.733	

表 7-16 2022 年工业行业上市国有企业创新效率

序 号	企业名称	综合技术效率	纯技术效率	规模效率	规模报酬
1	德赛电池	0.315	0.526	0.598	递增
2	柳工	0.482	0.485	0.994	递增
3	航发控制	0.607	0.618	0.982	递减
4	中钢国际	0.305	0.311	0.978	递减
5	招商公路	0.2	0.324	0.616	递减
6	中工国际	0.156	0.173	0.9	递增
7	中钢天源	1	1	1	不变
8	山河智能	0.674	0.723	0.933	递减

续表

序　号	企业名称	综合技术效率	纯技术效率	规模效率	规模报酬
9	国统股份	1	1	1	不变
10	天原股份	0.326	0.434	0.751	递增
11	航天彩虹	0.298	0.393	0.757	递增
12	棕榈股份	0.116	0.29	0.4	递增
13	宝鼎科技	0.248	0.756	0.328	递增
14	远程股份	0.131	0.585	0.224	递增
15	天奥电子	0.14	0.351	0.4	递增
16	龙源技术	0.465	0.636	0.731	递增
17	节能环境	0.594	0.837	0.71	递增
18	节能铁汉	0.087	0.23	0.378	递增
19	金冠股份	0.422	0.641	0.658	递增
20	中船应急	0.703	0.789	0.89	递增
21	新余国科	0.706	1	0.706	递增
22	深城交	0.897	0.964	0.931	递增
23	上港集团	0.047	0.104	0.452	递增
24	铁龙物流	1	1	1	不变
25	上海建工	0.164	0.164	0.999	不变
26	哈空调	0.281	0.798	0.353	递增
27	安彩高科	0.198	0.525	0.376	递增
28	国电南自	1	1	1	不变
29	标准股份	0.406	1	0.406	递增
30	航天动力	0.797	1	0.797	递增
31	北方导航	0.064	0.327	0.196	递增
32	国机通用	0.694	1	0.694	递增
33	百利电气	0.158	0.531	0.297	递增
34	华光环能	0.687	0.782	0.878	递减
35	航天晨光	0.676	0.707	0.956	递增
36	保变电气	1	1	1	不变
37	金自天正	0.141	0.504	0.279	递增
38	中船防务	0.804	0.915	0.878	递减

续表

序　号	企业名称	综合技术效率	纯技术效率	规模效率	规模报酬
39	中航重机	0.641	0.648	0.989	递增
40	中航高科	0.117	0.594	0.196	递增
41	航天电子	0.866	0.868	0.997	递增
42	航发动力	0.852	1	0.852	递减
43	中铝国际	0.431	0.438	0.984	递减
44	长城军工	0.239	0.601	0.397	递增
45	中国中冶	1	1	1	不变
46	中国中车	0.609	0.613	0.994	递减
47	中远海发	0.305	1	0.305	递减
48	中国重工	0.518	0.567	0.913	递减
49	新宏泰	0.433	1	0.433	递增
50	镇海股份	0.099	0.877	0.113	递增
51	航天工程	0.234	0.387	0.606	递增
52	中国通号	0.718	0.792	0.907	递减
53	中国电研	0.534	0.633	0.843	递增
54	华强科技	0.407	0.585	0.695	递增
55	埃夫特不变U	0.464	0.612	0.758	递增
56	时代电气	0.377	0.386	0.975	递增
57	南网科技	0.799	0.826	0.967	递增
58	高铁电气	0.569	0.829	0.687	递增
59	中无人机	0.146	0.279	0.525	递增
60	国博电子	0.054	0.444	0.122	递增
61	铁建重工	1	1	1	不变
62	哈铁科技	0.448	0.598	0.749	递增
63	正元地信	0.043	0.629	0.068	递增
64	江航装备	0.76	0.84	0.904	递增
65	电气风电	0.342	0.351	0.975	递减
66	新风光	0.67	0.84	0.799	递增
67	振华新材	0.084	0.47	0.178	递增
均　值		0.474	0.659	0.692	

通过分析可知：八年间，工业行业上市国有企业纯技术效率均值在 0.488~0.671 之间；纯技术效率等于 1 的企业占比在 16%~30% 之间，说明只有少部分上市国有企业现有技术管理水平较高，而大部分企业纯技术效率偏低。工业行业上市国有企业规模效率均值在 0.542~0.737 之间，规模效率达到 1 的上市国有企业数量较少；大多数上市国有企业都处于规模报酬递增的状态，但处于规模报酬递减状态的企业数量逐年增加。工业行业上市国有企业综合技术效率均值在 0.276~0.521 之间，低于 0.6 说明创新效率较低，企业之间的创新能力差异较大。

（三）可选消费行业上市国有企业创新效率分析

将 2015—2022 年可选消费行业上市国有企业的投入、产出数据代入 DEAP2.1 软件，对各年的企业创新效率进行测算，结果见表 7-17—表 7-24。

表 7-17　2015 年可选消费行业上市国有企业创新效率

序　号	企业名称	综合技术效率	纯技术效率	规模效率	规模报酬
1	飞亚达	0.572	1	0.572	递增
2	佛山照明	0.472	0.701	0.673	递增
3	江铃汽车	0.409	0.414	0.988	递增
4	长安汽车	0.537	1	0.537	递减
5	华茂股份	0.825	0.997	0.827	递增
6	航天科技	1	1	1	不变
7	中通客车	0.251	0.396	0.634	递增
8	顺威股份	1	1	1	不变
9	珠江钢琴	0.333	0.657	0.506	递增
10	风神股份	0.284	0.403	0.705	递增
11	凌云股份	0.678	0.68	0.997	递增
12	广汽集团	0.379	0.395	0.959	递减
13	际华集团	1	1	1	不变
均　值		0.595	0.742	0.8	

表 7-18　2016 年可选消费行业上市国有企业创新效率

序　号	企业名称	综合技术效率	纯技术效率	规模效率	规模报酬
1	飞亚达	0.43	1	0.43	递增
2	佛山照明	0.4	0.699	0.572	递增

序　号	企业名称	综合技术效率	纯技术效率	规模效率	规模报酬
3	航天科技	0.419	0.694	0.603	递增
4	旗天科技	0.224	1	0.224	递增
5	澳柯玛	1	1	1	不变
6	风神股份	0.213	0.507	0.42	递增
7	凌云股份	0.473	0.537	0.881	递增
8	老凤祥	0.903	1	0.903	递增
9	辽宁成大	0.177	0.627	0.282	递增
10	贵广网络	0.034	0.594	0.058	递增
11	广汽集团	0.259	0.261	0.99	递增
12	际华集团	1	1	1	不变
均　值		0.461	0.743	0.614	

表 7-19　2017 年可选消费行业上市国有企业创新效率

序　号	企业名称	综合技术效率	纯技术效率	规模效率	规模报酬
1	中通客车	0.316	0.508	0.622	递增
2	环球印务	0.6	1	0.6	递增
3	建车 B	0.609	1	0.609	递增
4	福田汽车	0.49	0.545	0.899	递增
5	澳柯玛	1	1	1	不变
6	凌云股份	0.761	0.765	0.995	递减
7	老凤祥	1	1	1	不变
8	湖南天雁	1	1	1	不变
9	际华集团	1	1	1	不变
均　值		0.753	0.869	0.858	

表 7-20　2018 年可选消费行业上市国有企业创新效率

序　号	企业名称	综合技术效率	纯技术效率	规模效率	规模报酬
1	飞亚达	1	1	1	不变
2	长安汽车	0.766	1	0.766	递减
3	华茂股份	0.608	0.684	0.889	递增

续表

序　号	企业名称	综合技术效率	纯技术效率	规模效率	规模报酬
4	长春一东	1	1	1	不变
5	福田汽车	0.569	0.569	1	不变
6	澳柯玛	1	1	1	不变
7	华纺股份	0.091	0.579	0.157	递增
8	风神股份	0.174	0.39	0.446	递增
9	湖南天雁	1	1	1	不变
10	渤海汽车	0.145	0.444	0.327	递增
11	贵广网络	0.101	0.38	0.266	递增
12	广汽集团	1	1	1	不变
13	际华集团	1	1	1	不变
均　值		0.65	0.773	0.758	

表7-21　2019年可选消费行业上市国有企业创新效率

序　号	企业名称	综合技术效率	纯技术效率	规模效率	规模报酬
1	飞亚达	0.377	1	0.377	递增
2	佛山照明	0.77	0.791	0.973	递增
3	长安汽车	0.356	0.735	0.484	递减
4	华茂股份	0.255	0.457	0.559	递增
5	建车B	0.923	1	0.923	递增
6	长春一东	1	1	1	不变
7	福田汽车	0.309	0.309	0.999	不变
8	亚星客车	0.174	0.365	0.478	递增
9	澳柯玛	0.873	0.88	0.993	递增
10	凌云股份	0.455	0.46	0.991	递增
11	老凤祥	1	1	1	不变
12	湖南天雁	0.842	0.94	0.896	递增
13	贵广网络	0.023	0.293	0.078	递增
14	广汽集团	0.539	1	0.539	递减
均　值		0.564	0.731	0.735	

表 7-22　2020 年可选消费行业上市国有企业创新效率

序　号	企业名称	综合技术效率	纯技术效率	规模效率	规模报酬
1	飞亚达	0.649	1	0.649	递增
2	佛山照明	1	1	1	不变
3	长安汽车	0.786	1	0.786	递减
4	华茂股份	0.28	0.479	0.585	递增
5	中通客车	0.174	0.301	0.579	递增
6	长春一东	0.899	1	0.899	递增
7	澳柯玛	0.944	0.977	0.966	递增
8	华纺股份	0.132	0.608	0.216	递增
9	老凤祥	1	1	1	不变
10	湖南天雁	0.906	1	0.906	递增
11	贵广网络	0.011	1	0.011	递增
12	际华集团	0.707	0.842	0.84	递减
13	中国汽研	1	1	1	不变
14	亚普股份	0.231	0.392	0.59	递增
均　值		0.623	0.829	0.716	

表 7-23　2021 年可选消费行业上市国有企业创新效率

序　号	企业名称	综合技术效率	纯技术效率	规模效率	规模报酬
1	佛山照明	0.459	0.471	0.975	递增
2	中通客车	0.107	0.154	0.696	递增
3	中南文化	0.132	0.59	0.223	递增
4	密封科技	0.131	0.924	0.141	递增
5	澳柯玛	1	1	1	不变
6	大连圣亚	1	1	1	不变
7	老凤祥	1	1	1	不变
8	国新文化	0.178	0.384	0.462	递增
9	湖南天雁	0.557	1	0.557	递增
10	华域汽车	0.119	1	0.119	递减

续表

序　号	企业名称	综合技术效率	纯技术效率	规模效率	规模报酬
11	四川长虹	0.025	0.03	0.836	递增
12	贵广网络	0.019	0.109	0.174	递增
13	德宏股份	0.337	1	0.337	递增
均　值		0.389	0.666	0.578	

表 7-24　2022 年可选消费行业上市国有企业创新效率

序　号	企业名称	综合技术效率	纯技术效率	规模效率	规模报酬
1	富奥股份	0.168	0.62	0.271	递增
2	华茂股份	0.037	1	0.037	递增
3	航天科技	0.136	0.657	0.207	递增
4	东安动力	0.17	0.789	0.215	递增
5	澳柯玛	1	1	1	不变
6	凌云股份	0.18	0.501	0.359	递增
7	贵航股份	0.506	1	0.506	递增
8	大连圣亚	1	1	1	不变
9	老凤祥	1	1	1	不变
10	飞乐音响	0.268	0.921	0.291	递增
11	华域汽车	0.446	0.469	0.951	递增
12	广汽集团	1	1	1	不变
13	亚普股份	0.095	1	0.095	递增
均　值		0.462	0.843	0.533	

通过分析可知，八年间，可选消费行业上市国有企业纯技术效率均值在 0.666~0.869 之间，纯技术效率等于 1 的企业约占 50%，说明可选消费行业上市国有企业的整体现有技术管理水平较高。可选消费行业上市国有企业规模效率均值在 0.533~0.858 之间，大多数企业都处于规模报酬递增的状态，但企业数量逐年减少。可选消费行业上市国有企业综合技术效率均值在 0.389~0.753 之间，在样本年份中有一半时间均值高于 0.6，说明创新效率较好，但企业之间的创新能力差异仍然比较明显。

（四）信息技术行业上市国有企业创新效率分析

将 2015—2022 年信息技术行业上市国有企业的投入、产出数据代入 DEAP2.1 软件，对各年的企业创新效率进行测算，结果见表 7-25—表 7-32。

表 7-25 2015 年信息技术行业上市国有企业创新效率

序 号	企业名称	综合技术效率	纯技术效率	规模效率	规模报酬
1	深科技	0.225	1	0.225	递增
2	深纺织 A	0.112	1	0.112	递增
3	深天马 A	1	1	1	不变
4	华映科技	0.17	0.813	0.209	递增
5	风华高科	0.171	0.696	0.246	递增
6	京东方 A	1	1	1	不变
7	振华科技	0.487	1	0.487	递增
8	华工科技	0.234	0.477	0.491	递增
9	航天电器	0.334	0.792	0.422	递增
10	远光软件	0.208	0.48	0.434	递增
11	惠程科技	0.311	1	0.311	递增
12	中光学	0.162	0.911	0.178	递增
13	福晶科技	0.522	1	0.522	递增
14	科大讯飞	0.29	0.323	0.899	递增
15	启明信息	0.034	0.413	0.083	递增
16	光迅科技	0.335	0.701	0.478	递增
17	日海智能	0.235	0.472	0.498	递增
18	星网锐捷	1	1	1	不变
19	中远海科	0.192	0.674	0.285	递增
20	国星光电	0.201	0.789	0.255	递增
21	普天科技	1	1	1	不变
22	荣联科技	0.017	0.226	0.076	递增
23	万润科技	0.468	0.911	0.514	递增
24	朗科科技	0.465	1	0.465	递增
25	易成新能	0.88	1	0.88	递增
26	中航电测	0.123	0.75	0.164	递增

续表

序　号	企业名称	综合技术效率	纯技术效率	规模效率	规模报酬
27	锦富技术	0.815	0.987	0.825	递增
28	美亚柏科	0.115	0.315	0.364	递增
29	鸿利智汇	0.535	0.889	0.602	递增
30	中来股份	0.231	1	0.231	递增
31	正业科技	0.555	1	0.555	递增
32	航天智装	0.251	0.939	0.267	递增
33	航天机电	0.175	0.804	0.217	递增
34	上海贝岭	0.309	0.482	0.642	递增
35	福日电子	0.165	1	0.165	递增
36	航天信息	0.46	0.831	0.554	递增
37	云赛智联	0.045	0.217	0.209	递增
38	东方通信	0.198	0.541	0.366	递增
39	中科曙光	0.656	0.715	0.918	递增
均　　值		0.377	0.773	0.465	

表 7-26　2016 年信息技术行业上市国有企业创新效率

序　号	企业名称	综合技术效率	纯技术效率	规模效率	规模报酬
1	深科技	0.106	1	0.106	递增
2	风华高科	0.115	0.596	0.193	递增
3	京东方 A	1	1	1	不变
4	冠捷科技	0.032	0.413	0.076	递增
5	振华科技	0.388	0.844	0.46	递增
6	华工科技	0.313	0.375	0.834	递增
7	航天电器	0.318	0.598	0.533	递增
8	远光软件	0.015	0.291	0.052	递增
9	中光学	0.102	0.747	0.137	递增
10	光迅科技	0.273	0.514	0.532	递增
11	日海智能	0.158	0.319	0.495	递增

续表

序　号	企业名称	综合技术效率	纯技术效率	规模效率	规模报酬
12	星网锐捷	0.341	0.395	0.862	递增
13	海康威视	0.252	0.363	0.694	递减
14	国星光电	0.165	0.79	0.208	递增
15	海格通信	0.143	0.318	0.45	递增
16	普天科技	0.377	0.481	0.783	递增
17	朗科科技	0.329	0.791	0.416	递增
18	易成新能	0.131	0.639	0.205	递增
19	中航电测	0.151	0.505	0.298	递增
20	东软载波	0.231	0.386	0.599	递增
21	美亚柏科	0.108	0.298	0.361	递增
22	易华录	0.028	0.241	0.116	递增
23	鸿利智汇	0.339	0.674	0.503	递增
24	正业科技	0.221	0.518	0.426	递增
25	航天智装	0.165	0.772	0.213	递增
26	神思电子	0.104	1	0.104	递增
27	久之洋	0.276	0.63	0.438	递增
28	同方股份	0.136	0.291	0.467	递增
29	航天机电	0.131	0.617	0.212	递增
30	上海贝岭	0.152	0.374	0.408	递增
31	航天信息	0.38	0.592	0.642	递增
32	凯盛科技	1	1	1	不变
33	东方通信	0.138	0.426	0.323	递增
34	渤海化学	0.101	1	0.101	递增
35	电科数字	0.003	0.22	0.016	递增
36	航天长峰	0.894	1	0.894	递增
37	中科曙光	0.341	0.393	0.868	递增
38	麦迪科技	0.141	0.847	0.166	递增
均　值		0.253	0.586	0.426	

表 7-27 2017 年信息技术行业上市国有企业创新效率

序　号	企业名称	综合技术效率	纯技术效率	规模效率	规模报酬
1	深科技	0.086	1	0.086	递增
2	深纺织 A	0.122	1	0.122	递增
3	中国长城	0.398	0.454	0.877	递增
4	常山北明	0.031	0.4	0.078	递增
5	风华高科	0.308	0.731	0.422	递增
6	京东方 A	1	1	1	不变
7	振华科技	0.837	1	0.837	递增
8	华工科技	0.704	0.742	0.949	递增
9	航天电器	0.675	0.836	0.808	递增
10	中航光电	1	1	1	不变
11	中光学	0.217	0.943	0.23	递增
12	福晶科技	0.846	1	0.846	递增
13	光迅科技	0.773	0.884	0.875	递增
14	日海智能	0.422	0.487	0.866	递增
15	星网锐捷	0.868	0.892	0.973	递减
16	国星光电	0.276	0.693	0.399	递增
17	中新赛克	0.067	0.44	0.151	递增
18	朗科科技	0.447	1	0.447	递增
19	GQY 视讯	0.556	1	0.556	递增
20	易成新能	0.532	0.965	0.552	递增
21	中航电测	0.399	0.72	0.554	递增
22	易华录	0.106	0.415	0.256	递增
23	鸿利智汇	0.646	0.878	0.735	递增
24	中威电子	0.741	0.844	0.877	递增
25	航天智装	0.247	0.981	0.252	递增
26	神思电子	0.362	1	0.362	递增
27	久之洋	0.443	0.621	0.713	递增
28	广哈通信	0.289	1	0.289	递增
29	航天机电	0.2	0.75	0.266	递增

序 号	企业名称	综合技术效率	纯技术效率	规模效率	规模报酬
30	上海贝岭	0.285	0.384	0.743	递增
31	长江通信	1	1	1	不变
32	凯盛科技	0.419	1	0.419	递增
33	云赛智联	0.107	0.244	0.437	递增
34	彩虹股份	1	1	1	不变
35	南京熊猫	0.456	0.62	0.735	递增
36	电科数字	0.028	0.295	0.094	递增
37	中科曙光	0.459	0.467	0.984	递增
38	麦迪科技	1	1	1	不变
均 值		0.483	0.781	0.6	

表 7-28 2018 年信息技术行业上市国有企业创新效率

序 号	企业名称	综合技术效率	纯技术效率	规模效率	规模报酬
1	深科技	0.199	1	0.199	递增
2	深纺织 A	0.173	1	0.173	递增
3	中国长城	0.353	0.395	0.895	递增
4	风华高科	0.21	0.625	0.336	递增
5	京东方 A	1	1	1	不变
6	冠捷科技	0.22	0.351	0.627	递增
7	振华科技	0.805	1	0.805	递增
8	华工科技	0.678	0.683	0.992	递减
9	航天电器	0.998	1	0.998	递减
10	广电运通	0.658	1	0.658	递增
11	中光学	0.305	1	0.305	递增
12	福晶科技	0.871	1	0.871	递增
13	光迅科技	0.919	0.928	0.99	递减
14	星网锐捷	0.894	0.95	0.941	递减
15	国星光电	1	1	1	不变
16	中新赛克	0.258	0.346	0.747	递增
17	朗科科技	0.496	0.726	0.684	递增

序　号	企业名称	综合技术效率	纯技术效率	规模效率	规模报酬
18	易华录	0.138	0.335	0.413	递增
19	神思电子	0.889	0.954	0.932	递减
20	理工光科	1	1	1	不变
21	广哈通信	0.199	0.939	0.212	递增
22	上海贝岭	0.176	0.288	0.612	递增
23	大唐电信	0.06	0.295	0.205	递增
24	福日电子	0.144	0.478	0.301	递增
25	凯盛科技	0.223	1	0.223	递增
26	云赛智联	0.145	0.246	0.59	递增
27	南京熊猫	0.434	0.548	0.792	递增
28	渤海化学	0.368	1	0.368	递增
29	中科曙光	0.375	0.378	0.992	递减
均　值		0.489	0.74	0.65	

表 7-29　2019 年信息技术行业上市国有企业创新效率

序　号	企业名称	综合技术效率	纯技术效率	规模效率	规模报酬
1	深科技	0.885	1	0.885	递增
2	风华高科	0.265	0.496	0.535	递增
3	冠捷科技	0.355	0.408	0.87	递增
4	振华科技	0.993	1	0.993	递增
5	华工科技	0.758	0.815	0.93	递减
6	东信和平	0.717	0.798	0.899	递增
7	航天电器	1	1	1	不变
8	中航光电	0.609	0.667	0.913	递减
9	中光学	0.364	0.952	0.382	递增
10	光迅科技	0.853	0.865	0.985	递增
11	星网锐捷	0.873	1	0.873	递减
12	国星光电	1	1	1	不变
13	海格通信	0.267	0.317	0.844	递增

续表

序　号	企业名称	综合技术效率	纯技术效率	规模效率	规模报酬
14	普天科技	0.483	0.55	0.877	递增
15	中新赛克	0.219	0.345	0.634	递增
16	朗科科技	0.207	0.517	0.401	递增
17	中航电测	0.583	0.698	0.835	递增
18	东软载波	0.575	0.58	0.991	递增
19	易华录	0.159	0.309	0.515	递增
20	鸿利智汇	0.705	0.853	0.827	递增
21	神思电子	1	1	1	不变
22	久之洋	0.376	0.58	0.649	递增
23	理工光科	1	1	1	不变
24	广哈通信	0.135	0.698	0.193	递增
25	上海贝岭	0.5	0.525	0.952	递增
26	大唐电信	0.098	0.256	0.384	递增
27	云赛智联	0.156	0.213	0.732	递增
28	南京熊猫	0.541	0.601	0.899	递增
29	渤海化学	0.319	1	0.319	递增
30	麦迪科技	0.347	0.787	0.441	递增
31	华润微	1	1	1	不变
均　值		0.559	0.704	0.766	

表7-30　2020年信息技术行业上市国有企业创新效率

序　号	企业名称	综合技术效率	纯技术效率	规模效率	规模报酬
1	深科技	1	1	1	不变
2	深纺织 A	0.086	1	0.086	递增
3	风华高科	0.165	0.617	0.267	递增
4	振华科技	0.886	0.943	0.94	递增
5	华工科技	0.543	0.577	0.941	递增
6	航天电器	0.652	0.689	0.946	递增
7	广电运通	0.39	0.723	0.539	递增

序　号	企业名称	综合技术效率	纯技术效率	规模效率	规模报酬
8	中航光电	0.38	0.399	0.952	递增
9	中光学	0.207	1	0.207	递增
10	光迅科技	0.453	0.57	0.794	递增
11	太极股份	0.029	0.266	0.11	递增
12	星网锐捷	0.505	0.507	0.997	递减
13	海格通信	0.208	0.364	0.573	递增
14	普天科技	0.177	0.5	0.355	递增
15	中新赛克	0.119	0.475	0.251	递增
16	朗科科技	0.382	1	0.382	递增
17	中航电测	0.478	0.893	0.535	递增
18	东软载波	0.431	0.515	0.836	递增
19	易华录	0.167	0.35	0.477	递增
20	鸿利智汇	0.091	0.946	0.096	递增
21	航天智装	0.44	0.81	0.543	递增
22	神思电子	1	1	1	不变
23	久之洋	0.667	0.993	0.671	递增
24	广哈通信	0.268	1	0.268	递增
25	国网信通	0.338	0.36	0.939	递增
26	航天机电	0.177	0.616	0.288	递增
27	凯盛科技	0.402	1	0.402	递增
28	云赛智联	0.111	0.364	0.304	递增
29	国脉文化	0.089	0.89	0.1	递增
30	南京熊猫	0.249	0.607	0.41	递增
31	龙腾光电	1	1	1	不变
32	华润微	1	1	1	不变
均　值		0.409	0.718	0.569	

表 7-31 2021 年信息技术行业上市国有企业创新效率

序 号	企业名称	综合技术效率	纯技术效率	规模效率	规模报酬
1	振华科技	0.558	0.651	0.858	递减
2	华工科技	0.543	0.58	0.935	递减
3	广电运通	0.162	0.173	0.94	递减
4	中光学	0.239	0.268	0.891	递增
5	星网锐捷	0.426	0.619	0.688	递减
6	普天科技	0.321	0.336	0.957	递减
7	中新赛克	0.061	0.374	0.164	递增
8	朗科科技	0.23	0.686	0.335	递增
9	中威电子	0.646	0.884	0.73	递增
10	航天智装	0.401	0.409	0.979	递减
11	神思电子	1	1	1	不变
12	久之洋	0.566	0.641	0.883	递增
13	广哈通信	0.31	1	0.31	递增
14	派瑞股份	1	1	1	不变
15	凤凰光学	0.873	0.892	0.979	递减
16	国网信通	0.377	0.424	0.889	递减
17	福日电子	0.928	1	0.928	递减
18	云赛智联	0.101	0.136	0.741	递增
19	南京熊猫	0.445	0.462	0.962	递减
20	东方通信	0.09	0.208	0.433	递增
21	渤海化学	0.134	0.181	0.743	递增
22	麦迪科技	0.131	0.634	0.207	递增
23	龙腾光电	0.937	1	0.937	递减
24	华润微	0.506	1	0.506	递减
25	和辉光电不变 U	0.174	0.233	0.747	递减
26	中科星图	0.137	0.354	0.388	递增
均 值		0.435	0.583	0.736	

表 7-32　2022 年信息技术行业上市国有企业创新效率

序　号	企业名称	综合技术效率	纯技术效率	规模效率	规模报酬
1	特发信息	0.11	0.435	0.252	递增
2	振华科技	0.737	1	0.737	递增
3	华工科技	0.494	0.636	0.777	递增
4	远光软件	0.466	0.6	0.776	递增
5	广电运通	0.523	1	0.523	递增
6	中航光电	0.581	0.655	0.887	递增
7	星网锐捷	0.23	0.363	0.635	递增
8	中远海科	0.624	0.638	0.978	递增
9	国星光电	0.46	0.726	0.634	递增
10	普天科技	0.317	0.411	0.771	递增
11	朗科科技	0.172	0.627	0.275	递增
12	易华录	0.04	0.206	0.193	递增
13	中威电子	1	1	1	不变
14	汇金股份	0.753	1	0.753	递增
15	航天智装	0.462	0.643	0.718	递增
16	神思电子	0.751	1	0.751	递增
17	久之洋	0.645	0.805	0.802	递增
18	理工光科	0.856	0.95	0.901	递增
19	广哈通信	0.18	0.829	0.218	递增
20	锐科激光	0.971	0.989	0.982	递增
21	派瑞股份	1	1	1	不变
22	国网信通	0.37	0.376	0.984	递增
23	大唐电信	0.061	0.273	0.222	递增
24	福日电子	0.837	0.845	0.99	递增
25	云赛智联	0.168	0.311	0.54	递增
26	南京熊猫	0.495	0.676	0.732	递增
27	渤海化学	0.061	0.694	0.088	递增
28	华海清科	0.536	0.556	0.965	递增
29	燕东微	0.238	0.412	0.578	递增

续表

序 号	企业名称	综合技术效率	纯技术效率	规模效率	规模报酬
30	信科移动不变 U	1	1	1	不变
31	华润微	0.881	1	0.881	递增
32	振华风光	0.335	0.475	0.705	递增
33	萤石网络	0.528	0.675	0.782	递增
34	和辉光电不变 U	0.127	0.363	0.351	递增
35	中科星图	0.209	0.321	0.651	递增
36	纬达光电	0.205	1	0.205	递增
均 值		0.484	0.68	0.673	

通过分析可知，八年间，信息技术行业上市国有企业纯技术效率均值在 0.583~0.781 之间，纯技术效率等于 1 的企业占比在 16%~41% 之间，表明信息技术行业上市国有企业整体的技术管理水平在逐步提高，但部分企业纯技术效率仍然偏低。信息技术行业上市国有企业规模效率均值在 0.426~0.766 之间，规模效率达到 1 的企业数量较少，大多数企业都处于规模报酬递增的状态。信息技术行业上市国有企业综合技术效率均值在 0.253~0.559 之间，低于 0.6 说明创新效率较低，企业之间的创新能力差异较大。

（五）医疗保健行业上市国有企业创新效率分析

将 2015—2022 年医疗保健行业上市国有企业的投入产出数据代入 DEAP2.1 软件，对各年的企业创新效率进行测算，结果见表 7-33—表 7-40。

表 7-33 2015 年医疗保健行业上市国有企业创新效率

序 号	企业名称	综合技术效率	纯技术效率	规模效率	规模报酬
1	东阿阿胶	0.799	0.913	0.874	递增
2	长春高新	0.254	0.643	0.395	递增
3	华特达因	0.839	1	0.839	递增
4	华润三九	1	1	1	不变
5	红日药业	0.232	0.723	0.321	递增
6	阳普医疗	0.243	1	0.243	递增
7	华仁药业	1	1	1	不变
8	海正药业	0.2	0.415	0.482	递增

续表

序　号	企业名称	综合技术效率	纯技术效率	规模效率	规模报酬
9	安迪苏	1	1	1	不变
10	华北制药	0.358	1	0.358	递增
均　值			0.592	0.869	0.651	

表 7-34　2016 年医疗保健行业上市国有企业创新效率

序　号	企业名称	综合技术效率	纯技术效率	规模效率	规模报酬
1	德展健康	0.049	0.489	0.101	递增
2	仙琚制药	0.281	0.858	0.327	递增
3	华仁药业	1	1	1	不变
4	陇神戎发	0.337	1	0.337	递增
5	中国医药	1	1	1	不变
6	太极集团	0.37	1	0.37	递增
7	中牧股份	0.535	0.601	0.889	递增
8	海正药业	0.478	0.509	0.939	递减
9	白云山	1	1	1	不变
10	国药现代	0.537	0.696	0.771	递增
11	昆药集团	1	1	1	不变
12	联环药业	0.085	1	0.085	递增
13	康恩贝	0.144	0.53	0.272	递增
14	广誉远	0.465	1	0.465	递增
15	华北制药	0.776	0.791	0.981	递增
均　值		0.537	0.832	0.636	

表 7-35　2017 年医疗保健行业上市国有企业创新效率

序　号	企业名称	综合技术效率	纯技术效率	规模效率	规模报酬
1	海南海药	0.41	0.915	0.448	递增
2	华润双鹤	0.278	1	0.278	递增
3	太极集团	0.816	1	0.816	递增
4	中牧股份	1	1	1	不变
5	海正药业	0.799	0.971	0.823	递减
6	白云山	1	1	1	不变

续表

序　号	企业名称	综合技术效率	纯技术效率	规模效率	规模报酬
7	国药现代	1	1	1	不变
8	广誉远	0.562	1	0.562	递增
9	鲁抗医药	1	1	1	不变
10	华北制药	1	1	1	不变
均　值		0.786	0.989	0.793	

表 7-36　2018 年医疗保健行业上市国有企业创新效率

序　号	企业名称	综合技术效率	纯技术效率	规模效率	规模报酬
1	德展健康	0.192	0.706	0.271	递增
2	华润双鹤	0.166	1	0.166	递增
3	太极集团	0.54	1	0.54	递增
4	海正药业	0.949	1	0.949	递减
5	白云山	1	1	1	不变
6	国药现代	1	1	1	不变
7	广誉远	0.326	1	0.326	递增
8	华北制药	0.606	0.942	0.643	递增
均　值		0.597	0.956	0.612	

表 7-37　2019 年医疗保健行业上市国有企业创新效率

序　号	企业名称	综合技术效率	纯技术效率	规模效率	规模报酬
1	华润双鹤	0.049	0.697	0.07	递增
2	天坛生物	0.153	0.666	0.23	递增
3	海正药业	0.072	0.314	0.23	递增
4	白云山	0.713	1	0.713	递增
5	国药现代	0.053	0.315	0.169	递增
6	千金药业	1	1	1	不变
7	山东药玻	0.361	0.752	0.48	递增
8	康恩贝	0.085	0.541	0.158	递增
9	广誉远	0.016	1	0.016	递增
10	鲁抗医药	0.16	0.533	0.299	递增
均　值		0.266	0.682	0.336	

表 7-38　2020 年医疗保健行业上市国有企业创新效率

序　号	企业名称	综合技术效率	纯技术效率	规模效率	规模报酬
1	达安基因	0.114	0.294	0.388	递增
2	陇神戎发	0.211	1	0.211	递增
3	华润双鹤	0.132	1	0.132	递增
4	海正药业	0.133	0.766	0.173	递增
5	白云山	1	1	1	不变
6	国药现代	0.175	0.701	0.249	递增
7	山东药玻	0.167	0.996	0.167	递增
8	康恩贝	0.035	0.863	0.04	递增
9	新华医疗	1	1	1	不变
10	广誉远	0.009	0.516	0.017	递增
11	南新制药	0.094	0.721	0.131	递增
均　值		0.279	0.805	0.319	

表 7-39　2021 年医疗保健行业上市国有企业创新效率

序　号	企业名称	综合技术效率	纯技术效率	规模效率	规模报酬
1	金陵药业	0.295	0.662	0.445	递增
2	广济药业	0.63	1	0.63	递增
3	精华制药	1	1	1	不变
4	利德曼	0.256	1	0.256	递增
5	太极集团	0.115	0.259	0.445	递增
6	海正药业	0.159	0.162	0.986	递增
7	白云山	0.197	1	0.197	递减
8	国药现代	0.129	0.145	0.895	递增
9	片仔癀	0.156	0.232	0.674	递增
10	山东药玻	0.292	0.401	0.729	递增
11	康恩贝	0.194	0.251	0.773	递增
12	广誉远	0.119	1	0.119	递增
13	华北制药	0.098	0.115	0.85	递增

续表

序　号	企业名称	综合技术效率	纯技术效率	规模效率	规模报酬
14	南新制药	0.658	0.993	0.663	递增
15	百克生物	0.04	0.491	0.082	递增
16	成大生物	0.097	0.209	0.466	递增
均　值		0.277	0.557	0.576	

表7-40　2022年医疗保健行业上市国有企业创新效率

序　号	企业名称	综合技术效率	纯技术效率	规模效率	规模报酬
1	太极集团	0.437	1	0.437	递增
2	海正药业	0.447	1	0.447	递增
3	白云山	1	1	1	不变
4	国药现代	0.214	0.746	0.287	递增
5	联环药业	0.346	0.68	0.509	递增
6	新华医疗	1	1	1	不变
7	广誉远	0.019	1	0.019	递增
8	华北制药	0.358	0.87	0.411	递增
9	南新制药	0.083	0.764	0.109	递增
10	宣泰医药	0.112	0.606	0.185	递增
11	百克生物	0.052	1	0.052	递增
12	成大生物	0.301	0.894	0.337	递增
13	中科美菱	1	1	1	不变
均　值		0.413	0.889	0.446	

通过分析可知，八年间，医疗保健行业上市国有企业纯技术效率均值在0.557~0.989之间，纯技术效率等于1的企业占比在33%~72%之间，说明大部分医疗保健行业上市国有企业现有技术管理水平较高。医疗保健行业上市国有企业规模效率均值在0.319~0.793之间，大多数企业都处于规模报酬递增的状态。医疗保健行业上市国有企业综合技术效率均值在0.266~0.789之间，2015—2018年均值保持在0.6左右，创新效率较高，企业之间的创新能力差异较小；但2019—2022年创新效率锐减，推测是受到新冠疫情的冲击。

（六）五大行业上市国有企业创新效率综合技术分析

本书绘制了五大行业上市国有企业创新效率对比图，见图 7-1。

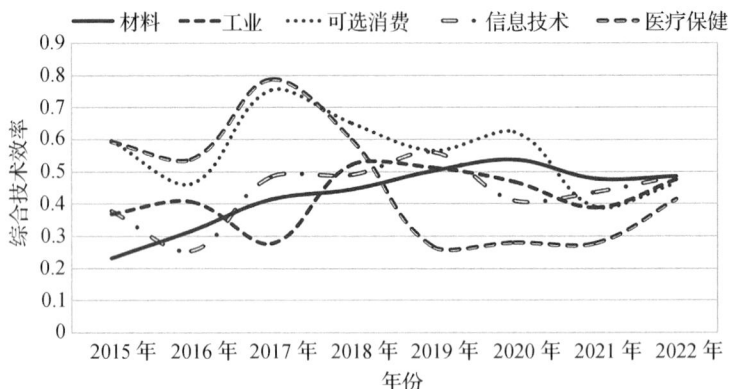

图 7-1　2015—2022 年五大行业上市国有企业综合技术效率对比图

通过分析图 7-1 可知，整体来看，2015—2018 年内五大行业上市国有企业创新效率都不太高。材料行业和工业行业上市国有企业的创新效率呈上升趋势，可选消费行业和信息技术行业上市国有企业的创新效率较为稳定，医疗保健行业上市国有企业的创新效率前期很高、后期较低。

本书进一步绘制了五大行业上市国有企业创新效率的变化趋势图，如图 7-2—图 7-6。

图 7-2　2015—2022 年材料行业上市国有企业创新效率的变化趋势

本书通过分析发现，五大行业上市国有企业综合技术效率的变化趋势和规模效率的变化趋势基本相同，表明综合技术效率得到提高的主要影响因素来自规模效率，说明国有企业的创新投入与产出优化速度缓慢，在稳步发展保持规

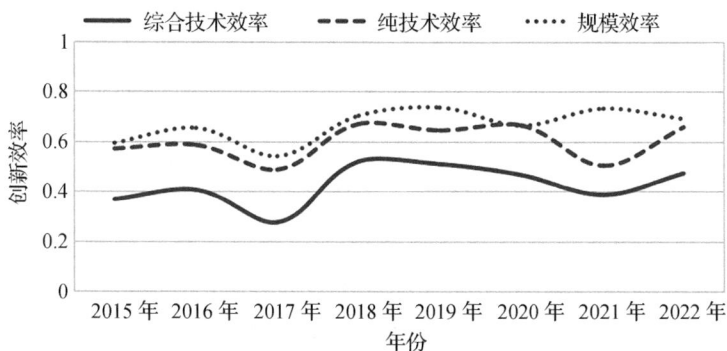

图 7-3　2015—2022 年工业行业上市国有企业创新效率的变化趋势

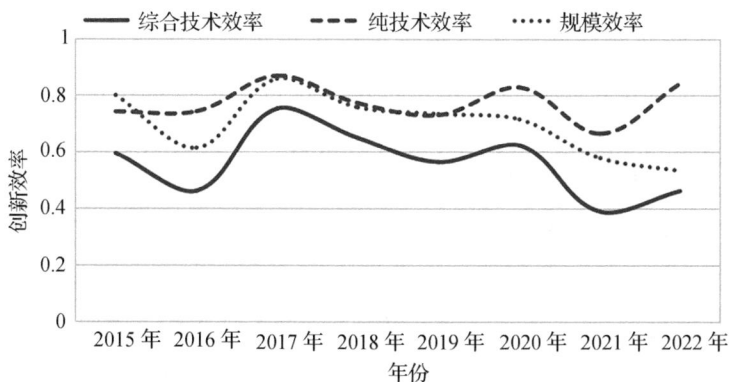

图 7-4　2015—2022 年可选消费行业上市国有企业创新效率的变化趋势

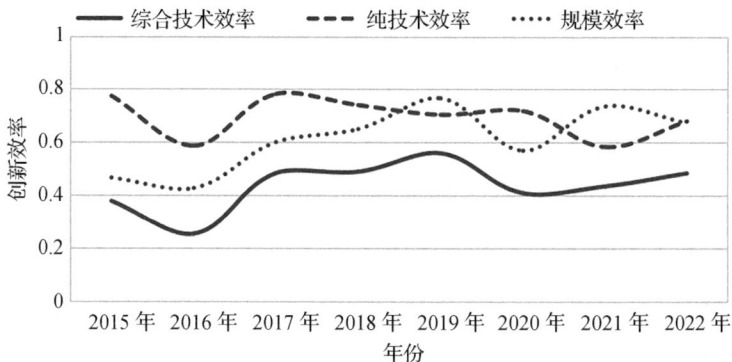

图 7-5　2015—2022 年信息技术行业上市国有企业创新效率的变化趋势

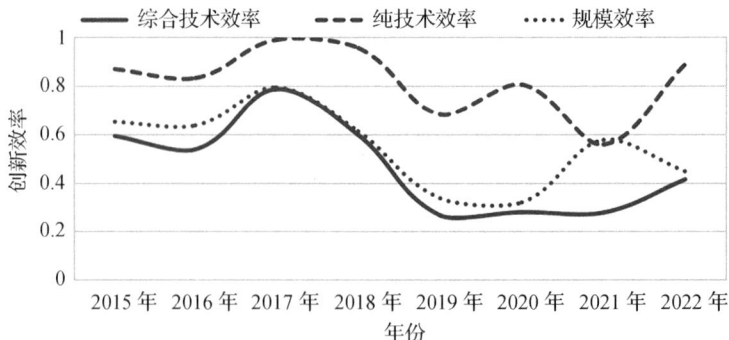

图 7-6 2015—2022 年医疗保健行业上市国有企业创新效率的变化趋势

模效率的基础上，还需要重点提高纯技术层面的创新能力和发展速度。

第二节　专精特新企业

一、专精特新企业概述

（一）"专精特新"概念的提出与发展

党的二十大报告中提出，完善科技创新体系，坚持创新在我国现代化建设全局中的核心地位[21]。核心技术不仅是企业核心能力的重要组成部分，更是核心能力转化为竞争优势的关键[22]。在新一轮技术革命和产业变革突飞猛进的大背景下，我国关键核心技术仍面临"卡脖子"的难题。中小企业是我国技术创新的主体，我国六成以上的发明专利来自中小企业，七成以上技术创新由中小企业完成，八成以上新产品由中小企业开发[23]。

依据工信部的定义，专精特新中小企业是具有专业化、精细化、特色化、新颖化特征的中小企业。"专精特新"概念于 2011 年 7 月由工信部首次提出，随后在《"十二五"中小企业成长规划》中也提出将"专精特新"发展方向作为中小企业转型升级的重要途径。2013 年，专精特新中小企业在工信部的指导下首次明确了工作部署，并向全国推广。

专精特新"小巨人"企业是专精特新中小企业中的佼佼者，是专注于细分市场、创新能力强、市场占有率高、掌握关键核心技术、质量效益优的排头兵企业[24]。2018 年年末，工信部开展了首批专精特新"小巨人"企业培育工作。2021 年 7 月末，中央政治局会议首次提出发展专精特新中小企业。2021 年 9

月，北京证券交易所宣布设立，其核心是为专精特新中小企业服务。此时，培训专精特新企业正式上升为国家战略高度。2022 年，"专精特新"首次被纳入政府工作报告，成为政策热词、产业热词。2022 年 10 月，"支持专精特新企业发展"被写进党的二十大报告。这标志着发展专精特新企业成为党中央关注的重点议题。

（二）专精特新企业的特点

中小企业是经济社会发展的重要力量，是稳增长、惠民生、保就业、防风险、促改革的重要载体。专精特新中小企业是具有专业化、精细化、特色化、新颖化特征的中小企业，其灵魂为创新。具体来看：专业化主要表现为生产技艺的专业或专有、产品的专门用途或专业品质等特征；精细化主要表现为生产技艺精深、管理精细、产品精致等特征；特色化主要表现为生产技艺较独特、产品服务有特色等特征；新颖化主要表现为科技创新能力强、产品服务具有较高技术含量等特征[25]。

专精特新中小企业是中小企业中最具活力的群体，发挥着重要的示范引领作用，已成为高质量发展的重要动力源、新发展格局的关键稳定器和创新型国家建设的生力军。这类企业的特点表现为贴近市场、机制体制灵活、因此能够较快地消化吸收新事物，在解决产业链供应链的断点堵点、实现"补链强链"、解决"卡脖子"问题方面具有明显的发展优势[26]。

在对优质中小企业的发掘和培育工作中，优质中小企业被划分为创新型中小企业、专精特新中小企业、专精特新"小巨人"企业三个梯度[27]。截至 2023 年 7 月，我国已累计培育专精特新"小巨人"企业 1.2 万余家、专精特新中小企业超 9.8 万家、创新型中小企业达 21.5 万家。

从行业分布情况来看，1.2 万家"小巨人"企业中，制造业企业超 1 万家。超四成"小巨人"企业聚集在新材料、新一代信息技术、新能源及智能网联汽车领域；超六成深耕工业基础领域。从创新能力方面看，专精特新"小巨人"企业拥有超 20 万项发明专利，户均发明专利约 17 项。此外，专精特新"小巨人"企业作为主要起草单位，制修订标准总计近 4 万个，户均超 3 个。从配套能力来看，专精特新"小巨人"企业普遍与大企业建立了良好的合作关系，超九成为国内外知名大企业的配套厂家。

（三）专精特新企业的发展困境

中小企业创新活动具有长周期、高风险的特征，面临较大的融资困境[28]。中小企业内部缺乏足够的创新人才、要素地位处于劣势，同时，创新生态系统中实体之间的合作不够活跃。

与大部分中小企业相比，专精特新企业在产业链供应链受阻的大环境下实现了逆势增长，表现出强劲的创新实力和发展韧性，发挥了重要的引领作用[29]。构建创新生态能够促进专精特新企业凝聚合力、创新发展。然而，有实证研究指出，虽然企业能够通过开放式创新的合作关系广泛利用外部知识资源，但也要注意防范合作者之间出现的知识同化、路径依赖和机会主义行为的问题，这反而不利于企业创新[30]。

目前，培育专精特新中小企业、推动中小企业高质量发展还面临着诸多障碍。一方面，传统中小企业向专精特新中小企业发展存在困难，中小企业整体发展环境有待优化，应用基础研究服务能力不强，在转型中面临的"数字鸿沟"等问题有待解决；另一方面，有关培育专精特新中小企业的政策措施在精准度方面有待提升，各级工作联动机制仍待完善，已认定企业在创新协作和产业配套方面存在不足。专精特新企业在创新能力的进一步提升方面也同样存在诸多瓶颈和问题。

二、理论分析

（一）企业区域创新生态

Chesbrough 提出了开放式创新的概念，不再将创新理论和市场渠道局限在组织内部，认为内外两条渠道提供的互补性资源都对技术创新具有重要作用。学者们据此讨论了中国情境下开放式创新的内涵和框架[31]。

创新生态系统是一种开放、高效的协同机制，通过开放、紧密的合作实现共同价值创造。创新生态系统是指一定区域内的高校、科研院所、企业等创新机构与政府、金融、法律、中介等方面的创新服务机构和创新环境的各个要素之间形成统一的整体，从而把基础研究、技术、资本、市场有机地结合在了一起。创新生态系统是一个由政府、企业、高校、科研机构、金融机构、科技中介等创新主体组成的复杂创新网络，各主体之间通过专业化合作实现共生式创新。

企业生态系统一般被定义为一种"基于组织的互动所形成的经济联合体"，是"一种由客户、供应商、主要生产商、投资商、贸易合作伙伴、标准制定机构、工会、政府、社会公共服务机构和其他利益相关者等具有一定利益关系的组织或者群体构成的动态结构系统"。企业创新生态系统是一种能将系统内各企业的创新成果整合为一套协调一致、面向客户的解决方案的协同整合机制。

（二）专精特新企业创新生态分析

中小企业是科技创新的核心载体，创新生态体系是孕育科技创新的土壤，企业创新模式已进入以共生式创新为特征的创新 3.0 阶段[32]。当前企业之间的创新竞争已经不再是过去在要素和资源层面的争夺，而是更加强调创新生态体系中主体之间价值共生的动态平衡。

尽管专精特新企业呈现高投入、高产出的创新特征，但是企业的科技创新常常存在研发拥挤现象[33]，即高产出的创新活动往往需要更高的创新投入，这实际上是一种效率低下的创新实践。因此，关注专精特新"小巨人"企业的科技创新效率和分析专精特新企业在区域创新生态中的作用尤为重要。

科技创新的生态特征决定了单个企业，特别是中小企业在创新方面"孤掌难鸣"。保持创新生态的开放共享、竞合共生是创新生态链实现动态平衡的关键[9]。董志勇、李成明（2021）指出，未来要想打通创新链各个环节，实现从科研到市场的多级跳跃，需要着力于构建协同创新体系，这也是我国融入全球创新生态体系的基础保障[28]。

目前，在融通创新中，为了使专精特新企业能够有效汇集创新资源，在新发展格局下，新兴产业发展与科技革命之间的联系日益紧密，产业之间的融合程度进一步增强[34]。企业之间的创新竞争更强调创新生态体系中主体之间价值共生的动态平衡，多主体共赢、开放共享、协同合作是专精特新企业实现创新发展的未来方向。构建高效开放的创新生态系统，促进科研机构、大中小企业融通创新，能够使创新要素和资源有效汇集于专精特新企业，支撑企业创新能力的提升。

三、专精特新企业创新效率

（一）研究方法

本书以专精特新企业为研究对象，运用数据包络分析方法对其创新效率进行综合评价与分析。数据包络分析（DEA）是一种非参数的效率评估方法，用于分析个体或单位的效率。相较于其他效率分析方法，DEA 方法能够考虑多种输入、输出指标，更全面地衡量组织或个体的效率，且能够对规模效应进行调整，更公平地评估不同规模的组织或个体。

基于规模报酬可变的假设，本书采用投入导向的 BCC 模型测量专精特新"小巨人"企业的科技创新效率，最终计算得到其综合效率（*TE*）、规模效率

（*SE*）和纯技术效率（*PTE*），其中，规模效率与纯技术效率的乘积等于综合效率，公式如下：

$$\min \theta - \varepsilon (e^{\mathrm{T}} S^{-} + e^{\mathrm{T}} S^{+}) \quad (7\text{-}9)$$

$$\text{s. t.} \begin{cases} \displaystyle\sum_{i=1}^{l} X_{j} \lambda_{j} + S^{-} = \theta X_{0} \\[2mm] \displaystyle\sum_{i=1}^{l} Y_{j} \lambda_{j} + S^{+} = Y_{0} \\[2mm] \lambda_{i} \geq 0, \ S^{-} \geq 0, \ S^{+} \geq 0 \end{cases} \quad (7\text{-}10)$$

上式中，i=1，2，$\cdots$，I，表示决策单元；X、Y 分别表示投入向量与产出向量；S^{-} 和 S^{+} 分别为投入指标与产出指标的松弛变量；λ 为权重系数；θ 为决策单元有效值。

本书首先在现有研究的基础上，构建高技术企业创新效率评价指标体系，选择合理的评价模型。然后，本书结合通过实地调研获取的数据，对专精特新企业的创新效率进行测度与分析。通过评价与分析，本书剖析企业创新现状，探究影响企业创新效率的根本原因，找出制约企业创新效率的关键因素，分析专精特新企业在区域创新生态系统中发挥的作用，并结合相关案例进一步分析专精特新企业的作用机制。

（二）指标体系构建

借鉴李志广等[35]、付振坤等[17]、王海花等[36]学者们的研究，本书以研发人员、研发经费、固定资产为投入变量，以主营业务收入、净利润、专利数目为产出变量，构建如表 7-41 所列出的创新效率指标体系。

表 7-41　专精特新企业创新效率评价指标体系

指标类型	指标名称	指标描述
投入变量	员工人数	企业人员数量 / 人
	研发经费	企业研发金额 / 万元
	资产总额	企业资产总额 / 万元
产出变量	主营业务收入	企业主营业务收入 / 万元
	净利润	企业净利润 / 万元
	专利数量	企业专利申请数量 / 件

（三）数据来源

本节所用数据主要来自国务院公布的五批专精特新"小巨人"企业（截止到 2023 年 2 月）目录及所属行业分类、国泰安 CSMAR 数据库、国家知识产权局。部分企业财务数据来自企业年报。

本书从国泰安 CSMAR 数据库中共得到 1 659 家财务数据可得且经审计、有明确员工人数的专精特新企业，剔除 2022 年申请专利数量不可得的企业，共得到 490 个数据样本。本书将数据样本按照《国民经济行业分类》（GB/T 4754—2017）相关标准进行划分，从事两种以上业务的样本按其主要业务活动进行判定。数据描述性统计见表 7-42、表 7-43。

表 7-42　全行业数据描述性统计表

变　量	样本量	均　值	标准差	最小值	最大值
资产总额（TA）/ 万元	490	32 686	90 862	3 556	1 929 476
主营业务收入（MR）/ 万元	490	17 246	60 355	501.6	1 248 262
研发经费（RC）/ 万元	490	988.1	1 354	5.969	13 347
净利润（NP）/ 万元	490	1 552	7 412	−11 942	149 334
专利数量（Patent）/ 件	490	24.65	37.42	1	538
员工人数（SN）/ 人	490	1 621	7 119	89	140 403

表 7-43　分行业数据描述性统计表

行业分类	指标描述	员工人数 / 人	资产总额 / 万元	主营业务收入 / 万元	研发经费 / 万元	净利润 / 万元	专利数量 / 件
农、林、牧、渔业（A）2 家	最大值	140 403	1 929 476	1 248 262	11 424	149 334	237
	平均值	71 133	972 005	628 059	5 833	74 704	120.5
	最小值	1 862	14 534	7 855	242.3	73.23	4
采矿业（B）1 家	最大值	1 709	62 465	26 079	1 296	4 195	25
	平均值	1 709	62 465	26 079	1 296	4 195	25
	最小值	1 709	62 465	26 079	1 296	4 195	25

续表

行业分类	指标描述	员工人数/人	资产总额/万元	主营业务收入/万元	研发经费/万元	净利润/万元	专利数量/件
制造业（C）355家	最大值	7 246	198 586	206 442	6 453	19 367	538
	平均值	1 151	27 669	14 672	864.3	1 336	26.21
	最小值	100	4 604	589.6	43.84	-10 597	1
电力、燃气及水的生产和供应（D）6家	最大值	3 314	75 933	31 267	1 574	3 272	48
	平均值	1 537	42 685	19 881	882.4	1 541	18.5
	最小值	360	13 731	6 050	218.7	391.4	1
建筑业（E）5家	最大值	5 933	102 732	142 303	13 347	6 205	74
	平均值	1 658	43 532	39 875	2 921	1 821	31.4
	最小值	170	15 444	3 123	5.969	-174.4	2
交通运输、仓储和邮政业（F）4家	最大值	2 126	75 769	47 194	2 469	2 610	20
	平均值	1 198	31 901	23 688	878.5	1 255	6.75
	最小值	202	11 115	11 951	271.8	538.7	1
信息传输、软件和信息技术服务业（G）2家	最大值	62 245	150 253	313 915	2 068	6 492	32
	平均值	31 417	88 079	159 414	1 387	3 342	30.5
	最小值	588	25 905	4 912	706.2	192.5	29
住宿和餐饮业（I）72家	最大值	7 100	193 579	70 034	10 057	4 023	89
	平均值	955.5	25 733	9 465	1 382	181.4	19.14
	最小值	134	3 556	501.6	92.68	-9 163	1
房地产业（K）1家	最大值	2 274	42 787	18 051	1 345	3 116	37
	平均值	2 274	42 787	18 051	1 345	3 116	37
	最小值	2 274	42 787	18 051	1 345	3 116	37
租赁和商务服务业（L）4家	最大值	7 458	386 227	125 909	7 243	42 121	85
	平均值	3 460	111 418	37 767	3 923	9 192	34
	最小值	901	8 417	3 246	662.7	-5 911	3

续表

行业分类	指标描述	员工人数 / 人	资产总额 / 万元	主营业务收入 / 万元	研发经费 / 万元	净利润 / 万元	专利数量 / 件
科学研究和技术服务（M）19家	最大值	4 096	103 642	55 348	3 961	18 279	55
	平均值	1 192	29 495	11 819	833.3	1 959	14.11
	最小值	104	4 046	1 560	106	−11 942	1
水利、环境和公共设施管理业（N）19家	最大值	36 012	99 057	20 849	915.2	3 010	36
	平均值	2 579	26 729	8 021	317.5	650.6	17.47
	最小值	89	7 090	1 541	61.56	−4 653	2

（四）结果及分析

本节使用澳大利亚的蒂姆·科埃利教授开发的 DEAP Version 2.1 分析软件计算效率并加以分析。基于计算结果，本书分别对全行业、仅制造业企业依次进行了效率值分析、投影值分析等分析。

1. 全行业创新效率分析

通过表 7–44 和图 7–7 所示的结果可以对专精特新企业分行业地进行创新绩效横向评估。如表 7–44 和图 7–7 所示：位于效率包络前沿面上的行业有 9 个，占比 75%，创新绩效最优；非 DEA 有效的行业有 3 个，创新绩效不佳。

表 7–44　全行业效益分析表

决策单元	技术效益	规模效益	综合效益	松弛变量 S^-	松弛变量 S^+	有效性
A	1.000	1.000	1.000	0.000	0.000	DEA 强有效
B	1.000	1.000	1.000	0.000	0.000	DEA 强有效
C	1.000	1.000	1.000	0.000	0.000	DEA 强有效
D	0.972	0.975	0.948	8 295.750	62.957	非 DEA 有效
E	1.000	1.000	1.000	0.000	0.000	DEA 强有效
F	1.000	1.000	1.000	0.000	0.000	DEA 强有效
G	1.000	1.000	1.000	0.000	0.000	DEA 强有效
I	1.000	0.880	0.880	3 024.616	2 043.724	非 DEA 有效

决策单元	技术效益	规模效益	综合效益	松弛变量 S^-	松弛变量 S^+	有效性
K	1.000	1.000	1.000	0.000	0.000	DEA 强有效
L	1.000	1.000	1.000	0.000	0.000	DEA 强有效
M	1.000	0.918	0.918	0.000	0.000	非 DEA 有效
N	1.000	1.000	1.000	0.000	0.000	DEA 强有效

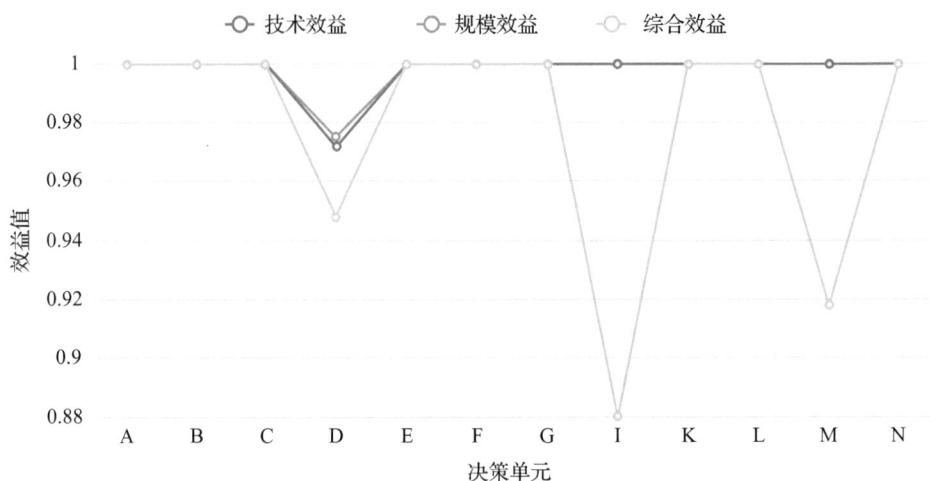

图 7-7　全行业效益有效性折线图

　　就本节样本量而言，全行业的创新绩效总体状况较佳。但不同行业的创新绩效存在着显著的差异。通过对创新绩效进行评估可知，后续引导和激励创新绩效不佳的行业为我国支持和引导专精特新企业发展的重要方式。

　　投影值分析可以进一步分析包络面行业的创新绩效不足问题。投入冗余和产出不足如表 7-45、表 7-46 所示。从输入变量角度进行分析：总资产投入过高而未得到充分利用的有电力、燃气及水的生产和供应及住宿和餐饮业，这是上述行业最为突出的薄弱环节；研发费用投入过高为住宿和餐饮业这一决策单元未达到环境绩效包络面的重要原因之一。从输出变量角度进行分析：净利润产出不足是上述两个行业决策单元的重要风险节点；提高主营业务收入，则是住宿和餐饮业的重要节点。

表 7-45 全行业投入冗余分析表

决策单元	松弛变量 S^- 分析				投入冗余率		
	TA/万元	RC/万元	SN/人	汇　总	TA/万元	RC/万元	SN/人
A	0.000	0.000	0.000	0.000	0.000	0.000	0.000
B	0.000	0.000	0.000	0.000	0.000	0.000	0.000
C	0.000	0.000	0.000	0.000	0.000	0.000	0.000
D	8 295.750	0.000	0.000	8 296.000	0.194	0.000	0.000
E	0.000	0.000	0.000	0.000	0.000	0.000	0.000
F	0.000	0.000	0.000	0.000	0.000	0.000	0.000
G	0.000	0.000	0.000	0.000	0.000	0.000	0.000
I	2 438.733	585.883	0.000	3 025.000	0.095	0.424	0.000
K	0.000	0.000	0.000	0.000	0.000	0.000	0.000
L	0.000	0.000	0.000	0.000	0.000	0.000	0.000
M	0.000	0.000	0.000	0.000	0.000	0.000	0.000
N	0.000	0.000	0.000	0.000	0.000	0.000	0.000

表 7-46 全行业产出不足分析表

决策单元	松弛变量 S^+ 分析				产出不足率		
	MR/万元	NP/万元	Patent/件	汇　总	MR/万元	NP/万元	Patent/件
A	0.000	0.000	0.000	0.000	0.000	0.000	0.000
B	0.000	0.000	0.000	0.000	0.000	0.000	0.000
C	0.000	0.000	0.000	0.000	0.000	0.000	0.000
D	0.000	62.957	0.000	63.000	0.000	0.041	0.000
E	0.000	0.000	0.000	0.000	0.000	0.000	0.000
F	0.000	0.000	0.000	0.000	0.000	0.000	0.000
G	0.000	0.000	0.000	0.000	0.000	0.000	0.000
I	1 249.260	794.464	0.000	2 044.000	0.132	4.380	0.000
K	0.000	0.000	0.000	0.000	0.000	0.000	0.000
L	0.000	0.000	0.000	0.000	0.000	0.000	0.000
M	0.000	0.000	0.000	0.000	0.000	0.000	0.000
N	0.000	0.000	0.000	0.000	0.000	0.000	0.000

2. 制造业企业创新效率分析

制造业是立国之本、强国之基，是国家经济命脉所系[37]。当下，外部环境的复杂性和不确定性明显增强，我国内在的要素条件也在发生深刻变化，制造业发展步入爬坡过坎的攻坚阶段。本节基于样本数据，重点分析制造业企业的创新绩效。

由表 7-47 可知，专精特新企业创新综合效率整体偏低，平均只有0.397 529 577；规模效率高于技术效率，平均规模效率为 0.754 233 803，高于纯技术效率为 0.532 653 521。制造业专精特新企业创新效率偏低，主要是由技术效率偏低造成的。

表 7-47　制造业企业创新效率评价结果

企业类型		制造业企业
创新效率	综合效率	0.397 529 577
	技术效率	0.532 653 521
	规模效率	0.754 233 803

注：详细企业的创新效率结果请参见本书附录部分。

根据创新效率大小将制造业企业进行分类，结果如表 7-48 所列。由表 7-48 可知，创新效率为 1.0 的，即 DEA 强有效的企业共有 27 家，占企业总数的 7.61%，占比较低。创新效率在 0.8 及以上的企业共有 51 家，占企业比重 14.37%。创新效率一般的企业共有 188 家，占企业总数的 52.96%。有116 家企业创新效率值低于 0.4，占企业总数的 32.68%。制造业专精特新企业超过 3/4 的企业创新绩效低于 0.8，存在较大改进空间。

表 7-48　制造业企业创新效率分类结果

创新效率（x）	$x=1.0$	$0.8 < x \leqslant 1.0$	$0.4 < x \leqslant 0.8$	$0.2 < x \leqslant 0.4$	$x < 0.2$
评　价	好	较好	一般	较差	差
企业数量/个	27	24	188	105	11
比重/%	7.61	6.76	52.96	29.58	3.10

本节通过规模效益分析来判断企业的规模效益情况，进一步分析企业规模效率偏低的原因，结果如表 7-49 所列。在 355 家制造型专精特新企业中，规模效益不变的企业共 12 家，即 12 家企业达到规模有效，处于最佳规模效益点。规模效益递增的企业共 300 家，表明超过八成的企业在创新投入方面存在

改善空间，适量增加投入会使产出以更高的比例增加。规模效益递减的企业较少，共 22 家，占企业总数的 6.2%。

表 7-49　制造业企业规模效益分析结果

企业类型		制造业企业
企业数量 / 家	规模效益不变	12
	规模效益递增	300
	规模效益递减	43

本书通过投影分析进一步探究非 DEA 有效企业投入冗余和产出不足的情况，找出导致企业非 DEA 有效和创新效率偏低的根本原因，进而提出帮助企业提高创新效率的改进目标和方案，结果如表 7-50 所示。由表 7-50 可知，在 355 家非 DEA 有效企业中，总资产、研发费用、员工数量投入冗余的企业分别有 123、146、181 家，企业的非 DEA 有效主要由员工人数和研发经费投入冗余所导致[1]。从产出上来看，主营业务收入不足是导致效率低的重要原因。由规模收益分析得知，目前导致制造业专精特新企业创新效率偏低的主要原因是主营业务收入过少，人员总数和研发经费相对冗余则意味着科技活动人员和科技活动经费过少，造成研发人员和研发经费比例不合理，进而导致企业创新效率偏低以及非 DEA 有效。

表 7-50　非 DEA 有效企业投影分析结果

企业数量 / 家	非 DEA 有效		355
	投入冗余	总资产	123
		研发费用	146
		员工数量	181
	产出不足	主营业务收入	194
		净利润	85
		专利申请数	48

---

[1]　这里的研究人员和经费冗余是在企业现有创新规模水平下的相对冗余，而非绝对冗余。

四、案例分析——专精特新企业在区域创新生态系统中的作用

本小节采用纵向单案例分析方法，以上海艾为电子技术股份有限公司（简称"艾为电子"）为研究对象展开案例分析，探究专精特新企业在区域创新生态系统中的作用。艾为电子的技术效率、规模效率、综合效率分别为 0.34、0.969、0.33，其技术效率和规模效率符合制造业行业效率特点，综合效率较低，则有益于我们分析专精特新企业不足之处。

本书从广泛的数据来源中收集数据，着重分析企业的财报、研报、创始人访谈和相关报道等资料，梳理企业的基本信息，分析其优势与劣势，进而分析企业在区域创新生态系统中的作用。

（一）艾为电子的概况

艾为电子地处上海闵行区，创立于 2008 年 6 月，其法定代表人为孙洪军。公司采用 Fabless 的经营模式，主要经营产品为音频功放芯片、电源管理芯片、射频前端芯片、马达驱动芯片等。2020 年 11 月 13 日，艾为电子获得国家级专精特精"小巨人"称号，是第二批获得此称号的公司之一。本书通过 SWOT 分析梳理了艾为电子的微观发展战略，如图 7-8 所示。

	优势 S	劣势 W
	核心技术优势 低融资成本 产品布局广 研发人员占比高	技术突破难 公司治理问题 高端市场渗透率不足 抗风险能力较弱
机会 O	**SO 战略：增长型战略**	**WO 战略：扭转型战略**
政策支持需求扩张 国产替代空间大	利用技术优势、融资优势，贴合政府政策的支持，抓住市场、扩大份额，增加研发投入，进一步巩固技术优势	抓住机会，扭转劣势
威胁 T	**ST 战略：多元化战略**	**WT 战略：防御型战略**
竞争加剧 国家博弈 行业周期问题 细分市场需求疲软	利用优势，采用多元化战略对抗威胁。进一步扩展产品线，多处布局，对抗细分市场需求减弱的风险。维持研发投入，提高人才吸引度，把握政策红利，破除技术封锁	采用防御战略，规避威胁与劣势

图 7-8　艾为电子的 SWOT 分析图

艾为电子在多年的发展历程中经历了不同的发展阶段，其发展大概可以分为以下三个阶段。

1. 技术起步期。在创业发展初期，艾为电子处于寡头垄断市场的初级阶段。作为国内市场上的少数几家集成电路设计企业之一，艾为电子利用其先发优势和初级的技术实力快速建立起了品牌和口碑。艾为电子在这一时期的重点任务是打开市场，占据市场份额，专注于核心产品线，在核心产品方面进一步积累技术优势、纵向提高技术优势。在该阶段，借着物联网技术和智能家居概念潮流的东风，市场呈现出爆发式增长的态势。艾为电子抓住了机遇，通过引进人才和不断进行技术研发，最终建立起核心产品品类的初级技术优势，作为公司未来拓展发展的基础。但在这一时期，艾为电子对于技术研发重视度还不足，与多数高新小企业起步类似。

2. 技术积累期。在这一阶段，面临着市场竞争加剧的现实情况，艾为电子逐渐认识到了技术创新和商业模式的重要性，通过提高技术人员比例、加大自主研发投入和并购等手段，从商业模式和技术积累两个方面进行提升。凭借着起步时期所专注产品品类之上的技术优势与资本积累，艾为电子一方面继续深耕原有产品领域，不断地创新突破，另一方面又将技术优势横向拓展，推出了更多产品品类，以在更多的品类市场上占得头筹。在这一时期，公司的盈利能力和核心竞争力得到了较大提升。

3. 布局拓展期。当技术积累进行到一定的阶段时，公司规模得以扩大，核心优势得以建立。但为了规避市场相对单调带来的风险，艾为电子根据可进行技术拓展、迁移的新产品市场的发展前景与趋势，扩大优势技术的应用领域，提前进入市场布局，降低公司运营的风险。

（二）艾为电子在区域创新生态系统中的作用

上海市政府为大力鼓励集成电路行业的发展，出台相关法律法规以保护与促进研发，营造良好的企业发展环境；同时，不断减免税收、推动艾为电子在科创板上市、进行创新能力评估等措施，大力推动集成电路行业发展。艾为电子抓住了利好的政策环境，朝着高质量发展的目标不断迈进。

企业占据着技术创新主体地位，在干中学、用中学、互动中学的过程中对知识要素进行创新实践。艾为电子从原有的竞合博弈关系，转变为企业之间的知识型联盟，以及积极建立与大学、政府的知识型合作关系。艾为电子对研发的投入极大，研发费用逐年增加，占比均在45%，如图7-9所示；超过50%的研发人员学历为硕士及以上，如图7-10所示，研发人员知识储备和科研能力较强，在不同的情景下应用新知识"试错"学习。艾为电子与多所高等院校和科研机构合作，不断学习微电子、云计算等技术并将这些技术应用于当地，推进了上海市的产业发展。艾为电子在区域创新生态系统中贡献了重要的科技力量，发挥着重要的引领作用。

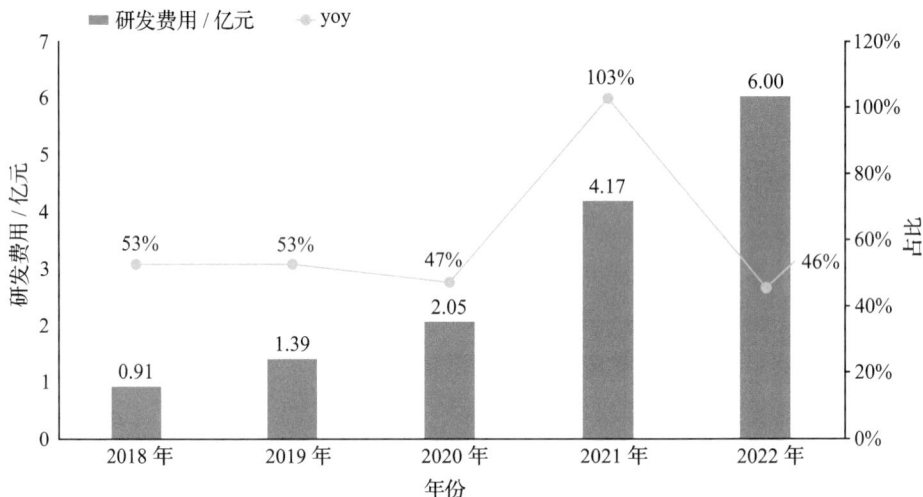

图 7-9　艾为电子的研发投入

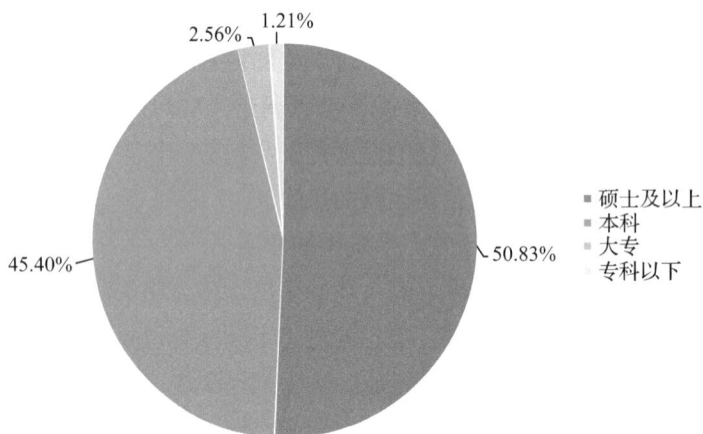

图 7-10　艾为电子的研发人员学历构成

本章参考文献

［1］郭磊.基于产业关联视角的中国工业行业技术创新效率研究［D］.合肥：中国科学技术大学，2013.

［2］朱燕苏.技术创新效率及其影响因素研究［D］.北京：对外经济贸易大学，2022. DOI：10.27015/d.cnki.gdwju.2020.000441.

［3］严也舟，王歆尧.基于DEA模型的电子信息上市企业技术创新效率研究［J］.科技与经济，2020，33（02）：31-35. DOI：10.14059/j.cnki.cn32-1276n.2020.02.007.

［4］刘迎春.中国战略新兴产业技术创新效率实证研究：基于DEA方法的分析［J］.宏观经济研究，2016（06）：43-48；57. DOI：10.16304/j.cnki.11-3952/f.2016.06.004.

［5］肖仁桥，陈忠卫，钱丽.异质性技术视角下中国高技术制造业创新效率研究［J］.管理科学，2018，31（01）：48-68.

［6］肖文，林高榜.政府支持、研发管理与技术创新效率：基于中国工业行业的实证分析［J］.管理世界，2014（04）：71-80. DOI：10.19744/j.cnki.11-1235/f.2014.04.008.

［7］贺正楚，潘为华，潘红玉.制造企业创新效率测度与影响因素研究：基于数字化转型的视角［J］.科学决策，2023（02）：18-29.

［8］吴翔华，储心怡.建筑业上市企业科技创新效率及影响因素研究：基于数据包络分析和托宾模型［J］.科技管理研究，2022，42（13）：89-96.

［9］罗志红，陶晶.装备制造业绿色创新效率及影响因素分析：来自224家上市企业的数据［J］.中南林业科技大学学报（社会科学版），2023，17（01）：28-38. DOI：10.14067/j.cnki.1673-9272.2023.01.004.

［10］ZHENG J H, LIU X X. Ownership structure and determinants of technical efficiency：an application of data envelopment analysis to Chinese Enterprises［J］. Journal of comparative economics，1998，26（3）：465. DOI：10.1006/jcec.1998.1540.

［11］李长青，周伟铎，姚星.我国不同所有制企业技术创新能力的行业比较［J］.科研管理，2014，35（07）：75-83. DOI：10.19571/j.cnki.1000-2995.2014.07.010.

［12］钱丽，王文平，肖仁桥.产权性质、技术差距与高技术企业创新效率［J］.科技进步与对策，2019，36（12）：105-114.

［13］CHARNES A, COOPER W W, RHODES E. Measuring the efficiency of decision making units［J］. European journal of operational research，1978，2（6）：429-444. DOI：10.1016/0377-2217（78）90138-8.

［14］马文斌，朱欢.绿色低碳企业创新效率测度及影响因素研究：基于三阶段DEA与Tobit模型［J/OL］.软科学，1-12［2024-01-30］.http：//kns.cnki.net/kcms/detail/51.1268.G3.20230920.1418.012.html.

［15］韩斌，冯筱伟，苏屹，等.中国新能源汽车上市公司创新效率测度及影响因素研究：

基于三阶段 DEA 与 Tobit 面板模型［J］.科技进步与对策，2023，40（06）：110-120.

［16］王海杰，王淑影，陈彪.国有企业绿色技术创新效率及影响因素研究：来自黄河流域制造业的经验证据［J］.河南工业大学学报（社会科学版），2023，39（04）：36-45. DOI：10.16433/j.cnki.cn41-1379.2023.04.007.

［17］付振坤，何文彬.“专精特新”企业创新效率测度及提升：基于三阶段 DEA 模型［J］.北方金融，2022（06）：60-65. DOI：10.16459/j.cnki.15-1370/f.2022.06.021.

［18］姚立杰，周颖.管理层能力、创新水平与创新效率［J］.会计研究，2018（06）：70-77.

［19］刘伟.中国高新技术产业研发创新效率测算：基于三阶段 DEA 模型［J］.数理统计与管理，2015，34（01）：17-28. DOI：10.13860/j.cnki.sltj.20150122-013.

［20］陈克兢，万清清，康艳玲.国家治理体系与国有企业创新效率：基于巡视监督的准自然实验［J］.科研管理，2020，41（08）：211-219. DOI：10.19571/j.cnki.1000-2995. 2020.08.022.

［21］习近平.高举中国特色社会主义伟大旗帜 为全面建设社会主义现代化国家而团结奋斗［N］.人民日报，2022-10-26（001）.

［22］FRISHAMMAR J，ERICSSON K PATEL P C. The dark side of knowledge transfer：exploring knowledge leakage in joint R&D projects［J］. Technovation，2015，41：75-88.

［23］中华人民共和国中央人民政府.中小企业已成中国技术与机制创新主体［EB/OL］. （2007-10-30）. http：//www.gov.cn/banshi/2007-10/30/content_790175.htm.

［24］中华人民共和国工业和信息化部.工业和信息化部办公厅关于开展专精特新“小巨人”企业培育工作的通知（工信厅企业函〔2018〕381 号）［EB/OL］.（2018-11-26） http：//www.miit.gov.cn/jgsj/quj/gzdt/art/2020/art-d665685c77744605bf865ccdfba7fba7f4a8. html.

［25］刘昌年，梅强.“专精特新”与小微企业成长路径选择研究［J］. 科技管理研究，2015（5）：126-130.

［26］赵甜，马瑞.开放创新生态视角下专精特新企业位势跃迁的机制与路径研究［J］.西部金融，2022（12）：19-25.

［27］工业和信息化部.工业和信息化部关于印发《优质中小企业梯度培育管理暂行办法》的通知 工信部企业〔2022〕63 号［EB/OL］.（2018-01-26）［2023-12-01］. https：// www.miit.gov.cn/jgsj/qyj/wjfb/art/2022/art_7fb04a4a9c0349628f8ec5311eb3411a.html.

［28］王佳宁，罗重谱.中国小型微型企业发展的政策选择与总体趋势［J］.改革，2012（02）：5-17.

［29］董志勇，李成明.“专精特新”中小企业高质量发展态势与路径选择［J］.改革，2021（10）：1-11.

［30］杨震宁，赵红.中国企业的开放式创新：制度环境、“竞合”关系与创新绩效［J］.管理世界，2020，36（02）：139-160；224.

［31］Chesbrough H. The Logic of Open Innoration：Managingg Inellectual Property［J］. California Management Review，2003，54（3）：33-58.

［32］李万，常静，王敏杰，等.创新 3.0 与创新生态系统［J］.科学学研究，2014，32（12）：1761-1770.

［33］REN X T, FUKUYAMA H, YANG G L, et al. Eliminating congestion by increasing inputs in R&D activities of Chinese universities ［J］. Omega, 2022, 110：102618.1–102618.20.

［34］陈劲, 阳镇, 尹西明. 双循环新发展格局下的中国科技创新战略［J］. 当代经济科学, 2021, 43（01）：1–9.

［35］李志广, 李姚矿. 科创板上市公司运营效率测度及提升：一种模糊集定性比较研究［J］. 当代经济管理, 2021, 43（11）：35–45.

［36］王海花, 李树杰, 王莹, 等. 我国国家级专精特新"小巨人"企业科技创新效率评价及其分五大城市群的创新效率对比［J］. 科技管理研究, 2023, 43（20）：65–74.

［37］付保宗. 明确制造业高质量发展的重要使命［N/OL］. 经济日报,［2021–10–18］［2023–12–11］. http：//theory.people.com.cn/n1/2021/1018/c40531–32256438.html#：~：text.

第八章
区域创新生态系统的主体维度分析——高校

　　高校拥有前沿的知识、科技和人才，具备研发先进技术、形成并转化为科技成果以服务于社会的功能，是区域创新生态系统的支柱性主体。但高校的科技成果转化率较低，导致大量科技创新成果资源利用率不高，不能被很好地转化为现实生产力。提高高校科技成果转化效率是实现创新驱动发展的必由之路，2022 年 6 月，教育部、工信部和国家知识产权局三部委联合印发了《关于组织开展"千校万企"协同创新伙伴行动的通知》，力争利用五年的时间，有组织地推动 1 000 所以上高校支撑服务 10 000 家以上企业的科技进步和产业发展，共同推动校企深度融合。在高校科技成果转化的各种模式中，师生共创模式有其独有的特点和优点，教师方从事科研工作，学生运用科技成果开展创新创业事业，推进科技成果转移转化。师生共创模式通过建立教师与学生之间的信任关系，双方各自承担科技创新成果转化过程中的不同职责，从而提高科技成果向企业和市场转化的成功率，对于推动中国经济转型升级、以高水平科技创新推动经济高质量发展具有重要意义。在国家创新体系中，大学科技园作为国家创新体系的重要组成部分，是促进融通创新的重要平台、构建双创生态的重要阵地、培育经济发展新动能的重要载体。《国家大学科技园管理办法》明确要求，国家大学科技园发挥创新资源集成、科技成果转化、科技创业孵化、创新人才培养和开放协同发展五大功能。大学科技园作为高校服务社会职能的延伸，是国家创新体系的重要组成部分，在服务高校教学科研、推动科技成果转化、助力区域经济发展等方面发挥重要作用。本章将主要探讨大学科技成果转化的师生共创模式和大学科技园在创新生态系统中的功能、地位和作用。

第一节 高校科技成果转化的师生共创模式

一、引言

改革开放以来，我国逐步提高对于科技创新和科技成果转化的关注程度，先后颁布了《中华人民共和国促进科技成果转化法》《国家技术转移促进行动实施方案》等政策文件，于改革过程中探索科技成果转化方式，在伟大复兴中迈向科技强国之路[1]。党的十八大以来，创新创业已经上升为国家层面的统筹战略。党的十八大提出"全面实施创新驱动发展战略"；党的十九大把科技创新摆在了国家发展的全局位置，全面谋划科技创新工作；党的二十大再次强调"科技是第一生产力"，深入实施科教兴国、创新驱动发展等战略[2]。伴随着创新创业发展格局的变迁，高等学校的职能也逐步丰富化、立体化，延展至科学研究、高素质人才培养、社会责任承担、文化传承与创新等多方面。尽管有一系列的利好措施，反映高校科技成果转化效果的多方面数据指标依然未达预期。根据中华人民共和国科技部发布的《2020 年我国高等学校 R&D 活动统计分析》相关数据来看：2011—2020 年，高等学校作为卖方的技术合同成交金额占全国比重连年下降，从 2011 年占比接近 6% 持续下跌至 2020 年占比仅为 2% 左右。国家知识产权局公布的相关数据显示：2021 年，我国高校发明专利产业化率和实施率仅为 3.0% 和 10.8%[3]，远低于国际上发达国家接近 50% 的高校专利转化率。

作为高校科技成果转化的一种重要方式，师生共创模式有着优良的发展前景。这一模式旨在激发教师的科研能力和学生的创新潜力，助推高校深度参与产学研合作，以此促进科技成果的创新性和实用性，实现高校科技成果的商业化。然而，师生共创虽然在理论上具有显著的优势，但在实践过程中遭遇了诸多困境，导致其科技成果转化效果不佳。研究清楚师生共创模式的优势与发展障碍，对于提高科技成果转化效率和推动高校科技创新具有重要意义。因此，本章将通过调查和分析，系统地探讨师生共创在高校科技成果转化中所遇到的现实困境及其成因。我们将结合文献资料和问卷访谈，全面梳理师生共创模式中制约各参与主体的因素，并在此基础上提出针对性的政策建议和改进措施，以期推动高校科技成果转化的有效实施。

二、文献综述

（一）关于科技成果转化政策的研究

我国高校师生共创模式的开展、演化与我国政府推出的一系列科技成果转化政策紧密相联，因此，研究师生共创模式的前提是充分了解相关政策的结构和实施效果，国内学术界在此领域的研究成果颇丰。

在政策文件结构方面，国内学者的研究方式主要为文本研究和定量统计结合开展。张永安等[4]以1996—2014年国家及地方颁布的科技成果转化政策为研究对象，运用文本挖掘方法，通过词频分析、语义网络分析、中心性分析以及聚类分析等研究步骤得到科技成果转化政策三维结构框架，并在此框架的基础上对科技成果转化政策的内部结构关系和区域宏观布局特点进行深入分析。张剑等[5]选取了由我国中央政府和地方政府制定、颁布时间处于1985—2014年的共636份科技成果转化政策文件为研究对象，通过参照网络与关键词时序分析方法和政策扩散的研究维度与测量方法，针对科技成果转化政策文件的扩散强度、扩散广度、扩散速度、扩散方向四个维度进行研究，发现规划类和法律类的政策文件扩散强度较高、扩散范围较广、扩散速度平稳，证明其效力较强。高慧等[6]从文本分析视角出发，对2009—2019年湖北省科技成果转化政策进行分析，结论是湖北省的科技成果转化政策文件种类多样，政策文件逐渐聚焦于科技人员的重要性，所涉及的资金筹集和投入方式日益丰富，税收优惠不断落实；但也存在指导和操作性政策缺乏、政策工具组合有待优化等问题。谢黎等[7]构建了关于政策工具的使用偏好、应用效果和作用效率的三维评价模型并在政策文本计量分析的基础上，以北京市、上海市、重庆市、安徽省四地为例进行了横向比较研究，研究发现这四个地区的科技成果转化政策工具组合存在一定差异，但仍然以资金投入、人才培养等措施为主。

在政策文件实施效果方面，国内学术界主要聚焦于政策文件的激励效果、利益分配效果和所有权归属效果以及提升高校科技成果转化效率的效果等方面。各级政府推出科技成果转化政策文件的初衷在于提供有利于创新创业的发展环境，激励科技人员参与创新开发，以此提振创新效率、带动经济发展，然而，实际的政策效果是否符合最初设计是一个值得细致研究的问题。王顺洪等[8]以四川省2012—2017年的相关统计数据为样本，构建了科技成果转化体系实施效果评价体系，得出科技成果转化政策有一定实际正向激励作用的研究结论，并且发现需求政策和供给政策的激励效果更好。钟卫等[9]使用自然实验和双重差分模型，以全国范围内共 552 个地方所属本科院校 2010—2017 年间的平衡面板数据为样本对象，评估省级政府旨在激励科技人员的政策文件的实施效果，发现大多数政策都具有相对明显的滞后性，大约需要两到三年才能起到实际效果。科技成果转化的最终目的是实现科研成果的产业化、商业化，离开科研环境成为产品的过程会涉及团队内部利益处置问题和所有权归属问题，因此，科技成果转化政策的实施效果评估维度也需要包括政策是否妥善规定科技成果转化过程中的利益分配问题和所有权主体地位问题。张军荣等[10]通过虚拟回归研究发现全国总体专利产出和高校专利产出主要受科研投入因素的影响，并未因为"拜杜规则"使高校从科技成果产权中获益而提升其专利产出质量。刘鑫等[11]以 2016 年四川省实施职务科技成果"混合所有制"改革为研究背景和对象，使用双重差分模型开展定量研究，发现四川省的政策试点对省内高校既有的职务发明专利成果而非新申请专利的产权结构产生影响，对专利增量、质量和转化未有显著正向作用。朱相宇等[12]使用断点回归法，运用我国 28 个省级行政区高校 2011—2020 年相关数据，分别从高校科技成果转化经济效果和高校科技成果转化率两个方面评估我国新修订的《中华人民共和国促进科技成果转化法》政策的实施效果。研究发现该文件的政策作用机制主要通过调节科技财力资源、人力资源、物力资源、网络资源与高校科技成果转化率的关系而正向促进高校科技成果转化。

（二）关于我国高校科技成果转化问题的研究

师生共创模式是有效提升高校科技成果转化的方式之一，其模式、目标和评价标准在一定程度上与高校科技成果转化具有一致性。我国学者对于高校科技成果转化的主要研究方向集中于评测高校科技成果转化效率、寻找影响高校科技成果转化效率的影响因素和探寻适宜的高校科技成果转化发展模式。

首先是关于高校科技成果转化效率的问题，我国学术界有着大量的研究文献。由于国外相关主题研究体系起步较早且已经相对完备，我国的研究方式也与之相类似，主要采用数据包络分析法（DEA）等主流计算方法。有一些学者对比研究了不同高校之间的科技成果转化效率：王杜春等[13]按照学校办学的层次进行分类对比，他们以东北地区 11 所"双一流"建设高校为研究对象，运用产出导向的 DEA-BCC 模型针对东北地区 11 所高校的科研效率现状和内部差异进行研究，最终发现一流大学建设的高校科技成果转化效率高于一流学科建设的高校科技成果转化效率；王赵琛等[14]按照高校主攻学科方向类型进行分类，该文献选取 24 所部属高校作为研究对象，通过建立相对完善的指标评价体系，使用超效率 SBM-DEA 模型分析对比了不同类型高校的科技成果转化效率，发现医药类大学创新效率相对优于其他类型高校，并得到了合理的指标体系会提升 DEA 测评结果准确性的启示。还有一些学者考虑到了我国区域发展不均衡的问题，以高校所属地理地区为标准进行分类比较。梁广树[15]运用 DEA 模型测算了我国东部、中部、西部三个区域的高校科技成果转化效率，结果表明，东部和中部地区综合技术效率明显高于西部地区；东部、中部和西部地区纯技术效率比较接近；中部地区规模效率高于东西部地区。还有学者对比了中外高校的科技成果转化效率，陈琨等[16]基于 DEA-Malmquist 方法，对比研究了 2004—2010 年我国高校和其他国家著名大学之间的科技成果转化效率，发现我国高校的科技成果转化效率高于日本、西班牙、意大利、澳大利亚等发达国家高校的科技成果转化效率，但是依然低于美国和英国的高校，且差距较为明显。

其次，关于高校科技成果转化效率影响因素的研究文献同样数量众多、层次深刻。由于我国高校科技成果转化效率一直低迷，因此，大多数相关文献都聚焦在制约高校科技成果转化的因素上。早在 2008 年，梅姝娥等[17]就高校在提高科技成果转化效率方面遇到的障碍进行了系统性的研究，并指出我国高校科技成果转化效率不高的原因在于制度性和机理上的问题。吴春[18]则指出制约我国高校科技成果转化效率的因素有四点：一是市场观念薄弱，二是企业风险意识不强，三是科研投入不足，四是缺乏奖励机制。测算转化效率的研究方法较为统一，相比之下，研究影响因素的方法和视角则多种多样。郭强等[19]通过文献分析法，系统地梳理了影响高校科技成果转化的六大内部因素和三大外部因素，并据此结论提出了针对性的建议。杨登才等[20]突破传统宏观视角对影响因素展开研究，通过定量研究肯定了高校教师的价值追求对于科技成果转化效率的重要程度。罗茜等[21]通过扎根理论，提取出三个核心范畴的影响因素：国家政策、区域环境与组织行为。

随着对高校科技成果转化相关问题研究的深入，我国学者也逐步开始研究探索最适宜我国发展的高校科技成果转化模式，研究结论丰富全面，但是对于哪一种模式才是最优选仍然缺乏一个确切的定论。我国对于高校科技成果转化模式问题的研究起步并不算晚，张福增等[22]于 1998 年便已归纳出五种转化模式，分别是技术入股、合作开发、转让技术、自己实施和转让加入股。谢文峰[23]则认为未来高校科技成果转化的主要模式是高校和企业合作，一方提供科研成果的技术支持，一方提供融资途径的资金支持。关于高校是否需要通过和校外企业合作来实现科技成果转化，胡俊等[24]进行了深入的分析，该文献基于博弈演化来模拟高校与企业合作进行科技成果转化。结果显示：从企业角度考虑，如果在科技成果转化过程中企业所需要承担的成本过高，企业便不会和高校进行合作；对于高校来说，高校会权衡与企业深入合作的收益和仅仅开展技术交易的收益，只有当深入合作的收益更大时，高校才会采取和企业合作的策略，否则，高校则会明显倾向于单纯出售技术。李卫国等[25]除了考量校企合作之外，还通过加入政府等其他主体，打造"政产学研用创"六位一体协同创新模式。另外，还有学者回归高校主体本身，以高校为环节出发点评估高校科技成果转化模式。吴寿仁[26]便通过研究清华大学、上海交通大学和中国科学院上海药物研究所这三所高校在科技成果转化模式上的特点来归纳高校的发展模式，研究发现这三所学校都健全了科技成果转化制度体系和组织体系，注重知识产权保护与运营，并且形成各具特色、因地制宜的成果转化模式。

（三）关于师生共创模式的研究

以师生共创为核心要点和研究主体而开展研究的文献数量并不多，学术界目前的主要研究方向集中于师生共创模式的意义、模式等方面。

师生共创模式是师生共同合作，通过平等交流的方式参与创新创业过程，旨在推动高校科技成果转化的创新培养模式。杨涛等[27]认为师生共创模式中"师"的含义丰富多元，不局限于授课教师和学业导师，还包含企业导师、培养单位、高校在内的一切师资。在师生共创模式背景下：导师在科研项目中起着举足轻重的作用，除了帮助学生进行充分的科研创新以外，也要加强对学生创业道路的指导，与学生共同突破研发过程中存在的障碍；学生则可以依托导师提供的创业经验和创业资源，挖掘自身科研潜力，激发个人创新思维。

学者们对于师生共创模式意义的探讨颇多，这些讨论主要是从师生双方和师生整体的视角出发，同时兼具探讨师生共创模式的突破性价值。黄兆信[28]认为师生共创模式的主要理论优势在于开拓了创新互动的有机环境，以知识资源为纽带，联动高校师生，以创业实践为路径，衔接科学研究和人才培养。师生共创模式的突破点在于打破了传统教学模式中以教师为核心的师生关系，将项目重心移向学生，重点塑造学生的实际生产能力，帮助学生了解学科前沿知识、职业发展前景、产业发展趋势、企业商业需求等信息，提高学生的实践能力和转化能力，降低学生创业企业的发展风险。陈平平等[29]认为师生共创模式将传统的教育模式转变为"以学生为中心"，教师引导学生进行创新创业实践，学生可以挖掘自身的创新潜力，学习到学科交融、终身适用的创新技能，这样的模式有助于实现高校师生之间教学相长的有机互动。师生共创模式明确了教师及相关师资力量在创新创业教育中的功能定位，提振了教师参与科技成果转化的积极性。王少浪[30]指出了教师在师生共创模式中承担着资源整合者和平台搭建者的职责。毕娟[31]则将教师在师生共创的定位上升至伴随者、服务员、推动者和支持者。陈晓曦等[32]从整体角度评述师生共创模式的价值，认为师生共创模式可以推动双创教育发展，有利于激发创新创业热情、促进实践教育发展、推动科研成果转化。因此，赵雨菡等[33]认为，师生共创模式有三个显著提升高校科技成果转化效率的优点：首先，师生共创模式能够显著提升知识转移效率；其次，师生共创模式注重产权分配，师生共创项目往往在其开端就明确了科技成果处置权和所有权；最后，师生共创模式在理论上也解决了科研团队的利益分配问题。

尽管师生共创模式具有鲜明的理论优势，目前在实际操作成果上依然未达预期。因此，学者们主要在模式方面对师生共创进行了深入的研究。沈映春等[34]基于博弈论和创新协同视角证明了师生共创模式有助于学生学习企业经营理念、实践所学知识，也有助于教师专注于科研与教学，还能够借助该模式的独特优势获得资金支持和人才支持。但是师生共创模式现在也因存在着团队组建、融资和管理机制的问题而有待优化。杨涛等[35]则以中药学专业的师生共创为案例进行定性分析，总结出中药学专业大学生对科技创新的认识不到位、培养模式拘泥于传统，其师生共创模式存在忽视对科技创新能力的培养、缺乏高水平的科技创新师资队伍、科技创新能力的培养机制不完善这四个方面的不足。[35]余文博等[36]将协同创新概念引入师生共创模式，并对师生共创模式提出了机制性改革建议，包括采用完善培养机制、管理与评价机制、平台机制、保障机制等。

三、对师生共创模式的博弈分析

（一）理论基础

1. 创新协同理论

创新协同是通过把各类创新主体、资源和要素进行集中和整合，从而运用资本、信息、人才、科技等达到充分合作的目的。师生共创模式的关键在于以高校教师和学生作为核心要素，高校、投资机构等作为辅助要素，从而由多元主体协同实现科技创新，因而是一种协同创新组织方式。

2. 博弈论

博弈论是研究具有相互依存性的理性行为及策略选择问题的理论。博弈论主要研究具有激励结构的不同主体之间的相互作用。博弈中通常有两个以上的参与者，博弈方在博弈中有自己的切身利益和供选择的策略，而对于不同策略的选择会影响其他博弈方的收益。博弈论关注共同活动中每个个体的策略与实际采取的行动，并对相应策略进行优化分析。

博弈包括以下三要素。

（1）博弈方，即参与博弈并在过程中进行独立决策和行动但利益不完全一致的个人或组织。博弈包括二人博弈与多人博弈，博弈方的数量会对博弈的最终结果产生影响。

（2）策略集，每个博弈方都会有一系列可供选择的策略，即对应于每个博弈方的策略集，其中包含多种对策。

（3）得益，即博弈方在不同策略行动下获得的收益，也称得益函数或支付函数。在微观经济学中，消费者在消费过程中获得的满足程度与其消费的商品数量之间的关系可以用效用函数表示，其表达式为：$U=U(x, y, z, \cdots)$，其中，x、y、z 分别指消费者所消费的商品数量。在研究中，效用函数通常以柯布–道格拉斯形式呈现，即 $U=xa_1 ya_2 za_3\cdots$，而所有指数之和为 1。在高校进行科技成果转化时不同博弈主体的博弈过程中，效用函数用于表示每个参与主体的行动。一般用 ui 表示第 i 个参与者的效用函数，用 ui$\{a_1, \cdots, a_n\}$ 表示参与者在策略组合 $\{a_1, \cdots, a_n\}$ 中选择时，第 i 个参与者的效用。

（二）经济学假说及分析思路

1. 成因及假说

针对高校科技成果转化的现状及相关调查，本书提出了以下假说来解释其中存在的问题。

科技成果供求关系的失衡与不匹配是高校科技成果转化率低的直接原因之一，高校的科技成果与企业、市场的需求并不完全对应，存在脱节问题。

传统科技成果转化模式中信息不对称带来的信任成本、交易成本增加的问题提高了科技成果转化过程中科技成果要素与其他生产要素结合的难度，使得科技成果转化难以形成一定的依存路径和自我强化机制。

在具有一定的创新基础（科技成果价值、资金支持、人才）的情况下，减少信息不对称、降低信任成本和管理成本、完善激励机制成为促进高校科技成果转化的主要突破口。

2. 对师生共创模式的博弈分析

（1）前提假设

假设 1：参与博弈的高校教师、学生、高校三方的行为是相对理性的，他们会根据现有信息进行感知与判断，从而做出对自己最有利的选择。

假设 2：高校教师不采取自办产业、技术转让或与企业合作的模式，而以师生共创模式开展科技成果转化，但是在初期不一定能够得到收益，学生可以选择参与到教师的科技成果项目中从而合作开展进一步的研发创新，也可以选择拒绝。（假设教师自主研发创新的成功率为 $p_{E1} \in (0, 1)$，体现教师的创新能力；而当教师与学生合作成功后，研发创新的成功率为 $p_{E2} \in (0, 1)$，$p_{E2} > p_{E1}$，体现师生共创合作的效果。高价值的科技成果转化成功后其商业化利润为 π_1，低价值的科技成果转化成功后其商业化利润为 π_2。）

（2）模型要素

要素一：参与人。本模型研究师生共创模式中的博弈，其特征是由老师负责提供核心技术并进行把关，学生负责企业中与市场对接、获得融资的工作，学校以无形资产作价入股，投资机构提供资金支持，从而完成高校科技成果转化。因而，参与人有三方，分别用 $i=1, 2, 3$ 表示。

要素二：行动空间。按照博弈论的观点，运用师生共创模式进行科技成果转化可以被视为一个动态博弈的过程。我们先分析前期师生合作的部分，教师和学生可以被看作是博弈的两方。掌握科技成果的教师是先行者，教师在行动之前知道科技成果的价值和应用难度，具有信息优势；学生是后行方，他们在行动前根据教师给出的关于科技成果价值的信号而采取行动，其策略空间是接受对科技成果进行转化或拒绝科技成果两种选择，行动是接受或拒绝；高校及投资机构可以选择注资加入或拒绝参与。

要素三：效用函数。教师和学生的支付函数由他们的效用函数给定，参与人 i 的效用函数不仅受到自身的行动选择所影响，还与其他参与人的行动有关，$U=(U_1, U_2, U_3)$ 为参与人的效用函数向量。

（3）博弈过程分析

在博弈的第一阶段，高校教师首先行动。教师有两种策略：释放科技成果具有高开发价值的信号 m_1；释放科技成果具有低开发价值的信号 m_2。假设具有高开发价值的科技成果可能产生的利润为 π_1，具有低开发价值的科技成果可能产生的利润为 π_2，$\pi_1 > \pi_2$。假设教师自主研究开发科技成果创新成功的概率是 $p_{E1} \in (0, 1)$，反映了教师对科技成果的研发创新能力；假设教师与学生合作，教师负责把握项目的科技方向，学生完成科技成果的后续研发、运营和商业化，此时成功的概率为$p_{E2} \in (0, 1)$，由于此时教师获得学生的帮助，所以$p_{E2} > p_{E1}$。

在博弈的第二阶段，学生开始行动。当教师释放技术成果为高开发价值的信号时，提出老师、学生的利润比例分别为r_1、r_2：如果学生选择参与项目，高校教师的期望收益是$r_1 p_{E2} \pi_1$，对于是否开始创业，会考虑风险和收益两方面的问题，风险包括政策风险、法律风险、知识产权风险、学生创业风险、自身时间精力等，将其中的风险分为风险成本C_{11}和机会成本C_{12}两类，学生的期望收益是$r_2 p_{E2} \pi_1$，需要付出的成本为C_{21}，此时的支付向量为（$r_1 p_{E2} \pi_1 - C_{11} - C_{12}$，$r_2 p_{E2} \pi_1 - C_{21}$）；如果学生选择拒绝加入项目，高校教师可以选择自行研发创新，也可以选择将科技成果闲置，假设继续进行科技成果转化的概率为p_0，所以教师的期望收益$E = (1-p_0) \times 0 + p_0(p_{E1} \pi_1 - C_{11} - C_{12}) = p_0(p_{E1} \pi_1 - C_{11} - C_{12})$，学生的期望收益为0，此时的支付向量为（$p_0(p_{E1} \pi_1 - C_{11} - C_{12})$，0）。当教师释放技术成果为低开发价值的信号时，提出老师、学生的利润比例分别为r_1、r_2：如果学生选择参与项目，高校教师的期望收益是$r_1 p_{E2} \pi_2 - C_{11} - C_{12}$，学生的期望收益是$r_2 p_{E2} \pi_2 - C_{21}$，此时的支付向量为（$r_1 p_{E2} \pi_2 - C_{11} - C_{12}$，$r_2 p_{E2} \pi_2 - C_{21}$）；如果学生选择拒绝加入项目，高校教师可以选择自行研发创新，也可以选择将科技成果闲置，假设继续进行科技成果转化的概率为p_0，所以教师的期望收益$E = (1-p_0) \times 0 + p_0 p_{E1} \pi_2 = p_0 p_{E1} \pi_2$，学生的期望收益为0，此时的支付向量为（$p_0(p_{E1} \pi_2 - C_{11} - C_{12})$，0）。以上过程由图8-1表示。

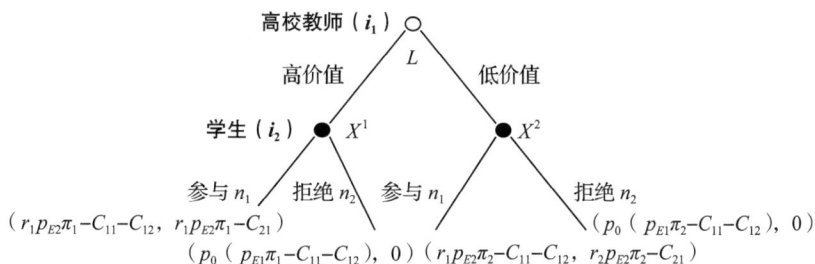

图8-1 教师与学生的博弈过程

注：图中用"高价值"代表具有高开发价值的科技成果，用"低价值"代表具有低开发价值的科技成果；"参与n_1"表示学生选择加入师生共创项目中，"拒绝n_2"表示学生拒绝加入师生共创项目中。在收益函数中，教师的收益函数在前，学生的收益函数在后。

如果学生拒绝参与师生共创模式，本书假设师生共创模式的博弈结束；而学生如果决定参与科技成果转化项目，则进入博弈的第三阶段。

在博弈的第三阶段，高校和投资机构加入。教师、学生、学校以及投资机构三方协商收益分配比例，此时新的分配比例分别为 r_1'、r_2'、$1-r_1'-r_2'$。三方的博弈过程如图 8-2 所示。

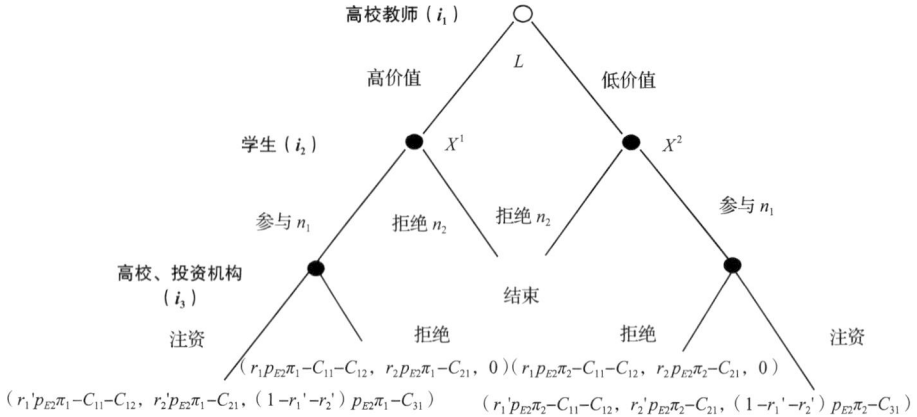

图 8-2　教师、学生与高校及投资机构的三方博弈树

在师生共创模式中，无论是教师、学生还是高校及投资机构，都将协商确定收益的分享比例，因此，在该模型中，r 是讨价还价的基本参数，而 π_1、π_2 也会影响博弈三方的收益函数。为了确定合理的数值，我们采用纳什讨价还价解来解决博弈中收益分享的问题。

结合上述对博弈过程的分析，当博弈三方共同参与师生共创模式时，三方协商收益分享比例。教师的分享比例为 r_1'，学生的分享比例为 r_2'。如果高校及投资机构注资参与，其分享比例为 $1-r_1'-r_2'$，此时的收益向量为 $(r_1' p_{E2} \pi_1$，$r_2' p_{E2} \pi_1$，$(1-r_1'-r_2') p_{E2} \pi_2)$；如果高校及投资机构拒绝注资参与，此时的收益向量为 $(r_1 p_{E2} \pi_1$，$r_2 p_{E2} \pi_1$，$0)$。

于是纳什讨价还价解符合：$\text{Max}\,(r_1' p_{E2} \pi_1 - r_1 p_{E2} \pi_1)(r_2' p_{E2} \pi_1 - r_2 p_{E2} \pi_1)[(1-r_1'-r_2') p_{E2} \pi_1]$。

由博弈分析的结果可知，在师生共创模式的博弈过程中，科技成果的研发价值、项目的商业化能力、参与方的收益分配比例都会影响博弈方的收益函数。而实际上，科技成果的研发价值、高校教师进行产品创新和使产品实现商业化的能力、高校师生合作完成产品研发创新和商业化的能力并不是博弈方的共同信息，因此存在信息不对称的问题。因此，教师、学生、高校及投资机构并不能根据已有信息和条件做出使利益最大化的选择，信息不对称会影响博弈方的决策和行动，从而影响高校科技成果的转化。

（4）对博弈参与者策略选择的进一步分析

在多主体运用资本、人才、设备等各种创新要素进行协同创新的过程中，不同主体可以根据现有条件采取不同的策略，以获得最大的期望收益。结合深度访谈的结果和博弈论分析，本书对博弈中不同主体的行动加以分析，以探究在何种条件下能够实现师生共创模式以及如何优化博弈各方的收益函数。

对高校教师来说，由于他们具有信息优势，是师生共创模式的先行方，对于是否开始创业，会考虑风险和收益两方面的问题，风险包括政策风险、法律风险、知识产权风险、学生创业风险、自身时间精力等，假设其选择创业的可能性为 P_1，考虑创业中的风险成本为 C_{11}，机会成本为 C_{12}，选择创业的期望收益为 E_{11}，不选择创业的收益为 E_{12}，而 $E_{11}=P_1(r_1' p_{E2}\pi_1-C_{11}-C_{12})$，$E_{12}=(1-P_1)\times 0=0$。因此，高校教师选择开始创业与不进行创业之间的期望收益之差为 $\Delta E_1=E_{11}-E_{12}=P_1(r_1' p_{E2}\pi_1-C_{11}-C_{12})$。

对学生来说，一方面，他们较为信任老师提供的关于科技成果创新创业方面的信息、资源和平台，大多数同学愿意参与到师生共创项目中；另一方面，由于缺乏工程及产品研发、公司运营方面的经验，他们较为关注与自身试错成本相关的方面，比如学校政策支持度、创业启动资金等，假设学生所需要付出的试错成本、努力成本为 C_{21}，其选择加入师生共创项目的可能性为 P_2，选择加入时的期望收益为 E_{21}，拒绝加入时的收益为 E_{22}，而 $E_{21}=P_2(r_2 p_{E2}\pi_1-C_{21})$，$E_{22}=(1-P_2)\times 0$。因此，学生选择开始师生共创项目与拒绝加入项目之间的期望收益之差为 $\Delta E_2=E_{21}-E_{22}=P_2(r_2 p_{E2}\pi_1-C_{21})$。

对高校及投资机构来说，其考虑的收益是自身所分配利益的比例大小，同时，校友基金、投资机构资金供给等还受到情怀、个人偏好等非理性因素的激励，假设其选择为项目注资的可能性为 P_3，为师生共创模式付出的管理成本、评估成本为 C_{31}，加入师生共创模式时的期望收益为 E_{31}，拒绝加入时的收益为 E_{32}，而 $E_{31}=P_3\times[(1-r_1'-r_2') p_{E2}\pi_1-C_{31}]$，$E_{32}=(1-P_3) 0$。因此，高校及投资机构为师生共创模式注资与不注资之间的期望收益之差为 $\Delta E_3=E_{31}-E_{32}=P_3\times[(1-r_1'-r_2') p_{E2}\pi_1-C_{31}]$。

综上所述，师生共创模式能够在博弈各方的行动下顺利推进的条件是 ΔE_1、ΔE_2 及 ΔE_3 均不小于0。因此，得到高校教师、学生、高校及投资机构愿意选择开展或加入师生共创模式的条件是：

$$\begin{cases} r'_1 p_{E2} \pi_1 \geq C_{11} + C_{12} \\ r_2 p_{E2} \pi_1 \geq C_{21} \\ (1 - r'_1 - r'_2) \, p_{E2} \pi_1 \geq C_{31} \end{cases} \quad (8-1)$$

基于前文的分析和讨论，我们可以得出：在师生共创模式中，要想促进博弈多方在协同创新过程中加强资源共享和分工合作，需要使得各方主体得到的期望收益大于其可能付出的成本。这会受到几大因素的影响：首先，科技成果的价值大小会影响整体的利润 π，从而影响各方博弈主体的收益与成本之间的相对关系，进而影响不同主体的行动；其次，师生共创模式运行过程中的利益分配比例会影响博弈方的参与程度，尤其是担任企业家角色的学生需要较大的利益比例；最后，针对博弈的不同主体，更加明确的政策指导、管理办法以及资金支持能够降低其付出成本的预期，从而更好地投入科技成果转化过程中。

（5）信息不对称对师生共创模式的影响

高校科技成果转化过程中存在的一个重要问题就是信息不对称，主要包括高校与企业之间信息不对称、高校与市场之间信息不对称，体现在技术交易和技术市场化的过程中。该问题存在的原因主要在于：首先，高校作为形成科技成果的机构，对于科技成果在科技领域的价值方面，教师更具有方向上的前瞻性，具有信息优势，而企业只具备有关科技成果的二手信息，不具有信息优势，因此，高校和企业之间天然存在信息方面的不一致。其次，高校在进行科技成果的技术交易或商业化合作时，倾向于向企业传递科技成果的开发价值及创新之处，而隐瞒科技成果在后期市场化、产品化研发中可能出现的问题。最后，高校形成的科技成果本身就具有不确定性，其后期能否实现由理论到实践应用的转变需要一步步的验证。

因此，企业和高校之间的技术转移对于企业来说是一把双刃剑，这种模式不仅可以带来巨大的利润，而且也会带来巨大的市场风险，这也就意味着，在引进技术成果的过程中，必须要充分考虑到所能获得的利益和其中存在的风险。这就使企业决策者在主观上期望引进具有较高开发价值的技术成果，而拒绝开发价值较低的技术成果。

师生共创模式的一大优势在于能够在高校科技成果转化的过程中缓解信息不对称的问题，基于调研分析和博弈分析，教师和学生由于在科技资源、教研活动、校友关系方面形成了信任关系，关于科技成果的开发价值方面的信息则能够减少信息差和道德风险问题。

四、师生共创案例的问卷设计与结果分析

（一）问卷设计与数据收集

1. 受访群体

目前大多数有关师生共创模式的研究文献都停留在理论推导层面，并未实际调研过现有师生共创项目的情况和相关评价。有部分文献进行了调研工作，但是由于存在样本数量过少、调查对象不具有代表性等问题，使得研究结果缺少一定的可信度。因此，本书在前人研究的基础上设计调查问卷，向北京市、上海市、深圳市等师生共创项目聚集地发放问卷并回收加以分析。综合考量数据的可得性和客观性，本书将问卷的目标受访者群体设计为亲身参与过师生共创项目的教师和学生，考虑到二者在师生共创项目中有共同合作部分，也有定位差距之处，为保证结果的科学性，本书分别设计了针对教师的调查语句和针对学生的调查语句。

2. 问卷语句设计

问卷的第一部分是对于受访者基本信息的统计调查，包括受访者的性别、年龄、受教育程度、在师生共创项目中的身份、工作市场和专业背景等，用于甄别问卷填写者是否为目标受访者群体。

问卷的第二部分是关于受访者对于师生共创项目各参与主体的整体评价，王如意等[37]在基于扎根理论的基础上，通过半结构式访谈方法，就高校教师、高校学生、双创行政管理人员、政府双创孵化部门以及创投机构等多主体对师生共创模式的影响和作用进行了定性分析。本书参考其研究思路，结合与业内人士的访谈结果，配合协同创新理论，在设计问卷语句时打破师生二元的师生共创项目结构，将教师、学生、高校、投资方、政府和外部市场环境作为师生共创项目的六个参与主体，请受访者按照自身实践经历评估六个主体对师生共创项目的影响程度，并分别对师生共创项目的整体运行效果和六个主体各自的表现进行评价。学生版问卷还单独设计了受访者认为教师提供的哪些资源最有用的问题语句。

问卷的第三部分利用五级李克特量表，请受访者针对师生共创项目中六个参与主体的表现进行进一步评价，通过细分评价维度提升评价结果的准确性。首先，对于教师在师生共创项目中的表现，何永强[38]强调教师应成为学生在创新创业过程中的领路人和启蒙人，并且要突破传统教学关系，从教师为主导地位的"授课者"身份逐步转向和学生平等互动的"资源提供者"身份，而且

高校应该积极调动师生共创项目中教师的主观能动性。黄兆信[28]则强调教师应该通过师生共创项目向学生提供全面的市场需求等信息。因此，本书设计如下五个评价维度："投入师生共创项目中的精力和时间""为学生提供足够的创业资源""师生共创项目与自身的教师工作之间的时间协调""对于市场需求的把握程度""专业学术素养"。其次，关于学生在师生共创项目中的表现，尹国俊等[39]以浙江大学的双螺旋创新创业模式为例，说明浙江大学通过搭建平台提升了学生的创新实践能力，强调学生的创新能力和主观能动性对于师生共创项目影响重大。因此，本书设计如下三个关于学生的评价维度："创新实践能力""师生共创项目与自身学业之间的时间协调""专业学术素养"。再次，关于高校在师生共创项目中的表现这一评价维度，刘伟等[40]对清华大学、大连理工大学等八所大学进行抽样调查研究，发现了学校可能存在未开设创新创业课程、政策上不重视创新创业教育等边缘化创新创业教育的现象。因此，本书设计如下四个针对高校的评价维度："对师生创新创业能力的培养（例如相关创新创业课程）""对师生共创的支持激励政策（例如学分奖励或者职称奖励）""校领导对创新创业的态度""对基金、联盟等外部资源的引入能力"，以此来调查受访者对于自己身处的高校的创新创业教育是否满意。然后，关于投资方在师生共创项目中的表现这一评价维度，陈兰杰[41]在对比研究国内外科技成果转化模式的过程中发现，德国、美国等发达国家在为高校科技成果转化提供资金支持方面都有完善的配套体系。因此，本书设计如下两个对于投资方的评价维度："对师生共创项目的技术转移认可度""对于项目的资金保障"。接着，关于政府政策在师生共创项目中的表现这一评价维度，在前文的文献综述中已涉及大量关于政府制定、颁布的旨在促进科技成果转化的政策文件起到何种作用的研究，在此不再赘述。本书设计如下五个关于政府政策的评价维度："创业孵化资源建设""知识产权转让政策""财税政策扶持""经费扶持""相关激励政策"。最后，关于外部市场环境在师生共创项目中的表现这一评价维度，路兴隆[42]在对黑龙江省市场环境进行研究时，构建了指标评价体系，采用营商环境、市场化程度等指标来衡量地区市场环境的质量。世界银行2023年推出的营商环境评估新体系（B-READY）中也将市场化竞争作为评价指标之一[43]。因此，本书设计如下四个针对外部市场环境的评价维度："行业结构合理性""产业竞争程度""创新创业氛围""营商环境"。

问卷的第四部分询问受访者参与师生共创项目的动机与亲身感受到其中存在的发展障碍。学生版的问卷主要询问学生参与师生共创项目是否出于升学、求职等原因，教师版的问卷主要询问教师参与师生共创项目是否出于经济效益、职称等原因。

基于本书的设计思路，调查问卷中的问题语句可参考表8-1。

表8-1 调查问卷问题语句

受访对象	问题语句（类型）	评价维度
共用问题	性别（单选）	
	年龄（单选）	
	受教育程度（单选）	
	身份（单选）	
	工作时长（单选）	
	您认为以下几方对师生共创模式成功的重要性占比分别是_____。（填空）	
	请您对您所参与的师生共创模式的运作效果及针对师生共创各参与方进行总体评价。	
	您认为教师在参与师生共创项目中在以下方面做得怎么样？	投入师生共创项目中的精力和时间
		为学生提供足够的创业资源
		师生共创项目与自身的教师工作之间的时间协调
		对于市场需求的把握程度
		专业学术素养
	您认为学生在参与师生共创项目中在以下方面做得怎么样？	创新实践能力
		师生共创项目与自身学业之间的时间协调
		专业学术素养
	您认为高校在参与师生共创项目中在以下方面做得怎么样？	对师生创新创业能力的培养
		对师生共创的支持激励政策
		校领导对创新创业的态度
		对基金、联盟等外部资源的引入能力
	您认为投资方在参与师生共创项目中在以下方面做得怎么样？	对师生共创项目的技术转移认可度
		对于项目的资金保障

受访对象	问题语句（类型）	评价维度
共用问题	您认为政策支持在参与师生共创项目中在以下方面做得怎么样？	创业孵化资源建设
		知识产权转让政策
		财税政策扶持
		经费扶持
		相关激励政策
	您认为当下市场环境如何？	行业结构合理性
		产业竞争程度
		创新创业氛围
		营商环境
	您参与师生共创项目的动机或需求是什么？（多选）	
	您认为目前师生共创成功开展的障碍有哪些？（多选）	
高校学生	在师生共创项目中您认为教师提供的什么资源最有帮助？（多选）	

（二）结果分析

1. 受访教师问卷结果分析

受访教师男女比例接近 2∶1，年龄集中于 31~50 岁之间，所有教师受教育程度均为硕士及以上，工作时长全部为 0~10 年之间，专业背景主要为工学和经济学。

由图 8-3 可以发现，从教师受访者的视角来看，教师自身的重要程度排在首位，学生次之，接下来依次是外部市场环境、投资方、高校，教师们普遍认为政府政策对于师生共创项目的影响程度最小，仅为 7% 左右。这样的调查结果可能说明，在高校教师心目中，师生共创项目依然是以教师和学生两者为主，外部市场环境提供的创新创业环境也有着一定程度的影响。结合教师受访者认为师生共创项目整体运行较好，对于教师、学生两个参与主体满意度较高，而对外部市场环境、投资方、高校、政府政策的评价两极分化的调查结果，不难推测，我国北京市、上海市、深圳市等地的师生共创项目目前依然在靠高校师生二元主体支撑，且其他主体整体表现并不稳定。

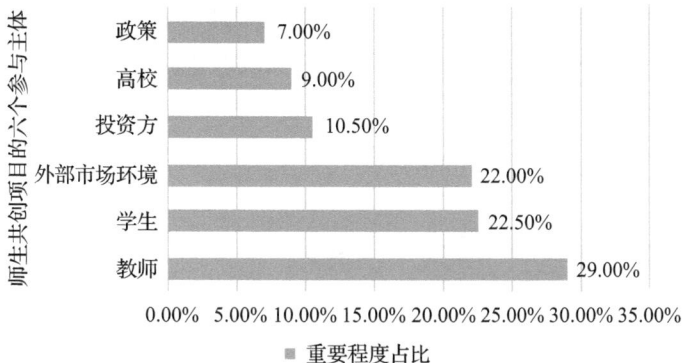

图 8-3 教师受访者认为师生共创项目中六个参与主体的重要程度占比柱状图

对六个参与主体的进一步评价调查结果显示：教师们对于自身的满意程度整体一般，只对自身专业学术素质的评价较为满意；教师们对于学生的满意程度普遍较高，但对于学生的创新实践能力维度，近 50% 的教师给出的评价是"一般"；教师们对于高校的评价褒贬不一，有 30% 左右的教师非常满意于自己所处高校对于基金、联盟等外部资源的引入能力，但也有 50% 左右的教师认为在这一项上自己的高校做得很一般，但教师们对于激励机制和能力培养普遍相对满意；教师受访者对于投资方和政府政策在多个维度上的评价也较为满意；但是在市场环境的行业结构和市场竞争维度上，有接近 40% 的受访者给出了较差（弱）的评价，这也直观地反映出我国整体创新创业营商环境亟待改善之处。

关于参与师生共创项目的动机和需求，大部分教师受访者给出的反馈是"成果落地"和"回馈社会"，其次一批被选择较多的选项是"培养学生""经济需求"，"职称评定"的选项并非主流答案，这也反映出我国高校管理体制内可能尚未以创新创业参与程度作为评选职称的评定标准，确实在一定程度上保证了教师不都是完全出于功利目的而参与创新创业教育的，但同时也减少了一种激励教师参与双创教育的手段。教师受访者认为师生共创项目开展中的障碍的主要在于"学生参与兴趣不高""教师无法提供足够的创业资源"等方面，这些认知依然围绕着学生与教师的二元架构。

2. 受访学生问卷结果分析

受访学生男女比例接近 3 : 5，年龄集中于 18~25 岁之间，所有学生受教育程度均为硕士及以上，受访者主要为在读研究生群体，专业背景主要为工学、经济学和管理学。

由图 8-4 不难发现，在参与师生共创项目的学生看来，高校教师所提供的创业资源和创业知识最为重要，专业科研知识也是创新创业过程中必不可少的一部分。

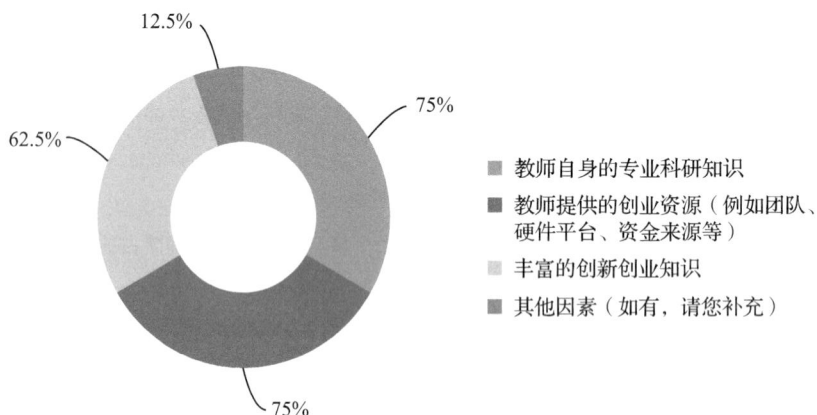

图 8-4　学生受访者认为教师向他们提供的最有用处的资源

由图 8-5 可以发现，从学生受访者的视角来看，教师的重要程度仍然排在首位，学生次之，接下来依次是高校、投资方、政府政策，教师们普遍认为外部市场环境对于师生共创项目有着一定程度的影响，但是在学生看来，外部市场环境最不重要。这样的调查结果可能说明高校学生对于教师和学校的依赖心理很强烈，尽管参与了创新创业项目，与校园之外的创业环境接触、联系得依然较少。除此之外，学生受访者普遍认为师生共创项目整体运行效果中等偏上，对于教师、学生两个参与主体满意度较高，而对外部市场环境、投资方、

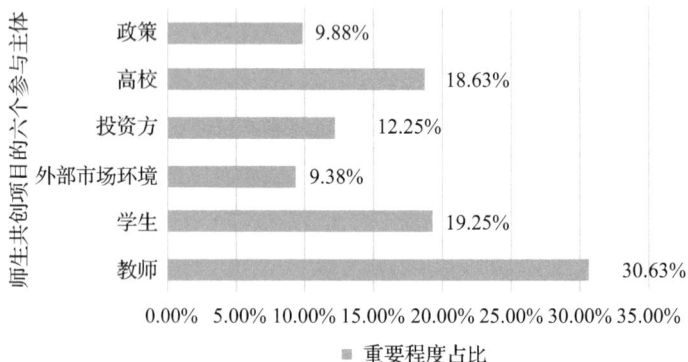

图 8-5　学生受访者认为师生共创项目中六个参与主体的重要程度占比柱状图

高校、政府政策依然存在两极分化的评价，甚至有 10% 左右的学生对政府政策和外部市场环境给出了非常不满意的评价，这些调查结果再次验证了师生共创项目目前依然在靠高校师生二元主体支撑且其他主体整体表现并不稳定的猜测。

由图 8-6 可知，学生受访者对于项目教师的评价普遍较高，除了"对于市场需求的把握程度"维度以外在其他维度中均有学生给出了非常好的评价，其中在"专业学术素养""投入师生共创项目的精力和时间"两个维度上都有 25% 的学生给出了非常好的评价，这肯定了教师的学术实力和心血付出。

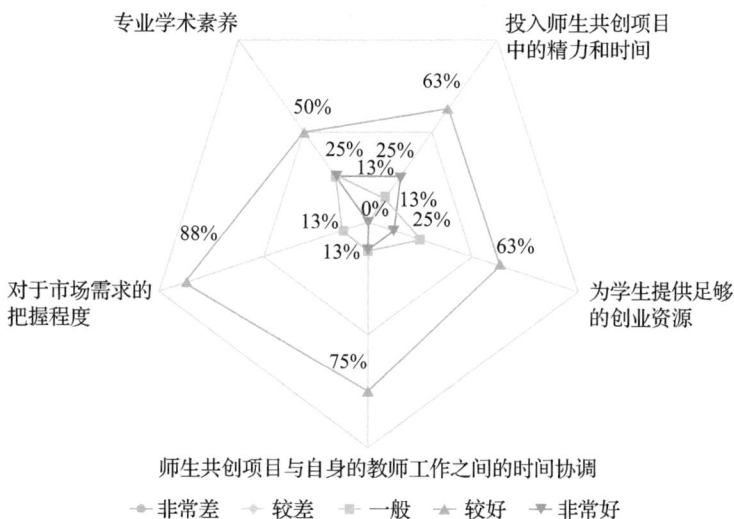

图 8-6　教师主体五维评价雷达图

由图 8-7 可知，学生受访者对于自身的评价相对较高，除了"创新实践能力"维度以外，在其他维度中均无学生给出较差等级的评价，在三个评价维度上都有 62.5% 的学生给出了相对较好的评价，代表学生们对自己的研究能力和学术态度比较满意。

由图 8-8 可知，学生受访者对于高校资源引入能力的评价差异较大，87.5% 的学生认为高校在"对基金、联盟等外部资源的引入能力"这一维度上表现优良，但是还有 12.5% 的学生认为高校在这一维度上表现较差。其他维度所获得的评价普遍较好。

学生受访者们对于投资方在各维度上的评价普遍较高，12.5% 的学生对投

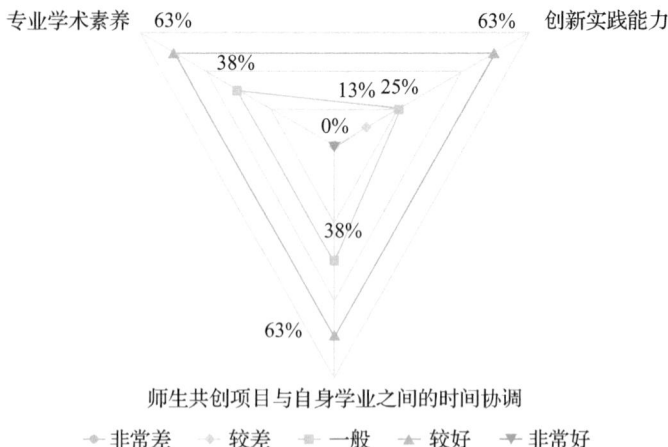

图 8-7　学生主体三维评价雷达图

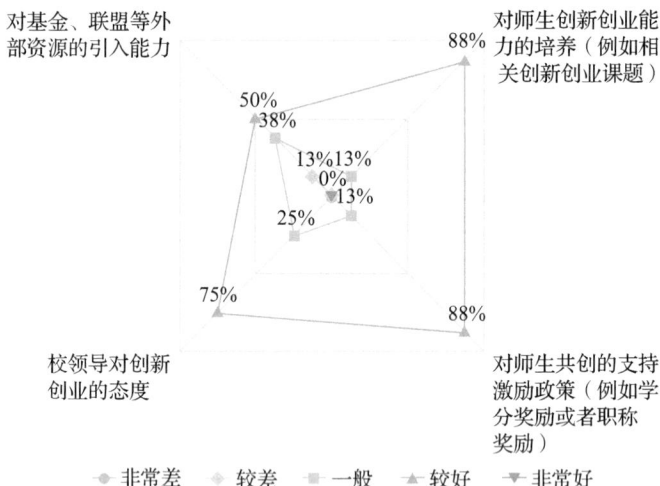

图 8-8　高校主体四维评价雷达图

资方在"资金保障"和"对师生共创项目的技术转移认可度"维度的表现给出了非常好的评价，50% 的学生认为投资方在"资金保障"维度上做得较好，62.5% 的学生认为投资方在"对师生共创项目的技术转移认可度"维度上表现得较好。

由图 8-9 可知，学生受访者对于政府政策的评价整体较好，12.5% 的学生分别在"经费扶持"和"创业孵化资源建设"维度上给出了非常好的评价，75% 的学生赞同政府出台的相关激励政策有着较好的实施效果。

由图 8-10 可知，学生受访者对于市场环境主体的评价整体较差：25% 的

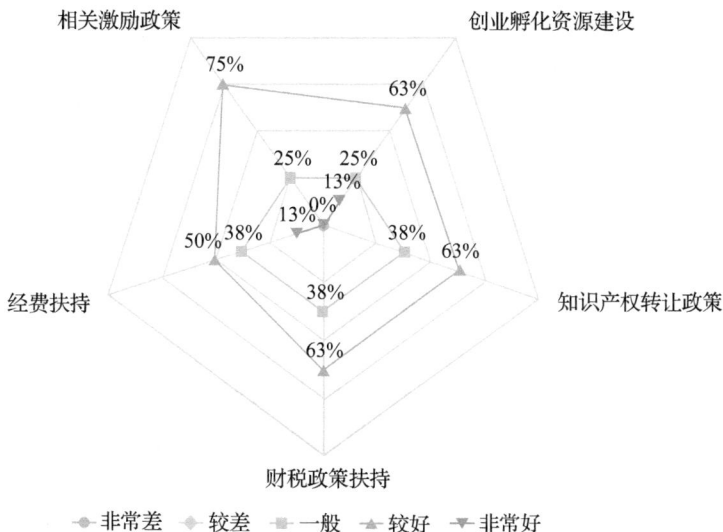

相关激励政策　　创业孵化资源建设

75%　　63%

25%　25%

13%

13% 0%

50% 38%　　38%

经费扶持　　63%　　知识产权转让政策

38%

63%

财税政策扶持

●—非常差　◆—较差　■—一般　▲—较好　▼—非常好

图 8-9　政府政策主体五维评价雷达图

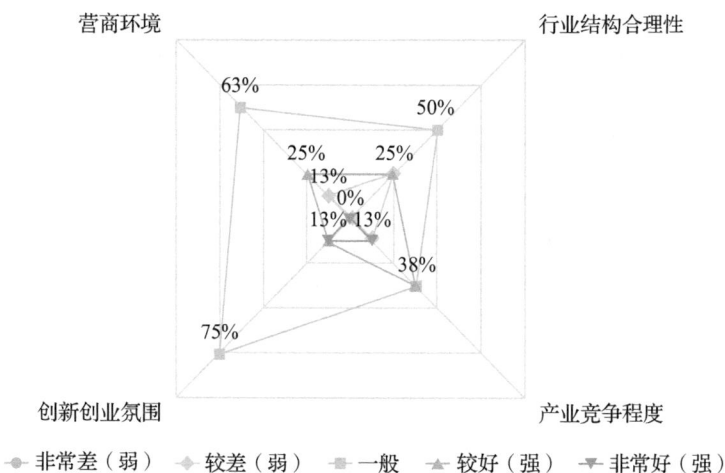

营商环境　　　　　　　　行业结构合理性

63%　　50%

25%　25%

13%

0%

13% 13%

38%

75%

创新创业氛围　　　　　产业竞争程度

●—非常差（弱）　◆—较差（弱）　■—一般　▲—较好（强）　▼—非常好（强）

图 8-10　市场环境主体四维评价雷达图

学生认为"行业结构合理性"较差；分别有 12.5% 的学生认为"产业竞争程度"较弱、"营商环境"较差；对于"产业竞争程度"的评价呈现两极分化的结果，这也代表了我国各行业之间的市场竞争发展态势具有明显的异质性。唯一让学生整体满意的是"创新创业氛围"维度，共有 25% 的学生给出了较好或非常好的评价，剩下 75% 也都给出了一般而非较差等评价。

　　关于参与师生共创项目的动机和需求，大部分学生受访者给出的反馈是

"升学需求"和"工作需要",其次是"提升能力""经济诉求","回馈高校"等选项并非主流答案,这也反映出我国高校与师生共创项目之间的往返联系较少,学生主要以自身需求为出发点而参与师生共创项目。学生受访者认为师生共创项目开展中存在的障碍的主要在于"学生科研水平有限""学生参与兴趣不高""教师无法提供足够创业资源"等方面。

3. 综合结果分析

教师和学生两方反馈的问卷结果大致吻合,但也有部分细节存在意见分歧和认知差异。

首先,教师和学生都肯定彼此双方在师生共创项目中的重要地位,代表师生共创项目目前依然是以教师和学生为绝对主角配置的科技成果转化模式。教师更看重市场环境,而学生则认为高校对于项目的影响程度更深。

其次,教师和学生都对彼方主体的整体表现较为满意,但是双方对于其他四个主体的整体表现都有着参差不齐的看法。这表明在师生共创项目开展过程中,只有学生和老师是表现相对稳定且一定保持在相对优秀水平上的,而其他主体因为各种原因并未随着师生两方的前进速度配套发展,导致师生与非师生两个板块有脱钩松绑的感觉,没有紧密结合为一体。

再次,对于六个主体的进一步评价,师生双方对教师主体的专业素质给予了肯定,但是双方都认为教师在掌握市场信息的维度上尚有不足;师生双方也都比较赞同学生在创新实践能力上有一定欠缺;师生双方对于高校主体普遍满意,但是双方的调查结果都在"对基金、联盟等外部资源的引入能力"维度上反映出明显的两极分化现象;师生双方对于投资方和政府政策普遍相对满意;师生双方都认为我国市场环境内行业结构合理化程度较弱。

此外,关于参与师生共创项目的动机和需求,教师一方更多是出于高于最低工作标准的职业追求和诲人不倦的为师责任,而学生一方则更多偏向于更现实地通过师生共创项目提升个人能力和职业起点。

最后,关于目前师生共创成功开展的障碍,师生双方都比较赞同例如"学生参与兴趣不高""教师无法提供足够的创业资源"等方面的问题,普遍还是单纯从师生角度出发思考制约师生共创项目开展的因素是什么。

五、研究结论与建议

（一）研究结论

本书在已有文献研究的基础上，突破理论推导研究方法，针对师生共创项目进行了实际问卷调研，选取具有代表性的北京市、上海市、深圳市等地的师生作为受访群体，通过正在参与师生共创项目的一线人员获取一手评价资料；并且结合协同创新理论等研究基础，跳出师生二元主体结构，从师和生双方视角出发，对教师、学生、高校、投资方、政府和外部市场环境进行整体和多维度评价。

最终得出如下研究结论。

第一，我国师生共创发展模式现在仍然主要以高校教师和高校学生为主体，与此同时，高校所提供的创新创业条件和外部市场环境对师生共创项目有着正面或负面的影响。

第二，高校教师和高校学生在师生共创项目中表现相对出色，投资方、政府政策也相对符合高校师生创新创业要求，但是外部市场环境和高校就存在明显的发展不均衡的问题。

第三，师生共创项目各参与主体之间沟通联系较少，最显著的问题是高校教师没有完全掌握市场发展需求方面的信息，也没有能力提供足够的创业资源等。高校教师和高校学生都赞同目前我国师生共创项目在开展中存在的主要障碍在于"教师无法提供足够的创业资源""学生科研水平有限"和"学生参与兴趣不高"等方面。

（二）发展建议

为了促进师生共创模式的健康发展，同时旨在提升我国高校科技成果转化效率，基于以上的研究结论，本书提出以下三点发展建议。

1. 建立激励机制

政策激励手段是显著提升高校师生参与师生共创项目积极性的重要条件。激励政策来源于师生所属高校和政府，高校可以通过在专利转让的收入分配上采取鼓励政策，将专利转让收入按照一定比例分配给发明人、发明人所在院、发明人所在系，从而解决学生参与师生共创项目兴趣不高的问题；还可以把投身创新创业项目作为教师职称评定的必要标准之一，以此调动教师参与师生共创项目的积极性。政府则可以通过颁布法律类文件来规定高校科技成果的所有权归属高校和研发者本身，尊重研发者的劳动成果，保证研发者持续参与分享专利成果盈利的权利[44]。

2. 完善风投市场

师生共创企业所开展的往往是资金回收周期长、投资风险高的业务，这种商业模式需要大量、稳定的资金支持，兼之其潜在的超高利润和持续走高的发展前景，最适配风险投资行业。我国公募基金规模庞大、机构众多，私募基金虽然在表面规模上小于公募基金，但是蕴藏着深远的发展潜能。这便需要政府发挥引导职能，推出相关法令政策，支持我国存量巨大的资金进入风险投资行业，只要政策条款和实施方案符合一般经济发展规律，便能为我国高校开展科技成果转化提供丰富的资源支持[45]。

3. 加强主体交流

高校教师和学生往往专注于工作和学业，对于创新创业中的其他主体了解甚少。高校、政府等机构应该助推高校师生与投资方、外部市场环境多多交流。政府理应发挥主导作用，可以通过"代表大会"的形式，邀请全国各行各业的优秀代表共聚一堂进行深入交流，代表们可以在会上交流发展规划、交换看法意见、建立商业合作等。高校之间可以建立学术会议联盟，实时更新、交换最新的市场动态资讯。高校师生也可以和企业保持频繁交流，例如可以通过兼职、实习等方式参与企业商业生产，实地了解行业前沿发展趋势和企业商业发展需求[46]。

第二节　大学科技园

本节对区域创新生态系统的重要主体维度"大学科技园"进行分析。首先，本节对国家大学科技园这一概念及其功能进行概述。国家大学科技园是以具有科研优势的大学为依托，促进科技资源整合和创新成果转化的平台。自2001年首批认定以来，累计已有139家园区获得认定，覆盖全国30个省、自治区及直辖市。作为国家创新体系的重要组成部分，这些园区在促进科技与经济融合、培育新动能方面发挥着关键作用。此外，本节进一步分析大学科技园这一主体的发展历史。大学科技园起源于美国斯坦福大学的斯坦福研究园，后逐渐发展成为大学和产业界联系的纽带，为产学研活动和区域经济发展提供支持。园区内外主体包括科技园孵化平台、入驻企业、大学、中介服务机构和政府，这些主体共同推动科技转移和创新资源流动。

一、大学科技园及其分类

国家大学科技园是指以具有科研优势、特色的大学为依托，将高校科教智力资源与市场优势创新资源紧密结合，推动创新资源集成、科技成果转化、科技创业孵化、创新人才培养和开放协同发展，促进科技、教育、经济融通和军民融合的重要平台和科技服务机构。

作为国家创新体系的重要组成部分，国家大学科技园是促进融通创新的重要平台、构建双创生态的重要阵地、培育经济发展新动能的重要载体。

2001 年，我国首批认定清华大学科技园等 22 个大学科技园为"国家大学科技园"。目前先后累计已有 141 家国家大学科技园获得认定，剔除中间未通过考核而被摘牌的（1 家）和重新认定更名的（1 家），截至 2023 年 6 月底，国家大学科技园总数为 139 家，现已覆盖全国 30 个省、自治区以及直辖市。

国家大学科技园作为大学、企业、政府联动的平台，是产学研活动发生的重要地区，更是区域经济发展的重要助推力量。国家大学科技园区参与主体包括内部主体和外部主体。园区内部主体包括科技园孵化平台、入驻企业。园区外部主体则包括大学、中介服务机构以及政府在内的环境提供者，它们为科技园区进行技术转移提供创新环境，为创新资源的流动提供投入要素。其中，大学主要提供技术支持环境，通过科研平台为技术转移提供技术、人才等智力支持；中介服务机构包括金融机构、咨询机构、行业协会等，其重要功能是为技术转移提供经济金融、法律、咨询等各方面的服务，能有效激活创新资源，是经济金融环境的重要组成部分；而政府则是政策环境的营造者，也是公共服务的提供者。

大学科技园起源于美国斯坦福大学建立的斯坦福研究园，第二次世界大战结束后，由于经费匮乏，斯坦福大学将 75% 的土地出租给高新技术公司，原本是为了解决经费问题，却在后来逐渐演变为一种将大学实验室的技术向园区公司转让的有效手段，成为大学和产业界联系的纽带。

大学科技园作为创新创业人才培养的重要平台，在项目孵化、技术转移和成果产业化方面发挥着重要作用。中国大学科技园的发展经历了从大学和企业的双方合作到大学、企业、政府之间三方协同的转变。早期大学科技园的发展模式主要是以技术方式对企业及其商业活动提供支持的创业公司，以大学实验室作为"技术中介"的角色实现技术转移。随着大学科技园的发展，政府逐渐看到其资源整合能力对新企业孵化的战略意义，开始以资金和税收优惠等方式为大学科技园提供额外的支持。而政府在创业孵化的过程中，对克服创新市场失灵的问题也起到了重要作用，因此，逐渐成为大学科技园的主要参与单位。

如今，根据主导的参与单位的不同，大学科技园大致分为三种类型：一是大学主导型的大学科技园，如清华大学国家大学科技园、上海交大科技园、浙大网新科技园、深圳南山科技园等，是高等教育产业化后的产物，以产学研结合为重点突破口、产业链上下互动为主；二是政府主导型的大学科技园，如武汉光谷的东湖高新区国家大学科技园属于由政府主导，武汉大学、华中科技大学等高校在这一地区内合作建立研发孵化平台。三是企业主导型的大学科技园，这类科技园的机制较为灵活，科技园运营公司一般都会主动举办活动和进行推广来推动企业发展，使得入园的企业可以得到实质性的发展。

二、大学科技园在区域创新生态系统中的角色和作用

（一）理论分析

在区域创新生态系统中，大学科技园在培育和联系各方资源两个方面发挥着有效作用。对于创新生态系统内各方主体而言，大学科技园能够帮助地方培养创新人才、推动企业创新孵化、促进高校科技成果转化；同时，通过提供产学研合作条件与平台等支持，大学科技园能够使整个系统内多方的人才、资本、场地等创新要素融汇交流，从而形成创新合作与共享机制，推动创新生态系统的持续发展。大学科技园作为创新生态系统的重要组成部分，既能为各方主体提供资源支持，又能够促进创新要素的集聚与交流，实现技术与产业的深度融合，从而推动整个创新生态系统长期、健康地发展。

1. 培养创新创业人才

国家大学科技园是发挥高校创新创业人才培养职能的重要平台。国家大学科技园服务于地方经济发展，为地方经济创新驱动发展提供人才和智力支持。当大学科技园发展到一定规模与水平时，高校更要利用其资源优势推进产学研一体化发展，利用孵化企业的成功经验与平台反哺高校的课程与教学，结合实际，真正培养出高素质的技术与管理人才。

资料显示，目前，我国所建立的高校大学生科技创新创业实习实训基地中，近 70% 是由国家大学科技园创建。截至 2018 年年底，浙江大学国家大学科技园（西溪园区）创业园累计创办各类大学生创业企业 611 家，累计就业人

数 6 000 余人，其中，浙江大学等高校创业实习人数达 3 000 余人。

随着知识经济的快速发展，如何充分利用大学科技园良好的创业研发环境推动高素质人才培养已成为世界各国普遍关注的重要课题。

2. 孵化高新科技企业

国家大学科技园重视构建全链条孵化体系与提供全方位"双创"孵化服务，打造功能强大的"双创"平台，实现信息资源的高效聚合与共享。同时，国家大学科技园会根据企业的发展现状，与金融机构、企业家或投资人开展合作，不断丰富投融资渠道和方式、拓展投融资服务范围，为科技型企业提供与之相匹配的投融资产品和服务。

我国实施"双创"政策以后，以"众创空间"为代表的创新苗圃大量涌现。国家备案众创空间被纳入国家级科技企业孵化器管理服务体系。部分国家备案众创空间在国家大学科技园快速落地生根，形成"一科技园多空间"的一园多点布局。一方面，围绕"众创空间＋孵化器＋加速器＋产业园"的创业孵化链条，建立众创空间、大学科技园及依托高校的良性互动机制和正向循环链路，构建校地资源互动的产业创新平台和成果转化基地；另一方面，充分发挥依托高校的虹吸效应和国家大学科技园的区域溢出效应，利用"一科技园多空间"一园多点布局，整合创新孵化载体，引导众创空间创业团队按照孵化需求，构建创业团队、初创企业、在孵企业的阶梯多层接续孵化链和良性创新创业生态圈——这些都动态地拓展了国家大学科技园孵化渠道，提升在孵企业活力，二者孵化互动、相互促进。

3. 转化高校科技成果

在实现科技自立自强及建设创新型国家的政策背景下，国家大学科技园区在承接技术成果、促进技术孵化及技术吸收和扩散上发挥了重要作用。

在技术转移方面，国家大学科技园依托高校建立起专业化程度较高的技术转移机构，同时进一步健全职务科技成果披露与管理制度，以加强对科技成果的科学评价、专利运营和宣传推广，同时不断为技术转移机构开创新的管理运营模式，如北京大学国家大学科技园探索开展"商户型产业技术研究院＋学科型技术转移公司"的运作模式，旨在加速推动技术转移。

在科技成果转化方面，国家大学科技园依靠科技中介服务机构，不断对高校科技创新资源进行汇聚与整合，加速推动科技成果知识产权化，打造从研发、中试熟化到产业化的全过程服务平台，着力推进具有广阔应用前景的科技成果实现工程化与成熟化。如复旦大学国家大学科技园致力于创立国家高新技术服务中心、上海市创新基地孵化器、科技园技术转移中心、科技园硅谷创新中心等多个服务品牌，在促进产业转型升级的同时，还通过对接研究机构、打造联合实验室，加快科技成果的转化应用。

4. 融通各类创新资源

大学科技园是高等教育体系的重要组成部分，是国家创新体系不可缺少的重要环节，大学科技园分园建设必将成为中小企业"群聚生态"的重要平台、地方政府扶持创新创业政策集成落地的有效举措、产业链上下游"抱团取暖"的有效途径和高校科技成果转移转化的重要阵地，努力践行服务区域科技与经济发展将有力促进大学科技园的新一轮有序发展。

国家大学科技园直接推动了高校与企业之间在人员、技术、资本等创新要素上的流动与整合，为区域产业经济的发展提供原动力。如桂林电子科技大学国家大学科技园推动阿里巴巴广西 LBS 运营服务中心、广西东盟技术转移中心以及园区入驻企业开展各种形式的校企合作，吸引企业与校内专家开展科技合作，实现双赢。

国家大学科技园已经成为高校聚集资源、转化科研成果的主要阵地，为高校科技成果转化提供了人才、资本、场地等创新要素，为地方经济注入了创新型企业等新动能。

（二）实证检验

1. 研究假设

基于前文的分析，本书认为，大学科技园在推动人才、资本、场地等创新要素融汇交流和促进高校科技成果转化、企业创新孵化和创新人才培养方面发挥了重要作用。其中，企业作为经济活动的主体和直接参与者，其创新能力和水平将显著影响区域创新生态系统的构建情况——企业创新水平越高，就越能为区域创新活动带来更大的贡献。因此，研究大学科技园孵化创新型企业的效率，将有助于理解大学科技园对区域创新生态系统建设有何贡献。

大学科技园孵化效率越高，从大学科技园成长的企业质量水平将越高、数量将越多，进而越有助于区域创新生态系统建设。据此，本书提出以下研究假说。

H_1：大学科技园孵化效率对区域创新生态系统建设水平具有显著影响。

H_2：较高的大学科技园孵化效率有助于提升区域创新生态系统建设水平。

2. 研究设计

（1）模型设定

为检验大学科技园孵化效率对创新生态系统建设水平的影响效应，根据 Hausman 检验结果，本书构建如下个体固定效应基准回归模型：

$$Ecosystem_{i,t} = \beta_0 + \beta_1 Efficiency_{i,t} + \beta_i Control_{i,t} + v_i + \varepsilon_{i,t} \tag{8-2}$$

其中，$Ecosystem_{i,t}$ 代表 i 地区在 t 时期的创新生态系统建设水平，$Efficiency_{i,t}$ 代表 i 地区在 t 时期的国家大学科技园孵化效率，系数 β_1 反映国家大学科技园孵化效率对该地区创新生态系统建设水平的影响效应，$Control_{i,t}$ 为一系列控制变量，具体包含 i 地区在 t 时期的经济发展水平 $GDP_{i,t}$、地区产业结构 $Structure_{i,t}$、对外贸易程度 $Tradeopen_{i,t}$，v_i 为个体固定效应，$\varepsilon_{i,t}$ 为球形随机扰动项。

（2）变量设定

①核心解释变量

为全面评价国家大学科技园孵化效率 $Efficiency$，结合国家大学科技园功能定位及孵化服务等特点，本书从人力投入、物力投入、财力投入三个维度，选取管理机构从业人员数、场地总面积、孵化基金总额三个指标作为国家大学科技园孵化效率的投入指标。作为大型企业孵化管理机构，国家大学科技园与政府和大学之间关系密切，需要有管理机构从业人员来满足其中的沟通需求，人力投入维度以在该地国家大学科技园的管理机构从业人员数量来衡量。国家大学科技园自身建设与政府财政支持也会对创新孵化成果产生重要影响，这两个方面分别通过以该地国家大学科技园已投入使用的场地总面积来衡量的物力投入维度和以该地区政府支持的孵化基金总额来衡量的财力投入维度体现出来。

考虑到国家大学科技园具有孵化高新技术企业、培育战略性新兴产业的重要功能，本书从在孵企业与毕业企业两个维度衡量科技园的孵化效率，选取对应地区的大学科技园一定时期内的在孵企业数、在孵企业总收入、累计毕业企业数三个指标作为产出指标。在孵企业数和在孵企业总收入可以反映大学科技园的吸引力和孵化能力，体现大学科技园作为创新创业集聚地的效果。毕业企业数量的增加代表大学科技园孵化的企业能够成功独立发展，具备一定的市场竞争力和成长潜力，进一步体现国家大学科技园的孵化质量。综合以上分析，国家大学科技园孵化效率指标体系如表 8-2 所列。

表 8-2　国家大学科技园孵化效率指标体系

投入－产出	一级指标	二级指标	单　位
投入	人力投入	管理机构从业人员数	人
	物力投入	场地总面积	平方米
	财力投入	孵化基金总额	千元
产出	在孵企业	在孵企业数	个
		在孵企业总收入	千元
	毕业企业	累计毕业企业数	个

本书使用数据包络分析方法（DEA-BCC）测算国家大学科技园孵化效率。

由于各经济主体（决策单元，即 DMU）并不一定都处在最佳生产效率边界上，对资源的利用效率并非都能达到完全。通过放弃完全效率假设和构造生产前沿面来对技术进步与技术效率进行区分的生产前沿面方法应运而生。生产前沿面方法的发展主要分为两个方向：参数方法和非参数方法。参数方法以随机前沿生产函数（Stochastic Frontier Approach，SFA）为代表，沿袭传统生产函数（增长核算方法）的估计思想，重点是确定一个合适的前沿生产函数来描述生产前沿面。但这一方法经常会因为需要事先预设生产函数的具体形式和非效率项的分布形式而受到批评，因为当函数形式和非效率项分布形式存在误设时，就会产生偏差。

以数据包络分析（Data Envelopment Analysis，DEA）为代表的非参数方法则通过纯数学的线性规划技术来确定生产前沿面，是一种数据驱动的方法，不需要设定具体的函数形式和特定的行为假设，有效地避免了因为误设生产函数和非效率项分布形式而带来的偏差。

该模型又根据所假定规模报酬的不同，分为 BCC（可变规模报酬）与 CCR（不变规模报酬）两种模型。

CCR 模型的基本思想为：假设有一个存在 p 个决策单元的决策集 $DMUs$，其中的每一个决策单元为 k，设其投入向量为 $\vec{x}_k = (x_{k1}, x_{k2}, \cdots, x_{kn})^T$，产出向量为 $\vec{y}_k = (y_{k1}, y_{k2}, \cdots, y_{km})^T$，则对于投入和产出，存在评价指标向量 $\boldsymbol{u} = (u_1, u_2, \cdots, u_n)^T$ 及 $\boldsymbol{v} = (v_1, v_2, \cdots, v_m)^T$，满足：

$$E_k = \frac{x^k}{y^k} = \frac{\vec{v}^T \vec{y}_k}{\vec{u}^T \vec{x}_k} = \frac{\sum_{j=1}^{m} v_j y_{kj}}{\sum_{j=1}^{n} u_j x_{kj}} \quad s.t.\ E_k \leqslant 1, \quad \forall k = 1,\ 2,\ 3,\ \cdots,\ p$$

$$（8-3）$$

$$\max E_k = 1, \quad v_i,\ u_i \leqslant 1, \quad \forall i = 1,\ 2,\ 3,\ \cdots,\ \max\{n,\ m\} \quad （8-4）$$

其对偶问题可写为：

$$\min E_k$$

$$s.t. \begin{cases} \sum_{i=1}^{n} \lambda_i \vec{x}_i \leqslant E_k \vec{x}_k \\ \sum_{i=1}^{n} \lambda_i \vec{y}_i \geqslant \vec{y}_k \\ \lambda_i \geqslant 0,\ j = 1,\ 2,\ 3,\ \cdots,\ p \end{cases} \quad （8-5）$$

则称满足要求的 E_k 为效率评价指数。求解此线性规划问题，求得最优的权 u 和 v，此时便得到决策单元 k 的效率。若 $E_k = 1$，决策单元便是具有效率的。通过模型，我们也可以看到，该决策单元的有效性是相对于其他所有的决策单元而言的。

BCC 模型即规模收益可变（VRS）假设下的径向 DEA 模型，与 CCR 模型类似，不同点在于增加了等式约束 $\sum \lambda = 1$，其规划形式为：

$$\min E_k$$

$$s.t. \begin{cases} \sum_{i=1}^{n} \lambda_i \vec{x}_i \leqslant E_k \vec{x}_k \\ \sum_{i=1}^{n} \lambda_i \vec{y}_i \geqslant \vec{y}_k \\ \sum_{i=1}^{n} \lambda_i = 1 \\ \lambda_i \geqslant 0,\ j = 1,\ 2,\ 3,\ \cdots,\ p \end{cases} \quad （8-6）$$

从本质上来说，该方法通过线性映射矩阵 $u = (u_1,\ u_2,\ \cdots,\ u_n)^T$ 及 $v = (v_1,\ v_2,\ \cdots,\ v_m)^T$，将 n 维投入向量 $\vec{x}_k$ 以及 m 维产出向量 $\vec{y}_k$ 同时映射到一维空间中，得到一维数据 x^k 以及 y^k，利用二者比值 E_k 作为评价指数。

②被解释变量

被解释变量 $Ecosystem_{i,t}$ 为 i 地区在 t 时期的创新生态系统建设水平，采用本书第三章内容中构建的创新生态系统指标体系，使用熵权法得出的 2016—2020 年中国 30 个省、自治区和直辖市的创新生态系统评价结果。指标体系如表 8-3 所列。

表 8-3　创新生态系统建设水平指标体系

维度层面	一级指标	二级指标	单　位
环境层	体制机制顺畅度	市场分配资源的比重	
		政府透明度指数	
		知识产权保护指数	
环境层	科技金融融合度	科学技术支出占财政支出的比重	
		科技企业孵化器当年获得的风险投资额	万元
		众创空间团队及企业当年获得的投资总额	万元
实践层	主体地位明晰度	规模以上工业企业平均 R&D 项目	个
		规模以上工业企业平均 R&D 经费	万元
		规模以上工业企业平均 R&D 人员	人
	创新资源整合能力	当年外商投资总额	万美元
		研究生毕业人数	人
		区域内普通高等学校数	个
		科学研究与开发机构数	个
	创新载体协作能力	技术市场技术输出地域（合同数）	个
		技术市场成交额	亿元
		在统孵化器数量	个
		孵化器内企业数量	个

③控制变量

考虑到其他因素对实证结果稳健性带来的潜在影响，本书选取了以下控制变量，旨在提升本研究的科学性与有效性。

经济发展水平（GDP）：使用地区生产总值衡量区域经济基础，并进行对数化处理。

地区产业结构（Structure）：使用第三产业占地区总产值的比重来衡量地区产业结构，计算方法为对应时期该地区第三产业总产值除以该地区生产总值（GDP）。

对外贸易程度（Tradeopen）：采用货物进出口总额占地区总产值的比重来衡量，即通过某一时期该地区货物进出口总额除以该地区生产总值（GDP）得到该变量。

（3）数据来源与描述性统计

鉴于数据的可得性和客观性，本书选取我国 30 个省级行政区（香港特别行政区、澳门特别行政区、台湾地区、西藏自治区除外）作为研究对象，研究时间为 2016—2020 年。区域创新生态系统相应指标数据来自《中国政府透明度指数报告》《中国教育统计年鉴》《中国统计年鉴》《中国科技统计年鉴》《中国火炬统计年鉴》以及省级行政区统计年鉴与国泰安数据库。国家大学科技园孵化效率体系中各指标数据来自《中国火炬统计年鉴》，控制变量数据来自《中国统计年鉴》。

相关变量描述性统计如表 8-4 所列。

表 8-4　描述性统计结果

变量类型	变量名	变量解释	样本量	平均值	标准差	最小值	最大值
被解释变量	Ecosystem	区域创新生态系统建设水平	150	0.256	0.147	0.044	0.765
核心解释变量	Efficiency	国家大学科技园孵化效率	150	0.721	0.247	0.253	1.000
控制变量	GDP	经济发展水平	150	4.778	0.172	4.442	5.217
	Structure	产业结构	150	0.517	0.081	0.396	0.839
	Tradeopen	对外贸易程度	150	0.235	0.237	0.008	1.050

3. 实证分析

（1）Hausman 检验

面板数据一般有混合估计模型（POOL）、固定效应模型（FE）、随机效应模型（RE）三种形式的模型可以选择。其中，混合估计模型采用 OLS 估计，忽视不同个体、不同时间项之间的差异，与其他两个模型相比其拟合效果较差。固定效应模型包括个体固定模型、时间固定效应模型、双向固定效应模型，分别刻画不同个体、不同时间以及同时考虑不同个体与不同时间的特殊影响。随机效应模型则假设个体之间的差别是随机的。为选择合适的面板数据模型，本文进行 Hausman 检验，具体结果如表 8-5 所列。

表 8-5　Hausman 检验结果

	取　值
卡方统计量	11.362
P 值	0.045**

注: ***、**、* 分别代表 1%、5%、10% 显著性水平。

Hausman 检验结果显示, 卡方统计量为 11.362, 在 5% 显著性水平下显著, 拒绝原假设, 认为不存在个体随机效应, 而选择固定效应固体效应模型。

（2）基准回归结果

由于 Hausman 检验结果支持固定效应模型, 本研究采用个体固定效应模型进行基准回归, 控制地区差异以及时间趋势。考虑到模型的稳健性, 本文同时报告了个体固定效应模型、随机效应模型的面板估计结果, 具体内容见表 8-6。

表 8-6　面板估计回归结果

变　量	个体固定效应模型	随机效应模型
Efficiency	0.047*** （2.82）	0.049*** （3.17）
GDP	0.302*** （4.33）	0.376*** （5.04）
Structure	0.498*** （4.06）	0.415*** （4.00）
Tradeopen	−0.099 （−0.67）	0.085* （1.65）
常数项	−1.455*** （−4.58）	−1.808*** （−5.34）
个体固定	Yes	No
观测量	150	150
F 统计量	18.318***	97.746***
拟合优度	0.545	0.717

注: ***、**、* 分别代表 1%、5%、10% 显著性水平, 括号内为 t 值, con 为常数项, 下同。

根据双向固定效应模型, 在有效控制个体差异与时间效应下, 由结果可见, 地区国家大学科技园孵化效率的系数通过 1% 显著性水平的检验, 表明国家大学科技园孵化效率能够显著影响地区创新生态系统的发展, 假设 H_1 成立。

而从显著性的角度来看, 国家大学科技园孵化效率每提高 1 个单位, 地区创新生态系统建设水平将对应提升 0.047~0.049 个单位，提升幅度稳定。这说明，大学科技园作为孵化科创型企业的重要平台，其孵化的企业能够有效担当起建设区域创新生态系统的中坚力量，因此，其孵化效率将显著促进区域创新生态系统建设情况。假设 H_2 成立。

一方面，区域创新生态系统的建设需要大量创新型企业的参与和支持。企业个体的力量终究是有限的，且若区域内仅存在少量创新型企业，每个企业占据较大市场份额，那么凭借自己的市场地位就可获利，企业则可能没有动力进行创新活动，或者可能会为维持自己的市场地位而抑制其他企业的创新活动，以防其他企业占据更大的市场份额。因此，仅凭数家企业是难以做到"万众创新"的。大学科技园孵化效率越高，其孵化出创新企业的数量越会有所增多，这将助力区域创新生态系统建设；而对于孵化效率较低的大学科技园，其内部企业数量较少，难以支撑起区域创新生态系统的建设。

另一方面，创新活动往往需要投入大量资源，且存在较大的不确定性，因此要以拥有一定资源、实力的企业为依托。本书在测算大学科技园孵化效率时，将孵化企业的收入情况作为产出指标，大学科技园孵化企业收入越高，大学科技园孵化效率则越高。而拥有较高收入的创新型企业往往拥有更多的资源，具有更充足的实力支撑其创新活动。因此，孵化效率较高的大学科技园能够孵化出质量更高（往往是收入水平较高）的创新型企业，这些企业具有更高、更充分的实力支持其创新活动，进而促进区域创新生态系统建设。反之，大学科技园孵化效率较低的地区，所孵化企业可能不具备充足的收入和资源以支撑其活动，难以提升区域创新水平。

进一步观察控制变量的回归结果，可以发现，地区经济发展水平（GDP）对区域创新生态系统发展水平的影响系数显著为正，说明地区经济实力越强，创新投入的数量和质量越高，相应的创新生态发展水平则越高。产业结构（Structure）的影响系数显著为正，当第三产业占比较高时，会吸引更多高素质人才，释放更多的创新需求，从而提高区域创新生态系统的活跃程度。对外贸易程度（Tradeopen）的影响系数为负且不显著，可能的原因是对外开放会导致资源配置呈偏向性，过度依赖外部资源，影响自主创新的动力。

（3）稳健性检验

为进一步验证结论，本部分以运用主成分分析法得到的区域创新生态系统水平作为新的被解释变量，用前文的方法，首先进行 Hausman 检验，结果如表 8-7 所列。

表 8-7　Hausman 检验结果

	取　值
卡方统计量	17.354
P 值	0.004***

Hausman 检验结果显示，卡方统计量为 17.354，在 5% 显著性水平下显著，拒绝原假设，认为不存在个体随机效应，而选择固定效应模型。

利用重新测算出的区域创新生态系统建设水平对方程进行个体固定效应估计，同时汇报随机效应模型结果。由回归结果可知，国家大学科技园孵化效率对区域创新生态系统的建设有着显著的促进作用，控制变量中的地区经济发展水平、产业结构也有着显著正向影响。所得结果与前文相同，证明结论具有一定稳健性。具体结果如表 8-8 所列。

表 8-8　替换变量后的估计结果

变　量	个体固定效应模型	随机效应模型
Efficiency	0.175** （2.54）	0.179*** （2.82）
GDP	1.166*** （3.90）	1.493*** （4.73）
Structure	1.956*** （4.09）	1.658*** （3.85）
Tradeopen	−0.533 （−0.92）	0.320 （1.49）
常数项	−6.58*** （−4.80）	−8.193*** （−5.66）
个体固定	Yes	No
观测量	150	150
F 统计量	16.497***	77.623***
拟合优度	0.519	0.694

4. 结语

本部分选取 2016—2020 年 30 个省级行政区的面板数据，运用 DEA-BCC 模型测算国家大学科技园的企业孵化效率，并引入前文使用熵权法与主成分分析法测度所得的区域创新生态系统建设水平指标数据，利用个体 – 时间双向固定效应模型与随机效应模型进行基准回归与稳健性检验，就国家大学科技园企业孵化效率对区域创新生态系统建设水平的影响情况进行具体分析。得出的主要结论如下。

（1）国家大学科技园可以通过孵化创新企业的途径来显著影响区域创新生态系统建设水平。大学科技园在促进科技成果转化、企业创新孵化和创新人才培养等方面发挥了重要作用。而企业作为经济活动的主体和直接参与者，其创新能力和水平将显著影响区域创新生态系统的构建情况。

（2）国家大学科技园的企业孵化效率越高，越有利于地区创新生态系统建设和发展。大学科技园的企业孵化效率越高，创新型企业数量则越多，且企业的创新水平越高，相应地，企业能够为区域创新活动带来的贡献越大，从而可以促进区域创新生态系统的发展。

国家大学科技园可以依托高校对接优势学科，立足当地对接区域产业，从而提高企业孵化效率。一方面，国家大学科技园要依托科技园的创新创业人才培养模式，为孵化企业积累高素质人才资源，同时，依托大学科技园的优越环境、政策措施、创新创业氛围，以所研发创新型企业为主体，集聚研发创新资源，培育创新生态环境，促进围绕优势学科而形成的产业集群的发展。另一方面，国家大学科技园紧密对接所在区域的产业发展规划，开展差异化的发展战略，科技园的发展与区域产业定位相吻合，通过产业链进行资源整合，形成产业集群效应。由此，国家大学科技园可以推进建设良好的区域创新生态系统，为区域经济发展服务。

（三）中国大学科技园的发展

1. 发展现状

中国国家大学科技园以具有较强科研实力的大学为依托，将大学的综合智力优势资源与其他社会优势资源相结合，是大学发挥服务社会功能的重要载体，是国家创新体系和中国特色高等教育体系的重要组成部分，是以科技成果转化为特征的科技服务业平台、创新创业人才培养的实践平台、服务高等教育和区域经济社会发展的创新平台。

（1）发展历程

20世纪80年代，中国开始试行建设大学科技园，旨在促进科技研究成果的转化和创新创业的发展。随着中国经济的迅速崛起，大学科技园也随之蓬勃发展，经历了发育萌芽阶段、初期成长阶段、快速发展阶段和成熟发展阶段，如表8-9所列。

表 8-9 我国国家大学科技园发展历程

时 间	发展阶段	详 情
1988—1991 年	发育萌芽阶段	20 世纪 80 年代中期，经济体制的改革改变了我国大学传统的封闭办学模式，在教育和科技体制改革的驱动下，我国许多大学加快了与社会的密切联系、逐步加强科技与经济的结合，1990 年 1 月，东北大学率先建立了东北大学国家大学科学园
1992—1998 年	初期成长阶段	在这一阶段，我国一些大学创办了各种形式的大学科技园，同时建立科技园的形式愈加多样，包括学校周边园、高新区的"区中园"、新辟地的科技园等
1999—2010 年	快速发展阶段	在这一阶段，政策规划中提高了大学科技园建立的数量和规模。1999 年，中央明确提出了"支持发展高等学校科技园区"，随后，科技部、教育部先后共批准四批国家大学科技园，我国大学科技园发展进入一个快速发展阶段
2010—2022 年	成熟发展阶段	经过了数十年的发展，我国大学科技园已涵盖除香港、澳门、台湾、西藏之外的所有省级行政区，国家级、省级、市级大学科技园数量已达 200 多家，基本上覆盖了全国所有"985"和"211"高校

资料来源：前瞻产业研究院。

目前，中国大学科技园的发展主要集中在几个城市和地区，例如北京市、上海市、深圳市、杭州市等。这些城市拥有丰富的科研资源和创新创业环境，成为中国大学科技园发展的重要节点。

新常态下，经济发展要素由规模扩张转变为质量及效益提升，兼之多年稳步发展和提升，国家大学科技园的发展模式也随之发生变革。在建设类型方面，国家大学科技园由单一化转向多层次、多特色、立体化；在管理模式方面，国家大学科技园由以高校、政府为主转向社会力量参与的多元化态势。

（2）发展特色

多年来，中国大学科技园集聚科技资源，推进内涵建设，搭建成果转移转化平台，打造全链条孵化体系，形成国家大学科技园、高校学生科技创业实习基地、省级科技企业孵化器、省级技术转移示范机构和市级创新创业孵化基地协同发展的格局。在孵化科技企业、培养创新人才、服务区域经济发展的过程中，大学科技园在对自身的建设方面也在不断完善。

经过多年的发展，中国大学科技园总体上呈现出以下几个方面的特点。

①布局逐渐明确，规模大幅扩大

中国大学科技园在布局方面从最初的依托大学学院建设发展，发展到后期的集聚大学、独立孵化、园区主导三种模式。截至 2018 年，全国大学科技园数量已达 838 个，总面积超过 1 799.82 万平方米，涵盖累计孵化科技型企业超过 9 000 家，共享孵化器、加速器等创新资源的创新创业人才数量突破 20 万人。

②学术创新实力不断提高

中国综合科技实力的看涨让社会各界始料未及。《2018 年世界创新指数报告》显示，中国已成为全球第 17 个"创新型经济体"。同时，中国的高速发展也推动了大学科技园学术研究水平的提升。伴随着大量学术成果的产生，中国大学科技园吸引并鼓励更多的资本、人才加入其中，并投入新兴技术研发中。

③科技成果转化效率持续提升

科技成果转化是大学科技园的重要任务之一。中国大学科技园已经逐渐建立了涵盖技术交流、成果转化、商业合作等多种功能的平台体系。截至 2018 年，中国大学科技园各类科技成果转化数量已超过 3 万个，其中高新技术产品 4 000 余种，科技成果产值超过 2 700 亿元。

2. 发展建议

在全球大学科技园发展过程中，美国、英国、日本等国的大学科技园在创新创业理念氛围、政策激励机制、课程体系开发、中介服务机构培育、投融资创业环境等方面形成了完整的体系，促进了创新创业人才培养和提高了创新创业人才的综合素质。认真总结、借鉴美、英、日等国家的先进经验和做法，对推动我国大学科技园建设、培养大学生创新创业人才具有重要的现实意义。结合中国大学科技园的发展现状和美、英、日等国的发展经验，本书对中国大学科技园提出如下发展建议。

①完善创新创业资源支撑体系

大学科技园应该建设更加完善的创新创业资源支撑体系，重点扶持早期创新创业者，例如，建立青年人才创新基地，集合优质的创业服务机构，为学生和青年企业家提供完整的创业孵化链。同时，大学科技园也应该与外部数据中心、国家社保企业等相互融合，前端产生流量，后端管理数据，共同成立"政 – 校 – 企联盟"，优化流程、提高便利性。

②推进多元跨界创新创业

大学科技园应该进一步推进多元跨界创新创业，推动"软件 + 硬件""AI+

制造"等多种合作模式，例如，支持不同学科领域内的创业团队协同创新，鼓励各领域创新思维碰撞，培养跨领域人才。同时，大学科技园也可引入跨国贸易和国内外投资机构，打造更有活力和具有高附加值的产业生态系统。

③加强国际化合作

大学科技园应该加强国际化合作，与国际知名的科技企业和科研机构合作，共同推动技术研发和产业化，例如，合作开展科技人才培训、技术创新与知识产权保护等方面的合作。同时，大学科技园可借助全球化的协作平台，更好地推动学术研究和科技成果的市场化，打造更具国际竞争力的大学科技园。

④促进产学研深度融合

大学科技园应该促进产学研深度融合，鼓励不同领域、不同阶段的创新者开展互利合作，例如，建立科技成果转移和技术应用库，支持科研机构和企业之间的产权交流和知识共享。大学科技园覆盖面应被扩大到更多的中小微企业，促进技术创新的成果更好地转化为生产力。

本章参考文献

［1］许可，郑宜帆．中国共产党领导科技创新的百年历程、经验与展望［J］．经济与管理评论，2021，37（02）：15-26.

［2］张二金．高校科技成果转化：理论框架、现实困境与未来图景［J］．江苏高教，2024（01）：58-63.

［3］国家知识产权局战略规划司，国家知识产权局知识产权发展研究中心．2021年中国专利调查报告［R/OL］．［2022-06］．https：//www.cnipa.gov.cn/module/download/down.jsp? i_ID=176539&colID=88.

［4］张永安，闫瑾．基于文本挖掘的科技成果转化政策内部结构关系与宏观布局研究［J］．情报杂志，2016，35（02）：44-49.

［5］张剑，黄萃，叶选挺，等．中国公共政策扩散的文献量化研究：以科技成果转化政策为例［J］．中国软科学，2016（02）：145-155.

［6］高慧，卢园园．湖北省科技成果转化政策研究：基于文本分析的视角［J］．社会科学动态，2020（09）：61-68.

［7］谢黎，许轶，张志强．基于文本量化的科技成果转化政策工具三维评价模型探析［J］．中国高校科技，2023（12）：89-96.

［8］王顺洪，王文怡，刘玉婷，等．科技成果转化激励政策的实施效果评估及对策研究：以四川省为例［J］．科技管理研究，2021，41（09）：145-153.

［9］钟卫，陈海鹏，姚逸雪．加大科技人员激励力度能否促进科技成果转化：来自中国高校的证据［J］．科技进步与对策，2021，38（7）：125-133.

［10］张军荣，贺宁馨．中国"拜杜规则"能提升专利质量吗？［J］．情报杂志，2020，39（12）：62-66；143.

［11］刘鑫，李婷婷，陈光．职务发明权属"混合所有制"政策试点起作用了吗？［J］．科学学研究，2020，38（07）：1197-1206.

［12］朱相宇，陈林．我国新修订《促进科技成果转化法》实施效果评估：来自高校的证据［J］．科技管理研究，2023，43（22）：75-82.

［13］王杜春，时玉坤，于晴．东北地区"双一流"建设高校科技成果转化效率研究［J］．黑龙江高教研究，2022，40（01）：44-49.DOI：10.19903/j.cnki.cn23-1074/g.2022.01.019.

［14］王赵琛，张春鹏，董红霞．24所部属高校科技成果转化效率的DEA分析［J］．科研管理，2020，41（04）：280-288.

［15］梁树广．高校科技成果转化效率的区域差异及其影响因素分析［J］．统计与决策，2018，34（12）：86-89.

［16］陈琨，李晓轩，杨国梁．中外大学技术转移效率比较研究：基于DEA-Malmquist方法［J］．科学学与科学技术管理，2014，35（07）：98-106.

［17］梅姝娥，仲伟俊．我国高校科技成果转化障碍因素分析［J］．科学学与科学技术管理，2008（03）：22-27.

［18］吴承春．影响高校科技成果转化的因素及对策［J］．中国农学通报，2004（05）：345-347.

［19］郭强，夏向阳，赵莉．高校科技成果转化影响因素及对策研究［J］．科技进步与对策，2012，29（06）：151-153.

［20］杨登才，刘畅，朱相宇．中国高校科技成果转化效率及影响因素研究［J］．科技促进发展，2019，15（09）：943-955.

［21］罗茜，高蓉蓉，曹丽娜．高校科技成果转化效率测度分析与影响因素扎根研究：以江苏省为例［J］．科技进步与对策，2018，35（05）：43-51.

［22］张福增，高美蓉．试论高校科技成果转化的模式［J］．山西大学学报（哲学社会科学版），1998（04）：95-96.

［23］谢文峰．高校技术转移模式的新趋势：公私合营探究［J］．江西社会科学，2017，37（08）：222-230.

［24］胡俊，吴君民，盛永祥，等．基于演化博弈的高校科技成果转化模式选择研究［J］．科技管理研究，2019，39（24）：63-71.

［25］李卫国，白岫丹．"政产学研用创"六位一体协同创新模式研究［J］．中国高校科技，2020（S1）：38-41.

［26］吴寿仁．高校院所科技成果转化典型案例比较分析：基于高校院所科技成果转化2018—2022年度报告数据的分析［J］．科技中国，2023（12）：50-54.

［27］杨涛，卢汝梅．基于"师生共创"模式中药学专业研究生创新能力培养策略探索与研究［J］．高教学刊，2019（22）：36-38；41.

［28］黄兆信．师生共创：教师认知差异与行动取向的实证研究［J］．南京师大学报（社会

科学版），2020（03）：27-38.

［29］陈平平，谭定英，刘慧玲，等.基于师生共创和医工融合的本科生复合型创新创业平台的构建与应用［J］.计算机教育，2020（09）：83-86.

［30］王少浪.创业指导教师在高校创新创业教育中的定位和作用［J］.中国大学生就业，2015（4）：13-16.

［31］毕娟.高校教师在大众创新创业教育中的定位和作用［J］.亚太教育，2016（17）：48.

［32］陈晓暾，关晓莹.师生共创促双创教育发展［J］.知识经济，2018（16）：159；162. DOI：10.15880/j.cnki.zsjj.2018.16.096.

［33］赵雨菡，魏江，吴伟.高校科技成果转化的制度困境与规避思路［J］.清华大学教育研究，2017，38（04）：108-112；116.

［34］沈映春，谢慧珺，王宏武，等.高校科技成果转化中师生共创模式的经济学分析［J］.科技与经济，2023，36（05）：86-90.

［35］杨涛，樊兰兰，卢汝梅，等."大健康"产业背景下中药学专业师生共创策略思考［J］.高教学刊，2019（20）：35-37.

［36］余文博，刘广，边高峰.基于协同创新视角的师生创业机制研究［J］.统计与管理，2015（10）：49-50.

［37］王如意，兰卫红.双创教育升级背景下高校师生共创模式的构建：基于扎根理论的研究［J］.武汉理工大学学报（社会科学版），2022，35（04）：123-131.

［38］何永强.三螺旋理论视角下高校师生共创体的构建与研究［J］.科教文汇，2023（13）：8-12.

［39］尹国俊，都红雯，朱玉红.基于师生共创的创新创业教育双螺旋模式构建：以浙江大学为例［J］.高等教育研究，2019，40（08）：77-87.

［40］刘伟，邓志超.我国大学创新创业教育的现状调查与政策建议：基于8所大学的抽样分析［J］.教育科学，2014，30（06）：79-84.

［41］陈兰杰.国内外高校科技成果转化模式比较研究［J］.工业技术经济，2009，28（03）：53-56.

［42］路兴隆.黑龙江省营商环境评估及优化研究［D］.哈尔滨：黑龙江大学，2021.

［43］黄东，李梅，马喆.世界银行营商环境新评估体系下市场监管优化营商环境路径研究［J］.中国市场监管研究，2023（10）：34-38.

［44］迟宝旭.国外高校科技成果转化机制及借鉴［J］.科技与管理，2005（01）：118-122.

［45］袁杰，赵建仓，吴志辉，等.创业风险投资与高校科技成果转化［J］.中国高校科技，2018（11）：85-87.

［46］廖世容.高校科技成果转化促进机制研究［D］.北京：北京林业大学，2020.

第九章
区域创新生态系统的主体维度分析——政府

政府是创新生态系统"政产学研用"模式的重要组成部分，财政分权体制改革实施之后，地方政府作为地方经济活动与利益主体的角色逐渐得到强化，主政官员有能力和动机引导改善创新生态系统。本章创新性地结合地方官员主政实践，使用客观赋权方法构建创新生态系统评价指标体系，实证分析地方官员来源对省级行政区创新生态系统的影响。营商环境作为政府塑造的制度软环境，对区域创新具有重要影响。本章进一步从理论与实证双重角度出发，研究政策环境中重要的营商环境对区域创新效率的影响。

第一节　官员晋升

中国作为世界上最大的发展中国家，对于创新事业有着长期的规划。创新能力已经成为省级行政区综合实力的重要组成部分，地方省级行政区党委书记（简称省委书记）作为中央创新支持政策的主要贯彻执行者和辖区创新发展的主要责任人，在推动改善区域创新生态系统中发挥着关键作用。本节基于中国30个省级行政区2000—2020年党委书记变更的面板数据，使用客观赋权方法构建区域创新生态系统评价指标体系，利用系统GMM模型实证分析地方官员变更对省级行政区创新生态系统的影响。研究发现：非本土培养的省委书记变更方式比本土培养的变更方式更能够显著促进辖区创新生态系统的发展，更换指标测度方法和计量模型后，结论依然稳健成立；外省调入的省委书记对于改善区域创新生态系统表现出显著的正向影响，而中央空降省委书记对其影响虽然也为正向，但不显著；地方官员变更对于改善区域创新生态系统的积极作用在程度上因时间和省级行政区所处经济带而异，具体表现为2000—2010年显著，2011—2020年不显著，东部经济带显著，中西部经济带不显著。这些发现为科学选拔任用地方官员、提升政府在优化区域创新生态系统方面提供了智力支持。

一、引言与文献综述

创新能力作为经济价值、社会价值和生态价值的源泉，在当今国际竞争中占据越来越重要的地位，已经成为各国核心竞争力的重要组成部分。我国作为世界上最大的发展中国家，对于创新事业有着长期规划，致力于发挥社会主义集中力量办大事的优势，重视政府在推动创新发展中的作用。2023年政府工作报告指出，我国支持构建新型举国体制，载人航天、卫星导航、量子信息等关键核心技术攻关取得新突破，科技创新成果丰硕；同时，强调强化科技创新对产业发展的支撑，将集中优质资源合力推进关键核心技术攻关、充分激发创新活力纳入未来工作重点。这些足见我国对政府推动创新、创新驱动发展的认同与重视。创新事业的发展离不开密切的央地配合，通过央地联动开展核心技术攻关，丰富和完善了新型举国体制机制基础性制度安排，改进了全国一盘棋的创新组织体系[1]。地方官员作为沟通地方与中央的桥梁，在央地配合中处于关键地位。

随着地方管理与综合发展研究视角得以拓展，学界已经越来越多地关注起地方官员任职的影响，近年来，学者们主要将目光集中于经济发展和创新领域的官员任职效应。在度量经济发展时，经济增长的绝对速度，即GDP的增长速度，直接体现了经济发展水平。以往研究从多个角度探索了地方官员任职与城市、省级行政区的经济增长之间的联系，形成了基于官员更替、官员交流、官员来源与官员激励等研究视角。周黎安[2]详细阐述了中国地方官员晋升的锦标赛模式，认为地方政府在中国经济增长中的促进作用依靠这种治理方式得以实现，这为后续研究提供了理论分析框架。王贤斌等[3]着眼于地方官员更替对短期经济增长产生影响的机制，通过实证分析发现省委书记、省长的更替对辖区经济增长有显著的负面影响；杨海生等[4]的研究将官员更替的效应解释为引起政策的不稳定，该研究从财政和信贷两个渠道得到了相似的结论。也有学者基于地方官员的异地交流及不同的调动来源进行了研究。张军和高远[5]基于省级行政区数据，发现官员任期限制和异地交流能够促进经济增长；徐现祥等[6]的研究也印证了省长交流大致使流入省区的经济增长提高1个百分点。在考察官员履新地方前各不相同的工作经历与升迁来源的研究中；王贤斌和徐现祥[7]发现来自中央部委的省委书记、省长的经济增长绩效较低；杨海生等[8]明确京官交流对于当地经济增长有负面效应，平行交流的官员则有积极影响。基于官员晋升激励的作用：Li 和 Zhou[9]发现省级领导人的晋升可能性与经济绩效正相关，政治激励在促进地方经济增长中发挥积极作用；徐现祥和王贤斌[10]通过实证分析证明了对地方官员的政治激励有利于辖区经济增长，但其效应大小因官员的年龄和任期而异。

在经历较长时间段保持较高经济增速的"中国奇迹"后，我国也出现了环境污染、贫富差距、产业结构不合理等问题。2017 年，党的十九大首次提出"高质量发展"这一理念，不再将增速作为衡量经济发展的唯一主要指标，强调质量主导数量，推动产业不断升级，经济建设、政治建设、文化建设、社会建设、生态文明建设"五位一体"全面可持续发展，表明中国经济由高速增长阶段转向高质量发展阶段。此后，学界的目光逐渐转向研究地方官员任职对于经济高质量发展及有关要素的作用。詹新宇和刘文彬[11]基于省级行政区经济增长质量综合指数，发现非本省晋升的省委书记更能够提升辖区经济增长质量，从外省调入的省委书记对经济增长质量具有显著促进作用；徐盈之和顾沛[12]使用长江经济带地级及以上城市面板数据，考察了官员晋升激励、要素市场扭曲与经济高质量发展的内在关系。农业农村农民问题是全党工作的重中之重，而城乡差距不断缩小、农民收入稳步提高是经济高质量发展的题中之义。肖亚成等[13]探讨了地方官员变更与农民收入之间的关系，提出地方官员变更显著抑制农民收入增长，且抑制效应与政策不确定性和政府干预程度呈正相关。

在针对地方官员任职与创新的研究中，学者们主要基于宏观与微观两个视角，分别就区域创新能力和企业创新能力进行考察。在研究官员任职与区域创新之间的联系时，以往研究多采用省际或城市面板数据。黄菁菁和原毅军[14]发现地方官员变更对区域协同创新整体水平具有负向调节效应，干扰了区域协同创新对技术升级的促进作用；周晓光和鲁元平[15]的研究表明，官员变更导致的政策不稳定性抑制了区域创新能力的提升，在官员变更可预期的情况下，负面效应有效降低；邓洁等[16]基于 285 个城市的面板数据，认为市委书记的更替显著抑制了城市创新水平的提升。然而，贺小刚和朱丽娜[17]通过考察省级官员变更，得出了官员变更能够提高区域创业精神的不同结论。企业是创新的主体，也是推动创新创造的生力军，地方官员任职对企业创新的作用也吸引了诸多学者的注意。王砾等[18]提出官员晋升压力会显著抑制企业创新活动；王全景[19]和温军[20]通过细分官员来源，认为异地调任加剧抑制作用，但同乡或前任官员升迁缓解了抑制效果；程仲鸣等[21]考察了债务杠杆的中介效应，发现地方官员晋升压力通过促进债务融资而抑制了企业技术创新，且这种负面影响因任期和债务结构而异。

区域创新生态系统是区域内多主体各司其职形成的创新共同体，以往研究主要围绕"概念—评价—应用"三个并行不悖且又紧密联系的研究视角。我国对于创新生态系统概念较早的界定来自张运生[22]、张利飞[23]，他们认为创新生态系统是基于构件或模块的知识异化、共存共生、共同进化的创新体系；曾国屏等[24]认为创新生态系统概念突出了创新过程的动态性、栖息性与生长性，董铠军和杨茂喜[25]则强调创新过程的适应性和随机性；陈健等[26]、刘静和解茹玉[27]不仅揭示了创新生态系统是由多主体构成的，还指出其与外部环境相互联系，实现价值共创、共生共荣和利益共享的特点。在对创新生态系统进行评价时，学者们往往使用客观评估方法，并构建基于不同发展维度的创新生态系统指标体系。孔伟等[28]使用线性加权法，从创新生态系统的要素、结构、环境和功能等维度对其进行评价；基于生态位视角来阐释，我国区域创新生态系统表现出发展不平衡的生态特征，集中表现为"东高西低"（刘钒等[29]、李晓娣等[30]）；张卓和曾刚[31]的研究表明，区域创新生态系统的不平衡性仍在加剧，而可持续创新产出和可持续创新活力是制约其可持续发展的主要因素；廖凯诚等[32]使用投入产出方法，从效率角度审视区域创新生态系统的运行效率，指出各地区的动态运行效率和技术效率呈现下降趋势，技术进步呈现上升趋势，针对地区创新的治理应当考虑异质性。通过质性研究了解概念定义、定量评价从而明确了区域创新系统的发展现状后，学界的研究目光逐渐转向研究区域创新生态系统的发展与其他高质量发展能力的关系。基于宏观区域创新的视角，刘和东和鲁晨曦[33]通过研究发现，区域创新生态系统的韧性与自身经济高质量发展之间表现出正相关且边际效应递增；王淑英等[34]通过构建空间杜宾模型进行实证研究，认为创新群落、创新资源和经济环境等维度对区域创新系统绩效提升具有显著正向作用；唐开翼等[35]则基于模糊集定性比较分析方法，归纳出"主体—资源"双重驱动型、"主体—资源—环境"均衡驱动型两类驱动高创新绩效的路径。从区域内相对微观的产业和企业角度考量：曲霏和张慧颖[36]以18个微创新案例为样本，发现用户驱动、用户参与驱动以及环境、组织学习与领先用户驱动等创新生态系统发展模式能够有效推动企业微创新；吕波等[37]选择独角兽企业作为研究对象探究其创新能力与区域创新生态系统的耦合机制，发现除北京市和广东省外，其他地区在两者的耦合协调度上仍有待进一步发展。

以上学者的研究从多方面揭示了地方官员任职的影响和区域创新生态系统的功能，其对于创新生态系统概念的阐释有助于厘清各主体在创新事业中的职能分工，对于官员变更和创新发展水平的测度为本研究奠定了良好基础。综合以往研究状况，本书的边际贡献如下：第一，以往研究往往基于 2016 年及以前的数据进行实证分析，本书将地方官员变更和创新生态系统发展的时间范围扩展至 2020 年，以更好地反映官员任职效应的发展变化和趋势；第二，在对地方创新能力进行实证研究的考量上，学者们使用较为单一的指标衡量创新水平，本节则结合评价研究中的方法，强调"创新生态系统"的概念，从多维度构建综合指标体系，精准衡量区域生态系统发展水平；第三，以往研究较少通过细分官员来源进而考察其影响区域创新的效果，本节则基于地方官员变更的不同方式，实证研究其对区域创新生态系统发展水平的影响效果，并进行系统的对比分析。省级行政区是我国行政区划的基本单位，省委书记是中央创新支持政策的"第一站"，也是促进本省区市创新生态系统改善的"动力源"。本章基于 2000—2020 年我国 30 个省级行政区党委书记变更的面板数据，同时构建综合指标体系，测度辖区创新生态系统发展水平，使用系统 GMM 模型实证研究地方官员晋升对区域创新生态系统发展的影响。

本节剩余部分的结构安排如下：第二小节是研究设计，主要分为理论基础与研究假设、模型构建、变量说明及测算；第三小节是实证结果分析与稳健性检验；第四小节是进一步讨论，主要探讨细分不同变更方式的影响效果，并进行异质性分析；最后给出研究结论与建议。

二、研究设计

（一）理论基础与研究假设

长期以来，中国地方官员的晋升方式主要集中于本土官员培养、外地官员调入和中央官员空降三种，基于官员晋升途径与方式的不同，其管理风格也存在差异。

本土培养的省委书记，即在成为省委书记之前即在辖区有过工作经历、熟悉地方状况的省委书记。他们往往在本省级行政区工作多年，有着多部门、多级别的工作经历，对本省级行政区整体情况比较了解，在长期工作中形成了较为稳定的工作风格，上任后保持原有政策运行的可能性较大，这有利于维持地方工作的政策稳定性，在创新发展中起到维持辖区基本面的作用。但由于长期耕耘而形成的工作关系和发展模式可能使他们容易受到各部门人情关系、利益协调等方面的影响而较难基于已有政策做出改革，进而导致本辖区创新活力降低、动力不足。

外地调入和中央空降的晋升方式都属于官员交流的范畴，学界对于交流的政策效应多持积极态度。Huang[38]指出，交流官员与前任相比可能能够向中央汇报当地全新信息，帮助中央解决信息不对称的问题；徐现祥等[6]认为交流的干部会对政治晋升激励等做出理性的反应，为晋升而努力工作；张军和高远[5]通过实证研究证明了官员的异地交流对经济增长的积极影响。本书认为，事实上外地调入官员和中央空降官员在地方治理中的政策效应可能存在异质性。与本土培养的省委书记相比，外地调入的省委书记可能兼具工作经验和革新动力。外地调入的省委书记在履新前，往往在其他省级行政区担任过省长或省委书记等要职，丰富的履历锻炼了其工作能力，且相似的经历增强了其相互之间的政绩可比性，也更有动机向中央展示自身的能力以谋求进一步升迁[8]。同时，外地调入的省委书记与履新省级行政区的领导班子、政治关系接触较少[11]，在支持创新事业方面受到的束缚较少，可能更能推动本地区创新政策的贯彻落实。

与本土培养、外地调入官员相比中央空降官员对辖区创新的影响，存在较大的不确定性。一方面，虽然中央空降官员基层经历可能较少，但在长期的中央部门工作中，他们对中央政策的把握要好于地方经验较多的官员，也更熟悉中央的意图[8]，往往能够凭借深刻的政策理解多角度地贯彻中央的创新支持政策。然而，从职能特点进行审视，中央空降官员在履新前大多负责中央某一部门的职能工作，对地方事务的综合管理涉猎较少[11]，可能会出现对地方工作把握不足的情况。另外，在任职目的上，部分中央空降官员在地方任职后仍会被调回中央工作，履新地方省委书记更多是基于积累地方工作经验的考虑，因此，他们可能将目标定为减少主政期间的错误与纰漏，维护政策稳定性，从而对地方创新事业的开拓造成消极影响。

基于上述分析，本文提出以下研究假设。

H_1：与本土培养的省委书记相比，在非本土培养的省委书记中，外地调入的省委书记更加能够贯彻落实创新政策、促进改善辖区创新生态系统。

H_2：在来自交流的省委书记中，中央空降的省委书记对于创新生态系统发展的作用兼具积极和消极的不确定性，对辖区创新生态系统发展的影响不显著。

（二）模型构建

创新事业的发展是一个较为长期的过程，省级行政区一个年度的创新生态系统发展水平很有可能受到其滞后项的较大影响。参考动态面板数据处理中的常见方法，本书采用系统 GMM 模型进行估计，纳入创新生态系统发展指数的一阶滞后项。为了排除高阶自相关的存在和检验工具变量的有效性，我们分别使用 AR 检验和 Hansen 检验。对比以往研究中使用的 Sargan 检验，Hansen 检验更加稳健，基准回归模型如下：

$$IE=\alpha_0+\alpha_1 IE_{it-1}+\alpha_2 Exchange_{it}+\alpha_k \sum X_{it}+\varepsilon_{it} \qquad （9-1）$$

模型中，IE 表示辖区创新生态系统发展水平的测度指数，$Exchange$ 表示界定官员交流的虚拟变量，X 表示与创新生态系统发展相关的控制变量，ε 是模型的扰动项，i 与 t 分别表示个体和时间的参数。

（三）变量说明与测算

1. 被解释变量

本小节中的被解释变量是创新生态系统发展水平，学界对此尚未形成较为统一的界定标准。部分学者采用专利相关指标衡量创新能力，包括专利申请量[39]、专利授权总量[40]及其加权量[41]等。更多学者通过构建综合指标体系和指数得分来代表创新发展水平，投入产出法[42]、生态位适宜度法[43]、熵权法[44]和主成分分析法[45]等客观赋权方法得到了广泛应用。考虑到区域创新生态系统建设受到多主体、多因素综合协调作用的影响，单一的专利申请、授权量指标可能有所局限，本小节采用客观赋权方法构建指标体系，计算得到2000—2020 年省级行政区创新生态系统发展综合得分，作为被解释变量衡量依据纳入实证分析。

（1）指标选取与数据来源

创新环境指影响创新主体创新过程的外部因素，以往研究多将环境因素作为促进地区创新发展的基础，认为其发挥着对创新事业的承载性作用[46-47]。随着对创新驱动发展重要作用的认识逐步加深，地方政府更加重视对创新事业所需技术、人力、资本等各类资源的投入，并将专利、论文等区域创新产出作为衡量创新能力和综合实力的参考指标。基于此，本小节将创新环境、创新投入和创新产出作为创新生态系统发展指标体系的一级指标维度，认为这些指标维度分别可以衡量省级行政区创新事业的基础性支撑、专项性投入以及成果产出能力。在每个一级指标下，进一步选取四个二级指标以反映相应一级指标的发展状况，得到具体的指标体系如表 9-1 所列。

表 9-1　区域创新生态系统发展衡量指标体系

一级指标	二级指标	单　位
创新环境	人均 GDP	元
	固定资产投资	亿元
	人均公共图书馆藏书量	册
	教育支出占财政支出的比重	
创新投入	R&D 人员全时当量	人
	R&D 经费内部支出	万元
	高等学校 R&D 课题数	个
	科学技术支出占财政支出的比重	
创新产出	技术市场成交合同金额	万元
	专利申请受理数	个
	专利申请授权数	个
	国外主要检索工具收录我国科技论文数	篇

　　考虑到数据的可得性和完整性，本小节基于 2000—2020 年我国 30 个省级行政区的面板数据构建指标体系，西藏自治区由于有较多指标出现数据缺失和异常值，没有被纳入研究范围。上述指标体系中的人均值、占比例值由原始数据计算得到，数据主要来源于《中国统计年鉴》《中国科技统计年鉴》等公开年鉴收录的相应指标，并结合中国经济社会大数据研究平台进行检索和补充，确保面板数据的完整性。其中，国外主要检索工具收录我国科技论文数尚未披露，本小节使用 2017—2019 年该指标数据经移动平均值作为 2020年值纳入测算。

　　（2）方法选取与测算

　　在测算方法的选择上，本书参照傅为忠和储刘平[48]的做法，设有 a 个评价对象、b 个评价指标，本小节使用常见的熵权法和 CRITIC 法构成组合权重模型，对指标进行客观赋权后测算区域创新生态系统发展水平的综合得分。CRITIC 法使用标准差表示对比强度，使用相关系数表示相关性，通过评价指标的对比强度和冲突性来衡量其权重；与之不同的是，熵权法根据指标之间的离散程度确定指标权重，弥补了 CRITIC 法不能反映指标离散程度的不足。综合使用上述两种方法能够更加客观地反映指标权重，因此，本小节在对数据进行标准化、去除不同量纲的影响后，使用两种方法分别进行赋权，对两次权重结果分别取 50% 后加总，作为最终使用的指标权重。权重计算过程如下。

①使用熵权法

计算第 i 个评价对象第 j 项指标出现的概率，公式如下：

$$P_{ij} = \frac{x_{ij}}{\sum_{i=1}^{a} x_{ij}} \qquad (9-2)$$

计算第 j 项指标的信息熵，公式如下：

$$e_j = \frac{-1}{\ln a} \sum_{i=1}^{a} P_{ij} \ln P_{ij} \qquad (9-3)$$

得到第 j 项指标的权重，公式如下：

$$W_1 = \frac{1-e_j}{\sum_{j=1}^{b}(1-e_j)} \qquad (9-4)$$

②使用 CRITIC 法

设 SD 为指标的标准差，μ 为其平均值，r 为两指标之间的相关系数。

计算指标的信息量，公式如下：

$$c = \frac{SD}{\mu} \sum_{i=1}^{a}(1-r) \qquad (9-5)$$

计算其权重，公式如下：

$$W_2 = \frac{c}{\sum_{j=1}^{b} c} \qquad (9-6)$$

取平均值得到组合权重，公式如下：

$$W = \frac{1}{2}(W_1 + W_2) \qquad (9-7)$$

得到的各指标最终权重如表 9-2 所列。

表 9-2　经计算得到的各指标权重

一级指标	二级指标	权　重
创新环境	人均 GDP	0.063 45
	固定资产投资	0.101 1
	人均公共图书馆藏书量	0.114 25
	教育支出占财政支出的比重	0.112 95

续表

一级指标	二级指标	权 重
创新投入	R&D 人员全时当量	0.065 55
	R&D 经费内部支出	0.077 35
	高等学校 R&D 课题数	0.060 1
	科学技术支出占财政支出的比重	0.068 9
创新产出	技术市场成交合同金额	0.097
	专利申请受理数	0.084 05
	专利申请授权数	0.080 85
	国外主要检索工具收录我国科技论文数	0.074 45

使用上述权重与相应数据相乘后加总，即为某一省级行政区当年创新生态系统发展水平的综合得分。由于篇幅所限，在此仅展示 2020 年 30 个省级行政区得分，见表 9-3。

表 9-3 2020 年 30 个省级行政区创新生态系统发展水平综合得分

地 区	综合得分	地 区	综合得分
北京市	0.648	河南省	0.321
天津市	0.263	湖北省	0.318
河北省	0.250	湖南省	0.299
山西省	0.130	广东省	0.732
内蒙古自治区	0.113	广西壮族自治区	0.188
辽宁省	0.180	海南省	0.115
吉林省	0.148	重庆市	0.208
黑龙江省	0.109	四川省	0.305
上海市	0.436	贵州省	0.188
江苏省	0.661	云南省	0.175
浙江省	0.539	陕西省	0.284
安徽省	0.326	甘肃省	0.130
福建省	0.345	青海省	0.073
江西省	0.252	宁夏回族自治区	0.122
山东省	0.464	新疆维吾尔自治区	0.130

2. 解释变量

本小节的核心解释变量为代表地方省委书记来源的虚拟变量，记为 Exchange。具体设定方式为：若地方省委书记由本土培养，则记为 0；若地方省委书记为外地调入或中央空降，则记为 1。由于地方官员的更替是一个连续的过程，参考张军和高远[5]的处理方式，将在当年 1—6 月履新的省委书记认定为当年履新，在当年 7—12 月履新的省委书记认定为次年履新。

3. 控制变量

结合区域创新生态系统发展的理论路径和以往研究中的采用情况，本小节选取下列五个控制变量纳入实证分析。

（1）城镇化水平（Urban）：用地区城镇人口占总人口的比重衡量。较高的地区城镇化水平可能通过城镇区建设为创新事业提供准备性条件，例如提升公共服务水平和配套便利性，为后期发展提供地理空间等。

（2）人力资本（Lhuman）：用地区普通高等学校毕业生人数的自然对数衡量。高等学校通过其教育和培训职能为地区输送大量高素质劳动力[49]，这些专用型和通用型人才能够在短时间内学习新知识、掌握创新技术并融入创新团队[50]，普通高校毕业生已经成为地区人力资本的重要源泉。

（3）基础设施建设水平（Lbasic）：用每平方千米铁路长度的自然对数衡量。每平方千米铁路长度在一定程度上反映了地区路网密度，从而代表了地区基础设施建设水平。良好的基础设施有利于提高信息通达度、降低交易成本和沟通成本，促进创新过程中各主体的充分合作，从而提高创新效率。

（4）对外开放程度（Lopen）：参考卞元超和白俊红[51]的做法，用外资企业投资总额的自然对数衡量。我国始终坚持对外开放的基本国策，而外资企业投资是判断地区对外开放程度的重要参考依据。通过采取各项优惠政策吸引外资，地区可以通过与外资企业进行交流与合作而学习先进技术和管理经验，从而带动本省的创新发展。

（5）第三产业发展（Third）：用第三产业占区域 GDP 的比重衡量。第三产业主要包含各类服务业，包括信息传输、计算机服务和软件、科学研究和技术服务等具体行业。第三产业中的上述行业技术密集程度较高，拥有的创新能力和潜力较强，其快速发展和长足进步可以为区域创新事业提供动力。

本小节所采用的被解释变量、解释变量和控制变量的描述性统计如表 9-4 所列。

表 9-4 各变量的描述性统计

变量名称	符 号	均 值	标准差	最小值	最大值	样本数
创新生态系统发展水平	IE	0.161 8	0.110 9	0.021 0	0.732 0	630
省委书记来源	Exchange	0.568 3	0.495 7	0.000 0	1.000 0	630
城镇化水平	Urban	0.521 4	0.154 2	0.232 0	0.896 0	630
人力资本	Lhuman	11.586 0	1.085 0	7.697 0	13.366 0	630
基础设施建设水平	Lbasic	2.795 2	0.838 0	0.327 0	4.599 0	630
对外开放程度	Lopen	5.953 0	1.590 0	1.753 0	10.220 0	630
第三产业发展	Third	0.430 0	0.093 0	0.286 0	0.839 0	630

三、实证结果及分析

（一）基准回归结果

使用模型构建中的公式（9-1）进行回归分析，分析地方省委书记来源与创新生态系统发展水平的关系。在基准模型的回归中，我们使用逐步回归的方法，在如表 9-5 所列第（1）列仅纳入创新生态系统发展水平滞后项和核心解释变量 Exchange，此后在第（2）—（6）列逐步加入各个控制变量，得到回归结果如表 9-5 所列。

表 9-5 基准回归结果

变 量	（1）	（2）	（3）	（4）	（5）	（6）
L.IE	1.119 2***	0.306 9***	0.381 0***	0.361 7***	0.327 8***	0.306 5***
	（0.037 2）	（0.083 1）	（0.097 0）	（0.135 3）	（0.100 9）	（0.107 6）
Exchange	0.048 0***	0.088 4***	0.083 9***	0.095 0***	0.056 9**	0.087 9***
	（0.018 7）	（0.025 1）	（0.027 1）	（0.035 9）	（0.024 1）	（0.032 0）
Urban		1.063 6***	1.109 9***	1.002 2**	−0.407 2	0.536 8
		（0.103 4）	（0.169 1）	（0.422 7）	（0.823 5）	（1.138 3）
Lhuman			−0.017 6	−0.035 2	0.011 1	−0.010 6
			（0.011 6）	（0.022 8）	（0.034 4）	（0.025 3）
Lbasic				0.013 7	0.140 3	0.121 3
				（0.085 2）	（0.098 5）	（0.119 4）
Lopen					0.062 3***	0.019 9
					（0.024 2）	（0.052 1）

续表

变　量	（1）	（2）	（3）	（4）	（5）	（6）
Third						−0.183 9 （0.254 0）
常数项	−0.035 3*** （0.013 4）	−0.496 5*** （0.062 7）	−0.331 2*** （0.101 2）	−0.091 3 （0.252 4）	−0.614 6* （0.333 9）	−0.496 0* （0.283 5）
AR（2）	0.114	0.546	0.472	0.241	0.100	0.332
Hansen	0.000	0.550	0.328	0.238	0.134	0.715
观测值数	540	570	570	540	540	570

注：***、**、*分别表示在1%、5%和10%显著性水平下显著；括号内数据为各变量的修正标准差，以下同。

从整体上看，除第（1）列回归可能受到变量数和样本数的限制，未能通过 Hansen 检验外，其余各列逐步回归均通过了 AR（2）检验和 Hansen 检验，说明使用系统 GMM 模型得到的估计结果不存在二阶自相关，且选择的工具变量较为有效。区域创新生态系统发展水平的一阶滞后项始终在 1% 的显著性水平下显著，证明了地方创新事业发展的持续性；核心解释变量 Exchange 系数始终为正且高度显著，说明非本土培养的省委书记在地方工作中对辖区创新生态系统的发展具有显著的正向作用，能够促进本地创新生态系统的改善，从而有力地证明了本节的假设 H_1。外地调入的省委书记受到本地原有政治关系的影响较小，能够在地区创新生态系统发展过程中发挥"破局"作用。中央空降的省委书记更加熟悉中央政策，能够更好地抓住创新政策重点、推进贯彻落实，同时与中央的密切联系有利于其减小在地方工作的阻力[8]。

通过考察逐步回归过程可以发现，第（2）—（4）列回归纳入的城镇化水平表现出较为稳定的显著性，说明我国城镇化建设带来的社会公共服务水平提升、各类配套设施的便利性和发展空间的扩展，对区域创新生态系统发展发挥了较为显著的促进作用。第（5）列回归纳入的对外开放程度在 1% 的显著性水平下显著，充分体现了与外资企业进行交流往来、促进高水平对外开放能够帮助本地区积累资本、技术等创新事业必需的各类资源。然而，虽然人力资本应当在创新过程中提供重要的智力支持，但被纳入模型后系数并未表现出稳定性且不显著，说明我国各省级行政区需要进一步发挥人才在创新过程中的专业化作用，促进能岗匹配，从而激发"人才红利"；基础设施建设对于区域创新生态系统发展存在正向影响，但显著性仍待进一步探索，说明我国仍需要通过优化路网配置、加强移动互联网建设等具体措施增强基础设施建设与区域创新发展的耦合度；就第三产业发展而言，其对于创新事业的积极影响符合经济理论，但可能由于样本量的限制和多个控制变量的相互干扰而并未表现出显著性，也提示我们应更加关注对创新有益的高附加值服务业的发展。

（二）稳健性检验

1. 更换创新生态系统发展水平测度方法

以往研究中对于创新生态系统发展水平的衡量方法趋于多样化。为避免所选取方法导致偶然性，以及为证明基准回归结论的稳健性，本小节参考欧光军等[52]的做法，使用因子分析法重新测算区域创新生态系统发展水平，并将测算结果纳入模型。对样本数据进行 KMO 和 Bartlett 检验得到的数值为 0.845，大于进行因子分析的标准数值 0.6，说明选取的指标较适合进行因子分析。为了不占用更多篇幅，此处仅展示通过因子分析法得到的 2020 年 30 个省级行政区综合得分，如表 9-6 所列。

表 9-6　因子分析法所得 2020 年 30 个省级行政区创新生态系统发展水平综合得分

地　区	综合得分	地　区	综合得分
北京市	8.549	河南省	1.771
天津市	1.722	湖北省	2.640
河北省	0.850	湖南省	1.898
山西省	−0.340	广东省	9.095
内蒙古自治区	−0.653	广西壮族自治区	−0.003
辽宁省	0.684	海南省	−0.641
吉林省	−0.057	重庆市	0.681
黑龙江省	−0.440	四川省	2.209
上海市	4.623	贵州省	0.089
江苏省	7.735	云南省	−0.129
浙江省	5.711	陕西省	1.947
安徽省	2.343	甘肃省	−0.514
福建省	2.314	青海省	−1.177
江西省	0.999	宁夏回族自治区	−0.586
山东省	4.140	新疆维吾尔自治区	−0.633

代入公式（9-1）再次进行回归，得到如表9-7第（7）列所示的实证结果。结合回归结果进行分析，可以看到被解释变量的滞后项和核心解释变量在更换测算方法后依然保持了显著性，分别在1%和10%的显著性水平下显著。这为本章的实证分析增添了证据，进一步说明通过交流履新的省委书记相比于本土培养的省委书记更加能够促进辖区创新生态系统的改善，从而证明基准回归得到的结论具有稳健性。另外，在控制变量中，对外开放程度保持高度显著，基础设施建设水平也在10%的显著性水平下呈现出显著性，这在一定程度上证明了合理的配套基础设施对区域创新发展具有积极影响。

表9-7 稳健性检验实证结果

变 量	（7）	（8）	（9）
L.IE	0.442 2*** （0.097 9）	0.385 9*** （0.148 2）	0.295 3** （0.128 5）
Reexchange			0.070 2** （0.030 5）
Exchange	0.508 0* （0.274 9）	0.106 6** （0.047 5）	
Urban	−9.840 3 （10.759 2）	0.056 0 （1.093 7）	−0.081 7 （0.687 1）
Lhuman	0.208 4 （0.401 8）	−0.018 1 （0.026 7）	−0.001 3 （0.026 8）
Lbasic	2.136 2* （1.252 0）	0.046 3 （0.092 3）	0.094 3 （0.079 3）
Lopen	0.896 4*** （0.338 2）	0.082 4 （0.056 8）	0.060 2** （0.027 4）
Third	1.936 9 （1.962 0）	−0.389 5 （0.288 8）	−0.042 6 （0.226 1）
常数项	−9.879 6** （4.193 7）		−0.483 1 （0.312 6）
AR（2）	0.271	0.260	0.205
Hansen	0.539	0.669	0.129
观测值数	540	570	540

2. 替换计量模型

在处理动态面板数据时，除了本小节使用的系统 GMM 估计，差分 GMM 估计也是经常被运用的方法。在替换被解释变量测算方法后，本小节进一步将系统 GMM 模型替换为差分 GMM 模型，重新使用式（9–1）进行估计，得到如表 9–7 第（8）列的实证结果。

考察实证结果，在使用差分 GMM 模型代入原始数据进行回归后，被解释变量的滞后项和官员来源的虚拟变量保持了高度显著，与基准回归结论一致。上述结果进一步证明，异地交流官员对于地区创新事业发展存在积极作用，说明本小节实证结果的稳健性。外地调入官员凭借积累的综合性管理经验和政绩可比性，有贯彻落实中央政策以推动区域创新发展的动机；中央空降官员与中央政府联系密切，对中央政策意图把握得更好，这有助于其避免在地方当政过程中出现短视行为。

3. 改变履新年份定义方式

在基准回归中，本书使用的官员履新定义方法为：1—6 月按照本年计入，7—12 月按照次年计入[5]。这样的处理方法为官员适应地方工作预留了时间，且保证了任期的连续性，有助于相关虚拟变量的生成。结合我国人事任免和地方官员任职的实际情况，在地方省委书记正式履新和工作交接之前，中央组织部门往往会对候选人进行谈话，以引导、帮助其了解即将履新地区的整体状况和发展情况。在正式履新前的一段时间内，地方新任省委书记候选人可以从组织部门谈话中获得关于地方的信息，可能自发地搜集目标地信息进行深入了解，谋求在履新后快速适应地方当政特点并开展工作。基于此，本小节将地方官员履新时间的定义方式改变为 1—9 月按照本年计入、10—12 月按照次年计入，适当缩短原有处理方式中预留的适应时间，据此生成新的解释变量 Reexchange 代入公式（9–1），得到实证结果见表 9–7 第（9）列。

由表中数值可知，在调整官员履新时间后，被解释变量的滞后项和调整后的核心解释变量 Reexchange 仍然保持了 5% 显著性水平下的显著性，同时高水平对外开放与合作对于改善区域创新生态系统的正向影响也得到了证明，再次证明了本节基准回归结果的稳健性。

四、进一步讨论

实证结果及多角度的稳健性检验已经表明，异地交流履新的地方官员对于辖区创新事业的发展具有显著的积极作用。然而，非本土培养官员中的外地调入和中央空降省委书记对于改善区域创新生态系统的影响可能有所差异，因为中央空降官员的调动目的和动机更为复杂。另外，上述研究过程均基于我国30个省级行政区21年的面板数据进行，并未检验不同时间段、不同地理分区等异质性特征的影响。本小节将就此进行讨论。

（一）细分官员来源为外地调入和中央空降

为明确外地调入和中央空降官员对于地方创新生态系统发展的作用，本小节参考詹新宇和刘文彬[11]的做法，设定两个虚拟变量 Transfer 和 Central，分别代表外地调入和中央空降的省委书记。就具体取值而言，当省委书记由外地调入时，Transfer 取 1，否则取 0；当省委书记由中央空降时，Central 取 1，否则取 0。基于系统 GMM 方法的模型建立如下：

$$IE = \beta_0 + \beta_1 IE_{it-1} + \beta_2 Transfer_{it} + \beta_k \sum X_{it} + \theta_{it} \tag{9-8}$$

$$IE = \gamma_0 + \gamma_1 IE_{it-1} + \gamma_2 Central_{it} + \gamma_k \sum X_{it} + \mu_{it} \tag{9-9}$$

将数据分别代入公式（9-8）和（9-9）进行回归，得到外地调入官员和中央空降官员对应实证结果如表 9-8 所列。

表 9-8 外省调入官员和中央空降官员对应实证结果

变 量	（10）	（11）
L.IE	0.308 6***	0.191 5***
	（0.117 4）	（0.064 0）
Transfer Central	0.069 6**	0.054 1
	（0.034 5）	（0.061 8）
Urban	−0.309 4	0.232 9
	（0.717 5）	（0.478 3）
Lhuman	0.009 2	−0.025 1
	（0.022 8）	（0.019 4）
Lbasic	0.019 9	0.080 8
	（0.114 7）	（0.060 6）
Lopen	0.070 9	0.057 2**
	（0.048 6）	（0.025 1）
Third	−0.004 7	0.195 2
	（0.223 3）	（0.139 5）
常数项	−0.340 8	−0.360 2
	（0.233 7）	（0.212 6）

变　量	（10）	（11）
AR（2）	0.377	0.792
Hansen	0.124	0.336
观测值数	570	540

结合表 9-8 的回归结果，可以认为外地调入和中央空降的省委书记对于区域创新生态系统发展的影响具有异质性。表 9-8 第（10）列展示了外地调入省委书记对应实证结果，被解释变量的滞后项在 1% 的显著性水平下显著，外地调入变量 Transfer 在 5% 的显著性水平下显著，证明了外地调入省委书记对于辖区创新生态系统发展具有显著的正向影响。外地调入的省委书记由于与原有领导班子不相熟悉，这在一定程度上打破了区域内原有的政治关系，为贯彻落实创新政策和完善创新体制减小了阻力。表 9-8 第（11）列展示了中央空降省委书记对应实证结果，被解释变量的滞后项在 1% 的显著性水平下显著，对外开放程度在 5% 的显著性水平下显著。然而，核心解释变量 Central 的系数虽然为正，但并不显著，即中央空降省委书记对改善区域创新生态系统的促进作用并不明显，这证明了本节提出的假设 H_2。中央空降的省委书记诚然与中央接触较多，对于政策的理解深刻，具有较强的规划和谋划能力；但职能化的工作使其不熟悉综合性的地方管理事务，加之他们履新地方可能会出于积累经验的考虑，将来还会被调回中央任职，其在任时可能受到的束缚较多，在地方创新事业发展中也许会追求平稳过渡而不会进行革新。

（二）基于时间的异质性分析

为探究不同时间段内异地交流官员对辖区创新生态系统发展的影响，本小节以 2010 年为时间节点，划分 2000—2010 年、2011—2020 年两个时间段分别进行回归。之所以选择 2010 年作为时间节点，有以下两方面的考虑：第一，为了排除样本量差异对于实证结果的干扰，上述分类方法保证了两个时间段内的样本数基本一致；第二，2010 年官员廉洁管理相关政策出台，1 月，中共中央印发《中国共产党党员领导干部廉洁从政若干准则》，7 月，中共中央办公厅、国务院办公厅印发《关于领导干部报告个人有关事项的规定》，可能会对官员异地任职和交流产生影响。将两个时间段样本分别基于公式（9-1）进行回归，得到对应的实证结果如表 9-9 所列。

表 9-9　2000—2010 年、2011—2020 年两个时间段对应实证结果

变　量	（12）	变　量	（13）
L.IE	0.559 7* （0.290 7）	L.IE	0.157 3 （0.443 8）
Exchange	0.071 6* （0.038 8）	Exchange	−0.042 5 （0.050 1）
Urban	0.181 9 （0.674 8）	Urban	4.252 5* （2.174 7）
Lhuman	−0.045 0 （0.044 1）	Lhuman	−0.072 6 （0.224 5）
Lbasic	−0.193 9 （0.170 0）	Lbasic	0.168 8 （0.263 9）
Lopen	0.109 8 （0.090 2）	Lopen	−0.032 6 （0.040 3）
Third	−0.077 5 （0.206 7）	Third	−1.948 7 （1.522 4）
常数项	0.374 0 （0.422 5）	常数项	−0.805 8 （1.714 1）
AR（2）	0.125	AR（2）	0.139
Hansen	0.487	Hansen	0.925
观测值数	240	观测值数	240

　　表 9-9 的结果充分展现了异地交流官员对区域创新生态系统所产生影响的时间异质性。基于 2000—2010 年样本回归后，被解释变量滞后项和核心解释变量 Exchange 保持了显著性，均在 10% 的显著性水平下显著，在此时间段内，非本土培养的省委书记对于改善辖区创新生态系统仍发挥着显著的正向影响；对比之下，基于 2011—2020 年样本回归后，被解释变量滞后项和核心解释变量 Exchange 均不显著，Exchange 的系数也发生了正负号的改变。究其原因，可能是因为 2010 年相关政策出台后，中央对官员廉政建设愈发重视。2010 年后，周本顺、黄兴国、孙政才等地方省委书记先后在任上落马，可能导致地方政治生态的恶化，并对中央的官员交流决策和人事安排产生一定扰动，打乱了原有的官员任免和考察计划。进一步地，地方官员的任职可能也会受到干扰，导致非本土培养官员对于地方创新的正向影响在此时间段内不显著。

（三）基于经济带的异质性分析

　　除了不同时间段下异地交流官员促进区域创新生态系统发展的效果存在异

质性，省级行政区可能也会由于所处经济带的不同而在此问题上存在异质性。东部经济带[①]作为我国改革开放以来综合发展的"排头兵"，处于其中的省级行政区往往具有体制机制顺畅、创新资源集聚、创新主体发育成熟、创新载体合作密切等诸多优势，而中西部地区还存在发展不平衡、不充分等阻碍创新能力长足进步的问题。考虑到东部经济带的上述特点，本小节将其中省级行政区列出进行单独回归，将中西部经济带省级行政区放置在同一样本中，以探索省级行政区所处不同经济带是否带来异质性。仍将两组样本代入模型（9-1）进行实证分析，得到对应的实证结果见表9-10。

表9-10　东部经济带和中西部经济带对应实证结果

变　量	（14）	变　量	（15）
L.IE	0.287 1*** （0.082 2）	L.IE	0.045 9 （0.338 2）
Exchange	0.071 7*** （0.026 5）	Exchange	−0.009 6 （0.060 5）
Urban	0.761 6 （0.480 0）	Urban	−0.968 4 （0.711 9）
Lhuman	−0.000 4 （0.021 7）	Lhuman	−0.005 0 （0.025 3）
Lbasic	0.081 7 （0.085 2）	Lbasic	−0.063 3 （0.047 8）
Lopen	0.046 3** （0.021 9）	Lopen	0.141 0** （0.060 5）
Third	−0.176 3 （0.334 8）	Third	0.156 9 （0.317 0）
常数项	−0.859 5*** （0.211 6）	常数项	−0.023 8 （0.206 5）
AR（2）	0.609	AR（2）	0.565
Hansen	0.614	Hansen	0.293
观测值数	240	观测值数	360

---

① 注：根据我国经济带划分：东部经济带包括京、津、冀、辽、沪、苏、浙、闽、鲁、粤、桂、琼等12省级行政区；中部经济带包括晋、蒙、吉、黑、皖、赣、豫、鄂、湘等9省级行政区；西部经济带包括渝、川、黔、滇、陕、甘、青、宁、新、藏等10省级行政区。本书在西部经济带中剔除了西藏自治区。

表 9–10 中第（14）列展示了东部经济带对应的实证结果，第（15）列展示了中西部经济带对应的实证结果。对比两列结果可以发现：东部经济带被解释变量滞后项和核心解释变量 Exchange 均在 1% 的显著性水平下显著，表明在东部经济带的非本土培养省委书记能够显著促进改善辖区创新生态系统；而西部经济带这两个变量则均不显著，核心解释变量 Exchange 的系数甚至改变为负数，与基准回归的结果形成冲突。纵观改革开放以来的历史，东部经济带中广东省、江苏省、浙江省等多数省级行政区在长期对外开放中积累了资本、人才等创新资源，在长期对外交流中形成了尊重知识、尊重创造的浓厚创新氛围，形成了省级行政区之间良性的创新竞争，从而能够影响履新地方官员的主政决策，加强其对于区域创新发展的注意力和对于政策的贯彻落实。在实践中，与东部经济带相比，中西部经济带在创新体制机制、政府与市场关系、创新基础和创新环境等诸多方面仍然存在不小的差距，且就创新政策的贯彻来说较为保守。在这样的区域背景下，异地交流官员可能有推进改善辖区创新生态系统、激发创新创造活力的规划与志向，但受制于长期以来形成的政策传统和求稳的主政心态，这在一定程度上阻碍了其发挥对创新事业的正向作用。

五、研究结论与建议

创新是引领发展的第一动力，始终居于我国发展全局的核心位置，省级行政区的创新能力越来越成为衡量其地方综合实力的重要参考。地方省委书记作为"一把手"，是中央创新政策、规划的贯彻者、执行者，对改善辖区创新生态系统起着关键作用。目前学界关于官员来源与区域创新系统发展之间关系的研究存在数据老旧、创新生态系统衡量指标单一、系统对比分析较少等不足，本小节基于中国 30 个省级行政区 2000—2020 年省委书记变更的面板数据，使用客观赋权方法构建区域创新生态系统发展水平指标体系，构建系统 GMM 模型来研究地方官员来源的创新生态系统改善效应。上述研究发现：相比于本土培养的省委书记，异地交流的省委书记更能够显著促进辖区创新生态系统发展，本研究多角度地证明了此结论的稳健性；在非本土培养的省委书记中，外地调入的省委书记对于改善区域创新生态系统表现出显著的正向影响，中央空降的省委书记对其影响虽然也为正向，但并未表现出显著性；异地交流官员对改善区域创新生态系统的积极作用因时间和省级行政区所处经济带而异，具体表现为 2000—2010 年显著、2011—2020 年不显著，东部经济带显著、中西部经济带不显著。

基于上述研究结论，本书提出下列政策建议。

第一，坚持和完善官员异地交流制度。地方省委书记作为地方发展的主要责任人，其重要性不言而喻，本小节的实证分析证明异地交流官员有助于推动辖区创新生态系统发展。因此，中央政府应当继续坚持官员异地交流任职制度，尤其是进一步推进省级行政区之间的地方官员交流，在重点岗位任用既有地方锻炼经验、又能够脱离政治关系和利益集团的优秀人才，以促进其对地方创新事业的长远规划与政策落实。在进行异地交流时，在同等条件下可以更多地考虑东部地区与中西部地区的官员调动，帮助创新土壤较为贫瘠的省级行政区学习应用创新经验，以改善当地创新氛围和创新环境。

第二，改革中央官员地方任职政绩评价标准。随着我国由经济高速增长阶段转向高质量发展阶段以及创新能力在国家发展、国际竞争中的地位日益提高，中央官员政绩评价体系也需要得到相应的调整与变革。在中央官员调动到地方的任期结束后，在决定他们回到中央后晋升与否时，需要考核他们是否真正为地方发展勤谋划、绘蓝图、办实事，以引导他们改变求稳不求进、固守不求新的主政心态。

第三，着力高压反腐的同时，提高对地方官员行为的容错率。对于自身作风正直、能够保持清正廉洁的干部，在高压反腐推进的背景下，要对其进行鼓励和引导，以减轻其在地方从政中进行改革时的心理压力和负担，鼓励有点子、能落地、重实效的创新事业发展尝试。

第二节　营商环境

一、引言

创新是经济社会发展不竭的、长期的动力，习近平总书记在党的二十大报告中强调，坚持创新在我国现代化建设全局中的核心地位，加快实施创新驱动发展战略，加快实现高水平科技自立自强，加快建设科技强国。在历史长河中，创新对于一个国家、一个民族的发展和生产力提升至关重要。近年来，国际战略博弈渐渐以科技创新为主，创新是各国占领先机、赢得优势的关键。2022年，我国全社会研发经费支出从2012年的1万亿元增加到3万亿元，居世界第二位，研发人员总量也居世界首位。我国在基础研究和原始创新方面不断加强，一些关键核心技术实现突破，战略性新兴产业发展壮大。我国创新投入不断提高，创新成果大幅增加，但由于过度依赖通过增加研发投入的方式来提升创新能力，忽视了创新的投入产出效率，导致创新要素投入不能有效转化为创新产出，这不仅影响了我国整体创新能力的提升，也阻碍了创新型国家的建设目标。如何有效地将创新投入转化为创新产出、提高区域创新效率成为亟待解决的问题。根据《2022 年全球创新指数报告》，中国创新指数综合排名为全球第 11 位，而在评价体系里的政策环境评价指标下仅排名第 42 位，可见探讨政策环境对我国创新水平的具体影响以及如何改善政策环境以提高我国创新能力是十分必要的。

营商环境作为政策环境中的重要部分，是创新驱动发展战略实施的内在要求，打造一个更有利于我国创新发展的营商环境是我国一直不断追寻、探索的目标。党的二十大报告强调："营造市场化、法治化、国际化一流营商环境。"中共中央、国务院印发的《扩大内需战略规划纲要（2022—2035 年）》明确提出"优化营商环境激发市场活力"。营商环境是影响区域经济发展的关键因素，也是地方发展的核心竞争力之一。2023 年，全国不少省份召开"新春第一会"的主题就是优化营商环境，例如，上海市召开全市优化营商环境建设大会，吉林省召开全省优化营商环境加快项目建设大会，河北省召开全省优化营商环境企业家座谈会等等。还有一些省份也在"新春第一会"中强调了营商环境的重要性，比如，陕西省把 2023 年定为营商环境突破年，内蒙古自治区强调"聚焦聚力抓好招商引资"。

营商环境作为一种由政府塑造的制度软环境[53]，体现了一个国家或地区经济发展的软实力，对一个国家或地区的创新具有重要影响[54]。

在此背景下，研究政策环境中作为重要因素的营商环境对区域创新效率的影响，这对进一步优化营商环境，激发市场活力，促进区域创新效率提升、增强我国创新能力、建设科技强国具有重要现实意义

二、营商环境与区域创新效率的相关文献

杜伩桦[55]运用模糊集定性比较分析法，研究营商环境六要素（公共服务、政务环境、法治环境、金融环境、人力资源、市场环境）对区域创新能力的影响。杨仁发和魏琴琴[56]基于中国 258 个地级及以上城市营商环境的测算，实证检验得出营商环境可以有效促进城市区域创新能力的提升，但这一促进作用因区域、城市行政等级和城市规模等因素而存在差异性的观点。张存刚等[57]的研究表明优化营商环境能够促进区域创新能力提升，并且在信息化程

度高但经济发展水平较低、第三产业占比较低、城市规模较小、政府科技扶持力度较小的中小城市，营商环境对提升区域创新能力的促进作用会更为明显。谭素仪等[58]的研究指出，良好的城市营商环境对城市技术创新产出能力提升有显著的促进作用，且城市软环境和基础设施水平对技术创新产出能力有直接影响。Wang 等[59]认为良好的制度环境、高水平的人力资本研究、配套的基础设施和成熟的营商环境可以带动高收入和中高收入国家实现高创新绩效。何凌云和陶东杰[60]从政务营商环境视角出发，利用世界银行的调查数据进行研究，发现政府廉政程度越高、服务效率越高以及市场环境越完善的地区，企业的 R&D 投入强度较高。在具体的促进机制方面，卢万青和陈万灵[61]认为营商环境的改善对提升城市创新能力的促进作用是通过技术促进效应和成本降低效应实现的。徐浩等[62]认为政府在创新资金的投入上有同群偏向性，政府之间的竞争带来的负面影响很有可能会导致资源浪费的产生，而通过对营商环境的优化，可以有效约束政府的盲目投资行为，从而促进创新投入。段龙龙和王林梅[63]的研究表明，营商环境建设有利于地区创新能力提升，且可通过助推中小企业成长，可以产生更为强大的创新"涟漪效应"。盛明泉等[64]从组态视角出发，运用定性比较分析方法（QCA）和必要条件分析方法（NCA），探讨营商环境的复杂生态对中国 289 个城市创新绩效提升的联动效应及路径选择，研究发现：单个营商环境要素均不能作为产生高区域创新绩效的必要条件，但提高人力资源水平和优化政务环境在高水平区域创新绩效路径中展现出更加普适性的作用；能引发高水平区域创新绩效的营商环境生态有三类，包括创新人才驱动下的政府主导型、政府市场双轮推动下的人才驱动型及政府市场和创新环境三轮推动下的人才驱动型。杜运周等[65]从组态视角分析了我国城市营商环境生态与创业活跃度之间的关系，研究认为，提升政府效率在产生高创业活跃度上发挥着较为普适的作用，与政府息息相关的四种营商环境生态，即政府主导逻辑下的人力资源驱动型（掠夺竞争型共栖或主导）、政府主导逻辑下的资源与创新驱动型（部分互利型共栖）、政府助力下依托公共服务的金融与创新驱动型（部分互利型共栖）、政府与市场双元逻辑下依托公共服务的金融与创新驱动型（完全互利型共栖或共生）可以产生高的创业活跃度。

总的来说，现有研究从理论上构建的营商环境评价体系已经较为全面、成熟，并且表明了营商环境对于经济发展各方面与创新效率具有重要作用，但是具体研究营商环境对于创新有何影响的文献较少，尤其是量化营商环境和落脚到区域创新影响的研究较少。而地方实效评价可以显示出目前我国某些地区在优化营商环境方面没能取得显著效果，需要明确营商环境对于区域创新的具体影响以及提供可行的优化路径。在区域创新效率方面，现有研究主要是对区域创新效率进行测度并且探究影响区域创新效率的因素。研究如何对区域创新效率进行测算固然重要，深入分析哪些因素会影响以及如何影响区域创新效率才能为地区创新型经济发展提供理论指导和实践指南。现有研究说明我国区域创新效率整体不高，仍然有提升空间，且区域之间差异大，以区域为主体的创新效率研究是必要的。同时，各研究对影响区域创新效率的因素所关注的重点不同，但鲜有研究关注营商环境对于区域创新效率的影响。本节将聚焦区域维度的创新效率，选取我国 31 个省级行政区 2010—2020 年十年间的面板数据，测算区域创新效率并具体探究营商环境对于区域创新效率有何影响。

三、变量选取与数据来源

（一）变量选取

1. 被解释变量

本节的被解释变量是区域创新效率，用 inno 表示：由两阶段 DEA 方法测算得到。Hansen 等[66]认为创新是一个链条，没有从链的视角认识创新是很多创新活动未能有好的成就的原因。Guan 等[67]将创新过程分解为 R&D 和商业化两阶段；肖仁桥等[68]延续该研究，指出以往研究基于传统 DEA 方法测算创新效率，无法明晰创新系统内部运行，该研究则将高新技术产业创新过程分解成链式过程，包含两个子阶段，分别为知识创新阶段和科技成果转化阶段，这两阶段互相关联。本节借鉴已有研究，将区域创新效率划分为两阶段，采用链式结构，即第一阶段的产出是第二阶段的投入，具体如表 9-11 所列。

表 9-11　区域创新效率变量表

技术创新阶段	变量类别		数据来源
第一阶段：技术开发阶段	投入变量	R&D 人员全时当量	2011—2018 年《中国科技统计年鉴》
		R&D 内部支出	2011—2018 年《中国科技统计年鉴》
	产出变量	专利授权数（滞后一年）	2013—2019 年《中国科技统计年鉴》

续表

技术创新阶段	变量类别		数据来源
第二阶段：成果转化阶段	投入变量	专利授权数（滞后一年）	2013—2019 年《中国科技统计年鉴》
	产出变量	新产品销售收入（滞后一年）	2014—2020 年《中国科技统计年鉴》
		技术市场交易额（滞后一年）	2014—2020 年《中国科技统计年鉴》

2. 核心解释变量

本节的核心解释变量是营商环境，用 be 表示：现有研究主要采用世界银行所涵盖中国主要大中城市的调查数据，或近几年营商环境报告中的评价指数，但这些都无法满足本节 2010—2017 年 30 个省级行政区的面板数据要求。因而，本书在现有成熟的营商环境评价指标体系基础上[5, 6, 16]，考虑数据的可得性及实际情况，构建营商环境评价指标体系，并参考以往文献运用熵值法[1, 3]进行测度。指标体系如表 9-12 所列。

表 9-12 营商环境评价指标体系

一级指标	二级指标	属性	数据来源
市场环境	人均 GDP	正向	2011—2018 年《中国统计年鉴》
	FDI 占 GDP 比重	正向	2011—2018 年《中国统计年鉴》
	私营、个体从业者占就业总人数的比重	正向	2011—2018 年《中国劳动统计年鉴》
	人均社会消费品零售总额	正向	2011—2018 年《中国统计年鉴》
创新环境	R&D 经费投入强度	正向	2011—2018 年《中国科技统计年鉴》
	每万人口发明专利拥有量	正向	2011—2018 年《中国统计年鉴》
社会服务	人均电力消费量	正向	2011—2018 年《中国统计年鉴》
	人均天然气供应量	正向	2011—2018 年《中国统计年鉴》
	人均供水量	正向	2011—2018 年《中国统计年鉴》
	人均城市道路面积	正向	2011—2018 年《中国统计年鉴》
	金融业增加值占 GDP 比重	正向	2011—2018 年《中国统计年鉴》
	每万人医院床位数	正向	2011—2018 年《中国社会统计年鉴》
	每万人执业律师数量	正向	2011—2018 年《中国律师年鉴》

一级指标	二级指标	属性	数据来源
政府服务	财政支出占 GDP 比重	正向	2011—2018 年《中国统计年鉴》
	国有企业固定资产投资占全社会固定资产投资比重	负向	2011—2018 年《中国统计年鉴》
人力资本	城镇就业人员人均工资水平	正向	2011—2018 年《中国劳动统计年鉴》
	每万人高等教育平均在校生数	正向	2011—2018 年《中国统计年鉴》
	人均受教育年限	正向	2011—2018 年《中国统计年鉴》

3. 控制变量

考虑到数据的可得性以及从影响创新的主要经济、社会环境和创新需要的人员、基础设施条件出发，本小节选取以下变量作为控制变量：（1）经济发展水平（gdp），以地区生产总值增速来表示；（2）劳动者素质（lab），以本科及以上学历的劳动力在社会就业人员中的占比来表示；（3）地区基础设施水平（inf），以邮电业务总量在 GDP 中的占比来表示；（4）对外开放水平（open），以进出口总额在 GDP 中的占比来表示；（5）金融发展水平（fina），以金融业增加值在 GDP 中的占比来表示；（6）政府支持力度（gov），以科学技术支出在地方一般公共预算支出中的占比来表示；（7）科技发展水平（tech），以技术市场成交额在 GDP 中的占比来表示。

（二）数据来源与描述性统计

本小节数据来源主要是《中国统计年鉴》《中国科技统计年鉴》《中国劳动统计年鉴》《中国分省份市场化指数报告》《中国社会统计年鉴》与《中国律师年鉴》等，时间跨度为 2010 — 2020 年。考虑到数据的完整与可得性，本小节剔除了西藏自治区和港澳台地区样本，得到 30 个省级行政区的样本数据。对解释变量、被解释变量和控制变量原始数据进行描述性统计，具体如表 9-13 所列。

表 9-13　描述性统计结果

变　　量	观测值	平均值	标准差	最小值	最大值
区域创新效率 inno	240	0.596	0.306	0.12	1
营商环境 be	240	0.232	0.107	0.068	0.802
gdp	240	0.116	0.07	−0.224	0.271

变　量	观测值	平均值	标准差	最小值	最大值
lab	240	0.083	0.087	0.002	0.939
inf	240	0.039	0.019	0.014	0.111
open	240	0.308	0.358	0.017	1.668
fina	240	0.062	0.029	0.02	0.174
gov	240	0.02	0.014	0.004	0.066
tech	240	0.012	0.026	0	0.16

四、实证分析

本小节首先使用两阶段 DEA 方法测度我国 30 个省级行政区 2010—2017 年的区域创新效率，使用熵值法测度我国 30 个省级行政区 2010—2017 年的营商环境得分，而后实证分析营商环境对区域创新效率的影响。

基准回归结果如表 9-14 所列，其中 FE（1）列和 RE（2）列分别是固定效应模型和随机效应模型的估计结果。从整体来看，两个模型的估计结果都表明，营商环境在 1% 的显著性水平下对区域创新效率的提高产生促进作用。根据 Hausman 检验结果，选用固定效应模型进行分析：主要解释变量营商环境在 1% 的显著性水平下能够促进区域创新效率的提高，影响系数为 1.098，表明营商环境每提高 1 个单位，区域创新效率会提高 1.098 个单位。在控制变量方面，基础设施水平和政府支持力度均在 1% 的显著性水平下对区域创新效率的提高起到积极作用。而其他的控制变量对区域创新效率的影响不显著，可能是因为其对区域创新效率的影响具有滞后性，也可能是因为效率重点强调投入与产出，是相对概念。

表 9-14　区域创新效率和营商环境基准回归结果

变　量	区域创新效率	区域创新效率
	FE（1）	RE（2）
营商环境 be	1.098*** （0.257）	0.915*** （0.190）
gdp	0.092 8 （0.125）	−0.050 4 （0.105）

续表

变　量	区域创新效率	区域创新效率
	FE（1）	RE（2）
inf	0.938*** （0.331）	0.887*** （0.323）
open	−0.115 （0.087 0）	−0.211*** （0.045 4）
lab	0.081 4 （0.093 5）	0.022 2 （0.092 0）
fina	−0.062 1 （0.728）	−0.577 （0.629）
tech	−0.848 （1.392）	− 1.253* （0.728）
gov	7.138*** （1.419）	7.033*** （1.281）
Constant（常数项）	−0.180** （0.088 6）	−0.046 3 （0.042 7）
Observations（观测值）	240	240

注：***、**、* 分别表示在 1%、5%、10% 的统计水平上显著。

五、政府通过改善营商环境而提高区域创新能力的案例分析

本小节选取河北省清河县经济开发区（简称河北清河经济开发区）、山东省烟台市高新技术产业开发区（简称山东烟台高新区）和浙江省杭州市高新技术产业开发区（滨江区）［简称浙江杭州高新区（滨江）］三地来说明政府通过改善营商环境、深化营商环境改革而激发当地创新活力，从而提高区域创新水平。

（一）河北清河经济开发区多措并举探索数字化营商环境

1. 创新背景

企业需要什么、期盼什么，改革就抓什么，创新就推进什么。经济进入高质量发展阶段，市场主体对优质高效服务模式的渴求更加迫切。清河经济开发区深刻认识到打造最优营商环境的极端重要性和紧迫性，从创新服务机制着手，全面推动机制再造、流程优化，探索"无证明"办理机制，从过去的"最

多跑一次"到"一次不用跑",再到"无证明"办理,实现了服务机制的新突破,在提升服务"质"和"效"上下功夫,通过放管结合、优化服务,做到"企业办事不出门、老板办事不出屋",推动更多事项"无证明"办理,实现了服务质量和效率双提升。

2. 基本做法

(1)一张网"无证明"。河北清河经济开发区坚持数据先行、监管前移,构建"企业信息网",加快企业至简申报、"无证明"办理。目前,仅项目立项到施工许可阶段的精简证明材料20余项,项目规划意见、环评申报初审意见等35类事项实现"无证明"办理。

(2)一平台"全网办"。清河经济开发区整合涉企服务事项,搭建24小时"网上办事大厅",实现"进一个平台、办成所有事"。

(3)一码通"即刻办"。清河经济开发区借助信息手段,创新"一码通"服务,做到一企一码、一码多用。

(4)一机制"提效能"。清河经济开发区建立全过程服务机制,倒逼标准提升、落实提速、效能提升。

3. 取得的成效

河北清河经济开发区打造出优越的营商环境,为创新创业提供了沃土,吸引大批优质项目落户清河。2022年以来,清河新增各类市场主体15 301家,总量达到88 359家,增量和总量均位居全市第一;万人市场主体拥有量1 967户,全市排名第一;签约永昌汽车密封系统数字化工厂、食全十美自动化智能仓储等5 000万元以上项目44个,总投资90.45亿元,储备意向项目41个,总投资77.8亿元;特别是引进投资40.5亿元的华能农光互补和储能电站项目,实现超40亿元项目的突破。由于营商环境明显改善,河北清河经济开发区发展动能更加强劲。

(二)山东烟台高新区开展营商环境创新提升行动,厚植创新沃土

山东烟台高新区以数字赋能审批效率,不断优化"一网通办"服务,推进网上申请、网上受理审核、网上信息推送、网上公示、电子营业执照领取等全流程电子化市场主体登记管理方式。申请人利用网上申报平台随需随时提交申请,工作人员实时在网上完成审查反馈,实现了"零跑腿"审批。截至2023年8月末,烟台高新区登记市场主体总量17 767户,全区实有市场主体数量同比增长10.3%,2023年新增市场主体数量同比增长12.13%。

烟台高新区推出科信贷、成果贷、知识产权质押贷,强化知识产权运用,推进国家专利质押融资试点园区建设，打造专精特新中小企业知识产权公共服务平台，推动区域创新环境持续优化。截至 2023 年 10 月 12 日，烟台高新区有效发明专利拥有量 1 155 件、万人有效发明专利拥有量 123 件、高价值发明专利拥有量 504 件、万人高价值发明专利拥有量 54 件。全区万人有效发明专利和万人高价值发明专利拥有量连续多年位居全市第一。全区建成省级以上创新平台 70 家、国家级孵化载体 7 家。绿叶制药自主研发的一类创新药若欣林获批上市；百川汇通主导产品"高端贵金属催化剂"填补了国内空白；东方蓝天钛金产品打破国外垄断，成为 C919 大飞机唯一供应商。在烟台高新区，一大批企业发挥创新主体作用，聚力奔向产业高端。

2022 年以来，烟台高新区陆续出台了"突破发展工业经济""强化科技创新支撑"等政策文件，形成"4+N"政策体系，加大对优质企业的扶持力度，进行精准服务，其中，对新获批省级专精特新企业、瞪羚企业、"小巨人"企业等荣誉称号的企业分别给予 10 万 ~500 万元不等的奖励。2023 年上半年，烟台高新区就有 30 家企业获批省级专精特新中小企业，累计达到 51 家；四家企业获批省瞪羚企业，累计达到 22 家；一家企业获批专精特新"小巨人"企业，累计达四家。2023 年以来，全区累计有八家企业被纳入烟台市倍增培育企业名单；其中，山东绿叶制药有限公司和山东博安生物技术股份有限公司被纳入烟台市龙头骨干型倍增培育企业名单，烟台东方科技环保节能有限公司、烟台百川汇通科技有限公司、烟台新浩阳轴承有限公司等六家企业被纳入烟台市高成长创新型倍增培育企业名单，入选数量同比增长 66.7%。

（三）浙江杭州高新区（滨江）打造营商环境高地，成就创新热土

水深则鱼悦，城强则贾兴。营商环境是高质量发展的硬基础。浙江省委在 2023 "新春第一会"上提出，要实现营商环境优化提升"一号改革工程"大突破。作为全省高质量发展示范区，杭州高新区（滨江）始终把打造更优营商环境作为"头等大事"，以"开局即决战、起跑即冲刺"的奋斗姿态，紧盯高质量发展主战场，围绕"两个天堂"总战略，狠修"内功"，持续发力，全力营造市场化、法治化、国际化的一流营商环境。

浙江杭州高新区（滨江）启动了营商环境九大专项行动，聘任营商环境体验官，握指成拳，合力致远，持续硬核推进营商环境优化提升"一号改革工程"各项任务的落地落实，全力打造营商环境最优区，提出了"建设天堂硅谷，打造硅谷天堂"的口号。

2023 年一季度，杭州高新区（滨江）科技园内新注册企业有 8 家，多为高新科技类企业。放眼全区：一季度，高新区（滨江）全区新增市场经营主体 6 322 家，同比增长 69.4%；新设企业 5 390 家，同比增长 78.0%，其中，3 月新设企业数量居全市首位，增速位居全市前列。

六、结论与政策建议

本书通过以上的实证检验及案例发现：营商环境对区域创新效率提升具有显著的促进作用。政府作为促进创新和改善营商环境的重要主体，应重视营商环境对于区域创新效率的重要意义。

政府在支持区域创新时不应仅进行资金支持、人才引导等投入类支持，而是要适当从效率出发，建立资源投入与创新成果的反馈模式。对于给予创新主体的资金人才支持，政府应要求创新主体定期报告使用情况以及成果产出，并将创新效率纳入下一次政府政策性支持的重要考量指标，谨防浪费与腐败。政府可以实施子阶段分类管理，提高管理能力：一方面，要有统一部门从全局掌握区域创新，统筹管理；另一方面，需要分别设立管理技术开发阶段和成果转化阶段的专门机构，各司其职，对症下药。子部门积极向统一部门汇报，统一部门设立总体目标，积极协调子部门，提高管理能力。政府应深化"放管服"，加强服务型政府建设，完善营商环境制度体系。目前，我国营商环境整体水平偏低，导致营商环境对技术开发阶段效率的正向影响还未体现，可见，政府要建立营商环境促进区域创新效率提升的长远视角，不被暂时的阻碍迷惑，加强营商环境建设，将提高区域创新效率纳入营商环境建设。为提升政府管理能力和管理效率，政府应着手建设公平正义的法治环境，加强对产权的保护力度，重视专利保护，加大执法力度，明确监管职能，严厉打击盗版侵权行为，提供规范的法律环境；应持续深化市场化改革，减少对市场的干预，提高市场化水平，加速创新要素、产品的流动，使其得到有效配置；应减轻创新主体尤其是企业的税务负担，降低其制度性交易成本，为高精尖等企业提供税收优惠；应优化行政审批流程，节约创新主体审批时间；应加强基础设施建设，提高要素流通效率，减少创新主体要素成本，提升创新效率。

第三节　政府如何打造区域创新环境——对深圳市、合肥市两地中国式"淡马锡"的案例分析

《国家创新驱动发展战略纲要》是我国实现创新驱动发展的纲领性文件，其中明确提出要优化区域创新布局、打造区域协同创新共同体。近些年，国家不断优化区域创新布局，加快重大战略性区域创新部署，促进创新要素流动，努力实现各区域板块的南北呼应和东西贯穿。我国经济增长动力更多转向创新驱动，创新驱动发展取得了较大进展，而高质量发展、创新驱动发展战略实施和科技改革发展各项部署最终都要落在一个个区域上，在创新型国家建设过程中，区域成为最终的落脚点和支撑点。世界发达国家也在抓紧优化区域创新布局，如美国的区域技术中心计划、英国的科学城创新计划、日本的区域创新战略支持计划、德国的推动东部地区创新发展等。

在区域创新发展中，地方政府作为区域创新布局的重要参与者，对于如何推动区域创新发展的问题还在不断探索之中。在此背景下，本节针对深圳市、合肥市两地学习新加坡"淡马锡模式"的成果进行案例分析。

一、淡马锡模式概述

淡马锡控股公司成立于 1974 年，是新加坡政府 100% 控股的国有企业和主权财富基金，新加坡政府拥有排他性所有权和收益权。从整体来看，尽管新加坡的国有资本仍然被布局在一些重要的国民经济部门，但是淡马锡控股公司的整体投资运营模式已然是典型的跨国资本运营公司和财务投资者类型，体现在其投资资产的国际占比高、金融服务业占比高、上市资产和流动资产占比高等方面。淡马锡控股公司投资的企业遍布全球多个国家和地区的诸多产业和领域，淡马锡控股公司将自身定义为"淡联企业"的积极股东，主要关注"淡联企业"的战略方向，保持"一臂之距"。"淡联企业"作为独立市场主体，与私营企业平等竞争。

二、淡马锡模式特点分析

第一，公共治理与公司治理相呼应，明晰了总统、政府部门和淡马锡控股公司各自的权责，形成了法治严明的大环境与公司灵活运营共存的体系。

以宪法作为最高依据，新加坡总统和政府对淡马锡控股公司的治理主要侧重从法律和股权关系对重大人事和资产事项行权。新加坡财政部则负责向总统报告淡马锡控股公司董事会提名的董事会成员和总裁名单，对淡马锡控股公司的业绩表现进行考评，并收取投资回报，肩负相应的监督责任。

第二，公司治理坚持以董事会为核心，经营权与所有权分离，按照市场机制运作。淡马锡控股公司独立进行除重大事项（如提取储备金、任命董事会成员、总裁等）之外的投资、出售或其他业务决策，一般不干扰日常运营。淡马锡控股公司和"淡联企业"对董事长和总裁的职权予以明确区分，要求董事长和总裁必须由两个人分别担任，董事长和总裁也不能担任董事会审计委员会的成员。

第三，在按照市场机制运营的同时，注重与国际规则衔接，注重风险防控、投资和收益的平衡、正负激励的平衡。淡马锡控股公司在积极拓展投资项目的同时，注重风险防范与合规建设，对投资进退同等重视，对过去积累的储备金和未来的投资收益同等重视。淡马锡控股公司注重团队合作，长短期激励结合、积消极激励结合。

第四，相对独立地开展国有资本运营和国有资本经营预算，获取投资收益的同时，定期向政府股东上缴红利。作为独立注册的新加坡公司，淡马锡控股公司的资本运营不太受政府其他财政出资项目的影响，形成了相对独立的运行闭环和防火墙。新加坡法治体系和行政体系在允许淡马锡控股公司独立运营的同时，也给予淡马锡控股公司相对独立的资本经营预算空间，允许其与财政资金方面分别开展预算。

三、深圳市国有企业打造中国式"淡马锡"

深圳市打造中国式"淡马锡"，发挥企业主观能动性，利用系统思维进行管理。

首先，深圳市政府针对国资委进行立法，迈出完善法人治理结构的第一步。

新加坡淡马锡模式的根本思想在于"权责明晰"，也就是前文所述的公共治理与公司治理相呼应。深圳市政府的立法同样明晰了国资委和国资国企的各自权责，形成了法治严明的大环境与公司灵活运营共存的体系。

其次，深圳市学习了新加坡淡马锡模式以董事会为核心的治理模式，并且进行了自主创新。在董事会的组建上，国资委提名董事会成员和总经理，市委组织部批准实施。董事会可以进行自主经营决策，但受到监事会及审计委员会等的监督，并且按照规定公开公司年报。有效的制衡机制可以帮助董事会更加高效、廉洁地进行决策。

再次，为了确保政企分开，实现企业商业化运营，深圳市政府还做出了许多努力，其中最值得一提的就是将经营权与所有权分离，按照市场机制运作，建立现代企业管理制度。深圳市国有企业以获得投资回报为目的，完全进行市场化操作，释放资本逐利特性，因此，董事会与旗下企业保持"一臂之距"。

最后，淡马锡控股公司注重团队合作，长短期激励结合、积消极激励结合。深圳市国有企业也探索了符合深圳市具体情况的人才激励机制。在人才选择机制上，董事会选聘管理团队，管理团队按照需求，以"业绩导向"为原则，面向市场公开选聘人才。在人才资源管理上，深圳市国有企业组建人才数据库，储备董事资源。在人才考核上，深圳市国有企业实施区别考核制度，考核指标主要根据扩展项目、利用基金的合作、国际交流等方面的表现制定，"能者上、庸者下、劣者汰"。

四、"合肥模式"后来居上

合肥市在深圳市的基础上借鉴淡马锡模式，精准施策、"三向"发力，推动科技成果转移转化。合肥市打造"最佳政府投行"，政府引导与市场化并举。政府不单单是社会的"守夜人"，还是市场的参与者，强有力地主导本土产业政策。合肥市采用全产业链招商模式，精心布局产业配套投资。合肥市的资本招商策略并非风险投资，其内在逻辑是：认准战略目标，分散投资风险。合肥市的战略目标即打造完整产业链、营造产业生态圈，借助组合投资对具体投资风险进行分散，但决定是否分散该具体项目投资风险，还需要对其进行仔细考量：该投资项目需要起到创造税收、就业和 GDP 的作用，这样的项目即使暂时出现经营困难，也可以利用政府这只"看得见的手"给予帮助。

具体而言，首先，在政策层面，合肥市健全"大政策"，以推动科技成果转化为核心，集中出台"1+3"政策体系文件，加快制定科技成果转化中试基地、创业创新服务券等配套政策，充分依托市自然科学、天使投资等各类基金，推动科技成果就地交易、就地转化、就地应用。

其次，合肥市国资的市场化倾向比较明显，在选择产业方向时也较为准确。国资出手，用股权投资带动杠杆效益的布局，成为合肥市迈入 GDP 万亿俱乐部的关键助力。合肥市还巧用资本颠覆传统招商，合肥市政府巧用资本市场，由国资认购流动性较强的上市公司股权，上市公司拿到股权融资后再自行在合肥落地项目，从而避免了政府投入的固化和沉淀。国有资本的参与大大增强了社会资本的信心，而国有资本在完成既定目标后，及时通过市场化方式安全退出并获得较好收益，从而为新的产业投资积累资金，最终实现国有资本"投入—退出—再投入"的良性循环。合肥市政府在资本招商上也在逐步升级。随着国内产业基金、PE 基金的兴起，合肥市在金融创新和产业培育方面大胆探索，着手组建各类基金，充分利用市场化手段募集资金，构建金融支撑体系，创新产业投资，促进产业整合和资本集聚，打造资本招商升级版。合肥市将前期股权投资收益用于发起组建或参与投资产业基金、政府天使投资基金、PE 基金等各类基金，政府背景的各类基金为合肥市高成长性企业完成信用背书，由市场化的专业管理机构加以管理，以股权投资等多种形式反哺支持战略性新兴产业。

再次，合肥市至今常年派出二三百余支专业招商小分队，并专门聘请 110 位企业家作为招商顾问，帮助招商队伍深化理解产业，把握产业竞争格局及发展趋势。合肥市政府对于招商引资的头部企业、重大战略项目，敢于大胆出手跟投、领投。合肥市坚持全产业链招商，注重产业综合配套，形成产业集聚效应和上下游联动效应，打造产业生态圈；又通过财政资金、国资的基金化运作，巧用金融资本的杠杆放大功能，借助资本市场顺势安全退出。合肥市坚持瞄准优势产业实施战略布局，以创新型大企业、重大战略项目为引领，对全产业链展开谋篇布局，已经形成了大企业顶天立地、小企业铺天盖地、产业生态良性循环的发展格局。

最后，合肥市设立市政府引导母基金，培育引进知名基金管理机构，实现备案基金管理规模不少于 5 000 亿元的股权投资基金体系。合肥市着力做优"双招双引"，用四链融合浇灌创新丛林。此外，《合肥市促进股权投资发展加快打造科创资本中心若干政策》《合肥市政府引导母基金投资管理办法》的相继出台不仅为投资机构来合肥配套了一揽子奖补政策，还明确了市政府引导母基金参股基金注册将由注册地财政部门协调免费提供办公场所或给予房租减免、补贴，并为基金设立提供"一站式"代办服务。按照参股基金投资企业的发展阶段和投资领域，合肥市政府引导母基金将实行对产业、科创、天使三个类别进行参股基金分类管理，分阶段、分行业引导各类社会资本设立各类专项资金，放大资金规模，服务于合肥市"芯屏汽合""急终生智"等关键产业及科技创新发展。依托"基金招商"，围绕集成电路、新能源汽车和智能网联汽车等17条重点产业链，合肥市的创新链、产业链、资金链和人才链正源源不断地"延链补链强链"。

综上所述，淡马锡模式以市场为导向，将政府与市场沟通起来，打造对国有企业和国有资产的独特治理模式与人才激励机制。而深圳市、合肥市作为"中国式淡马锡模式"的探索地，目前已经取得一定成果，对于其他地方区域创新环境建设具有一定示范作用。

本章参考文献

［1］罗军，侯小星，陈之瑶.央地联动发挥新型举国体制优势开展关键核心技术攻关研究［J］.科技管理研究，2021，41（23）：48-55.

［2］周黎安.中国地方官员的晋升锦标赛模式研究［J］.经济研究，2007，42（07）：36-50.

［3］王贤彬，徐现祥，李郇.地方官员更替与经济增长［J］.经济学（季刊），2009，8（04）：1301-1328.

［4］杨海生，陈少凌，罗党论，等.政策不稳定性与经济增长：来自中国地方官员变更的经验证据［J］.管理世界，2014，252（09）：13-28；187-188.

［5］张军，高远.官员任期、异地交流与经济增长：来自省级经验的证据［J］.经济研究，2007，42（11）：91-103.

［6］徐现祥，王贤彬，舒元.地方官员与经济增长：来自中国省长、省委书记交流的证据［J］.经济研究，2007，42（09）：18-31.

［7］王贤彬，徐现祥.地方官员来源、去向、任期与经济增长：来自中国省长省委书记的证据［J］.管理世界，2008，174（03）：16-26.

［8］杨海生，罗党论，陈少凌.资源禀赋、官员交流与经济增长［J］.管理世界，2010，200（05）：17-26.

［9］LI. H B, ZHOU L A. Political turnover and economic performance：the incentive role of personnel control in China［J］. Journal of public economics，2005，89（09）：1743-1762.

［10］徐现祥，王贤彬.晋升激励与经济增长：来自中国省级官员的证据［J］.世界经济，2010，33（02）：15-36.

［11］詹新宇，刘文彬.地方官员来源的经济增长质量效应研究［J］.中央财经大学学报，2018，368（04）：78-89.

［12］徐盈之，顾沛.官员晋升激励、要素市场扭曲与经济高质量发展：基于长江经济带城市的实证研究［J］.山西财经大学学报，2020，42（01）：1-15.

［13］肖亚成，曹壹帆，邹宝玲.官员变更对农民收入的影响：基于中国258个地级市的实证研究［J］.山西财经大学学报，2022，44（04）：14-29.

［14］黄菁菁，原毅军．协同创新、地方官员变更与技术升级［J］．科学学研究，2018，36（06）：1143-1152．

［15］周晓光，鲁元平．政策稳定性与区域创新发展的关系研究：基于 268 个地级市面板数据的实证分析［J］．社会科学研究，2022，261（04）：150-163．

［16］邓洁，潘爽，叶德珠．官员任期、政策偏好与城市创新［J］．科研管理，2023，44（01）：114-124．

［17］贺小刚，朱丽娜．地方官员更替与创业精神：来自省级经验的证据［J］．中山大学学报（社会科学版），2016，56（03）：194-208．

［18］王砾，孔东民，代昀昊．官员晋升压力与企业创新［J］．管理科学学报，2018，21（01）：111-126．

［19］王全景．政策不确定性抑制了企业创新？基于地方官员变更视角的实证分析［J］．经济经纬，2018，35（05）：94-100．

［20］王全景，温军．地方官员变更与企业创新：基于融资约束和创新贡献度的路径探寻［J］．南开经济研究，2019，207（03）：198-225．

［21］程仲鸣，金必简，俞中坚．官员晋升激励、债务杠杆与企业技术创新［J］．科学决策，2019，264（07）：1-33．

［22］张运生．高科技企业创新生态系统风险识别与控制研究［J］．财经理论与实践，2008（03）：113-116．

［23］张利飞．高科技产业创新生态系统耦合理论综评［J］．研究与发展管理，2009，21（03）：70-75．

［24］曾国屏，苟尤钊，刘磊．从"创新系统"到"创新生态系统"［J］．科学学研究，2013，31（01）：4-12．

［25］董铠军，杨茂喜．浅析创新系统与创新生态系统［J］．科技管理研究，2018，38（14）：1-9．

［26］陈健，高太山，柳卸林，马雪梅．创新生态系统：概念、理论基础与治理［J］．科技进步与对策，2016，33（17）：153-160．

［27］刘静，解茹玉．创新生态系统：概念差异、根源与再探讨［J］．科技管理研究，2020，40（20）：8-14．

［28］孔伟，张贵，李涛．中国区域创新生态系统的竞争力评价与实证研究［J］．科技管理研究，2019，39（04）：64-71．

［29］刘钒，张君宇，邓明亮．基于改进生态位适宜度模型的区域创新生态系统健康评价研究［J］．科技管理研究，2019，39（16）：1-10．

［30］李晓娣，张小燕，尹士．共生视角下我国区域创新生态系统发展观测：基于 TOPSIS 生态位评估投影模型的时空特征分析［J］．运筹与管理，2020，29（06）：198-209．

［31］张卓，曾刚．我国区域创新生态系统可持续发展能力评价［J］．工业技术经济，2021，40（11）：38-43．

［32］廖凯诚，张玉臣，杜千卉．中国区域创新生态系统动态运行效率的区域差异分解及形成机制研究［J］．科学学与科学技术管理，2022，43（12）：94-116．

［33］刘和东，鲁晨曦．创新生态系统韧性对经济高质量发展的影响［J］．中国科技论坛，

2023, 4（01）：48-57.

［34］王淑英, 常乐, 张水娟, 等.创新生态系统、溢出效应与区域创新绩效：基于空间杜宾模型的实证研究［J］.哈尔滨商业大学学报（社会科学版）, 2019, 164（01）：107-116；128.

［35］唐开翼, 欧阳娟, 甄杰, 等.区域创新生态系统如何驱动创新绩效? 基于 31 个省市的模糊集定性比较分析［J］.科学学与科学技术管理, 2021, 42（07）：53-72.

［36］曲霏, 张慧颖.创新生态系统如何驱动企业微创新：一个组态视角的 fsQCA 分析［J］.科技进步与对策, 2022, 39（15）：58-66.

［37］吕波, 漆萌, 葛鑫月.独角兽企业创新能力与区域创新生态系统耦合机制研究［J］.科技管理研究, 2023, 43（03）：1-9.

［38］HUANG Y S. Managing Chinese bureaucrats: an institutional economics perspective［J］. Political studies, 2002, 50（01）：61-79.

［39］陈怀超, 田晓煜, 何智敏.双向 FDI 协调对省域创新的影响：增"量"抑或提"质"［J/OL］.科技进步与对策, 2023, 40（16）：84-95.［2023-03-22］.

［40］高云虹, 陈敏.城市品质、人才集聚与城市创新［J/OL］.中国地质大学学报（社会科学版）, 2023（02）：89-102. DOI：10.16493/j.cnki.42-1627/c.20230307.002.

［41］陈宇斌, 王森.数字金融集聚空间分布模式对区域创新能力的影响及其作用机制［J］.财经论丛, 2023, 296（03）：35-46.

［42］陈邑早, 黄诗华, 王圣媛.我国区域创新生态系统运行效率：基于创新价值链视角［J］.科研管理, 2022, 43（07）：11-19.

［43］解学梅, 刘晓杰.区域创新生态系统生态位适宜度评价与预测：基于 2009—2018 中国 30 个省市数据实证研究［J］.科学学研究, 2021, 39（09）：1706-1719.

［44］吕晓静, 刘霁晴, 张恩泽.京津冀创新生态系统活力评价及障碍因素识别［J］.中国科技论坛, 2021（09）：93-103.

［45］马宗国, 丁晨辉.国家自主创新示范区创新生态系统的构建与评价：基于研究联合体视角［J］.经济体制改革, 2019（06）：60-67.

［46］张爱琴, 薛碧薇, 张海超.中国省域创新生态系统耦合协调及空间分布分析［J］.经济问题, 2021（06）：98-105.

［47］王德起, 何晶彦, 吴件.京津冀区域创新生态系统：运行机理及效果评价［J］.科技进步与对策, 2020, 37（10）：53-61.

［48］傅为忠, 储刘平.长三角一体化视角下制造业高质量发展评价研究：基于改进的 CRITIC-熵权法组合权重的 TOPSIS 评价模型［J］.工业技术经济, 2020, 39（09）：145-152.

［49］CHARLES D. Universities as key knowledge infrastructures in regional innovation systems［J］. Innovation: the European journal of social science research, 2006, 19（01）：117-130.

［50］杨博旭, 柳卸林, 常馨之."强省会"战略的创新效应研究［J］.数量经济技术经济研究, 2023, 40（03）：168-188.

［51］卞元超, 白俊红.官员任期与中国地方政府科技投入：来自省级层面的经验证据［J］.研究与发展管理, 2017, 29（05）：147-158.

［52］欧光军，杨青，雷霖.国家高新区产业集群创新生态能力评价研究［J］.科研管理，2018，39（08）：63-71.

［53］李志军，张世国，牛志伟，袁文融，刘琪.中国城市营商环境评价的理论逻辑、比较分析及对策建议［J］.管理世界，2021，37（05）：98-112.

［54］李志军.中国城市营商环境评价［M］.北京：中国发展出版社，2019：212-279.

［55］杜佼桦.营商环境要素组合与城市创新能力［D］.成都：西南财经大学，2022.

［56］杨仁发，魏琴琴.营商环境对城市创新能力的影响研究：基于中介效应的实证检验［J］.调研世界，2021（10）：35-43.

［57］张存刚，刘亚奇，邵传林.营商环境对城市创新能力的影响：基于中国287个地级市的空间计量分析［J］.科技管理研究，2020，40（24）：216-221.

［58］谭素仪，苏云飞，王娟.营商环境与城市技术创新产出能力：基于国内32个大城市的实证检验［J］.资源与产业，2020，22（04）：80-86.

［59］WANG X，WANG Z J，JIANG Z Y. Configurational differences of national innovation capability：a fuzzy set qualitative comparative analysis approach［J］. Technology analysis and strategic management，2021，33（6）：599-611.

［60］何凌云，陶东杰.营商环境会影响企业研发投入吗？基于世界银行调查数据的实证分析［J］.江西财经大学学报，2018（03）：50-57.

［61］卢万青，陈万灵.营商环境、技术创新与比较优势的动态变化［J］.国际经贸探索，2018，34（11）：61-77.

［62］徐浩，祝志勇，李珂.营商环境优化、同群偏向性与技术创新［J］.经济评论，2019（06）：17-30.

［63］段龙龙，王林梅.营商环境、中小企业成长与地区创新能力［J］.数量经济研究，2021，12（01）：92-110.

［64］盛明泉，李志杰，鲍群.营商环境生态与区域创新绩效提升：基于QCA和NCA的联动效应分析［J］.云南财经大学学报，2023，39（08）：22-37.

［65］杜运周，刘秋辰，程建青.什么样的营商环境生态产生城市高创业活跃度？基于制度组态的分析［J］.管理世界，2020，36（09）：141-155.DOI：10.19744/j.cnki.11-1235/f.2020.0143.

［66］HANSEN M T.BIRKINGAW J. The innovation value chain［J］. Harvard business review，2007，85（6）：121-130.

［67］GUAN J，CHEN K. Measuring the innovation production process：a cross-region empirical study of China's high-tech innovations［J］. Technovation，2010，30（5-6）：348-358.

［68］肖仁桥，钱丽，陈忠卫.中国高技术产业创新效率及其影响因素研究［J］.管理科学，2012，25（05）：85-98.

第十章
区域创新生态系统的阶段维度分析

第一节　创新活动阶段划分

本章从创新价值链角度出发，将创新的价值实现过程分解，结合创新活动过程，将区域创新过程划分为两个阶段，第一阶段为从投入创新资源到科技成果产出的科技研发阶段，第二阶段为科技成果转化阶段。

一、科技研发阶段

按照科技研发的定义，科技研发阶段可以被分为两个部分，即研究部分和开发部分。基础研究是发现知识的阶段，指为了获得关于现象和可观察事实的基本原理的新知识（揭示客观事物的本质、运动规律，获得新发现、新学说）而进行的实验性或理论性研究，它不以任何专门或特定的应用或使用为目的。基础研究的成果以科学论文和科学著作为主要形式，用来反映知识的原始创新能力，为后续的科技创新奠定基础。应用研究是为了确定基础研究成果可能的用途或是为达到预定的目标而去探索应采取的新方法（原理性）或新途径。应用研究的成果主要以论文、著作、原理性模型和专利为主。试验发展是指利用从基础研究、应用研究和实际经验中获得的现有知识，为产生新的产品、材料和装置，建立新的工艺、系统和服务，以及对已产生和建立的上述各项做出实质性的改进而进行的系统性工作。这一阶段往会产生成熟的专利或技术成果。这三个环节涵盖了一项技术从设想到产生的全过程，是创新知识和技术产生的过程。

从区域创新系统来看，科技研发阶段的主体包括高校、企业和科研机构。在基础研究阶段，参与主体主要是高校和科研机构。由于这一阶段的成果往往无法直接投入应用而转化为经济效益，企业往往缺乏参与动力。而在应用研究及实验发展阶段，是技术转化为具体成果的重要阶段，也是企业进行技术创新、突破自身创新壁垒的重要阶段，企业往往是重要的参与主体。而在这个过程中，政府主要发挥两方面的作用：一是创造良好的创新环境，为创新资源在区域之间及创新主体之间的流动创造便利条件，加强产学研合作强度；另一方面，政府可以适当地对市场失灵做出弥补，为基础及应用研究提供补贴，提高创新主体参与基础研究的动力。

在技术研发阶段，随着创新资源的投入，主要的科技创新成果为论文、专著、专利等，而不能直接将创新成果投入使用，创造商业价值，因此，企业在这一阶段的参与度比较有限。而在科技成果转化阶段，企业参与度明显提高。

二、科技成果转化阶段

根据熊彼特对创新的解释，只有科技成果转化为商品，创造了商业价值，创新活动才算真正完成。科技成果转化是指，为提高生产力水平，对科学研究与技术开发所产生的具有实用价值的科技成果进行后续试验、开发、应用、推广直至形成新产品、新工艺、新材料，发展新产业等活动。由于技术创新的过程是一个高投入、高风险的过程，科技成果能否实现商业化、转化为经济价值，能否发挥对经济的促进作用，是至关重要的问题。

科技成果的转化途径主要有直接转化和间接转化两种。直接转化主要包括科技人员自己创办企业，高校、科研机构与企业开展合作或合同研究，高校、研究机构与企业开展人才交流，搭建高校、科研院所与企业沟通交流的网络平台等。科技成果的间接转化主要通过各类中介机构来开展，机构类型和活动方式多种多样：在体制上，有官办机构、民办机构，也有官民合办的机构；在功能上，有大型多功能的机构（如既充当科技中介机构，又从事具体项目的开发等），也有小型单一功能的组织。在实际的经济生活中，直接转化和间接转化并非泾渭分明，而往往是相互包含、相互联系的。

相较于科技研发阶段，科技成果转化阶段涉及的主体更多。政府一方面提供资金方面的资助，另一方面通过制定合理的产业技术政策和产业布局政策，促使企业、组织集团化，从而集中资金、人力和物力，发挥整体优势，提高技术开发效率，形成规模能力。企业是科技成果转化和推广过程中的重要主体。企业可以自行发布信息或者委托技术交易中介机构征集其他单位所需的科技成果，或者征寻共同进行科技成果转化的合作者，也可以独立或者与境内外企业、事业单位或者其他合作者实施科技成果转化、承担政府组织实施的科技研究开发和科技成果转化项目，还可以与研究开发机构、高等院校等事业单位相结合，联合实施科技成果转化。高等院校、科研院所等科研单位是科技成果的供给主体。在"科教兴国"战略指导下，随着"211工程""教育振兴行动计划"的实施，我国高等教育取得了历史性的发展，高校科技创新工作取得了极大的进展。高校正逐渐发展成为基础研究的主力军、应用研究的重要方面军以及高新技术产业化的生力军，高校科技工作已经成为国家科技创新体系的重要组成部分。在国家有关部门的大力支持下，高校及科研机构承担建设了一大批科技创新基地或平台，积极承担了国家科技攻关计划、"863"计划、"973"计划、国家自然科学基金以及国防军工等一系列科研任务，使高校总体科技实力、自主创新能力以及综合竞争力大大增强，知识贡献与社会服务能力大大增强，在我国创新系统中的重要作用进一步凸显。第三方技术服务机构囊括了科研技术服务、产业技术服务，以及后期的工商管理、法律顾问等技术上的服务。在高端科学领域，科研成果的转化往往从立题阶段就已经开始了，在高精尖技术领域，一个团队要能够做到尽善尽美是十分艰难的，在此种情况下诞生的第三方技术服务平台则能够为广大科研工作者提供一个良好的技术支持服务平台，确保科研成果转化特别是研发阶段的顺利进行。自技术市场开放后，科技中介服务机构大量涌现。它们存在于技术市场化全过程的各阶段，沟通了技术供给方与需求方的联系，是技术与经济结合的切入点，是技术进入市场的重要渠道，对于技术市场化的进程有很大的推动作用。科技中介机构主要有科技部和各地科委成果推广机构、技术成果交易会、技术商城、技术开发公司、大学科技园、创业园、孵化器、生产力促进中心等形式。

技术研发阶段是科技成果转化阶段的基础，而科技成果转化阶段创造的经济效益则会进一步为科技研发创造新的资源与动力。

第二节　两阶段的 DEA 模型

本节将介绍两阶段的 DEA 模型在考察创新效率过程中的应用。数据包络分析（DEA）作为评估效率的常用方法，通过多指标的产出和投入数据进行评价。传统 DEA 方法在评估创新效率时存在不足，即未考虑创新内部环节。学者 Kao 提出两阶段的 DEA 模型，关注创新的技术开发和成果转化阶段，使得评估更加全面。本节基于 Kao（2017）的模型[1]，构建规模报酬可变情形下的两阶段 DEA 模型，分别评估技术开发和成果转化两个阶段的效率。模型考虑不同阶段的投入－产出关系，权重向量和实变量用以体现规模报酬的状态特征。通过模型的变换，本节得到整体效率以及两个阶段的效率。该研究提供了更深入的创新效率评估方法，为提升创新能力提供了重要理论支持。这一方法对于解决创新过程中效率低下的问题具有重要意义。

DEA 方法是近年来常见的一种测算效率的常见方法，该方法使用多种指标的产出、投入数据进行效率值评价。DEA 方法不需要根据研究对象的情况来设定假定和生产函数，因此，由决策者自身导致的主观因素对测评结果的影响将大大降低，所以，通过该方法评价得到的效率值比较具有客观性。但是传统 DEA 将创新视为一个黑箱，只注重了投入与产出，并没有关注创新内部环节，致使无法剖析创新各环节效率的高低。

随着 DEA 模型相关研究的发展，DEA 模型也有了突破性的进步，不再是仅仅将研究对象视为黑箱、只关注整体的产出和投入。Kao 和 Hwang[2]将同种指标设定相同的权重，体现第一、第二阶段过程之间的相关性，构建两阶段的 DEA 模型。两阶段 DEA 模型不仅可以测算区域创新的整体效率，还可以将区域创新过程分解为技术开发阶段和成果转化阶段两个阶段，不仅能明确省级行政区的整体创新效率，还能分阶段进行分析，寻求提升之法。基于此，本研究构建规模报酬可变情形下两阶段的 DEA 模型，具体如下。

设 X_i 为第 i 个 DMU 第一阶段的投入，$X_i = (x_{i1}, x_{i2}, \cdots, x_{im})^T$；$Z_i$ 为第 i 个 DMU 第一阶段的产出，从链式意义来说，Z_i 也是第二阶段的投入，$Z_i = (z_{i1}, z_{i2}, \cdots, z_{ik})^T$；产出为 Y_i，$Y_i = (y_{i1}, y_{i2}, \cdots, y_{is})^T$。

本文参考 Kao［2017］所构建模型的公式计算评价单元的整体纯技术效率（E），即：

$$E = \max \frac{b^T Y_i + \sum_{d=1}^{2} \mu^{(d)}}{c^T X_i} \tag{10-1}$$

$$\text{s. t.} \begin{cases} b^T Y_j + \sum_{d=1}^{2} \mu_i^{(d)} - c^T X_j \leqslant 0, \ j = 1, 2, \cdots, n \\ \delta^T Z_j + \mu_i^{(1)} - c^T X_j \leqslant 0, \ j = 1, 2, \cdots, n \\ b^T Y_j + \mu_i^{(2)} - \delta^T Z_j \leqslant 0, \ j = 1, 2, \cdots, n \\ b \geqslant \varepsilon I_s, \ c \geqslant \varepsilon I_m, \ \delta \geqslant \varepsilon I_k, \ \mu_i^{(1)} \in R^1, \ \mu_i^{(2)} \in R^1 \end{cases} \tag{10-2}$$

其中，c^T 为第一阶段投入变量的权重向量，$c^T=(c_1, c_2, \cdots, c_m)$；$\delta^T$ 为中间产出变量的权重向量，$\delta^T=(\delta_1, \delta_2, \cdots, \delta_k)$；$b^T$ 为第二阶段产出变量的权重向量，$b^T=(b_1, b_2, \cdots, b_s)$；$\varepsilon$ 为阿基米德无穷小量；$I_s^T=(1, \cdots, 1)\in R^s$，$I_m^T=(1, \cdots, 1)\in R^m$，$I_k^T=(1, \cdots, 1)\in R^k$；$j$ 为第 j 个 DMU 的下标，$j=1, 2, \cdots, n$；$\mu_i^{(d)}(d=1, 2)$ 为实变量，来体现模型（10-1）式中第 i 个 DMU 的规模报酬状态特征。当 $\mu_i^{(1)}=\mu_i^{(2)}=0$ 时，DMU_i 规模报酬不变；因此，DMU 的整体生产处于最合适的规模状态；而当 $\mu_i^{(1)}\neq 0$，$\mu_i^{(2)}\neq 0$ 时，表明 DMU_i 至少有一个阶段未达到规模效率最优状态，整体上并未处于最合适的生产规模状态。

对模型（10-2）进行变换，令 $t=\dfrac{1}{c^T X_i}$，$\mu=tb$，$\varphi=t\delta$，$w=tc$，$\eta_i^{(1)}=t\mu_i^{(1)}$，$\eta_i^{(2)}=t\mu_i^{(2)}$，$\widetilde{\varepsilon}=t\varepsilon$，得到模型：

$$E=\max \mu^T Y_i+\sum_{d=1}^{2}\eta_i^{(d)} \tag{10-3}$$

$$\text{s. t.}\begin{cases}\varphi^T Z_j+\eta_i^{(1)}-\omega^T X_j \leqslant 0, & j=1, 2, \cdots, n \\ \mu^T Y_j+\eta_i^{(2)}-\varphi^T Z_j \leqslant 0, & j=1, 2, \cdots, n \\ \omega^T X_i=1 \\ \mu \geqslant \widetilde{\varepsilon}I_s, \ \omega \geqslant \widetilde{\varepsilon}I_m, \ \varphi \geqslant \widetilde{\varepsilon}I_k \\ \eta_i^{(1)}\in R^1, \ \eta_i^{(2)}\in R^1\end{cases} \tag{10-4}$$

其中，ω、φ、μ 分别为第一阶段投入、中间变量和第二阶段产出变量的权重，$\eta_i^{(d)}(d=1, 2)$ 用来体现模型中 DMU_i 的规模报酬状态特征。$\widetilde{\varepsilon}$ 为变换后的阿基米德无穷小量。若记 μ^*、ω^*、φ^*、$\eta_i^{(1)'}$、$\eta_i^{(2)'}$ 为最优解，则评价单元的整体效率（E）及两阶段效率（$E^{(1)}$、$E^{(2)}$）分别为：

$$E^{(1)}=\frac{\varphi^* Z_i+\eta_i^{(1)^*}}{\omega^{*T}X_i} \tag{10-5}$$

$$E=\mu^{*T}Y_i+\sum_{d=1}^{2}\eta_i^{(d)^*} \tag{10-6}$$

$$E^{(2)}=\frac{\varphi^{*T}Y_i+\eta_i^{(2)^*}}{\varphi^{*T}Z_i} \tag{10-7}$$

第三节 指标与数据

本节将细致地分析两阶段创新效率评估所使用的指标及其数据来源。首先，针对技术研发阶段，本研究所选取的变量包括创新投入和产出。在创新投入方面，本研究考虑了创新资金和创新人员，分别通过 R&D 内部支出和 R&D 人员全时当量衡量。针对技术研发阶段的产出方面，本研究选取专利授权数，因其更能反映省级行政区的实际创新能力。其次，对于成果转化阶段的变量选取，成果转化阶段的投入是上一阶段的研发产出，因此，本研究选取专利授权数。而成果转化包括技术转移和产品落地两部分，为全面衡量效率，本研究选择新产品销售收入和技术市场交易额作为产出指标。通过这些指标，我们可以综合考虑技术研发和成果转化两个阶段的特点，能够较为全面地评估省级行政区的创新效率。数据来源涵盖了多个年度的科技统计年鉴（见表 10-1），以确保数据的可靠性和可比性。

表 10-1 两阶段创新效率指标

技术创新阶段	变量类别		数据来源
第一阶段：技术研发阶段	投入变量	R&D 人员全时当量	2011—2018 年《中国科技统计年鉴》
		R&D 内部支出	2011—2018 年《中国科技统计年鉴》
	中间变量	专利授权数（滞后两年）	2013—2019 年《中国科技统计年鉴》
第二阶段：成果转化阶段	产出变量	新产品销售收入（滞后一年）	2014—2020 年《中国科技统计年鉴》
		技术市场交易额（滞后一年）	2014—2020 年《中国统计年鉴》

一、技术研发阶段变量选取

技术研发阶段的创新投入主要包括创新资金和创新人员两方面[3]，创新人员投入用 R&D 人员全时当量衡量，创新资金投入用 R&D 内部支出衡量。技术研发阶段的产出是省级行政区创新活动的中间产出，学者们主要采用专利申请数、专利授权数和新产品开发项目数衡量[4]。专利申请数反映的是创新主体进行创新的努力程度，而不是科技创新能力。专利授权因需要经过严格的审查才能获得，更能反映省级行政区的实际创新能力。由于技术研发通常具有较长的周期，因此，本研究选择滞后两年的专利授权数衡量省级行政区技术研发阶段的产出。

二、成果转化阶段的变量选取

成果转化阶段的投入是上一阶段的研发产出，授权专利是创新活动的中间产出，技术研发阶段与经济转化阶段通过中间产出相连接。因此，本研究参考王洪海和李洪锐[5]的研究，选取专利授权数作为投入变量。成果转化包括技术转移和产品落地两部分，是科技成果从实验室走向市场的过程。因此，为了更全面地衡量成果转化阶段的效率，在综合考虑技术转化周期后，本研究选取滞后一年的新产品销售收入和技术市场交易额衡量省级行政区成果转化阶段的产出。

第四节　实证结果

本节主要分析中国 30 个省级行政区在 2010—2017 年期间的创新效率。首先，本研究介绍了利用两阶段 DEA 模型和 MaxDEA 软件对技术研发和成果转化两个阶段的效率进行测量的方法，并展示了省级行政区的效率值及其时空变化。结果显示，技术研发阶段的效率总体呈小幅下降趋势，而成果转化阶段的效率逐渐上升。综合创新效率也得到了评估，呈现整体上升的趋势，但仍存在较大差距。进一步的时空比较揭示了东部地区在创新效率上普遍领先于中西部地区，在成果转化阶段尤其如此。然而，地区之间的差距在近年有所加大。综上所述，中国的省级行政区在创新效率方面有所提升，但仍需加强创新能力和资源配置，以促进科技创新和经济发展。

本节根据前文构建的省级行政区创新投入产出指标体系，运用两阶段 DEA 模型，选取 2010—2020 年的数据，并考虑到滞后效应，借助 MaxDEA 软件对我国 30 个省级行政区的"技术研发—成果转化"两个阶段的效率和整体创新效率进行测度，最后得到了 30 个省级行政区 2010—2017 年的两阶段创新效率，并对测度结果进行时空比较。

一、技术研发阶段

表 10-2 为 2010—2017 年 30 个省级行政区在技术研发阶段的效率测算结果，该时间段 30 个省级行政区研发阶段效率均值折线图如图 10-1 所示。2010—

2017 年，各省级行政区的技术研发效率总体呈小幅下降趋势。技术研发阶段的效率均值为 0.508，高于均值的省级行政区有 11 个，低于均值的省级行政区有 19 个。技术研发效率均值最高的是青海省、宁夏回族自治区、新疆维吾尔自治区和海南省，达到 DEA 有效；最低的是四川省。技术研发效率均值最高值与最低值相差 0.827，表明我国省级行政区的技术研发效率差距较大。

表 10-2　2010—2017 年 30 个省级行政区技术研发阶段效率值

地　区	效率值									排序
	2010年	2011年	2012年	2013年	2014年	2015年	2016年	2017年	均值	
北京市	0.250	0.267	0.269	0.313	0.365	0.414	0.480	0.505	0.358	19
天津市	0.344	0.295	0.265	0.240	0.170	0.164	0.195	0.250	0.240	26
河北省	0.386	0.318	0.282	0.247	0.220	0.193	0.243	0.269	0.270	25
山西省	0.587	0.503	0.361	0.450	0.337	0.286	0.436	0.466	0.428	17
内蒙古自治区	0.704	0.807	0.691	0.593	0.592	0.550	0.522	0.652	0.639	8
辽宁省	0.253	0.219	0.152	0.149	0.160	0.230	0.227	0.241	0.204	29
吉林省	0.734	0.624	0.676	0.501	0.256	0.429	0.357	0.412	0.499	12
黑龙江省	0.337	0.373	0.591	0.345	0.316	0.418	0.454	0.512	0.418	18
上海市	0.253	0.247	0.213	0.250	0.283	0.299	0.319	0.341	0.276	24
江苏省	0.402	0.485	0.436	0.462	0.439	0.419	0.439	0.599	0.460	13
浙江省	0.400	0.398	0.427	0.473	0.424	0.459	0.526	0.573	0.460	14
安徽省	0.372	0.290	0.239	0.261	0.306	0.329	0.331	0.420	0.318	21
福建省	0.437	0.340	0.240	0.194	0.174	0.176	0.168	0.159	0.236	27
江西省	0.689	0.633	0.592	0.510	0.486	0.444	0.481	0.438	0.534	11
山东省	0.378	0.320	0.286	0.305	0.348	0.284	0.257	0.416	0.324	20
河南省	0.263	0.283	0.197	0.214	0.190	0.209	0.171	0.206	0.217	28
湖北省	0.225	0.234	0.249	0.267	0.280	0.330	0.406	0.430	0.303	23
湖南省	0.337	0.309	0.302	0.327	0.333	0.270	0.288	0.288	0.307	22
广东省	0.332	0.330	0.331	0.451	0.573	0.685	0.980	1.000	0.585	9
广西壮族自治区	0.885	0.686	0.718	0.579	0.566	0.606	0.568	0.552	0.645	7

地　　区	效率值									排序
	2010年	2011年	2012年	2013年	2014年	2015年	2016年	2017年	均值	
海南省	1.000	1.000	1.000	1.000	1.000	1.000	1.000	1.000	1.000	1
重庆市	0.630	0.543	0.461	0.410	0.365	0.337	0.387	0.317	0.431	16
四川省	0.200	0.150	0.128	0.120	0.138	0.202	0.228	0.215	0.173	30
贵州省	1.000	1.000	1.000	1.000	1.000	0.866	0.909	0.756	0.941	6
云南省	0.723	1.000	0.622	0.459	0.447	0.337	0.296	0.461	0.543	10
陕西省	0.504	0.514	0.556	0.447	0.352	0.368	0.371	0.444	0.444	15
甘肃省	0.950	1.000	0.850	1.000	1.000	1.000	0.977	1.000	0.972	5
青海省	1.000	1.000	1.000	1.000	1.000	1.000	1.000	1.000	1.000	1
宁夏回族自治区	1.000	1.000	1.000	1.000	1.000	1.000	1.000	1.000	1.000	1
新疆维吾尔自治区	1.000	1.000	1.000	1.000	1.000	1.000	1.000	1.000	1.000	1
均　　值	0.553	0.539	0.504	0.486	0.471	0.477	0.501	0.531	0.508	

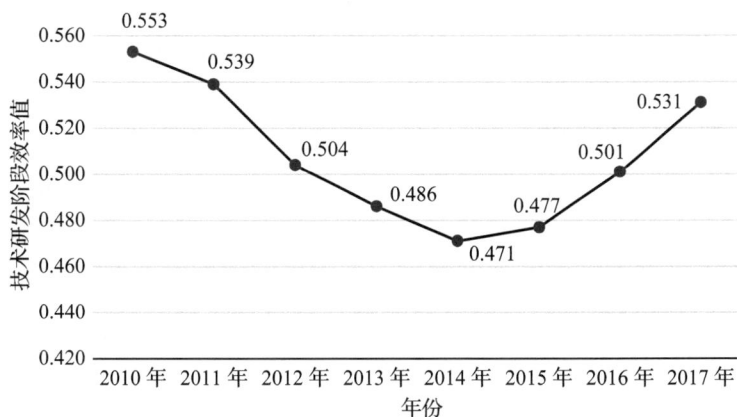

图 10-1　2010—2017 年 30 个省级行政区研发阶段效率均值折线图

图 10-2 呈现了我国东、中、西部地区（东部地区包括北京市、天津市、河北省、辽宁省、上海市、江苏省、浙江省、福建省、山东省、广东省和海南省等省级行政区；中部地区包括山西省、内蒙古自治区、吉林省、黑龙江省、安徽省、江西省、河南省、湖北省、湖南省和广西壮族自治区等省级行政区；

西部地区包括四川省、贵州省、云南省、陕西省、甘肃省、青海省、宁夏回族自治区和新疆维吾尔自治区等省级行政区）整体的技术研发效率。从空间分布来看，西部地区整体优势明显，东部地区和中部地区存在明显劣势，尤其是东部地区技术研发效率最低。从时间分布来看，西部地区技术研发效率呈下降趋势，中部地区和东部地区技术研发效率总体呈 U 型分布，近几年技术研发效率逐步上升。

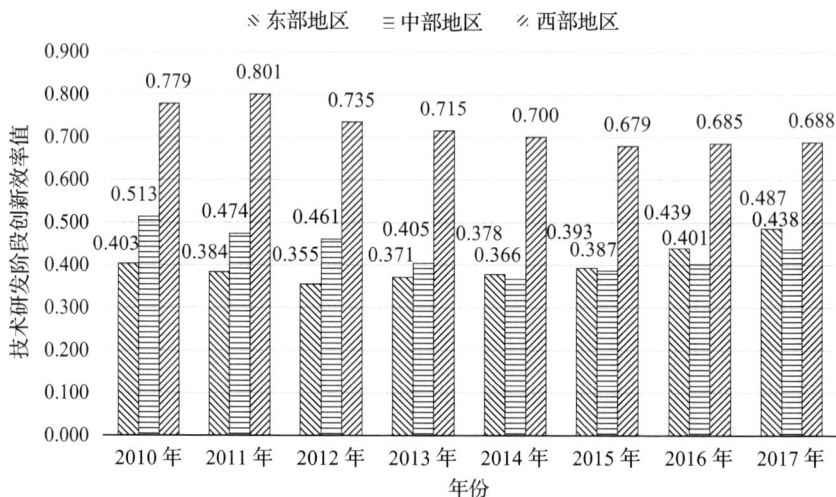

图 10-2　2010—2017 年不同地区技术研发阶段创新效率柱状图

二、成果转化阶段

如表 10-3 所列，2010—2017 年，30 个省级行政区的成果转化效率总体呈上升趋势，该时间段 30 个省级行政区成果转化阶段效率均值折线图如图 10-3 所示。成果转化的效率均值为 0.638，高于技术创新的效率均值；其中，高于均值的省级行政区有 16 个，低于均值的省级行政区有 14 个。成果转化效率均值最高的是北京市、天津市、上海市、江苏省、浙江省、山东省、湖北省、湖南省和广东省，达到 DEA 有效；最低的是新疆维吾尔自治区（0.130）。成果转化效率均值最高值与最低值相差 0.870，表明我国各省级行政区的成果转化效率差距较大。

表 10-3 2010—2017 年 30 个省级行政区成果转化阶段效率值

地 区	效率值									排 序
	2010年	2011年	2012年	2013年	2014年	2015年	2016年	2017年	均值	
北京市	1.000	1.000	1.000	1.000	1.000	1.000	1.000	1.000	1.000	1
天津市	1.000	1.000	1.000	1.000	1.000	1.000	1.000	1.000	1.000	1
河北省	0.524	0.599	0.624	0.704	0.837	1.000	1.000	1.000	0.786	14
山西省	0.196	0.171	0.210	0.195	0.384	0.681	0.424	0.415	0.334	20
内蒙古自治区	0.159	0.100	0.119	0.140	0.202	0.185	0.202	0.207	0.164	28
辽宁省	0.735	0.830	1.000	1.000	1.000	1.000	1.000	1.000	0.946	11
吉林省	0.126	0.298	0.249	0.472	1.000	0.456	0.913	0.771	0.536	18
黑龙江省	0.203	0.180	0.105	0.170	0.234	0.187	0.242	0.270	0.199	25
上海市	1.000	1.000	1.000	1.000	1.000	1.000	1.000	1.000	1.000	1
江苏省	1.000	1.000	1.000	1.000	1.000	1.000	1.000	1.000	1.000	1
浙江省	1.000	1.000	1.000	1.000	1.000	1.000	1.000	1.000	1.000	1
安徽省	0.786	0.948	1.000	1.000	1.000	1.000	1.000	1.000	0.967	10
福建省	0.468	0.478	0.563	0.728	0.804	0.952	1.000	1.000	0.749	15
江西省	0.302	0.315	0.370	0.563	0.693	0.810	0.933	1.000	0.623	17
山东省	1.000	1.000	1.000	1.000	1.000	1.000	1.000	1.000	1.000	1
河南省	0.860	0.703	1.000	0.832	1.000	1.000	1.000	1.000	0.924	13
湖北省	1.000	1.000	1.000	1.000	1.000	1.000	1.000	1.000	1.000	1
湖南省	1.000	1.000	1.000	1.000	1.000	1.000	1.000	1.000	1.000	1
广东省	1.000	1.000	1.000	1.000	1.000	1.000	1.000	1.000	1.000	1
广西壮族自治区	0.285	0.242	0.243	0.356	0.404	0.329	0.330	0.462	0.331	22
海南省	0.466	0.230	0.131	0.114	0.100	0.083	0.063	0.106	0.162	29
重庆市	0.484	0.648	0.814	0.900	0.956	0.732	0.594	0.842	0.746	16
四川省	0.602	0.881	1.000	1.000	1.000	1.000	1.000	1.000	0.935	12
贵州省	0.128	0.121	0.102	0.123	0.147	0.255	0.275	0.293	0.180	26
云南省	0.159	0.109	0.151	0.225	0.289	0.333	0.338	0.218	0.228	23
陕西省	0.309	0.336	0.294	0.357	0.519	0.611	0.765	0.702	0.487	19

续表

地 区	效率值									排 序
	2010年	2011年	2012年	2013年	2014年	2015年	2016年	2017年	均 值	
甘肃省	0.216	0.214	0.196	0.138	0.136	0.140	0.180	0.209	0.179	27
青海省	0.234	0.187	0.283	0.338	0.409	0.860	0.167	0.178	0.332	21
宁夏回族自治区	0.344	0.162	0.194	0.121	0.168	0.232	0.204	0.176	0.200	24
新疆维吾尔自治区	0.138	0.154	0.137	0.125	0.101	0.103	0.128	0.155	0.130	30
均 值	0.557	0.564	0.593	0.620	0.679	0.698	0.692	0.700	0.638	

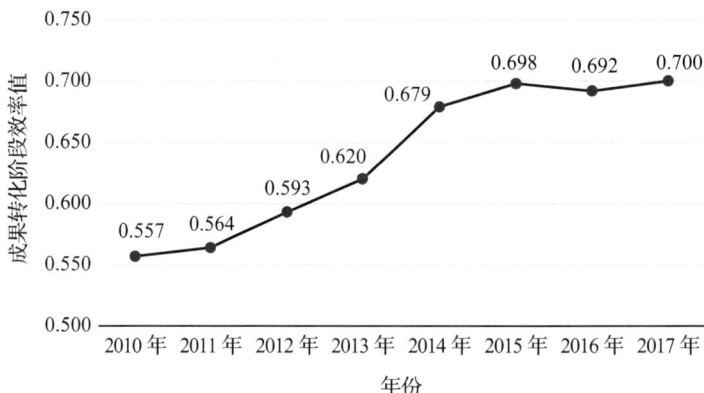

图 10-3　2010—2017 年 30 个省级行政区成果转化阶段效率均值折线图

图 10-4 呈现了我国东、中、西部地区整体的成果转化效率。从空间分布来看，三个地区的成果转化效率差距显著，东部地区具有明显优势，西部地区存在明显劣势，中部地区则位于二者之间，与技术研发阶段的效率排序正好相反。从时间分布来看，总体上三个地区的成果转化效率均呈现上升趋势，但是中西部地区近几年有所回落，西部地区尤为明显。

三、综合创新效率

如表 10-4 所列，2010—2017 年，30 个省级行政区综合创新效率呈上升趋势，表明近年来各省级行政区的创新水平在逐步提高。然而，如图 10-5 所示，综合创新效率均值仅为 0.246，表明区域创新水平仍然较低，未来有较大

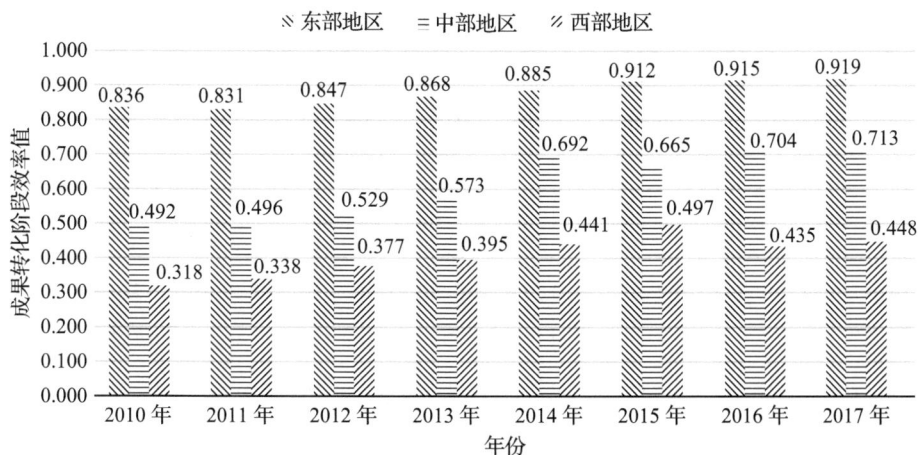

图 10-4　2010—2017 年不同地区成果转化阶段创新效率柱状图

发展空间。综合创新效率均值排名最高的前三名是广东省、江苏省和浙江省，然而其效率水平仅在 0.5 左右，最低的是黑龙江省，仅为 0.082。

表 10-4　2010—2017 年 30 个省级行政区综合创新效率值

地　　区	效率值									排　序
	2010年	2011年	2012年	2013年	2014年	2015年	2016年	2017年	均　值	
北京市	0.250	0.267	0.269	0.313	0.365	0.414	0.480	0.505	0.358	4
天津市	0.344	0.295	0.265	0.240	0.170	0.164	0.195	0.250	0.240	13
河北省	0.202	0.190	0.176	0.174	0.184	0.193	0.243	0.269	0.204	17
山西省	0.115	0.086	0.076	0.088	0.130	0.195	0.185	0.193	0.133	26
内蒙古自治区	0.112	0.081	0.082	0.083	0.119	0.102	0.106	0.135	0.103	29
辽宁省	0.186	0.182	0.152	0.149	0.160	0.230	0.227	0.241	0.191	20
吉林省	0.093	0.186	0.168	0.236	0.256	0.195	0.326	0.318	0.222	14
黑龙江省	0.068	0.067	0.062	0.059	0.074	0.078	0.110	0.138	0.082	30
上海市	0.253	0.247	0.213	0.250	0.283	0.299	0.319	0.341	0.276	12
江苏省	0.402	0.485	0.436	0.462	0.439	0.419	0.439	0.599	0.460	2
浙江省	0.400	0.398	0.427	0.473	0.424	0.459	0.526	0.573	0.460	3
安徽省	0.292	0.275	0.239	0.261	0.306	0.329	0.331	0.420	0.307	10

续表

地　区	效率值									排　序
	2010年	2011年	2012年	2013年	2014年	2015年	2016年	2017年	均　值	
福建省	0.205	0.163	0.135	0.141	0.140	0.167	0.168	0.159	0.160	25
江西省	0.208	0.200	0.219	0.287	0.337	0.359	0.449	0.438	0.312	7
山东省	0.378	0.320	0.286	0.305	0.348	0.284	0.257	0.416	0.324	6
河南省	0.227	0.199	0.197	0.178	0.190	0.209	0.171	0.206	0.197	19
湖北省	0.225	0.234	0.249	0.267	0.280	0.330	0.406	0.430	0.303	11
湖南省	0.337	0.309	0.302	0.327	0.333	0.270	0.288	0.288	0.307	9
广东省	0.332	0.330	0.331	0.451	0.573	0.685	0.980	1.000	0.585	1
广西壮族自治区	0.252	0.166	0.174	0.206	0.229	0.199	0.187	0.255	0.209	15
海南省	0.466	0.230	0.131	0.114	0.100	0.083	0.063	0.106	0.162	23
重庆市	0.305	0.352	0.376	0.369	0.349	0.246	0.230	0.267	0.312	8
四川省	0.120	0.132	0.128	0.120	0.138	0.202	0.228	0.215	0.160	24
贵州省	0.128	0.121	0.102	0.123	0.147	0.221	0.250	0.221	0.164	22
云南省	0.115	0.109	0.094	0.103	0.129	0.112	0.100	0.101	0.108	28
陕西省	0.156	0.173	0.164	0.159	0.183	0.225	0.284	0.311	0.207	16
甘肃省	0.206	0.214	0.167	0.138	0.136	0.140	0.176	0.209	0.173	21
青海省	0.234	0.187	0.283	0.338	0.409	0.860	0.167	0.178	0.332	5
宁夏回族自治区	0.344	0.162	0.194	0.121	0.168	0.232	0.204	0.176	0.200	18
新疆维吾尔自治区	0.138	0.154	0.137	0.125	0.101	0.103	0.128	0.155	0.130	27
均　值	0.236	0.217	0.208	0.222	0.240	0.267	0.274	0.304	0.246	

　　图 10-6 呈现了我国东、中、西部地区整体的综合创新效率。从空间分布来看，东部地区的综合创新效率遥遥领先，就中西部地区而言，除 2015 年中部地区的综合创新效率高于西部地区之外，这两个地区差距不大。从时间分布来看，自 2012 年年始，东部地区和中部地区的综合创新效率逐步上升，西部地区于 2015 年达到峰点，之后开始回落；区域综合创新效率的差距总体也呈现加长趋势。

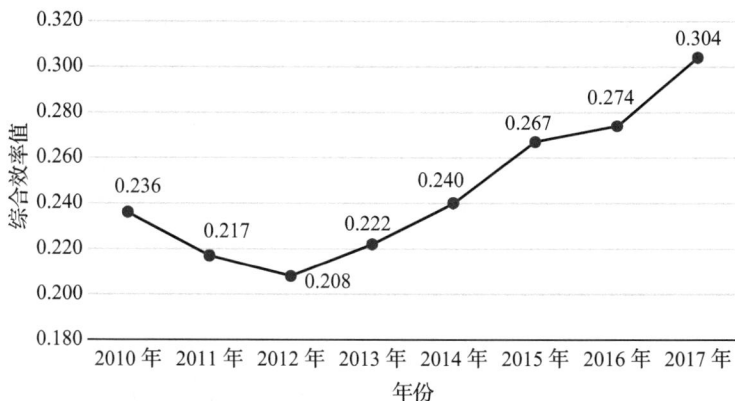

图 10-5　2010—2017 年 30 个省级行政区综合创新效率均值折线图

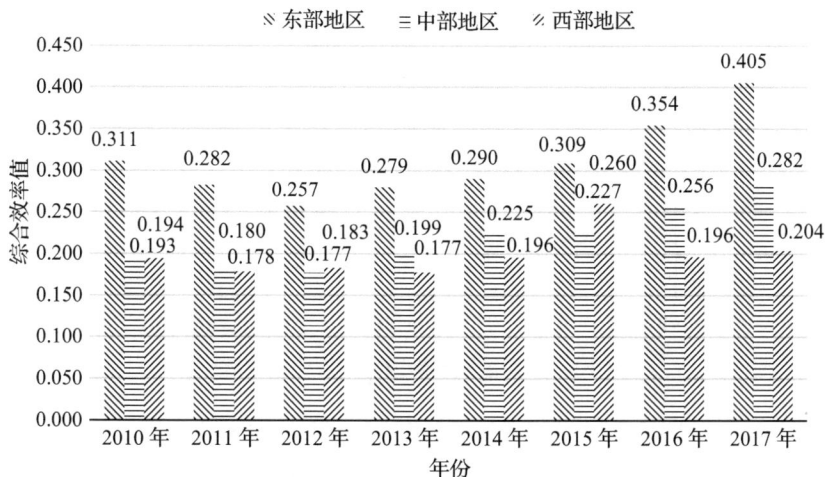

图 10-6　2010—2017 年不同地区综合创新效率柱状图

第五节　基于波士顿矩阵模型结果的讨论与政策建议

本节通过运用波士顿矩阵模型对中国 30 个省级行政区在技术研发和成果转化两个阶段的创新效率进行分析并就此展开讨论，最后提出相应的政策建议。根据分析结果，省级行政区的创新效率主要集中在四个象限中，即"低研发－低转化""高研发－低转化""低研发－高转化""高研发－高转化"，其中，占据"低研发－高转化"象限的类群占比较大，说明整体创新水平仍有提升空间。针对不同类群的省级行政区，本书提出优化科技资源投入、促进科技成果转化、建立良好市场机制等政策建议，为省级行政区的创新发展提供有益启示。

波士顿矩阵，又称四象限分析法，由波士顿咨询公司（Boston Consulting Group）——全球顶尖商业战略咨询公司之一——创始人布鲁斯·亨德森首创，最初被用于分析和规划企业产品组合。为了进一步明确不同省级行政区在技术研发阶段和成果转化阶段创新效率之间的关系，本节构建了如图 10-7 所示的波士顿矩阵模型，将技术研发效率和成果转化效率分别作为 X 和 Y 轴，并将每个象限的分界值选取为技术研发阶段和成果转化阶段效率水平的中位数值，以此分析 30 个省级行政区在技术研发阶段和成果转化阶段效率水平的不同组合情况。具体分类结果如表 10-5 所列。

图 10-7　两阶段创新效率的波士顿矩阵

表 10-5　30 个省级行政区创新效率水平的波士顿矩阵分析

象　限	类群名称	省级行政区
第三象限	"低研发-低转化"	山西省、黑龙江省、重庆市
第四象限	"高研发-低转化"	海南省、内蒙古自治区、吉林省、江西省、广西壮族自治区、贵州省、云南省、陕西省、甘肃省、青海省、宁夏回族自治区、新疆维吾尔自治区
第二象限	"低研发-高转化"	北京市、天津市、河北省、辽宁省、上海市、福建省、山东省、安徽省、河南省、湖北省、湖南省、四川省
第一象限	"高研发-高转化"	广东省、江苏省、浙江省

从表 10-5 中可以看出，省级行政区两个阶段的创新效率主要集中于"低研发-高转化"和"高研发-低转化"两个聚类。"高研发-高转化"的省级行政区仅有广东省、江苏省和浙江省，说明我国省级行政区的创新能力整体水

平较低，仍有较大发展空间。

一、"低研发－低转化"

该类群中的省级行政区在技术研发和成果转化两个阶段中的创新效率均较低，表明这些地区研发产出少、成果应用低，其中包括山西省、重庆市和黑龙江省四个省份，占样本总量的10%，从地域划分来看，以中西部地区为主。这类地区一方面需要优化科技资源的投入种类、数量和结构，促进对科技资源加以合理有效的利用；另一方面需要发展和完善促进科技成果产业化与商业化的中介机构和技术市场，有效促进科技成果的转移转化，为地区发展做出积极的贡献。而就黑龙江省而言，缺失公平的市场机制和缺少对具有竞争力的民营企业的培育是导致这一结果的重要原因。在国家政策的扶植之下，黑龙江省在计算机、电子通信设备等领域引进了大量先进技术资源，然而，与此同时，本地的民营企业没有迅速成长起来，传统的国有企业没有得到充分的技术改造和机制创新，新引进的产业要素尚未与区域市场环境产生断层，因而没有真正形成新的发展动能。因此，作为老工业基地，黑龙江省一方面要依托现有的老工业基础、高校底蕴和已引进资源大力发展本土化创新，提高科研成果数量和创新资源利用率；另一方面要尽早构建完整的转化链环境和公平合理的市场竞争环境，增强将当地科技成果产品化和商品化的信心。

二、"低研发－高转化"

该类群中的省级行政区在技术研发阶段创新效率低，但在科技成果转化阶段创新效率高，其中包括北京市、天津市、河北省、辽宁省、上海市、福建省、山东省、安徽省、河南省、湖北省、湖南省、四川省12个省级行政区，占样本总量的40%。从经济发展程度来看，该类群中大部分都是经济发达地区，其在技术研发阶段创新效率低并不是因为科研成果的绝对量少，而是对创新资源的利用率低、科研成果的相对量少。作为经济发达地区，这些地区都投入了大量R&D人员和科研经费，但受到边际效应递减的影响，在实际应用中不乏滥用和浪费现象，科研投入没有物尽其用、研究人员的学历和能力远高于岗位要求、科研经费剩余等现象时有发生，造成教育资源和地方财政方面的浪费。但在技术转化过程中，由于全国在科技成果转化方面都还处于起步阶段，这些地区凭借经济优势优先建设了科技成果转化环境。以北京市为例，该市目前已拥有孵化器500余家，领先建立了几十家概念验证中心和创新创业基地，并从政策和环境上消除科技成果转化堵点，努力构建顺畅的科技成果转化链，打通成果转化的"最后一公里"，其成果转化效率位列全国第一，然而，从技术研发的投入–产出效率来看却不尽如人意，与解鑫等[6]和韩兆洲等[7]的研究结论相同。因此，该类群的省级行政区一方面要在科技研发方面做好对经费和人员投入的前期规划和后期审查，提高对研发资源的利用率；另一方面要继续完善成果转化机制，疏通成果转化链条，提高成果转化率，向国际水平接轨。

三、"高研发–低转化"

该类群中的省级行政区在技术研发阶段创新效率高，但是在成果转化阶段创新效率低，没有及时将科研成果转化为经济效益，其中包括海南省、内蒙古自治区、吉林省、江西省、广西壮族自治区、贵州省、云南省、陕西省、甘肃省、青海省、宁夏回族自治区、新疆维吾尔自治区 12 个省级行政区，占样本总量的 40%。从经济发展程度来看，这类地区多为经济发展水平中等或较低的地区，其突出问题是大量的科技成果来不及转化而导致大量的专利闲置，许多科研成果成为无效产出。这与当地成果转化基础设施稀缺和市场竞争体制不完善密切相关。因此，这些地区一方面要加快培养技术经理人等成果转化人才，建设孵化器、中试基地等中介机构，加大成果转化的环境供给；另一方面要建立良性的市场机制，推动成果所有人、高校和科研机构主动与企业对接，建立校企联合的大学科技园，在研发阶段就将市场因素纳入考虑范畴，从上游缩短科技成果与市场产品之间的距离。

四、"高研发–高转化"

该类群是省级行政区创新能力的理想状态，这些地区的研发产出和成果应用能力都很高，其中包括广东省、江苏省和浙江省三个省份，与陈银娥等[8]、张雪琳等[3]的研究结论相互印证。广东省依托港澳地区的资源和深圳市的带动作用完善市场环境，推动创新的快速流动和对资源的合理利用，成功实现了技术研发和成果转化高效率的双赢局面。江苏省和浙江省依托长江三角洲地区优良的区位优势以及良好的劳动和资本配置策略，保持了创新效率的优势。对此，这三个省份一方面要保持现有优势和发展势头，继续完善科技发展环境、创新科技发展机制；另一方面要发挥好三省的模范带头作用，吸引其他省级行政区积极学习、合理配置劳动和资本，尽快扩大"高研发–高转化"省级行政区的比例，进而拉动全国创新能力的提升。

五、结论

基于 2010—2020 年中国 30 个省级行政区的数据，并通过滞后处理，本节通过两阶段的 DEA 模型测度了省级行政区 2010—2017 年的两阶段创新效率，通过时间、空间和矩阵分析得到如下结论。

第一，从时间分布来看，2010—2017 年省级行政区的技术研发效率总体呈现偏 U 型的小幅下降趋势，而成果转化效率则明显上升，在两个阶段中，省级行政区的创新效率差距均较大。综合两阶段结果来看，省级行政区创新综合效率呈上升趋势，但均值仅为 0.246，尚有较大发展空间。

第二，从空间分布来看，技术研发阶段和成果转化阶段的地区优势分布呈相关关系。在第一阶段，西部地区整体优势明显，东部地区和中部地区存在明显劣势，尤其是东部地区的技术研发效率最低；而在第二阶段，东部地区整体优势明显，西部地区则存在明显劣势。综合两个阶段的测算结果来看，东部地区整体优势最强，西部地区存在明显劣势，与成果转化阶段的效率排序相同。

第三，从波士顿矩阵模型来看，省级行政区两个阶段的创新效率主要集中于"高研发－低转化""低研发－低转化""低研发－高转化"三个类群。其中，"低研发－高转化"类群中的省级行政区数量最多，比例近一半，而"高研发－高转化"中仅有广东省，说明我国省际创新能力整体水平较低。要加快推动"低研发－高转化"和"高转化－低研发"类群省级行政区向"高研发－高转化"类群发展；对于"低研发－低转化"类群的省级行政区，当务之急是提高这些地区的技术研发水平、增加技术成果，之后再逐步营造成果转化环境，建立"研发—转化—市场营销"三位一体的科技成果转化链。

本章参考文献

[1] KAO C. Efficiency measurement and frontier projection identification for general two-stage systems in data envelopment analysis [J]. European Journal of Operational Research, 2017, 261（2），pp.679-689.

［2］KAO C, HWANG S N. Efficiency decomposition in two-stage data envelopment analysis: an application to non-life insurance companies in Taiwan ［J］. European journal of operational research, 2008, 185（01）: 418-429.

［3］张雪琳, 贺正楚, 任宇新. 中国区域工业企业技术创新效率研究: 整体创新和阶段创新的视角［J］. 科学决策, 2022（10）: 1-19.

［4］苏屹, 陈凤妍. 企业家地方政治关联对技术创新绩效影响研究［J］. 系统工程理论与实践, 2017, 37（02）: 365-378.

［5］王洪海, 李洪锐. 智能制造上市企业创新效率测度: 基于三阶段 DEA 模型［J］. 江苏海洋大学学报（人文社会科学版）, 2022, 20（05）: 102-111.

［6］解鑫, 刘芳芳, 冯锋. 以企业为主体视角下的我国区域创新效率评价研究: 基于 30 个省域面板数据［J］. 科技管理研究, 2015, 35（01）: 49-53.

［7］韩兆洲, 程学伟. 中国省域 R&D 投入及创新效率测度分析［J］. 数量经济技术经济研究, 2020, 37（05）: 98-117.

［8］陈银娥, 李鑫, 李汶. 中国省域科技创新效率的影响因素及时空异质性分析［J］. 中国软科学, 2021, 34（04）: 137-149.

第十一章
总结和政策建议

本书力图在综合考虑创新生态系统建设各大要素的基础上，构建一个覆盖度较高、与实践更加紧密结合的创新生态系统评价指标体系。本书从多维度测算和分析我国创新生态系统建设情况，以期找出各地、各区域创新生态系统建设中的优势与短板，明确各自的发展方向，完善区域创新生态系统，促进本地区经济发展。

从测算结果可以得知，我国省级行政区创新生态系统适宜度、成熟度、健康度均呈上升趋势，区域创新生态系统发展不断完善。一般而言，创新资源丰富、创新环境好、经济发展程度高的地区，其创新生态越好，创新生态系统适宜度、成熟度、健康度越高。东部沿海地区是创新生态高速发展聚集区，尤其是北京市、江苏省、浙江省和广东省，而湖北省和四川省则分别是中部地区和西部地区的创新高地。但存在的问题是，整体来说，我国创新生态系统成熟度、健康度并不高，省级行政区之间的差异较大，健康度呈现从东南到西北递减的趋势。

本书对创新资源最集中、经济最具活力的京沪深一线城市创新效率和京津冀、长三角与珠三角地区的城市群创新生态系统的发展水平进行了评价和分析，结果显示，京沪深创新效率水平较高，三地创新效率逐渐接近，但随时间变化呈现不同的发展趋势：深圳市属于高位平稳型，其综合效率领先于北京市和上海市；北京市属于低开高走型，其增长性显著高于深圳市和上海市；上海市属于小幅起伏型。从三大城市群维度看，三者的创新生态系统发展水平和模式不尽相同，按城市群创新生态系统时间序列综合得分：珠三角地区居第一位，而长三角地区和京津冀地区分别位列第二和第三。

从区域创新生态系统的主体维度出发进行分析，本书选择了企业、高校和政府作为研究对象。通过对材料、工业、可选消费、信息技术和医疗保健五大行业的创新效率进行分析得出，国有企业综合技术效率的变化趋势和规模效率的变化趋势基本相同，综合技术效率得到提高的主要影响因素来自规模效率，说明国有企业的创新投入与产出优化速度缓慢，在稳步发展保持规模效率的基础上，还需要重点提高纯技术层面的创新能力和发展速度。专精特新企业创新效率偏低的主要原因是主营业务收入过少，人员总数和研发经费相对冗余，这意味着科技活动人员和科技活动经费过少，造成研发人员和研发经费比例不合理，进而导致企业创新效率偏低以及非 DEA 有效。从高校的维度进行分析，结论显示，外部市场环境和高校发展不均衡。大学科技园在人才、资本、场地等创新要素融汇交流和促进高校科技成果转化、企业创新孵化和创新人才培养方面发挥了重要作用，但在促进产学研深度融合、服务国家创新系统方面还有很大的提升空间。政府是区域创新生态系统的重要主体，地方省委书记作为中央创新支持政策的主要贯彻执行者和辖区创新发展的主要责任人，在推动改善区域创新生态系统中发挥着关键作用。从就地方官员来源对创新生态系统改善有何影响的研究来看，异地交流的省委书记比本土培养的省委书记更加能够显著促进辖区创新生态系统发展，且异地交流官员对于改善区域创新生态系统的积极作用因时间和省级行政区所处经济带而异，其中，东部经济带比较显著。营商环境作为一种由政府塑造的制度软环境，体现了一个国家或地区经济发展的软实力，对一个国家或地区的创新具有重要影响。本书通过实证检验及案例分析发现，营商环境对区域创新效率具有显著的促进作用。

本书的最后将创新活动过程分为科技研发和科技成果转化两个阶段，从阶段维度评价各地区的创新效率，结论如下。从时间分布来看，省级行政区的技术研发效率总体呈现偏 U 型的小幅下降趋势，而成果转化效率则明显上升，省级行政区于两阶段的效率差距均较大。综合两阶段的结果来看，省级行政区的创新综合效率呈上升趋势，尚有较大发展空间。从空间分布来看，技术研发阶段和成果转化阶段的地区优势分布呈相关关系。在第一阶段，西部地区整体优势明显，东部地区和中部地区存在明显劣势，而东部地区的技术研发效率是最低的；而在第二阶段，东部地区整体优势明显，西部地区则存在明显劣势。综合两阶段测算结果来看，东部地区整体最具优势，西部地区存在明显劣势，与成果转化阶段的效率排序相同。从波士顿矩阵模型来看，省级行政区于两个阶段的创新效率主要集于"高研发－低转化""低研发－低转化""低研发－高转化"三个类群。其中，"低研发－高转化"类群中的省级行政区于数量最多，比例接近半数，而"高研发－高转化"类群中仅有广东省，说明我国省际创新能力整体水平较低。总体结论是，我国省际创新能力整体水平较低。要加快推动"低研发－高转化"和"高转化－低研发"类群省级行政区向"高研发－高转化"类群发展；对于"低研发－低转化"类群中的省级行政区，当务之急是提高它们的技术研发水平，增加技术成果，之后再逐步营造成果转化环境，建立"研发－转化－市场营销"三位一体的科技成果转化链。为推动创新生态系统的健康可持续发展，本书提出如下几项有助于完善创新生态系统的对策建议。

一、营造良好的创新环境

营商环境是一种由政府塑造的制度软环境，对区域创新具有重要影响。政府作为促进创新和改善营商环境的重要主体，应重视营商环境对于区域创新效率的重要意义。

首先，政府要深化"放管服"，加强服务型政府建设，完善营商环境制度体系；加强对知识产权的保护，将提高区域创新效率纳入营商环境建设；营造良好的法治环境，加速创新要素、产品之间的流动，降低创新主体制度性交易成本，提升创新效率。其次，政府应进一步完善针对企业创新的财政补助和税费激励政策，鼓励企业持续加大研发投入力度，积极开展产品和市场创新；优化中小企业整体发展环境，完善对专精特新小企业投入研发的激励政策，进一步引导国有企业、大型企业开展内部创新活动。第三，在支持区域创新时，政府不应仅进行资金支持、人才引导等投入类支持，而是要适当地从效率出发，建立资源投入与创新成果的反馈模式。

二、强化企业创新主体地位

在创新生态系统中，企业是科技创新活动的主要组织者和参与者，也是发展新质生产力的重要支撑。国有企业因创新投入与产出优化速度缓慢，需要重点提高纯技术层面的能力和发展速度；需加大单位企业的研发强度，提升创新发展的内生性；围绕制造业重点产业链，找准关键核心技术和零部件薄弱环节，集中优质资源合力攻关；加强以企业为主导的产学研深度融合；作为创新链和产业链结合点，要突出发挥企业特别是龙头企业在创新生态发展中的黏合和牵引作用，使基础研究、技术创新和产业创新紧密联合，形成串联加关联式的复合创新系统。专精特新企业创新效率偏低的主要原因是主营业务收入过少，人员总数和研发经费相对冗余，这意味着科技活动人员和科技活动经费过少。对此，针对技术人才短缺问题，相关部门应鼓励、引导大专院校毕业生和退休技术技能人才服务于制造业中小企业，缓解技术技能人才短缺和现有技术技能人员能力不足的问题。对科研经费过少的问题，相关部门可从供给侧、环境侧和需求侧发力，完善对专精特新企业的财税金融支持政策；积极探索有效的专精特新企业和高校院所产学研合作方式。

三、促进科技成果的转移转化

科技成果转化率不高一直是制约我国区域创新能力提升的重要问题，主要原因包括科技成果供需衔接不畅、中介服务支撑不足等。党的二十大报告提出要提高科技成果转化和产业化水平。根据前文的研究结论，我们重点提出要以概念验证中心促进大学科技园高质量发展，探索基于概念验证中心的大学科技园创新模式。国家层面赋予大学科技园以承担高校概念验证使命的责任，从政策和体制机制上推动大学科技园功能平台朝着高质量方向发展。大学层面应依托大学科技园建设高校概念验证中心，为大学科技园开展概念验证等服务筹措资源，完善相关体制机制，畅通以大学科技园为依托的大学提供概念验证服务渠道，促使大学科技园回归服务大学主体、聚焦科技成果转化的主业。大学科技园层面则应积极调整未来发展战略，积极借鉴概念验证中心创新组织模式，加强复合型人才队伍建设，进一步增强大学科技园的创新资源集成、科技成果转化、科技创业孵化等核心功能，从而实现我国大学科技园的高质量发展。

四、优化科技金融服务

高技术产业的创新具有回报周期长、长期投入大等特点，需要稳定的资金支持。因此，相关部门需加快科技金融平台建设，健全科技成果转化风险投资机制；设立风险投资基金、信用担保、低息贷款和开发科技保险等，为企业提供中试和成果转化资金，为相关项目提供前期资金支持，促进科技成果实现商业化，积极引导社会资金参与科技成果转化风险投资，并为资金引入和退出构筑制度屏障；探索构建政府与风险投资机构共担风险、共享收益模式，借助风险投资机构的专业化服务，最大化地发挥政府引导基金的孵化作用。金融机构是创新生态系统中除政府以外的主要资金来源。从中国科技创新的实际发展情况来审视，能够得到大部分政府资金支持的国有企业创新动力较弱；中小微企业具有创新动力方面的优势，却缺乏能够进行长期创新的资金支持。为推动中小微企业将创新动力转化为创新实效，政府和金融服务机构需要形成合力。各地政府在改善科技经费支出结构、利用专项资金直接资助科技创新型中小微企业的同时，也应当积极探索民间投资进入渠道，规范企业股权融资机制，从而促进企业提高融资能力。银行等金融机构结合政策要求、顺应科技创新企业的新型发展模式，适当放松信贷条件，为科技创新企业提供更加便利的金融服务。

五、推动各方主体开放合作

我国创新生态系统目前成熟度、健康度等还偏低，省级行政区之间的差异较大。在改善创新环境、加强创新投入、重视创新成果转化、提高创新产出能力的同时，国家应深度融合"政产学研用金"，疏通资源流通渠道，通过更加密集的资源流动和更加广泛的创新合作，促进完善区域创新生态系统。党的二十大报告提出，"扩大国际科技交流合作，加强国际化科研环境建设，形成具有全球竞争力的开放创新生态"。在全球化、信息化的今天，创新要素更具开放性、流动性，这需要我们更加主动地融入全球创新网络，最大限度地用好全球创新资源，合作共赢，在开放合作中提升自身的科技创新能力。具体来说，在畅通人才和数据等关键要素流动、推进外资企业融入国内创新链等方面，我国需完善现有政策，打破制约创新要素自由流动的梗阻，促进创新要素流动和有机配置，改善创新生态环境，提升国家与区域创新能力。

附 录

制造业企业效益分析表

决策单元	技术效益	规模效益	综合效益	松弛变量 S^-	松弛变量 S^+	有效性
上海新时达电气股份有限公司	0.205	0.904	0.185	127.585	11 096.178	非 DEA 有效
三未信安科技股份有限公司	0.505	0.742	0.375	47.921	0	非 DEA 有效
深圳市盛弘电气股份有限公司	0.419	0.947	0.397	511.059	0	非 DEA 有效
深圳新益昌科技股份有限公司	0.407	0.964	0.393	0	0	非 DEA 有效
浙江正裕工业股份有限公司	0.351	0.913	0.32	511.474	0	非 DEA 有效
江苏东华测试技术股份有限公司	0.763	0.684	0.522	236.778	348.999	非 DEA 有效
无锡日联科技股份有限公司	0.95	0.912	0.867	113.886	418.369	非 DEA 有效
上海阿莱德实业股份有限公司	0.809	0.535	0.432	18.379	0	非 DEA 有效
苏州绿的谐波传动科技股份有限公司	0.398	0.815	0.325	133.352	9 928.315	非 DEA 有效
成都秦川物联网科技股份有限公司	0.494	0.238	0.118	60.046	50.728	非 DEA 有效
河南辉煌科技股份有限公司	0.293	0.646	0.189	3.258	0	非 DEA 有效
福建星云电子股份有限公司	0.346	0.972	0.336	833.612	0	非 DEA 有效

续表

决策单元	技术效益	规模效益	综合效益	松弛变量 S⁻	松弛变量 S⁺	有效性
贵州泰永长征技术股份有限公司	0.369	0.818	0.301	241.441	0	非 DEA 有效
杭州申昊科技股份有限公司	0.373	0.54	0.201	153.941	579.888	非 DEA 有效
上海至纯洁净系统科技股份有限公司	0.225	0.838	0.188	72.064	0	非 DEA 有效
成都智明达电子股份有限公司	0.412	0.54	0.223	129.913	0	非 DEA 有效
福建火炬电子科技股份有限公司	0.85	0.804	0.684	29.856	60 844.922	非 DEA 有效
江苏如通石油机械股份有限公司	0.613	0.685	0.42	78.835	8 105.16	非 DEA 有效
苏州苏大维格科技集团股份有限公司	0.245	0.808	0.198	292.708	3 228.554	非 DEA 有效
山东奥福环保科技股份有限公司	0.374	0.18	0.067	15.961	153.811	非 DEA 有效
德州联合石油科技股份有限公司	0.56	0.729	0.408	42.138	6 804.102	非 DEA 有效
厦门狄耐克智能科技股份有限公司	0.388	0.945	0.367	127.52	0	非 DEA 有效
大连德迈仕精密科技股份有限公司	0.598	0.756	0.452	289.316	0	非 DEA 有效
湖北江瀚新材料股份有限公司	1	1	1	0	0	DEA 强有效
北京康斯特仪表科技股份有限公司	0.533	0.652	0.348	55.725	0	非 DEA 有效
东芯半导体股份有限公司	0.791	0.843	0.666	1 0341.151	0	非 DEA 有效
西安蓝晓科技新材料股份有限公司	0.463	0.991	0.459	77.181	13 727.997	非 DEA 有效
广东惠伦晶体科技股份有限公司	0.303	0.334	0.101	37.593	1 429.916	非 DEA 有效

续表

决策单元	技术效益	规模效益	综合效益	松弛变量 S⁻	松弛变量 S⁺	有效性
浙江美硕电气科技股份有限公司	1	0.9	0.9	0	0	非 DEA 有效
陕西莱特光电材料股份有限公司	0.551	0.767	0.423	0	3 794.323	非 DEA 有效
中建环能科技股份有限公司	0.387	0.962	0.372	0	8 068.666	非 DEA 有效
湖北台基半导体股份有限公司	0.599	0.503	0.301	33.58	0	非 DEA 有效
成都纵横自动化技术股份有限公司	0.545	0.35	0.19	63.704	271.133	非 DEA 有效
北京旋极信息技术股份有限公司	0.168	0.87	0.146	158.282	6 196.197	非 DEA 有效
湖北和远气体股份有限公司	0.305	0.717	0.219	83.011	366.872	非 DEA 有效
诚达药业股份有限公司	0.427	0.9	0.384	14.28	15 000.629	非 DEA 有效
北京万集科技股份有限公司	0.186	0.491	0.091	172.676	461.682	非 DEA 有效
思进智能成形装备股份有限公司	0.762	0.85	0.647	0	9 034.744	非 DEA 有效
恒烁半导体（合肥）股份有限公司	0.863	0.554	0.478	3 190.433	0	非 DEA 有效
苏州斯莱克精密设备股份有限公司	0.313	0.992	0.311	174.05	6 566.157	非 DEA 有效
广东德尔玛科技股份有限公司	0.525	0.972	0.511	369.013	0	非 DEA 有效
江苏天瑞仪器股份有限公司	0.191	0.609	0.117	68.271	1 402.38	非 DEA 有效
浙江亚光科技股份有限公司	0.485	0.893	0.433	0	2 868.353	非 DEA 有效
北京天宜上佳高新材料股份有限公司	0.18	0.998	0.179	0	13 331.043	非 DEA 有效

续表

决策单元	技术效益	规模效益	综合效益	松弛变量 S⁻	松弛变量 S⁺	有效性
浙江开创电气股份有限公司	1	0.724	0.724	299.144	0	非 DEA 有效
湖南华菱线缆股份有限公司	0.36	0.954	0.344	235.336	9.605	非 DEA 有效
苏州艾隆科技股份有限公司	0.556	0.781	0.434	79.127	0	非 DEA 有效
博深股份有限公司	0.261	0.868	0.227	217.824	2 702.689	非 DEA 有效
四方科技集团股份有限公司	0.514	0.996	0.513	199.278	0	非 DEA 有效
河南翔宇医疗设备股份有限公司	1	0.986	0.986	10.907	9 904.181	非 DEA 有效
北京数码视讯科技股份有限公司	0.208	0.808	0.168	81.196	3.338	非 DEA 有效
深圳市江波龙电子股份有限公司	0.653	0.576	0.376	1 067.902	2 188.064	非 DEA 有效
山东道恩高分子材料股份有限公司	0.341	0.998	0.341	138.401	0	非 DEA 有效
南京科远智慧科技集团股份有限公司	0.249	0.813	0.203	207.447	5 226.866	非 DEA 有效
晋拓科技股份有限公司	0.369	0.679	0.25	161.83	0	非 DEA 有效
深圳市亿道信息股份有限公司	0.682	0.965	0.659	874.799	0	非 DEA 有效
无锡市德科立光电子技术股份有限公司	0.368	0.69	0.254	0	0	非 DEA 有效
中密控股股份有限公司	0.543	0.986	0.535	0	7 754.338	非 DEA 有效
深圳市易天自动化设备股份有限公司	0.461	0.87	0.401	50.016	0	非 DEA 有效
深圳市鼎阳科技股份有限公司	0.707	0.786	0.555	43.175	680.575	非 DEA 有效

续表

决策单元	技术效益	规模效益	综合效益	松弛变量 S⁻	松弛变量 S⁺	有效性
邦彦技术股份有限公司	0.35	0.48	0.168	56.401	0	非 DEA 有效
快克智能装备股份有限公司	0.653	0.979	0.639	220.345	2 861.024	非 DEA 有效
武汉理工光科股份有限公司	0.508	0.621	0.315	43.743	0	非 DEA 有效
森特士兴集团股份有限公司	0.259	0.855	0.221	109.04	735.204	非 DEA 有效
广东正业科技股份有限公司	0.337	0.614	0.207	261.582	1 168.487	非 DEA 有效
广东芳源新材料集团股份有限公司	0.274	0.936	0.256	213.499	811.408	非 DEA 有效
苏州翔楼新材料股份有限公司	0.648	0.858	0.556	70.464	0	非 DEA 有效
成都盛帮密封件股份有限公司	0.6	0.351	0.211	106.013	0	非 DEA 有效
深圳市维海德技术股份有限公司	0.412	0.705	0.29	24.693	0	非 DEA 有效
中简科技股份有限公司	1	1	1	0	0	DEA 强有效
南京高华科技股份有限公司	0.836	0.67	0.56	42.252	797.687	非 DEA 有效
江苏博迁新材料股份有限公司	0.38	0.75	0.285	84.452	0	非 DEA 有效
江苏新瀚新材料股份有限公司	0.75	0.827	0.62	50.912	12 486.309	非 DEA 有效
成都豪能科技股份有限公司	0.241	0.888	0.214	378.14	2 939.932	非 DEA 有效
安徽拓山重工股份有限公司	0.562	0.622	0.349	86.216	0	非 DEA 有效
金华春光橡塑科技股份有限公司	0.401	0.92	0.369	623.323	0	非 DEA 有效

续表

决策单元	技术效益	规模效益	综合效益	松弛变量 S⁻	松弛变量 S⁺	有效性
郑州三晖电气股份有限公司	0.909	0.173	0.157	19.579	0	非 DEA 有效
青岛云路先进材料技术股份有限公司	0.513	0.921	0.473	62.611	0	非 DEA 有效
湖北中一科技股份有限公司	0.392	0.978	0.383	164.562	1 191.147	非 DEA 有效
尚纬股份有限公司	0.254	0.756	0.192	22.469	328.671	非 DEA 有效
天津长荣科技集团股份有限公司	0.143	0.814	0.116	59.674	1 077.17	非 DEA 有效
上海海优威新材料股份有限公司	0.516	0.66	0.34	355.174	1 358.94	非 DEA 有效
上海伟测半导体科技股份有限公司	0.373	0.96	0.358	0	1 1420.929	非 DEA 有效
北京中石伟业科技股份有限公司	0.414	0.898	0.372	51.43	0	非 DEA 有效
深圳市深科达智能装备股份有限公司	0.355	0.623	0.221	156.098	281.834	非 DEA 有效
恒锋工具股份有限公司	0.509	0.739	0.376	0	1 770.568	非 DEA 有效
江苏宏微科技股份有限公司	0.403	0.66	0.266	13.031	0	非 DEA 有效
广东英联包装股份有限公司	0.318	0.73	0.232	45.863	867.537	非 DEA 有效
宁波天益医疗器械股份有限公司	0.468	0.629	0.294	112.946	3 676.127	非 DEA 有效
广东天安新材料股份有限公司	0.354	0.862	0.305	428.426	2 534.537	非 DEA 有效
深圳科安达电子科技股份有限公司	0.556	0.541	0.301	0	3 023.163	非 DEA 有效
河北中瓷电子科技股份有限公司	0.551	0.863	0.476	628.621	0	非 DEA 有效

决策单元	技术效益	规模效益	综合效益	松弛变量 S⁻	松弛变量 S⁺	有效性
科力尔电机集团股份有限公司	0.349	0.752	0.262	627.991	0	非 DEA 有效
营口金辰机械股份有限公司	0.228	0.808	0.185	87.216	0	非 DEA 有效
江阴江化微电子材料股份有限公司	0.291	0.631	0.184	0	86.707	非 DEA 有效
北京市春立正达医疗器械股份有限公司	0.61	0.986	0.601	259.092	2 298.174	非 DEA 有效
安徽龙磁科技股份有限公司	0.383	0.828	0.317	420.366	0	非 DEA 有效
鸿日达科技股份有限公司	0.407	0.63	0.256	63.375	0	非 DEA 有效
欧克科技股份有限公司	0.664	0.99	0.657	279.202	2 1541.058	非 DEA 有效
上海新通联包装股份有限公司	0.552	0.635	0.35	208.456	0	非 DEA 有效
安徽鑫铂铝业股份有限公司	0.359	0.99	0.356	221.007	0	非 DEA 有效
苏州宇邦新型材料股份有限公司	0.45	0.947	0.426	169.896	0	非 DEA 有效
安徽众源新材料股份有限公司	1	1	1	0	0	DEA 强有效
深圳市有方科技股份有限公司	0.66	0.738	0.487	240.346	493.102	非 DEA 有效
北京富吉瑞光电科技股份有限公司	0.733	0.144	0.106	36.576	870.961	非 DEA 有效
江苏久吾高科技股份有限公司	0.381	0.595	0.227	0	0	非 DEA 有效
浙江润阳新材料科技股份有限公司	0.494	0.296	0.146	53.047	0	非 DEA 有效
浙江斯菱汽车轴承股份有限公司	0.681	0.742	0.505	389.269	0	非 DEA 有效

续表

决策单元	技术效益	规模效益	综合效益	松弛变量 S^-	松弛变量 S^+	有效性
北京左江科技股份有限公司	0.781	0.309	0.242	297.445	1 658.599	非 DEA 有效
四川港通医疗设备集团股份有限公司	0.618	0.928	0.573	441.838	0	非 DEA 有效
武汉菱电汽车电控系统股份有限公司	0.336	0.713	0.24	243.045	0	非 DEA 有效
科捷智能科技股份有限公司	0.424	0.942	0.4	0	0	非 DEA 有效
无锡雪浪环境科技股份有限公司	0.317	0.875	0.277	42.716	1 547.838	非 DEA 有效
湖北万润新能源科技股份有限公司	0.884	0.393	0.348	650.838	12.725	非 DEA 有效
江苏华海诚科新材料股份有限公司	1	0.354	0.354	49.345	0	非 DEA 有效
成都振芯科技股份有限公司	0.43	0.864	0.371	125.441	0	非 DEA 有效
杭州山科智能科技股份有限公司	0.49	0.62	0.303	0	0	非 DEA 有效
苏州未来电器股份有限公司	0.841	0.743	0.625	197.13	0	非 DEA 有效
上海科泰电源股份有限公司	0.501	0.519	0.26	31.627	0	非 DEA 有效
苏州天准科技股份有限公司	0.659	0.945	0.623	779.759	0	非 DEA 有效
安徽蓝盾光电子股份有限公司	0.273	0.593	0.162	159.325	0	非 DEA 有效
内蒙古欧晶科技股份有限公司	0.586	0.899	0.527	1 449.606	3 782.862	非 DEA 有效
上海柏楚电子科技股份有限公司	0.572	0.937	0.535	74.361	240.481	非 DEA 有效
南京聚隆科技股份有限公司	0.521	0.869	0.453	31.319	0	非 DEA 有效

续表

决策单元	技术效益	规模效益	综合效益	松弛变量 S⁻	松弛变量 S⁺	有效性
上海仁度生物科技股份有限公司	0.512	0.299	0.153	0	0	非 DEA 有效
爱普香料集团股份有限公司	0.345	0.966	0.333	162.361	10.067	非 DEA 有效
南京腾亚精工科技股份有限公司	0.712	0.56	0.399	116.815	0	非 DEA 有效
上海安路信息科技股份有限公司	0.479	0.772	0.369	1 100.06	0	非 DEA 有效
北京元六鸿远电子科技股份有限公司	0.85	0.905	0.769	289.238	51 047.323	非 DEA 有效
浙矿重工股份有限公司	0.75	0.973	0.73	105.198	16 592.411	非 DEA 有效
佛山市南华仪器股份有限公司	1	0.228	0.228	47.662	335.443	非 DEA 有效
南京茂莱光学科技股份有限公司	0.799	0.667	0.533	385.446	0	非 DEA 有效
上海水星家用纺织品股份有限公司	0.548	0.964	0.528	1 273.748	0	非 DEA 有效
奥精医疗科技股份有限公司	1	0.969	0.969	2 153.106	3 881.653	非 DEA 有效
上海步科自动化股份有限公司	0.621	0.614	0.382	133.928	0	非 DEA 有效
广东嘉元科技股份有限公司	1	0.525	0.525	454.303	80 651.085	非 DEA 有效
三河同飞制冷股份有限公司	0.409	0.839	0.343	249.03	0	非 DEA 有效
浙江京华激光科技股份有限公司	0.474	0.754	0.357	200.949	0	非 DEA 有效
杭州美迪凯光电科技股份有限公司	0.314	0.378	0.119	12.831	0	非 DEA 有效
南通星球石墨股份有限公司	0.55	0.864	0.475	0	4 591.033	非 DEA 有效

决策单元	技术效益	规模效益	综合效益	松弛变量 S⁻	松弛变量 S⁺	有效性
深圳市铂科新材料股份有限公司	0.423	0.914	0.386	329.544	0	非 DEA 有效
美格智能技术股份有限公司	0.568	0.944	0.536	763.23	0	非 DEA 有效
安徽山河药用辅料股份有限公司	0.613	0.659	0.404	239.884	43.22	非 DEA 有效
山东朗进科技股份有限公司	0.351	0.56	0.197	91.086	663.586	非 DEA 有效
昆山东威科技股份有限公司	0.55	0.973	0.535	11.698	0	非 DEA 有效
欣灵电气股份有限公司	0.504	0.504	0.254	106.393	0	非 DEA 有效
青岛征和工业股份有限公司	0.559	0.967	0.54	575.741	0	非 DEA 有效
三丰智能装备集团股份有限公司	0.191	0.793	0.152	98.903	5 441.468	非 DEA 有效
鑫磊压缩机股份有限公司	1	1	1	0	0	DEA 强有效
天津赛象科技股份有限公司	0.368	0.721	0.266	49.381	0	非 DEA 有效
浙江通力传动科技股份有限公司	0.636	0.705	0.449	0	5 100.345	非 DEA 有效
常州中英科技股份有限公司	0.775	0.399	0.309	0	2 666.745	非 DEA 有效
北京韩建河山管业股份有限公司	0.371	0.336	0.125	8.464	3 773.922	非 DEA 有效
国安达股份有限公司	0.73	0.68	0.496	26.935	0	非 DEA 有效
四川成飞集成科技股份有限公司	0.196	0.933	0.183	40.265	0	非 DEA 有效
浙江天铁实业股份有限公司	0.591	0.915	0.541	0	36 186.4	非 DEA 有效

续表

决策单元	技术效益	规模效益	综合效益	松弛变量 S⁻	松弛变量 S⁺	有效性
瑞纳智能设备股份有限公司	0.543	0.88	0.478	0	3 274.11	非 DEA 有效
深圳市雄帝科技股份有限公司	0.449	0.707	0.317	148.347	0	非 DEA 有效
惠州仁信新材料股份有限公司	1	1	1	0	0	DEA 强有效
江西日月明测控科技股份有限公司	1	0.482	0.482	0	5 962.102	非 DEA 有效
上海康德莱企业发展集团股份有限公司	0.406	0.991	0.403	1 195.77	0	非 DEA 有效
赛诺医疗科学技术股份有限公司	0.472	0.127	0.06	86.916	1 767.071	非 DEA 有效
深圳市力合微电子股份有限公司	0.665	0.614	0.408	177.406	0	非 DEA 有效
广州洁特生物过滤股份有限公司	0.468	0.928	0.434	166.858	0	非 DEA 有效
湖北东田微科技股份有限公司	0.509	0.259	0.132	66.302	0	非 DEA 有效
超捷紧固系统（上海）股份有限公司	0.597	0.478	0.285	89.552	284.928	非 DEA 有效
上海华测导航技术股份有限公司	0.398	0.985	0.393	985.788	0	非 DEA 有效
苏州伟创电气科技股份有限公司	0.482	0.93	0.448	271.762	0	非 DEA 有效
上海风语筑文化科技股份有限公司	0.165	0.895	0.148	0	0	非 DEA 有效
上海美农生物科技股份有限公司	0.725	0.43	0.312	26.913	0	非 DEA 有效
江苏恒顺醋业股份有限公司	0.361	0.992	0.358	220.411	0	非 DEA 有效
深圳市智立方自动化设备股份有限公司	0.725	0.845	0.613	15.357	650.954	非 DEA 有效

决策单元	技术效益	规模效益	综合效益	松弛变量 S^-	松弛变量 S^+	有效性
四川德恩精工科技股份有限公司	0.475	0.939	0.446	596.864	14 677.15	非 DEA 有效
江苏南大光电材料股份有限公司	0.265	0.935	0.248	82.23	0	非 DEA 有效
湖南飞沃新能源科技股份有限公司	0.388	0.866	0.336	434.465	0	非 DEA 有效
会通新材料股份有限公司	0.314	0.93	0.292	241.067	722.881	非 DEA 有效
南通国盛智能科技集团股份有限公司	0.495	0.943	0.467	42.469	0	非 DEA 有效
上海飞科电器股份有限公司	1	1	1	0	0	DEA 强有效
江苏华盛锂电材料股份有限公司	0.429	0.942	0.404	80.516	30 099.657	非 DEA 有效
上海威派格智慧水务股份有限公司	0.183	0.661	0.121	147.209	1 412.714	非 DEA 有效
洛阳建龙微纳新材料股份有限公司	0.526	0.918	0.483	143.427	11 393.627	非 DEA 有效
广东魅视科技股份有限公司	0.806	0.553	0.445	32.257	6 184.61	非 DEA 有效
南通海星电子股份有限公司	0.478	0.934	0.447	202.589	0	非 DEA 有效
西安凯立新材料股份有限公司	0.999	0.984	0.982	263.331	0	非 DEA 有效
南京奥联汽车电子电器股份有限公司	0.57	0.449	0.256	0	0	非 DEA 有效
清研环境科技股份有限公司	1	0.419	0.419	828.001	585.217	非 DEA 有效
江西悦安新材料股份有限公司	0.804	0.602	0.484	95.899	2 369.975	非 DEA 有效
瑞泰科技股份有限公司	0.405	0.99	0.401	309.422	0	非 DEA 有效

续表

决策单元	技术效益	规模效益	综合效益	松弛变量 S^-	松弛变量 S^+	有效性
浙江同星科技股份有限公司	0.719	0.869	0.625	372.516	0	非 DEA 有效
恒宇信通航空装备（北京）股份有限公司	0.908	0.237	0.215	438.139	0	非 DEA 有效
荣旗工业科技（苏州）股份有限公司	0.948	0.672	0.637	108.151	0	非 DEA 有效
江西百胜智能科技股份有限公司	0.722	0.6	0.433	1.624	0	非 DEA 有效
南亚新材料科技股份有限公司	0.277	0.959	0.266	412.39	515.387	非 DEA 有效
北京英诺特生物技术股份有限公司	0.464	0.598	0.277	20.578	0.569	非 DEA 有效
浙江中欣氟材股份有限公司	0.403	0.982	0.396	162.876	8 084.892	非 DEA 有效
山东海科新源材料科技股份有限公司	0.361	0.925	0.334	88.512	0	非 DEA 有效
江苏联瑞新材料股份有限公司	0.681	0.817	0.556	0	4 742.865	非 DEA 有效
杭州长川科技股份有限公司	0.475	0.945	0.448	2 016.406	0	非 DEA 有效
重庆宗申动力机械股份有限公司	0.441	0.773	0.341	1 258.467	0	非 DEA 有效
厦门艾德生物医药科技股份有限公司	0.502	0.925	0.464	749.029	147.192	非 DEA 有效
上海纳尔实业股份有限公司	0.633	0.928	0.587	164.002	0	非 DEA 有效
西安炬光科技股份有限公司	0.348	0.734	0.255	0	1 553.411	非 DEA 有效
华新绿源环保股份有限公司	0.453	0.933	0.423	57.706	13 485.95	非 DEA 有效
汉威科技集团股份有限公司	0.262	0.985	0.258	0	0	非 DEA 有效

续表

决策单元	技术效益	规模效益	综合效益	松弛变量 S⁻	松弛变量 S⁺	有效性
天津市依依卫生用品股份有限公司	0.572	0.993	0.568	562.241	8 555.386	非 DEA 有效
湖南崇德科技股份有限公司	0.858	0.645	0.553	150.249	0	非 DEA 有效
明冠新材料股份有限公司	0.26	0.851	0.221	26.946	2.554	非 DEA 有效
北京亿华通科技股份有限公司	1	1	1	0	0	DEA 强有效
森霸传感科技股份有限公司	0.795	0.537	0.427	107.697	0	非 DEA 有效
湖北超卓航空科技股份有限公司	0.592	0.686	0.406	0	8 988.282	非 DEA 有效
鞍山七彩化学股份有限公司	0.226	0.591	0.133	91.098	105.232	非 DEA 有效
上海之江生物科技股份有限公司	1	1	1	0	0	DEA 强有效
杭州安杰思医学科技股份有限公司	1	0.9	0.9	408.39	1 038.571	非 DEA 有效
豪尔赛科技集团股份有限公司	0.426	0.492	0.209	0.208	1 532.569	非 DEA 有效
爱博诺德（北京）医疗科技股份有限公司	0.451	0.823	0.371	15.206	5 511.655	非 DEA 有效
上能电气股份有限公司	0.278	0.99	0.275	197.673	0	非 DEA 有效
上海奕瑞光电子科技股份有限公司	0.462	0.985	0.455	223.725	1 315.856	非 DEA 有效
上海起帆电缆股份有限公司	1	0.688	0.688	1 585.134	3 664.434	非 DEA 有效
浙江禾川科技股份有限公司	0.293	0.913	0.268	93.255	0	非 DEA 有效
恒勃控股股份有限公司	0.686	0.833	0.572	580.885	0	非 DEA 有效

决策单元	技术效益	规模效益	综合效益	松弛变量 S⁻	松弛变量 S⁺	有效性
上海赛伦生物技术股份有限公司	0.693	0.53	0.367	0	6 238.697	非 DEA 有效
四方光电股份有限公司	0.552	0.894	0.494	294.693	0	非 DEA 有效
杭华油墨股份有限公司	0.41	0.685	0.281	35.267	0	非 DEA 有效
江苏云意电气股份有限公司	0.333	0.928	0.309	0	0	非 DEA 有效
四川达威科技股份有限公司	0.43	0.405	0.174	79.755	265.545	非 DEA 有效
江苏美思德化学股份有限公司	0.875	0.523	0.458	394.377	0	非 DEA 有效
无锡航亚科技股份有限公司	0.414	0.359	0.149	0	0	非 DEA 有效
广东天元实业集团股份有限公司	0.441	0.709	0.313	128.588	262.172	非 DEA 有效
深圳瑞华泰薄膜科技股份有限公司	0.365	0.353	0.129	0	2 776.667	非 DEA 有效
南京伟思医疗科技股份有限公司	0.618	0.905	0.559	32.533	1 412.918	非 DEA 有效
安徽芯瑞达科技股份有限公司	0.484	0.82	0.397	0	0	非 DEA 有效
无锡新洁能股份有限公司	0.862	0.96	0.827	1 825.88	0	非 DEA 有效
上海肇民新材料科技股份有限公司	0.611	0.636	0.389	0	2 792.791	非 DEA 有效
北京新兴东方航空装备股份有限公司	0.479	0.138	0.066	81.157	661.67	非 DEA 有效
深圳市迅捷兴科技股份有限公司	0.535	0.549	0.294	124.218	0	非 DEA 有效
株洲华锐精密工具股份有限公司	0.499	0.813	0.405	20.869	5 968.091	非 DEA 有效

续表

决策单元	技术效益	规模效益	综合效益	松弛变量 S⁻	松弛变量 S⁺	有效性
开能健康科技集团股份有限公司	0.397	0.989	0.392	39.05	0	非 DEA 有效
法兰泰克重工股份有限公司	0.376	0.976	0.367	0	0	非 DEA 有效
深圳市瑞凌实业集团股份有限公司	0.363	0.725	0.263	190.494	0	非 DEA 有效
上海灿瑞科技股份有限公司	0.505	0.841	0.424	0	0	非 DEA 有效
河南通达电缆股份有限公司	0.479	0.798	0.382	102.112	586.009	非 DEA 有效
浙江双元科技股份有限公司	0.759	0.599	0.455	1.874	0	非 DEA 有效
津药药业股份有限公司	0.198	0.95	0.188	73.071	733.126	非 DEA 有效
陕西中天火箭技术股份有限公司	0.309	0.802	0.247	5.454	0	非 DEA 有效
九江德福科技股份有限公司	0.823	0.597	0.491	0	28 411.212	非 DEA 有效
常州神力电机股份有限公司	0.537	0.812	0.436	175.161	1 636.406	非 DEA 有效
新天科技股份有限公司	0.346	0.952	0.329	0	1 614.716	非 DEA 有效
深圳市宝明科技股份有限公司	0.291	0.628	0.183	173.843	2 364.602	非 DEA 有效
杭州柯林电气股份有限公司	0.916	0.58	0.531	2.528	475.17	非 DEA 有效
中公高科养护科技股份有限公司	0.808	0.303	0.245	0	901.609	非 DEA 有效
宁波星源卓镁技术股份有限公司	0.673	0.484	0.325	26.466	4 166.438	非 DEA 有效
广州方邦电子股份有限公司	0.36	0.4	0.144	35.269	663.789	非 DEA 有效

续表

决策单元	技术效益	规模效益	综合效益	松弛变量 S⁻	松弛变量 S⁺	有效性
上海泓博智源医药股份有限公司	0.483	0.456	0.22	142.454	0	非 DEA 有效
深圳市正弦电气股份有限公司	0.73	0.468	0.341	0	0	非 DEA 有效
合肥芯碁微电子装备股份有限公司	0.59	0.773	0.456	144.298	0	非 DEA 有效
博创科技股份有限公司	0.398	0.899	0.358	209.889	2.475	非 DEA 有效
广东红墙新材料股份有限公司	0.382	0.635	0.243	61.268	0	非 DEA 有效
成都雷电微力科技股份有限公司	0.5	0.974	0.487	0	21 682.209	非 DEA 有效
安徽芯动联科微系统股份有限公司	1	0.824	0.824	298.713	52.533	非 DEA 有效
株洲飞鹿高新材料技术股份有限公司	0.358	0.438	0.157	20.148	1 249.553	非 DEA 有效
精进电动科技股份有限公司	0.356	0.772	0.275	355.311	3 781.272	非 DEA 有效
宁波精达成形装备股份有限公司	0.673	0.793	0.534	161.923	5 495.077	非 DEA 有效
张家港海锅新能源装备股份有限公司	0.45	0.749	0.337	21.313	0	非 DEA 有效
深圳精智达技术股份有限公司	0.693	0.706	0.489	57.543	0	非 DEA 有效
凌云光技术股份有限公司	0.458	1	0.458	966.437	0	非 DEA 有效
深圳微芯生物科技股份有限公司	0.217	0.435	0.094	72.396	0	非 DEA 有效
北京石头世纪科技股份有限公司	1	1	1	0	0	DEA 强有效
展鹏科技股份有限公司	0.577	0.392	0.226	47.012	0	非 DEA 有效

决策单元	技术效益	规模效益	综合效益	松弛变量 S^-	松弛变量 S^+	有效性
南京麦澜德医疗科技股份有限公司	0.593	0.762	0.452	0	2 617.649	非 DEA 有效
湖南中科电气股份有限公司	0.265	0.82	0.217	111.192	0	非 DEA 有效
江苏鱼跃医疗设备股份有限公司	0.53	0.672	0.356	732.641	0	非 DEA 有效
江阴电工合金股份有限公司	0.643	0.966	0.621	70.08	0	非 DEA 有效
厦门东亚机械工业股份有限公司	0.548	0.816	0.447	0	650.403	非 DEA 有效
北京天智航医疗科技股份有限公司	0.551	0.429	0.236	208.196	1 007.331	非 DEA 有效
浙江开尔新材料股份有限公司	0.484	0.629	0.305	97.528	0	非 DEA 有效
江苏雷利电机股份有限公司	0.372	0.974	0.362	523.243	0	非 DEA 有效
北京鼎汉技术集团股份有限公司	0.21	0.591	0.124	57.568	2 274.012	非 DEA 有效
江苏传艺科技股份有限公司	0.3	0.99	0.297	0	0	非 DEA 有效
杭州楚环科技股份有限公司	0.633	0.62	0.392	0	0	非 DEA 有效
江苏联测机电科技股份有限公司	0.617	0.468	0.289	0	761.383	非 DEA 有效
上海晶华胶粘新材料股份有限公司	0.39	0.662	0.258	129.059	26.159	非 DEA 有效
上海美迪西生物医药股份有限公司	0.503	0.949	0.478	1 359.445	1.491	非 DEA 有效
开勒环境科技（上海）股份有限公司	0.713	0.346	0.247	0	0	非 DEA 有效
南京宝色股份公司	0.365	0.692	0.253	11.271	0	非 DEA 有效

续表

决策单元	技术效益	规模效益	综合效益	松弛变量 S⁻	松弛变量 S⁺	有效性
圣湘生物科技股份有限公司	1	0.71	0.71	10.595	0	非 DEA 有效
上海海融食品科技股份有限公司	0.447	0.631	0.282	134.744	212.164	非 DEA 有效
中电环保股份有限公司	0.285	0.632	0.18	11.48	0	非 DEA 有效
西安中熔电气股份有限公司	0.676	0.976	0.659	335.287	132.775	非 DEA 有效
中触媒新材料股份有限公司	0.333	0.84	0.28	56.556	9 245.49	非 DEA 有效
河南省力量钻石股份有限公司	0.914	0.823	0.753	5 094.069	43 837.727	非 DEA 有效
北京科拓恒通生物技术股份有限公司	0.567	0.743	0.422	0	7 334.237	非 DEA 有效
海南金盘智能科技股份有限公司	0.328	0.905	0.297	248.461	0	非 DEA 有效
成都运达科技股份有限公司	0.301	0.795	0.239	25.986	0	非 DEA 有效
苏州德龙激光股份有限公司	0.546	0.86	0.47	136.329	0	非 DEA 有效
重庆山外山血液净化技术股份有限公司	0.409	0.688	0.281	0	3 231.907	非 DEA 有效
金凯（辽宁）生命科技股份有限公司	0.772	0.794	0.613	356.673	5 797.763	非 DEA 有效
科威尔技术股份有限公司	0.73	0.846	0.618	195.357	753.5	非 DEA 有效
湖北久之洋红外系统股份有限公司	0.585	0.77	0.45	174.405	0	非 DEA 有效
北京康辰药业股份有限公司	0.3	0.736	0.221	48.664	0	非 DEA 有效
河南四方达超硬材料股份有限公司	0.686	0.868	0.596	66.107	1 618.789	非 DEA 有效

续表

决策单元	技术效益	规模效益	综合效益	松弛变量 S⁻	松弛变量 S⁺	有效性
合肥合锻智能制造股份有限公司	0.224	0.874	0.195	118.386	153.904	非 DEA 有效
中钢天源股份有限公司	0.37	0.998	0.37	43.128	0	非 DEA 有效
南京晶升装备股份有限公司	1	0.413	0.413	19.321	0	非 DEA 有效
浙江迦南科技股份有限公司	0.568	0.962	0.547	606.74	440.483	非 DEA 有效
中际联合（北京）科技股份有限公司	0.496	0.892	0.442	0	0	非 DEA 有效
江苏爱朋医疗科技股份有限公司	0.587	0.46	0.27	130.253	747.379	非 DEA 有效
广东华特气体股份有限公司	0.474	0.988	0.468	120.612	0	非 DEA 有效
华纬科技股份有限公司	0.559	0.856	0.479	197.477	0	非 DEA 有效
上海新阳半导体材料股份有限公司	0.163	0.668	0.109	75.122	0	非 DEA 有效
安徽艾可蓝环保股份有限公司	0.38	0.455	0.173	59.871	295.094	非 DEA 有效
浙江梅轮电梯股份有限公司	0.45	0.816	0.368	0	0	非 DEA 有效
天津捷强动力装备股份有限公司	0.504	0.486	0.245	150.818	58.847	非 DEA 有效
常州时创能源股份有限公司	0.737	0.981	0.723	183.575	0	非 DEA 有效
福建坤彩材料科技股份有限公司	0.256	0.762	0.195	38.907	6 743.786	非 DEA 有效
爱美客技术发展股份有限公司	1	1	1	0	0	DEA 强有效
重庆望变电气（集团）股份有限公司	0.924	0.772	0.713	577.022	30 053.353	非 DEA 有效

续表

决策单元	技术效益	规模效益	综合效益	松弛变量 S⁻	松弛变量 S⁺	有效性
辽宁科隆精细化工股份有限公司	0.53	0.398	0.211	68.273	1 454.67	非 DEA 有效
广东聚石化学股份有限公司	0.337	0.918	0.309	36.64	37.83	非 DEA 有效
烟台东诚药业集团股份有限公司	0.25	0.906	0.227	70.251	9.412	非 DEA 有效
江苏华兰药用新材料股份有限公司	0.324	0.684	0.221	87.832	5 565.582	非 DEA 有效
上海艾为电子技术股份有限公司	0.34	0.969	0.33	1 649.525	701.768	非 DEA 有效
江苏裕兴薄膜科技股份有限公司	0.32	0.901	0.288	101.373	1.751	非 DEA 有效
湖南金博碳素股份有限公司	0.531	0.971	0.515	0	0	非 DEA 有效
深圳民爆光电股份有限公司	0.72	0.989	0.711	1 292.413	0	非 DEA 有效
天津经纬辉开光电股份有限公司	0.24	0.891	0.214	102.866	270.881	非 DEA 有效
山东百龙创园生物科技股份有限公司	0.648	0.812	0.526	185.862	7 147.475	非 DEA 有效
浙江联翔智能家居股份有限公司	1	1	1	0	0	DEA 强有效
固高科技股份有限公司	0.661	0.408	0.269	94.447	0	非 DEA 有效
浙江炜冈科技股份有限公司	0.686	0.569	0.39	0	3 472.293	非 DEA 有效
常州聚和新材料股份有限公司	1	1	1	0	0	DEA 强有效
安徽英力电子科技股份有限公司	0.327	0.659	0.216	196.337	534.414	非 DEA 有效
上海艾录包装股份有限公司	0.401	0.741	0.297	130.022	1.622	非 DEA 有效

续表

决策单元	技术效益	规模效益	综合效益	松弛变量 S⁻	松弛变量 S⁺	有效性
深圳市杰普特光电股份有限公司	0.278	0.894	0.249	175.364	0	非 DEA 有效
包头东宝生物技术股份有限公司	0.417	0.845	0.353	339.632	7 674.256	非 DEA 有效
浙江联盛化学股份有限公司	0.668	0.84	0.561	30.701	6 241.818	非 DEA 有效
舒泰神（北京）生物制药股份有限公司	0.36	0.426	0.153	507.549	2 023.402	非 DEA 有效
重庆西山科技股份有限公司	0.93	0.664	0.618	157.316	739.715	非 DEA 有效
深圳英集芯科技股份有限公司	0.57	0.855	0.487	552.17	0	非 DEA 有效
浙江海正生物材料股份有限公司	0.453	0.458	0.208	0	1 893.569	非 DEA 有效
上海鸣志电器股份有限公司	0.389	1	0.389	658.662	0	非 DEA 有效
北京高盟新材料股份有限公司	0.393	0.765	0.301	11.94	0	非 DEA 有效
天津红日药业股份有限公司	0.337	0.796	0.268	904.008	18.767	非 DEA 有效
上海保隆汽车科技股份有限公司	0.275	0.998	0.275	860.458	0	非 DEA 有效
安徽容知日新科技股份有限公司	0.685	0.839	0.574	288.123	0	非 DEA 有效
江苏必得科技股份有限公司	0.621	0.408	0.253	0	1 657.284	非 DEA 有效
上海派能能源科技股份有限公司	0.817	0.729	0.596	816.142	0	非 DEA 有效
浙江涛涛车业股份有限公司	0.711	0.996	0.709	249.959	0	非 DEA 有效
深圳佰维存储科技股份有限公司	0.351	0.997	0.35	161.058	0	非 DEA 有效

决策单元	技术效益	规模效益	综合效益	松弛变量 S⁻	松弛变量 S⁺	有效性
深圳市博硕科技股份有限公司	0.555	0.996	0.553	0	2 154.981	非 DEA 有效
哈尔滨国铁科技集团股份有限公司	0.24	0.867	0.208	0	597.843	非 DEA 有效
河南凯旺电子科技股份有限公司	0.48	0.459	0.221	472.934	0	非 DEA 有效
深圳市智微智能科技股份有限公司	0.516	0.995	0.513	319.394	0	非 DEA 有效
苏州纳微科技股份有限公司	0.493	0.846	0.418	205.613	2 030.168	非 DEA 有效
协鑫集成科技股份有限公司	0.447	0.742	0.332	572.841	2 370.617	非 DEA 有效
上海芯导电子科技股份有限公司	1	0.841	0.841	7 728.531	569.855	非 DEA 有效